정보화 혁명의 세계사

정보화 혁명의 세계사

1700~1850 이성과 혁명의 시대 지식을 다루는 기술

2011년 7월 18일 제1판 제1쇄 인쇄
2011년 7월 25일 제1판 제1쇄 발행

지은이 대니얼 R. 헤드릭
옮긴이 서순승
펴낸이 이재민, 김상미

편집 이미경
디자인 studio.triangle
종이 대흥지류유통(주)
인쇄 천일문화사
제본 정원문화사

펴낸곳 너머북스
주소 121-869 서울 마포구 서교동 375-13 성지빌딩 201호
전화 02)335-3366 팩스 02)335-5848
등록번호 제313-2007-232호

ISBN 978-89-94606-07-1 03900
너머북스와 너머학교는 좋은 서가와 학교를 꿈꾸는 출판사입니다

동아시아와 그 너머

03

1700~1850

이성과 혁명의 시대 지식을 다루는 기술

정보화 혁명의 세계사

대니얼 R. 헤드릭

서순승 옮김

일러두기

- 인명 등 외래어 표기는 국립국어원이 규정한 외래어표기법을 따랐다.
- 원서의 주석은 후주로 두고, 옮긴이의 보충 설명은 본문 아래쪽에 각주로 달았다.

이 책은 정보의 기계화가 급물살을 타기 시작하는 19세기 이전에
효율적인 정보시스템이 어떤 과정을 거쳐 발달해왔는지를 추적한
다. 이 책에서 논의되는 지도, 사전, 식물의 학명 등 몇몇 시스템은
비록 먼 과거에 그 기원을 두고 있지만, 이 글이 초점을 맞추고 있
는 시기에 합리화되고 실용적으로 개선된다. 특히 통계나 그래프,
전신 따위는 완전히 새로운 시스템이었다.

시스템이 작동되는 목적에 따라 조직, 변형, 디스플레이, 저장,
소통 순으로 장들을 나누고, 장마다 각각의 고유한 기능을 예증하
는 몇 가지 사례연구를 배치했다. 그렇다고 기능과 시스템 사이에
일대일 대응관계가 성립한다는 말은 아니다. 오히려 그와는 반대
로 각 시스템은 다양한 기능을 수행한다. 이를테면 지도 제작은 정
보를 모으고, 그 정보를 단어나 숫자들로 명명하고 조직하며, 단어
나 숫자들을 그래프적인 표현, 즉 지도로 변형시키는 일련의 과정
을 포함한다. 지도는 다시 그 정보를 저장하고 소통한다.

이처럼 책도 현실 세계의 단순한 모사가 아니다. 지도, 그래프 혹

은 통계와 마찬가지로 책 또한 세계를 투시하는 렌즈와 같은 것이다.

   1장은 이 글이 추구하는 두 가지 목표를 제시한다. 먼저 정보의 개념을 정의하고, '정보화 혁명'은 최근의 현상이 아니라 역사적 뿌리가 깊다는 점을 밝히고자 한다. 그 다음 몇 가지 중요한 정보시스템의 기원을 추적한 후, 18세기와 19세기 초 이성과 혁명의 시대에 꽃피운 새로운 정보시스템들을 논하려고 한다.

   2장은 사례연구로서 과학언어를 사용하여 '정보를 조직하고 분류'하는 시스템을 다룬다. 18세기와 19세기 초에 이루어진 중요한 과학적 공헌들은 새로운 개념 발전이 아니라(뉴턴은 이 시기 이전에, 다윈은 이 시기 이후에 등장한다) 홍수처럼 쏟아진 새로운 관찰과 그것을 다루는 체계의 발전으로 귀착된다. 거대한 양의 정보는 그것들을 분류하고 조직하는 수단이 있어야만 처리되고 이해될 수 있다. 따라서 과학적 발견을 효율적으로 분류하고, 관찰한 현상들 사이의 관계를 명확하게 밝혀주는 새로운 용어 개발은 이 시기의 과학적 진보의 필수 전제조건이 될 수밖에 없었다. 생명과학에서 린네의 분류법이, 화학에서 라부아지에의 원소와 분자의 명명법이, 그리고 측정과 관련된 학문에서 미터법이 탄생한 것도 같은 맥락에서였다.

   3장은 '정보를 변형'하는 수단의 하나로 통계를 다룬다. 사실 혹은 일화들의 축적을 숫자로 전환한다는 일은 단순히 축약이라는 의미를 넘어 이야기 속에 감추어진 특정한 패턴을 드러내기도 한다. 이를테면 '정치산술'적 시각에서 보면, 초기 개업의들에게 사망표(매주 교구의 사망자 수)는 다양한 질병의 발생 원인을 제공했다. 그리고 이것은 장차 인구조사와 사회학적 연구조사라는 아이디어로 발전하게 된다. 현시대의 특징인 셈하고, 계량화하고, 그렇게 만들어진 숫자들을 분석하는 데 이르기까지 그 열광의 진원은 18세기와 19세기 초기로 거슬러 올라가는 셈이다.

4장은 정보의 변형과 디스플레이*에 이용되는 시스템인 지도와 그래프를 다루고 있지만, 어디까지나 '디스플레이 기능'에 역점을 두었다. 지도와 그래프에 담긴 정보는 서로 다르지만 시스템이라는 관점에서 보면 공통점이 많다. 설명적 기술이나 숫자로 된 일람표(이를테면 바다의 깊이, 수입과 수출)를 낱말이나 언어적 기술로 표현한 목록과 비교했을 때, 더 빨리 때로는 더 정확하게 파악할 수 있는 도식적 형태로 옮겨놓은 것이 바로 지도와 그래프이기 때문이다.

지도는 그 역사적 뿌리가 고대에까지 뻗어 있는 표현 형식이다. 그럼에도 지도 제작을 연구하는 역사가들은 대부분 15~17세기의 지도 제작으로 대변되는 지리학적 지식의 폭발적 증가에 초점을 맞춰왔는데, 이는 당연한 결과다. 18세기에 접어들어서도 여전히 세계지도에는 채워 넣어야 할 여백이 남아 있었지만, 이전과는 비교할 수 없을 정도로 채워진 곳이 더 많았다. 그 결과 자연스럽게 발견과 기술에서 정확성으로 무게 중심이 옮겨졌다. 한마디로 지도 제작이 과학적으로 바뀐 것이다.

과학적 지도 제작은 여러 다른 현상들 또한 도표로 묘사하려는 관심을 불러일으켰다. 특히 통계의 편집은 일반 대중도 정보를 쉽게 접할 수 있는 방법을 마련하는 계기가 되었다. 통계가 정보를 처리하는 수단을 의미했다면, 그래프는 정보를 디스플레이하고 소통

---

* 본문에 나오는 디스플레이는 모두 정보의 시각화라는 의미로 쓰였다.

하는 수단이었다. 지질학적 구조, 산의 고도, 인구 혹은 경제활동 분포 등 새로운 정보는 지도제작자들에게 또 다른 도전을 의미했다. 지도제작자들은 정보를 시각화하는 과정에서 그래프와 전통적인 지도 사이에 수많은 변종을 개발했다.

5장에서는 '정보를 저장하고 검색'하는 시스템인 사전과 백과사전을 살펴보고자 한다. 둘 다 역사가 오래되었지만, 특히 18세기에 신간서적과 판본들이 늘어나고 판매 부수가 급격히 증가했다. 이는 교육받은 대중 사이에서 보편적 지식에 대한 수요가 늘어났다는 사실을 반영한다. 사전과 백과사전에 편집·수록되는 정보량이 증가하면서 정보를 제공하는 방법에서도 커다란 변화를 겪는다. 특히 자국어 사용과 알파벳 순서가 핵심 쟁점으로 떠오르는데, 이러한 논의들은 모두 사전과 백과사전의 이용을 좀 더 쉽고 실용적으로 만들기 위함이었다.

6장에서는 '정보를 소통'하는 두 가지 시스템을 다룬다. 그중 하나인 우편제도는 극적인 변화를 겪게 된다. 이전의 느리고 비싸고 신뢰하기 어려운 제도에서 빠르고 값싸고 신뢰할 수 있는 제도로 급전환한 것이다. 또 다른 하나는 시각통신기*와 해상 깃발 신호체계로서, 사람이나 사물보다도 빠르게 메시지를 전달할 수 있었기에 당시로서는 가히 혁신적인 발명이었다. 이 두 가지 시스템은 먼 곳에서 일어나는 사건들에 대한 정보가 절실했던 기업, 정부, 군대의 상황을 반영하며, 특히 세기 전환기의 혁명과 무수한 전쟁들로 그 필요성은 더욱 가속화되었다.

• 망루나 지붕 위에 설치하여 손으로 움직이는 신호기.

이 책에서 논의되는 정보시스템들은 비록 그 양은 많지만 포괄적 목록이 아니라 그저 작은 표본 자료를 구성할 뿐이다. 이 시기에 익숙한 독자라면 생략된 지점을 금방 찾아낼 것이다. 이를테면 학명을 다루면서 생물학, 화학, 도량형학은 언급되지만, 물리학과 지질학은 건너뛰고, 수학표기법과 기보법체계에서 일어난 엄청난 변화에 관한 논의는 빠져 있다. 계량화를 다루면서 회계와 부기시스템에 관한 논의는 생략되었지만, 사실 둘 다 경제와 정치에 필수적이다. 도표 역시 4장에서 다루는 지도와 그래프뿐만 아니라 토지지적도, 지적측량, 기술·과학 일러스트레이션, 패턴북, 엔지니어링 드로잉 등도 포함된다. 정보의 개요 기술에서 사전과 백과사전을 다루는데, 이는 다양한 계층의 사람들에게 보다 친숙하고 유용하기 때문이다. 이외에도 달력, 책력, 역마차 시간표, 귀족 리스트, 천문력, 요리책, 온갖 종류의 기술 매뉴얼 등 수십 개의 개요서가 있다. 비록 인쇄물은 아니지만 박물관, 도서관, 식물표본실, 식물원 등의 기관들도 정보의 개요로 볼 수 있다. 정부와 기업들은 수집된 정보를 저장하는 다양한 방법을 발전시켰다. 끝으로 소통에 관해 한마디 언급하면, 신문은 정치 뉴스나 가십은 물론 경제 관련 사항(주식, 채권, 상품시세)이나 심지어는 선박의 출발 시간과 도착 시간까지도 정보로 유포했다.

솔직히 말해 이 책은 거대한 바다에 발끝만 살짝 담근 것에 불과하다. 이 글의 목적은 이성과 혁명의 시대에 체계화된 정보시스템들의 백과사전적 지식을 제공하는 데 있지 않다. 그보다는 정보시스템의 개념을 역사를 분석하는 하나의 도구로 소개하고, 다양한 사례를 통해 효율적인 정보시스템 문화가 컴퓨터는 물론 심지어는 전신이 등장하기 이전부터 존재해왔다는 사실을 밝히는 데 역점을 두고 있다.

다른 연구자들이 정보시스템의 개념이 매우 유용하다는 점을 인식하고, 분석의 폭을 더욱 확장하여 이 글의 빈틈을 메워줄 것으로 기대한다. 아직도 풀어야 할 문제들이 수두룩하다.

생각을 정리하고, 자료를 찾고, 최종적으로 이 글을 완성하기까지 많은 이들로부터 도움을 받았다. 20년 넘게 친구로 지내온 윌리엄 맥닐은 나의 스승이자 역할 모델이었다. 조엘 모키어 교수는 열렬한 후원자이자 예리한 비평가였다. 리처드 존의 도움으로 생각을 다듬고 결정적 오류를 피할 수 있었다. 소중한 조언들로 우정을 확인시켜준 제프리 보우커를 비롯한 수많은 익명의 독자들께도 감사드린다. 수년 동안 이 프로젝트를 운영해온 옥스퍼드대학 출판사의 토머스 레빈과 수전 퍼버에게 고마움을 전한다. 윌 무어와 수전 에클런드의 완벽한 교열과 편집 덕분에 비로소 이 글을 책으로 엮을 수 있었다.

이런 종류의 책은 여러 단체의 후원 없이는 세상에 나오기 힘들다. 존 사이먼 구겐하임 재단의 도움으로 1994~1995년 학기를 독서로 보내며 정보시스템에 대한 이해의 폭을 넓힐 수 있었다. 1998년에 맺은 인연으로 이 책을 쓸 수 있도록 독려해준 앨프레드 슬론 재단 및 재단 프로그램 실무담당자 제시 오스벨에게도 큰 빚을 졌다. 1993년에 연구 휴가를 허용해주고, 잡무에서 벗어나 집필에만 전념하도록 배려해준 루스벨트대학에 특히 감사드린다. 소장 도서 열람을 허락해준 레겐슈타인 도서관, 존 크리어 도서관, 시카고

도서관, 뉴베리 도서관, 루스벨트대학의 머리 그린 도서관, 그리고 자료 열람에 적극 협조해준 성실하고 유능한 사서들에게도 이 자리를 빌려 감사의 말을 전한다.

평생의 반려자인 아내 케이트와 늘 즐거움을 선사해주는 사랑스러운 손자 질과 에이브럼에게 이 책을 바친다.

2000년 봄 시카고, 일리노이

대니얼 R. 헤드릭

차례

정보화 혁명의 기원

1992년 11월 16일은 미국에 정보화시대가 시작된 날로 기록된다.
…… 그러나 대부분의 컴퓨터 사용자는 정보화시대의 출발점을
이보다 앞선 시기로 잡을 것이다.
10년이나 20년, 심지어는 50년 전쯤의 어느 시점으로.

— 밥 멧칼프, '종합정보통신망ISDN은 정보화시대의 인프라다',
　《인포월드》, 1992. 12. 7.

원자시대, 후기산업시대, 우주시대 등 현재 우리가 살고 있는 시대를 정의하는 수많은 전문용어 중에서 '정보화시대'라는 표현이 상투어로 자리 잡아가는 추세다.[1] 왜 이런 꼬리표가 필요할까? 그것도 왜 지금인가?

그건 두말할 필요도 없이 무선호출기, 휴대전화, 컴퓨터, '개인용휴대단말기PDA'와 그 주변 장치 등 정보를 제공하는 온갖 종류의 새로운 기기들이 속속 등장하면서, 시간과 장소에 상관없이 원하는 대상과 소통이 가능하기 때문이다. 우리는 과거보다 훨씬 더 다양한 매체에 접속한다. 곧 수백 개로 늘어날 수십 개의 텔레비전 채널, 글로벌 정보고속도로로 전환하는 전자 네트워크, 그리고 모든 사람에게 개방되는 사이버 공간과 가상현실의 장밋빛 전망.

비즈니스 분야에서는 소프트웨어 개발자들이 컴퓨터제조업을 권좌에서 몰아냈고, 라디오와 비디오 장비업체들도 서둘러 엔터테인먼트회사로 업종을 바꾸고 있다. 컴퓨터로 일하고 전자오락으로 여가를 즐기는 사람이 갈수록 늘어나면서, 선진국의 국내총생산GDP

에서 제조 분야의 비중은 오락산업에 점점 더 밀리고 있다.

무엇보다도 우리는 웹사이트, CD, DVD, 비디오테이프와 비디오게임, 다큐드라마, 데이터베이스, 하이퍼텍스트 그리고 인포머셜*의 형태로, 그야말로 정보의 홍수 시대에 직면해 있다. 전통 양식의 책, 잡지, 신문은 굳이 언급할 필요조차 없을 정도다.

정보와 지식

그렇다면 지금의 시대를 정의한다는 '정보'란 과연 무엇을 의미할까? 수학자나 과학자에게 '정보'란 커뮤니케이션시스템에서 불확실성이 감소한다는 것을 뜻한다.[2] 같은 맥락에서 나무의 나이테, DNA구조, 멀리 떨어진 별빛, 동물의 발자취 등 자연이 형성하는 에너지 혹은 사건들의 일정한 양상은 정보를 담고 있다.

하지만 숲 속에서 쓰러지는 나무처럼 어떤 양상은 그것을 이해하는 인간이 존재할 경우에만 '인적human' 정보가 된다. 따라서 이 글에서는 불확실한 양상들은 과학자들의 손에 맡기고 인간이 이해할 수 있는 에너지와 사건들의 양상만을 정보로 다루려고 한다.

비록 두 가지 개념이 겹친다고 하더라도 정보와 지식은 엄연히 다르다. 지식이란 펑크가 난 타이어를 갈아 끼우는 방법이나 진짜

• 인포메이션Information과 커머셜Commercial의 합성어로 정보량이 많은 상업광고를 뜻한다. 인포머셜은 충분한 시간 동안 제품을 설명하고 소비자가 전화나 인터넷으로 구매할 수 있도록 유도한다. 중간 유통 과정이 생략되므로 사업자들은 비용을 크게 줄이면서 광고 효과를 극대화할 수 있다 .

훌륭한 의사의 이름, 혹은 프랑스어를 구사하는 능력처럼, 인간의 정신이 습득하고 이해한 사상과 사실을 말한다. 지식의 습득이란 많은 정보를 받아들여 내면화함을 의미한다. (이를테면 프랑스어의 불규칙 동사들을 정확히 사용하는 방법을 배워간다고 생각해보라!) 어린아이가 말을 배우거나 택시 운전자가 도심의 길을 익히는 경우에서처럼, 때때로 인간의 정신은 그러한 정보를 자동적으로 무의식적으로 습득하고 조직화한다. 나머지 경우 지식의 습득은 더디고 어려운 과정인 학습을 요구한다.

인간의 정신이 받아들일 수 있는 정보의 양은 실로 엄청나지만 그렇다고 무한정한 것은 아니다. 정신 그 자체도 완전히 신뢰할 수는 없으며, 바로 그 때문에 정보의 필요성이 대두된다. 사회가 점점 더 복잡해지고 사회 내부의 상호작용이 가속화되면서, 정보 접속의 중요성도 갈수록 커진다. 과거에는 교육이 학습과 지식의 습득에 초점을 맞춘 반면, 지금은 검색 능력을 강조한다. 문제의 핵심은 해답을 아는 것이 아니라 그 해답을 어디에서 찾느냐에 있다. 다시 말해 정보란 (우리가 원하기만 하면) 장소에 구애받지 않고 손쉽게 접속 가능하다는 의미까지 담고 있다.

정보시스템

정보는 전화번호부, 지도, 사전 혹은 데이터베이스와 같은 데이터의 집합을 의미한다. 그중에서도 무작위 데이터가 아니라 체계적으로 조직화된 데이터를 말한다. 정보에 대해 논의하려면 한도 끝도 없을 것이다. 이 글에서는 상대적으로 다루기 쉬운 정보'시스템' 논의에 초점을 맞추고자 한다. 여기서 말하는 시스템이란 정보 자체의 내용보다는 정보가 조직되고 관리되는 방법과 기술을 의미한다. 정보시스템은 사고, 기억, 말과 같은 정신적 기능을 보충하기 위해 만들어졌다. 어쩌면 지식의 기술이라고 표현해도 무방할 것이다. 몇 가지 예를 들어보자.

정보를 수집하는 데 사용되는 여러 시스템이 첫 번째 범주에 속할 수 있다. 저널리스트, 연구원 혹은 스파이가 이용하는 방법들, 좀 더 세부적으로 말하자면 각종 연구기관, 실험실, 정부의 측량 부처나 인구조사 부처의 활동들이 여기에 포함된다.

두 번째 범주는 효율적인 방법으로 비교하고 접속할 수 있도록 정보의 조각들을 명명하고 분류하고 조직하는 시스템을 포함한다. 도서관은 미국의회도서관분류법 혹은 듀이십진분류법에 의거하여 소장 도서를 분류하고, 의학계는 각종 질병을 질병분류표에 분류해 넣고, 대학은 학년과 전공에 따라 학생들을 분류하고, 군대는 계급과 부대 단위로 군인을 편성하고, 생물학자는 자신들만의 동식물 분류체계를 갖춘다. 정보량이 늘어나면서 분류의 필요성 또한 커진다. 따라서 분류시스템은 자연히 경찰, 특허청 혹은 전신국과 같이 엄청난 양의 정보를 다루는 기관들과 연계된다. 심지어는 혜성을 관리하는 관청이 있을 정도다.

정보는 다양한 형태로 변형이 가능하기 때문에, 세 번째 범주는 한 형태에서 다른 형태로 정보를 변형하고 그러한 정보를 새로운 방식으로 표현하는 데 사용되는 모든 시스템을 포함한다. 설명적인 기술을 목록으로, 목록을 통계표로, 통계를 그래프로, 그래프를 다시 3차원 영상으로 바꾸는 일련의 과정이 이러한 변형의 좋은 예라 할 수 있다. 엔지니어링 드로잉에서부터 지도 제작에 이르기까지 정보를 변형하고 디스플레이하는 시스템은 수십 가지이며, 그런 종류의 일을 하는 기관들 또한 무수히 많다. 이러한 변형들의 분석은 정보시스템 연구에서 큰 부분을 차지한다.

정보를 저장하고 검색하는 다양한 시스템들을 네 번째 범주에 넣을 수 있다. 사전과 백과사전, 시간표와 달력, 전화번호부와 주소록 등의 역사적 인공물과 박물관, 문서보관소(아카이브), 도서관, 식물원 등의 기관들이 여기에 포함된다. 최근에는 데이터베이스가 마치 봄철의 수선화처럼 번성하고 있다.

끝으로 다섯 번째 범주는 정보의 소통을 위한 시스템을 포함한다. 이 범주에서 우편제도, 메신저, 전신, 전화 혹은 이메일과 같은 시스템들은 한 지점에서 다른 지점으로 정보를 전달한다. 반면 신문, 라디오, 텔레비전, 월드와이드웹www 같은 시스템들은 한 지점에서 여러 지점으로 동시에 정보를 전파한다.

이 같은 협소한 분류가 우리의 논의에 완벽성을 기하리라고는 기대하지 않는다. 특히 여러 시스템이 동시에 다양한 기능을 담당하기에 더욱 그러하다. 예를 들어 신문은 소통 수단(최근 뉴스)이자 저장 수단(과거의 뉴스)이고, 박물관과 식물원은 정보를 저장하고 검색할 뿐만 아니라 디스플레이하고 소통도 한다. 따라서 우리는 정보의 '형태'와 정보를 다루는 '시스템'을 구별하는 데 세심한 주의를 기울여야 한다. 오늘날 정보화시대가 놀라운 점은 이용할 수 있는 정보량이 실로 엄청나다는 것뿐만 아니라, 정보를 다루는 데 필요한 시스템과 그러한 시스템을 도입하는 기관이 우후죽순으로 번성한다는 사실이다.

효율성과 데이터

개인이나 기관은 다양한 목적으로 정보를 획득하고 이용한다. 그중 하나는 단순한 소유와 그것이 주는 만족감이다. 일상사에 대한 놀라운 기억력, 고급 장서 혹은 CD, 지도, 컴퓨터 프로그램 따위의 소장품에서 느끼는 일부 사람들의 자부심을 생각해보라. 정보의 소유는 권위를 부여하기도 한다. 역사적으로 박식함, 특히 작은 종파나 비밀결사의 비의秘儀적 입문은(프리메이슨 단원이나 우주론자들의 경우를 생각해보라!) 권위의 상징이자 문외한들에게는 경이의 대상이었다.

하지만 이러한 것들은 정적인 지식 이용에 불과하다. 비즈니스, 법률, 의학, 전쟁 혹은 심지어 비행기를 예약하거나 전화를 거는 등의 실생활에서 정보를 사용할 경우 시간은 필수 요소다. 중요한 정보를 얻거나 이용하는 데 걸리는 시간이 정보를 조직하는 효율성의 동인으로 작용하는 것이다.

인류 역사가 보여주듯, 많은 상황에서 기억과 이야기만으로도 부족함이 없었다. 하지만 생활 속도가 빨라지고 사회, 조직 그리고 개인의 삶이 점점 복잡해짐에 따라 사람들의 욕구를 충족시키기에 기억은 신뢰성이 떨어지고 글로 된 이야기는 우연적 요소가 너무 많다고 인식하게 된다. 그 결과 사람들은 정보시스템의 효율성을 발전시키는 데로 눈을 돌렸다. 다시 말해 과거보다 더 빨리, 더 믿을 수 있고, 더 적은 비용으로 정보를 취급할 방법을 찾게 된 것이다.

분류하고 처리하고 저장하고 검색하거나 비용과 노력을 덜 들이면서도 더 빠르게 전달하려면 정보를 압축하고 체계적으로 정리해야 한다. 압축하고 정리하는 과정을 거쳐 설명 위주의 장황한 정보는 '데이터'로 바뀐다. 데이터는 언어(사전의 경우), 숫자(학업 평점이나 야구 통계의 경우), 문자 숫자식 코드(전화번호의 경우), 기호(수학 표기법이나 기보법의 경우), 그래프(지도, 통계표 혹은 과학 일러스트레이션의 경우) 등 다양한 방식으로 표현된다. 데이터는 저장이 가능하고 다양한 수단으로 전달될 수 있다. 말과 기억에 의존하는 방법은 그리 효율적이지 못하다. 좀 더 나은 수단으로 쓰기와 인쇄를 들 수 있지만 최신식 전기·전자 미디어에 비할 바는 못 된다.

우리는 데이터의 세계에 살고 있다. 말하자면 스포츠 통계, 주가지수, 이메일 주소, 합법적 인용, 성적표, 미디어 전문용어 등등 매일 접하는 수많은 암호문을 해결해야만 정상적인 생활이 가능한 것이다.

책을 식별하는 방법을 생각해보자. 책에 목차를 넣거나 겉표지에 짤막한 설명("낡고 더러운 재킷을 걸친 머큐리로 상징되는 우편제도에 관한 책")을 덧붙일 수 있다. 진일보한 방법으로, 간결하고 정확하면서도 설명적이지 않은 언어 기술인 문헌인용이 이용되기도 한다("리처드 R. 존, 《소식의 전파 : 프랭클린에서 모스에 이르는 미국 우편제도》, 케임브리지, 매사추세츠 : 하버드대학출판사, 1995"). 책을 식별함은 물론 책의 주제와 도서관의 위치까지 알려주는 도서정리번호('HE6185.U5J640')는 더욱 간편하다. 이보다 더 간편한 것으로 국제표준도서번호ISBN('0-674-83338-4')가 있다. 이 방법은 인간보다는 컴퓨터를 위해 고안되었다고 볼 수 있다. 끝으로 바코드는 컴퓨터만 인식할 수 있는 식별장치다. 데이터화하는 과정을 거쳐 책을 식별하는 방법이 구어에서 사용하는 공통의 언어적·설명적 형식에서 점점 멀어져간다는 사실을 확인한 셈이다.

정보화시대의 시작

그야말로 폭발적으로 쏟아져 나오는 시스템의 '정보화시대'를 살아가면서 이러한 혁명은 과연 언제 시작되었을까?라고 의문을 던지는 것은 지극히 당연하다.

과학사가 마이클 리오던Michael Riordan과 릴리언 호드슨Lillian Ho-ddeson은 트랜지스터의 발명을 정보화시대의 출발점으로 보았다.[3] 마이크로소프트사의 최고경영자이자 자칭 정보화시대의 마법사 빌 게이츠Bill Gates는 이렇게 말한다.

"이번 시간 탐험 여행에서 나는 1947년 12월 벨연구소에 제일 먼저 들러 트랜지스터의 발명 현장을 직접 확인할 것이다. …… 그것은 정보화시대의 출현을 알리는 중요한 하나의 과도기적 사건이었다."[4]

정보시스템을 효율적인 분석 개념으로 인식하는 역사가라면 누구나 정보화시대의 시발점과 그 발전 과정에 주목할 것이다. 그들에게 1992년, 어쩌면 1947년조차도 정보화시대가 우리 문화에 끼친 이처럼 중요한 변화를 설명하기에는 너무 가깝다고 여길지도 모른다. 정보화 혁명의 정확한 기원을 추적하는 과정에서, 역사가마다 서로 다른 날짜를 염두에 둔다. 어떤 학자는 유럽대륙을 가로

지르며 퍼져 나간 철로와 거대 사업들의 발흥을 근거로 제시하며 정보화시대의 출발점을 19세기 말까지 거슬러 올라간다.[5] 또 다른 학자는 19세기 전반에 전신과 증기로 가동되는 신문윤전기의 도입을 그 시발점으로 본다.[6] 또 어떤 학자는 15세기와 18세기 동안 유럽문명에 끼친 인쇄기의 영향을 분석해왔다.[7]

이처럼 학자들 사이에도 이견이 분분한데, 그렇다면 독자는 어떨까? 정보화시대는 과연 언제 시작되었을까? 그 답은 의외로 간단하다. 정보화시대는 특별한 시작이 없다. 인류와 그 궤를 같이해왔기 때문이다. 그럼에도 역사의 진행 과정 중 사람들이 접속하는 정보의 양과 그것을 다루는 정보시스템의 개발에서 엄청난 '가속도'가 붙은—혁명이라고 불러도 별 무리는 없을 것이다—시기들이 있었다. 글쓰기, 알파벳, 복식부기, 인쇄기, 전신, 트랜지스터 그리고 컴퓨터의 출현 등은 각각 당대의 정보 가속화에 크게 기여했다. 한마디로 정보화 혁명은 여러 차례 일어났던 것이다.

자신들이 연구해온 시대의 '정보혁명'을 설명하려고 시도하는 역사가들은 거의 예외 없이 인쇄기, 전신기, 컴퓨터 등의 당대에 선호한 기계에 그 공로를 돌린다. 한 예로 국립미국사박물관의 큐레이터 스티븐 루바Steven Lubar는 다음과 같이 설명한다.

정보·커뮤니케이션·오락 기계들로 대변되는 이 새로운 세계를 나는 정보문화라고 부른다. 굳이 "정보문화"라는 용어를 사용하는 까닭은, 이러한 기계와 이것들이 관여하는 사회구조가 적어도 민족, 인종, 지리적 여건 못지않게 우리의 문화를 규정하는 데 큰 영향을 주었기 때문이다. 이러한 기계와 이를 이용하기 위해 우리가 선택하는 방법에 따라 주변 세계, 인적관계 어쩌면 우리 자신들에 대해 느끼는 방식 또한 바뀌어온 것이다.[8]

근대 초기의 인쇄혁명과 19세기와 20세기의 정보문화는 주로 당대의 기계와 물리적 기술로 정의된다. 특정한 역사 시기의 정보 가속화 현상을 설명하는 데 기계가 중요하다는 것은 새삼 강조할 필요가 없는 명백한 사실이다. 그렇다고 기계가 직접적인 원인은 아니다. 인쇄혁명과 19세기 사이에는 정보를 취급하는 '기계'라는 관점에서는 덜 중요했지만 새로운 정보'시스템'들이 탄생할 수 있는 밑거름을 제공한 시기가 있었다. 이성의 시대(17세기 말과 18세기 대부분)와 그 뒤를 잇는 혁명의 시대(1776년부터 19세기 중반까지)가 바로 그 시기에 해당된다. 이 글의 초점도 바로 이 시기인데, 19세기의 전자기계적 정보처리와 20세기의 전자처리의 기본 토대가 바로 이 기간에 마련되었기 때문이다. 말하자면 "소프트웨어"라고 부를 수 있는 정보시스템의 문화혁명이 "하드웨어"라고 부를 수 있는 물질적 혁명을 선도한 것이다.

이성과 혁명의 시대

18세기와 19세기 초는 계몽주의와 낭만주의가 주도한 문화혁명, 유럽과 아메리카에 휘몰아친 정치혁명 그리고 영국에서 시작되어 서유럽과 북미로 급속히 퍼져 나간 산업혁명이라는 세 가지 대변동으로 특징지어진다.

계몽주의 역사가들은 대부분 철학자들의 영향 아래 당대를 풍미한 근본 사상들을 좇았다. 다시 말해 종교와 미신에 반하여 이성과 과학을, 편견에 반하여 관용을, 권력의 남용에 반하여 정의를 그리고 절대주의에 반하여 사회계약을 중시했다. 주요 사상들을 강조한다는 것은 당대를 대표하는 문화적 거인들, 이를테면 볼테르, 칸트, 디드로, 모차르트, 루소, 라부아지에 그리고 이들에 비견되는 재능과 명성을 가진 수많은 인물에 대한 찬양을 의미한다. 한마디로, 이 시대의 역사가들은 계몽주의를 지식인들과 그들의 사상으로 인식했다.[9]

하지만 또 다른 지적 변화는 상대적으로 덜 극적이고 논쟁의 여지도 없다는 이유로 거의 조명을 받지 못했다. 정보의 수요·공급과 조직 문제가 바로 그것이다.

정보시스템의 수요

1700~1850년 시기에 새로운 정보시스템이 출현하게 된 까닭은 무엇일까? 이 시기에 이루어진 정보시스템 발전의 주요 동인은 현시대처럼 컴퓨터가 주도하는 기계가 아니라, 사회적·경제적·정치적 격변이 주도한 문화적 변화였다. 이해를 돕기 위해 잘 알려진 수요와 공급이라는 두 가지 경제적 개념을 빌려 논의를 전개해보자.

인구와 생산량이 증가하고 대서양 무역이 활발해지면서 정보에 대한 수요도 점점 더 커졌다. (러시아를 포함한) 유럽 인구는 1750년과 1850년 사이에 대략 1억 6700만 명에서 2억 8400만 명으로(다시 말해 70퍼센트) 증가했고, 같은 시기에 북아메리카의 백인 인구는 대략 200만 명에서 2600만 명으로 13배나 증가했다.[10] 인구의 증가는 경제 성장을 동반했다. 오늘날 기준으로 보면 속도가 느리고 가난한 사람들에게는 그 혜택이 거의 돌아가지 못했지만, 인구 증가는 곡물, 직물, 목재, 사치품 등의 전통적인 교역에서뿐만 아니라 설탕, 면화 등 한때 극히 귀했던 물품의 장거리 교역에 이르기까지 상업의 활성화를 가져왔다. 1850년 무렵 북대서양 세계는 150여 년 전과 비교해볼 때 훨씬 더 부유했고 모든 면에서 발전했다.

그렇다면 인구 증가와 경제 성장은 어떻게 새롭고 더 효율적인 정보시스템을 이끌어냈을까? 정보 수요의 한 가지 원천은 생산량, 가격, 위험도 등의 정보에 목말라했던 상인들에게서 나왔다. 그들에게 배의 도착은 부와 파멸을 의미할 수 있었고, 멀리서 벌어지는 전쟁은 이익과 재난을 가늠할 수도 있었다. 말하자면 과거에도 오늘날과 마찬가지로 정보는 곧 돈이었던 셈이다.

정보에 대한 폭발적 수요는 관료주의의 한 특성이기도 했다. 18세기 정치시스템은 종종 전제주의에서 계몽군주제의 전환으로 묘사된다. '전제주의'가 오로지 개인이나 왕가의 이익을 위해 통치하는 군주의 신적 권리를 의미했다면, '계몽군주제'의 왕은 신민의 권익을 우선시했다. 하지만 통치자가 신민의 이익이 무엇인지를 알기 위해서는 자신이나 가문의 이익만을 생각할 때보다 훨씬 더 많은 정보가 필요했다.

관료들은 식량 폭동이나 지역적 소요와 같은 자신들의 권위에 대한 도전을 사전에 차단하기 위해 정보가 필요했다. 한 나라의 통치는 훌륭한 지도, 인구조사, 식량공급이나 산업 여건 혹은 여타 요인에 대한 보고서를 요구했다. 외교를 담당한 관료들은 (오랜 전통을 자랑하는) 첩보활동으로 얻는 타국에 대한 정보뿐 아니라 재산, 인구, 군비 등의 보다 일반적인 정보도 필요했다.

육군과 해군은 정보의 거대 소비자였다. 육군은 전투 예상 지역에 대한 지도를, 해군은 해안, 섬, 바다의 깊이를 기록한 지도와 바다에서 현재 위치를 알려주는 믿을 만한 여러 수단이 필요했다.

다양한 전문 직종은 차별화된 정보를 요구했다. 경제가 성장하면서 기술과 지식은 이제 모녀간 혹은 부자간에 전달되는 구태의연한 방법으로는 도저히 감당할 수 없을 만큼 새롭고도 훨씬 더 복잡한 정보들과 마주할 수밖에 없었다. 법률가는 법전을, 약사는 처방전을, 장인은 사용 설명서와 도해를, 농부는 책력을 그리고 침모에게는 견본이 필요했다.

호기심도 단단히 한몫을 했다. 이 시기에 교육받은 사람, 전문직 종사자, 사업가 등이 대거 등장하면서 대화, 위트, 세계와 최근 뉴스에 대한 지식으로 상대를 판단하는 그들 특유의 문화가 형성되었다. 백과사전이 베스트셀러가 되었는데, 특별한 주제에 대한 출처로 쓰이기보다는 오히려 상류계급의 상징이자 배움을 중시한다는 증거로 소장 열풍이 불었다. 당대 사람들도 우리와 거의 동일한 이유에서 책과 지도, 신문을 구매했지만, 구매욕은 훨씬 더 강했다. 오늘날 같은 전자오락기가 없었으니 당시로서는 지극히 당연한 현상이었을 것이다.

1776년 북아메리카에서 발생한 독립전쟁과 더불어 시작된 혁명의 시대는 정보에 대한 수요를 더욱 부채질했다. 혁명 주체들은 국민의 이익을 위해 행동한다고 선언했을 뿐 아니라, 정치 무대에서 국민이 대표자가 되어야 한다고 믿었다. 이 말은 곧 시민을 위해 정보를 수집하고 그것을 널리 보급한다는 것을 의미했다. 특히 프랑스혁명 당원들은 데이터에 강한 집착을 보였다. 그들은 영토의 재편성, 법률 개정, 새로운 조세법 도입 그리고 도량형을 비롯한 전반적인 개혁을 원했던 까닭이다. 혁명의 시대는 전시 상황이었기에 속도가 중시되었다. 머뭇거릴 여유가 없었다.

1805년 이후 유럽과 북아메리카는 상대적으로 평화로운 시기를 맞이한다. 그렇다고 구체제로 돌아가는 것은 결코 아니었다. 주권자가 아닌 국가의 보호와 강화를 천명했다는 의미에서 전제적이든 자유주의적이든, 모든 정부 형태는 '계몽화한' 상태를 유지했다. 그 결과 각국은 인구조사를 시행하고, 토지를 측량하고, 우편물을 전송하고, 과학을 장려하는 기관들을 경쟁적으로 설립하게 된다.

정보시스템의 공급

정보의 공급은 그 수요를 결코 만족시키지 못한다. 새로운 정보가 한 가지 의문에 해답을 제공하면, 그것이 도리어 더 많은 정보에 대한 욕구를 부추기게 마련이다. 더구나 정보를 소유한 사람들은 자기만이 알고 있는 중요한 정보가 유포될까봐 노심초사한다. 비밀공식을 알고 있는 연금술사나 오늘날의 대기업, 혹은 무엇이든 분류해 보관하려는 천성을 지닌 관료들을 생각해보라!

하지만 정보에 대한 수요의 증가는 필연적으로 공급의 증가를 불러왔다. 스스로를 계몽화한 사람으로 생각한 군주와 그 관료들은 지도 제작 프로젝트, 인구조사, 무역과 농업조사 등을 통해 그들이 다스리는 영토에 대한 정보를 모았다. 공식적인 조사와 개인적인 연구 계획에 힘입어 열대식물, 생산량과 수확량, 지구의 형태, 천연두로 말미암은 사망자 수 등의 데이터가 엄청나게 축적되었다. 그리고 연금술, 라틴어 텍스트, 비밀결사 등 비밀스럽거나 밀폐된 지식도 신문이나 백과사전 혹은 자국어로 행해지는 공개강연으로 개방적이고 접속 가능한 지식에 도전을 받게 된다.

증가하는 정보량은 다시 정보를 다루는 방식의 혁명, 즉 정보시스템의 혁명을 유도했다.[11] 그리하여 분류학, 지도 제작, 사전학, 통계학, 우편제도에서 이루어낸 과학적 발전이 이성과 혁명의 시대를 규정하는 중요한 특징으로 자리매김하게 된다.

하지만 이성과 혁명의 시대란 말이 그 자체로서 존재 의미가 있는 것은 아니다. 그것은 유명하거나 잘 알려지지 않은 무수한 인물의 '공동작품'에 대한 약식 표현에 불과할 뿐이다. 당대에 관심이 있는 독자라면 식물학자 칼 린네, 화학자 앙투안 라부아지에, 인구학적 비관론자 토머스 맬서스, 시계기술자 존 해리슨, 《백과사전 Encyclopédie》의 공동 저자 드니 디드로와 장 르 롱 달랑베르, 《영어사전 A Dictionary of the English Language》을 쓴 새뮤얼 존슨, 전신기를 발명한 새뮤얼 모스, 세계 최고봉을 자신의 이름을 따서 명명한 조지 에버리스트 등 수많은 유명인의 이름을 그리 어렵지 않게 떠올릴 것이다. 장 바티스트 콜베르(루이 14세 때 재정총감), 토머스 제퍼슨, 벤저민 프랭클린, 나폴레옹 보나파르트 등의 유명 정치인들도 이 역사적인 무대에 모습을 드러낸다.

이 책에 거론되는 주인공들 중 대부분은 전문가들에게만 알려져 있다. 이를테면 통계학자들은 아돌프 케틀레를, 천문학자들은 카시니를 그리고 화학자들은 조지프 프리스틀리를 기억한다. 한편 프랑스인들은 클로드 샤프가 모스보다 50년 먼저 무선을 발명했다는 사실을 알고 있다.

빈첸초 마르코 코로넬리(백과사전파), 토비아스 마이어(수학자), 그래프를 발명한 윌리엄 플레이페어 등 당대의 정보화 혁명에 지대한 공헌을 했음에도 오랫동안 잊혀온 사상가들 또한 수두룩하다. 사실 정보화시대의 주역은 다름 아닌 그들이었다.

진보의 정신

18세기 문화는 지식인 계층이 정치와 비즈니스에 지식과 이성을 적용하고자 했던 시기로 규정된다. 이에 프랑스 역사가들은 망탈리테mentalité*—독일인이라면 차이트가이스트Zeitgeist, 즉 시대정신이라고 말할 것이다—라는 단어를 사용한다. 비록 이 용어가 수요에 대한 여러 다양한 원천을 뭉뚱그려 나타내지만 여전히 유용한 개념이다. 갈수록 커지는 지식에 대한 갈증뿐 아니라 더 많은 지식이 인류의 진보를 이끌 것이라는 강한 믿음이 18세기와 19세기를 특징짓기 때문이다.

당시 가장 선호된 표현들 중 하나가 '진보progress'라는 용어였다.

---

* 한 사회 혹은 한 집단의 심성으로, 사회 성원들이 공유하는 일련의 사유 과정, 가치, 신념을 뜻한다.

계몽주의시대에는 이 용어가 대서양 양단의 철학자, 전제군주 그리고 식자층들의 주기도문이었다. 그로부터 200년이 흐르는 동안 히로시마 원폭투하나 홀로코스트와 같은 엄청난 비극이 수없이 반복되었다. 그런 비극의 역사를 알기에 대부분 사람들은 진보에 대해 냉소적이다.

우리는 현재 엄청난 정보를 접하며 살아가지만 진정한 의미의 '인류 발전'은 아직도 멀기만 하다. 그럼에도 우리는 여전히 정보를 원한다. 그것도 이전보다 훨씬 더 빠르고 많은 정보를 말이다.

이 말이 약간 헷갈린다면, 그것은 진보의 두 형태인 도구적 진보와 도덕적 진보를 혼동하기 때문이다. 도구적 진보는 한곳에서 다른 곳으로 이동하거나, 멀리 떨어져 있는 누군가와 소통하거나, 도시를 파괴하는 등의 주어진 목적을 달성하기 위한 수단과 관계한다. 반면 도덕적 진보는 그 목적을 판단한다. 윤리적 관점에서 볼 때 인류는 지난 3세기 동안 거의, 어쩌면 전혀 진보가 없었다. 하지만 정보시스템이 이룬 도구적 진보는 실로 엄청나다. 감히 장담하건대, 이러한 흐름을 거꾸로 돌려놓고 싶어 할 사람은 아무도 없을 것이다.

2.

분류법과 명명법의 발견

정보의 조직

뭐라고 부를까? 우리가 장미라고 부르는 것은
어떤 이름을 붙여도 달콤한 향기가 났었지.

— 윌리엄 셰익스피어, 《로미오와 줄리엣》

1735년, 카롤루스 리나이우스로 알려진 칼 폰 린네Carl von Linné(1707~ 1778)는 박사학위를 취득하기 위해 네덜란드로 왔다. 린네는 학위를 빨리 주기로 유명한 작은 대학도시 하르데르베이크로 향했다. 형식적인 절차를 밟은 후 스웨덴에서 가져온 학위논문을 제출했다. 그리고 네덜란드에 온 지 6일째 되는 날, 린네는 의학박사 학위를 손에 쥘 수 있었다.[1]

학위를 따고 싶은 욕구가 없었던 것은 아니지만, 그의 진정한 여행 목적은 다른 식물학자들과의 만남에 있었다. 네덜란드에 오기 전에 그는 스웨덴의 웁살라대학에서 강의를 맡고 있었으며, 식물학자들에게 알려져 있지 않은 식물들을 찾아 당시로서는 시베리아나 북아메리카처럼 외지고 이국적인 라플란드*로 여행한 경험도 있었다. 그가 굳이 네덜란드를 택한 이유는 레이던식물원의 원장이자 유명한 박물학자 헤르만 부르하버Hermann Boerhaave(1668~1738)

• 　노르웨이·스웨덴·핀란드의 북부와 러시아의 북서부 끝을 포함하는 북유럽 지역.

의 고향이 바로 그곳이었기 때문이다. 브라질 식민지, 카리브 해역, 남아프리카 그리고 동인도와 더불어 당시 네덜란드는 식물학의 본거지였다.

린네는 빈손으로 온 것이 아니었다. 그의 배낭 속에는 식물학의 개혁에 관한 그의 기본 생각들을 담은 짤막한 원고가 들어 있었다. 〈자연의 체계Systema naturae〉라는 제목이 달린 소논문이었다. 크게 감명받은 부르하버는 돌아오는 즉시 레이던대학의 교수직을 보장하겠다고 약속하며 그에게 남아프리카와 아메리카 탐험에 합류하기를 권유했다.

부르하버의 제안이 솔깃하긴 했지만 린네는 그보다 더 나은 조건을 택했다. 부유한 상인 게오르게 클리포트George Clifford는 그 당시 자신의 사유지를 네덜란드에서 가장 값비싼 식물들로 가득 채웠으며, 심지어 개인 동물원까지 갖고 있었다. 그런 그가 많은 봉급과 최고급 주택을 제공한다는 조건으로 청년 린네를 자신의 주치의 겸 식물원의 책임자로 초빙했던 것이다.

네덜란드에서 보낸 3년 동안 린네는 클리포트의 식물원을 재정비했을 뿐 아니라, 잇따라 글을 14편 발표했다. 맨 먼저 출간된《식물학 기초Fundamenta botanica》와 《식물학 도서관Bibliotheca botanica》은 당시까지의 식물학 역사를 다루었다. 같은 해 1735년에 출간된 《자연의 체계》는 자연을 동물계, 식물계, 광물계로 나눈 다음, 식물계를 다시 강class, 목order, 속genus, 종species으로 분류하는 방법을 제시했다. 1737년에는 당시 클리포트 식물원과 식물표본실에 전시되어 있던 수천 종의 식물 삽화목록《클리포트 식물지Hortus Cliffortianus》와 라플란드 식물 탐험을 다룬 여행기《라포니카 식물상

1775년 알렉산더 로슬린이 그린 린네의 초상.

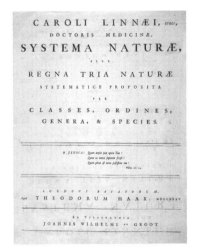

《자연의 체계Systema naturae》 1735년
초판본 표지.

《자연의 체계Systema naturae》 1736년
판본에 실린 '식물의 성 분류법' 도판.
독일의 식물학자이자 식물화가 게오르그
에렛이 삽화를 그렸다.

Flora Lapponica》이 출간된다.《자연의 체계》에서 기본 틀을 마련한 후 린네는 1737년《식물의 속Genera plantarum》을, 그의 나이 31세가 되던 1738년에는《식물의 강Classes plantarum》을 발표한다. 린네의 말을 빌리자면, 그는 "그를 앞선 그 어떤 사람이 평생에 걸쳐 식물학 분야에서 행한 것보다도 더 많이 쓰고 더 많이 발견했으며, 더 큰 개혁을 이루어냈다."[2]

비록 하나하나가 기념비적이었지만, 이 글들은 모두 완성된 책이 아니라 나중에 채워 넣을 의도로 쓰인 개요에 불과했다.《자연의 체계》1737년 판본은 폴리오판 혹은 2절판(10×17인치) 12쪽 분량에 불과했지만 (그가 직접 관여한 마지막 판본이자) 12번째 개정판 1766∼1768년 판본은 8절판(5×8인치) 2400쪽에 달했다. 그동안 무려 50배 분량이 늘어난 것이다.

《자연의 체계》를 완성하기 위해 린네는《식물의 종Species plantarum》에서 발견한 모든 종을 포함할 계획을 세웠다. 이후 직접 관찰을 하고 친구나 학생들이 보내준 말린 식물표본들로부터 필요한 정보를 축적하는 데 수년이 걸렸다. 1753년 초판이 나올 무렵, 그는 웁살라대학의 의학·생물학 교수이자 스웨덴 왕립과학아카데미의 초대 회장으로 스웨덴 국민은 물론 전 세계 식물학자들로부터 영웅 대접을 받았다.

과연 린네의 어떤 점이 동시대인과 후세에게 그렇게 큰 감명을 주었을까? 이미 알려진 식물 목록에 다시 많은 것을 보탠 그 공로를 인정받은 것일까? 물론 아니다. 다른 식물학자들도 그렇게 했으니 말이다. 대신 그는 식물을 분류하는 간편하고 효율적인 방법과, 그렇게 분류된 것들을 표현하는 언어를 발견했던 것이다. 린네는 식물학을 학식의 영역에서 정보를 효율적으로 관리하는 시스템의 하나로 전환했다. 린네의 전기 작가 프란스 스타플뢰Frans Stafleu는 이렇게 말한다.

"분류학에서 린네의 공헌도는 단일 작가로서는 단연 으뜸이다. 200년도 더 지났지만 여전히 그대로 받아들여지는 정보시스템과 코딩장치coding device를 창안한 것은 그 어떤 학문에서도 찾아볼 수 없는 위대한 업적이다."[3]

린네가 고안한 정보시스템은 다른 학문에 지속적인 영향을 끼쳤으며, 그 결과 실로 엄청난 양의 데이터로 분류된다.

분류의 시대

조직화된 연구는 그 어떤 개인이 정신적으로 받아들이고 처리할 수 있는 것보다도 빠르게 정보를 축적할 수 있다. 정보를 조직하는 시스템들이 요구되는 것도 바로 이 때문이다. 필요할 때 다시 찾아볼 수 있도록 새로운 정보의 조각들을 일정한 규칙에 따라 배치함으로써 개별 항목의 효율적 검색이 가능하다. 뿐만 아니라 이렇게 모아진 지식의 덩어리는 특정한 패턴 혹은 법칙을 드러낸다.

새로운 정보를 포착하고 그것을 현존하는 지식체계에 편입하려면, 무엇보다 그 정보에 대한 명확한 규명이 필수적이다. 다시 말해 다른 것과 구별 짓는 독자적 명칭을 부여해야 한다. 여기에 모호성과 혼동을 피하려면 각 용어와 그것이 가리키는 대상 사이에 반드시 일대일 대응관계가 성립되어야 한다. 하지만 과학에서는 대상에 명확한 명칭을 부여하는 것만으로는 충분하지 않다. 각각의 명칭은 이를테면, 사자*Panthera leo*와 호랑이*Panthera tigris*, 이산화탄소와 탄소 및 산소, 미터와 킬로미터처럼 대상들 사이의 관계도 나타내야 한다. 학명nomenclature 혹은 명명시스템은 그 토대를 이루는 '분류법taxonomy' 혹은 사물의 시스템을 표현하기 위해 고안된 것이다.

하지만 이러한 과정은 위험성이 있다. 정신의 구성체인 학명은 대상에게 그 대상이 뿌리내린 현실을 왜곡하는 어떤 패턴을 명칭으로 강요할 수도 있기 때문이다. 사자*leo*와 호랑이*tigris*가 동일한 고양이속*Panthera*에 속한다는 사실을 아는 사람이 과연 얼마나 될까? 자연과학에서는 명명법으로 강제된 인위적 분류와 자연에 존재하는 패턴들을 반영한 자연적 분류시스템 사이에 갈등이 늘 존재한다.

18세기는 과학언어에서 세 가지 대혁신이 일어난 시기로서, 이것은 이후 끊임없이 과학적 담론의 대상이 된다. 첫째, 린네의 이명법binomial nomenclature은 수많은 식물과 동물에 질서를 부여했다. 둘째, 라부아지에가 만든 화학 명칭은 이미 알려진 화학물질에 이름을 달았을 뿐 아니라, 그것의 주요 특징과 상호관계를 규명했다. 셋째, 십진법metric system은 무게, 길이, 넓이, 부피 등 단위의 관계를 나타냈다. 여러 과학 분야가 표현의 방법으로 택한 각종 언어들을 조사하는 것이 이번 장의 목표이기도 하다.

18세기에 전개된 과학언어의 발전에는 여러 가지 동인이 개입했다. 그중 하나는 과학을 비전秘傳의 기술에서 이성의 업적으로 격상시킨 뉴턴의 물리학과 천문학의 권위였다. 그와 더불어 식자층은 자연계, 자연계의 땅과 사람들, 자연계의 동식물과 광물에 대한 지식에 목말라했다. 박물학자와 탐험가들은 연일 자연에 관한 중요한 발견을 이루어냈다. 이러한 발견은 나날이 커지는 호기심을 자극했지만, 결코 만족시키지는 못했다.

식물학, 동물학, 화학에서 등장한 새로운 분류법과 명명법은 독자적 발전이 아니라 계몽주의 정신의 반영이었다. 프랑스 철학자이자 수학자 마리 장 콩도르세Marie-Jean Condorcet(1743~1794)가 1784년에 쓴 다음 글에서 우리는 계몽사상과 과학언어의 상관관계를 쉽게 읽어낼 수 있다.

> 알파벳 언어가 이제 더는 과학의 수요에 부응하여 진보를 따라갈만큼 빠르고 풍부하고 정확하지 못할 경우, 만약 우리가 각 분야마다 그에 합당한 언어를 만들지 않는다면 진보는 중단될 수밖에없다. 이 새로운 언어들에서는 일정불변하게 한정된 기호들이 지식의 대상, 생각의 다양한 결합 그리고 자연의 산물에 행하는 조작을 표현할 것이다. 다시 말해 이 언어들은 마치 대수학의 언어가 수학적 분석을 위한 것이듯, 과학의 각 분야와 필연적 관계를맺을 것이다.[4]

과학과 언어

중세 이후 한동안 자연을 이해하는 일은 종종 신을 이해하는 한 수단으로 정당화되었다. 이는 신이 인간을 위해 자연을 창조했다는 발상에서 기인한다. 실제로 많은 연구자가 자연의 신비를 널리 공유해야 할 정보가 아니라 전유하거나 몰래 간직해야 할 비밀로 간주했다. 그때까지도 화학은 연금술과, 생물학은 주술치료와 그리고 천문학은 점성술과 서로 내밀한 관계로 얽혀 있었다.

18세기에 접어들어서 연구자들은 이제 더는 신학적인 정당화의 필요성을 느끼지 않았다. 이제 자연을 이해하는 일은, 이를테면 미덕처럼 그 자체로 의미가 있었으며, 동시에 과학의 목적은 비밀을 몰래 간직하는 것이 아니라 이성과 지식을 널리 확산시키는 것이었다. 하지만 과학은 아직 완전히 독립적인 학문 분야가 아니라 철학 및 '박물학natural history'과 연관되어 있었다. 새로운 기술개발을 통해 자연을 통제하는 데 과학이 이용될 수 있다는 생각은 영국 철학자 프랜시스 베이컨Francis Bacon(1561~1626)에게서 그 기원을 찾는다. 그러나 19세기가 도래할 때까지 일반 대중은 그러한 믿음을 신뢰하지 않았다.

과학자의 역할은 과학언어에 반영되었다. 연금술사, 점성가 그리고 이전의 마법사 같은 과학자들은 지식을 발전시키기보다는 비입문자에게 혼동을 주기 위한 목적으로 그들만의 비밀스러운 어휘들을 개발해왔다. 18세기에 명명법에 대한 관심이 높아진 이유 중 하나는 비밀 어휘들과 단절하는 대신 명확하고 논리적이며 쉽게 이해할 수 있는 언어로 자연을 나타내고자 했기 때문이다. 하지만 여기에는 두 가지 걸림돌이 있었다.

그렇다면 어떤 언어를 선택해야 하는가? 라틴어는 성직자와 학자의 전통 언어였다. 프랑스어는 전 유럽의 귀족과 프랑스 식자층의 언어였지만, 다양한 방언을 사용하는 농부의 언어는 아니었다.

식자층에서는 라틴어를 멀리했다. 그 대신 영국의 잉글리시, 프랑스의 파리지앵, 에스파냐의 카스티야, 이탈리아의 토스카나, 독일 연방주들의 호호도이치(고지독일어)처럼 당시 이미 국가 언어로 발돋움하던 방언들을 선호하는 경향이 형성되기 시작했다.

린네는 수년간 네덜란드에서 살았지만 네덜란드어를 전혀 배우지 않았다.[5] 그는 라틴어로 글을 썼으며, "초심자는 학문을 연구할 자격을 갖추기도 전에 문자를 연구하느라 늙어버릴지도 모른다"[6]는 이유로 현대어를 사용하기 거부했다. 심지어 그는 모국어인 스웨덴어조차 사용하지 않았다. 장 달랑베르의 《백과사전》 서문에 나오는 다음 글은 더욱 놀랍다.

> 철학(다시 말해 과학) 저술에서 라틴어의 사용은 매우 유용할 수 있다. …… 18세기가 끝나기 전에 선대들의 발견을 깊이 있게 연구하고자 하는 철학자는 적어도 예닐곱 개의 상이한 언어를 기억 속에 쟁여두어야 할 것이다. 생애에서 가장 중요한 시기에 언어를 익히느라 정작 본격적인 배움은 시작도 못해보고 죽음을 맞이하게 될 것이다.[7]

하지만 독서 인구는 라틴어를 거부했다. 과학에 매료된 사교계는 과학을 자국어로 배우고 싶어한 것이다. 달랑베르가 어떤 생각을 했는지 알 수 없지만, 어쨌든 《백과사전》은 프랑스어로 쓰여야 했다.

두 번째 걸림돌은 언어가 아니라 어휘 문제였다. 과학에 관심 있는 사람들은 그저 손쉽게 일상어의 단어들을 선택할 수는 없었다. 그런 단어들은 부정확하고 결함과 모순투성이였으며, 때로는 국

지적이었기 때문이다. 그 결과 일상적인 단어와 신조어 사이의 절충, 다시 말해 친숙하지만 부정확한 어휘와 정확하지만 전문화된 (따라서 비의적인) 언어가 구분되기 시작했다.

18세기 과학은 세 가지 두드러진 언어의 변천 과정을 겪는다. 첫째, 라틴어는 지식인 언어의 위상을 거의 상실해갔다. 둘째, 일상어는 국어가 되었다. 셋째, 지방어는 라틴어와 그리스적 어원에 뿌리를 둔 전문화된 과학적 어휘의 하부구조로 사용되었다. 결국 전문화된 어휘들은 점차 힘을 잃었다. 18세기에 들어 과학의 역할은 변하게 되었고, 자연히 과학의 언어와 어휘도 변할 수밖에 없었다.

언어 사학자 막스 푹스Max Fuchs는 프랑스어를 대상으로 이러한 과정을 분석했는데, 사실 프랑스어 대신 영어를 택했더라도 결과는 비슷했을 것이다. 두 언어는 과학적 어휘들을 공유했기 때문이다.[8] 1669년 네덜란드어로, 다시 1693년 라틴어로 출간된 얀 스바메르담Jan Swammerdam의 《곤충의 일반사Historia insectorum generalis》에서 출발하는 일련의 도서 제목에서도 이러한 변이 과정을 추정할 수 있다. 그 다음으로 중요한 저서는 여섯 권으로 출간된 르네 레오뮈르René-Antoine Réaumur의 《곤충의 역사Historie des insects》(1734~1742)다. 레오뮈르는 과학용어 대신에 완곡어법, 인체해부학적 유추를 따른 설명 그리고 장황한 기술을 사용했다. 하지만 그가 사용한 방법은 결과적으로 특수한 기술 신조어보다 더 큰 혼란만 불러왔다. 근대 곤충학의 어휘는 샤를 보네Charles Bonnet의 《곤충학 논문Traité d'insectologie》(1745)과 여섯 권으로 출간된 앙투안 올리비에 Antoine Olivier의 《곤충학Entomologie》(1789~1808)에서 비로소 제대로 된 모양새를 갖추었다.[9]

레오뮈르에 뒤이어 등장한 아베 놀레Abbé Nollet는 《실험물리학 강론Leçons de physique expérimentale》에서 더욱 대담한 접근을 시도한다. 이 영향력 있는 교본은 1743년과 1775년 사이에 여덟 차례나 판을 거듭했다. 이 저서에서 놀레는 baromètre(기압계), planétaire(행성), siphon(사이펀), télescope(망원경), apogée(원지점), ellipse(타원), balistique(탄도학), parabole(포물선), révolution(공전), densité(밀도), élasticité(탄성), amalgame(아말감), cataracte(백내장) 등 수많은 기술용어를 사용했다. 이런 단어들이 친숙하게 느껴진다면, 그것은 온전히 그러한 단어들을 대중화한 놀레 덕분이다. 이러한 과정은 의식적으로 일상 어휘와 과학적 언어를 분리하는 결과를 낳았다. 그는 더 많은 대중이 과학을 가까이 할 수 있는 어휘와 입문자들에게 의미를 효과적으로 전달하는 명확하고 간결한 어휘가 무엇인지 정확히 꿰뚫고 있었다.

시간이 흐르면서 새로운 용어의 도입도 가속화되었다. 알프스인종의 용어 glacier(빙하)와 moraine(빙퇴석), 게르만족 혹은 스칸디나비아의 용어 quartz(석영, 1749), cobalt(코발트, 1782), tungstène(텅스텐, 1789) 등 몇몇 단어들은 지역 방언에서 유래했다. 하지만 대부분의 단어는 그리스어나 라틴어에 그 뿌리를 두고 있었다. 프랑스인들은 aberration(광행차, 1737), convergence(수렴, 1743), accrétion(집적현상, 1751) 등 라틴어에 근거한 단어들을 선호했다. 프랑스에서는 인기가 없었지만, 복잡한 사상을 간명하게 표현하는 합성의 용이성 때문에, 그리스어에 근거한 단어들의 유혹을 과학자로서 뿌리칠 수 없었을 것이다. 18세기에 anthropologie(인류학, 1707), minéralogie(광물학, 1732), zoologie(동물학, 1762), lithographie(석판술, 1771), entomologie(곤충학, 1789) 등의 단어가 수백 개나 등장한 사실이 이를 방증한다. 이들 단어 중 상당수가 오늘날까지도 여전히 사용된다.

18세기 말경 과학 분야는 자체만의 고유한 지식을 반영하는 독자적 어휘를 큰 자랑으로 여겼는데, 그러한 경향은 동시에 특수화와 전문화를 향한 첫걸음이기도 했다.

이제 식물학, 동물학, 화학의 경우를 살펴보면서 과학의 언어, 명명법 그리고 분류시스템의 발전 과정을 추적해보자.

린네와 생물의 분류

동식물 분류의 가장 강력한 동인은 알려진 종의 수가 증가한 데 있다. 고대 식물학자 테오프라스토스Theophrastus(기원전 371~287)와 디오스코리데스Dioscorides(기원후 20년경)는 식물의 종을 수백 개로 산정했다. 1623년 스위스 식물학자 카스파어 바우힌Kaspar Bauhin은 6000개의 종을, 1682년 존 레이John Ray(1627~1705)는 1만 8655개의 종을 목록에 올렸다.[10] 1758년 린네는 7700개의 꽃식물에 이름을 붙였다. 이와 유사하게 분류된 조류의 숫자도 1518년 564종에서 1812년에는 3779종로 늘어났다.

아직 발견되지 않은 종들을 포함한 숫자의 추정치는 이를 훨씬 뛰어넘는다. 존 레이는 1691년에 식물과 동물이 4~5만 종에 이른다고 했고, 피터르 판 뮈스헨브루크Pieter van Musschenbroek는 1720년대에 식물 1만 3000종과 동물 14만 5000종을 추정치로 내놓았다. 에버하르트 침머만Eberhard Zimmermann은 1778년과 1782년 동안에 식물종 17만 5000개와 동물종 700만이 넘는 어마어마한 수치를 제시했다. (20세기 말, 분류학자들은 앞으로 발견 가능성은 무한하다는 단서와 함께 식물종 30만 개, 100만이 넘는 동물종을 식별했다.)[11]

무수한 생물을 다루기 위해 박물학자들은 그것들을 일정한 범주로 나누었다.[12] 테오프라스토스는 식물계를 교목, 관목, 작은 관목, 허브로 나누고, 허브는 다시 한해살이풀, 두해살이풀, 여러해살이풀로 나누었다. 의사 디오스코리데스는 허브를 의약 효능에 따라 세분화했다.

섬세한 식물학자들은 이성의 시대에 활발했던 관찰력과 같은 단순한 경험론에 만족하지 못했다. 일관성이 없고 모순투성이였기 때문이다.[13] 존 레이는 세 권으로 출간된 《식물 일반사Historia generalis plantarum》(1686~1704)에서 유성생식의 개념을 식물학에 도입했다. 하지만 그가 연구한 수많은 식물에 대한 묘사는 장황하고 혼란스러웠다. 그와 동시대인인 조제프 피통 드 투르네포르Joseph Pitton de Tournefort(1656~1708)는 《식물학 연구Institutionis rei herbariae》(1700)에서 꽃을 기준으로 식물을 분류했다. "이 부분들이 눈을 더욱 즐겁게 하고 상상력을 더욱 생생하게 자극하는" 이유에서였다.[14] 그는 기술적인 형용사(monopétales : 꽃잎이 하나인 식물, ombellifères : 산형화가 피는 풀(미나리과 식물)]나 두드러진 외형(이를테면 papillonacée : 나비 모양의 식물) 혹은 부정어(이를테면 herbes sans fleurs ni fruits : 꽃이나 열매가 없는 풀)를 사용하여 식물들을 구분하기도 했다. 그는 명명과 묘사를 혼동하고 있었다. 그 때문에 그는 나중에 린네가 Poa bulbosa(이삭포아풀)라 부르는 식물에 다음과 같이 장황한 어구를 붙였던 것이다. "Gramen Xerampelinum, Miliacea praetenui, ramosaque sparsa panicula, sive Xerampelino congener, arvense, aestivum, Gramen minutissimo semine."[15]

이처럼 길고 복잡한 진단적 어구로 종들을 명명하면서 식물학자들의 데이터와 지식 사이의 불협화음은 더욱 가속화되었다. 생물학자 에른스트 마이어Ernst Mayr는 "린네 이전의 식물학자들은 지역적 경계를 넘어서지 못했다. 영국인은 레이, 독일인은 리비니우스(바흐만) 그리고 프랑스인은 투르네포르를 추종했다"고 꼬집는다.[16]

문제의 핵심은 학식의 부족함이 아니라 자연적 분류체계와 인위적 분류체계 사이의 혼동이었다. 자연적 시스템이란 비록 전부는 아니더라도 대부분의 특성에 근거하여 대상을 분류하려는 체계를 말한다. 자연적 시스템은 많은 양의 정보를 전달하고 높은 예언적 가치를 지니지만—이를테면 이종교배를 할 수 없거나 생식불능의 새끼만 낳는 서로 다른 종의 식물이나 동물들처럼—범주 사이에 뚜렷한 불연속이 존재할 때에만 제대로 작동한다.

반면 인위적 시스템은 미리 정한 하나의 특성에서 출발하여, 오로지 그 기준에만 의거하여 대상들을 분류한다. 예를 들어 한 가지 종 안에 여러 변종이 있을 수도 있지만 뚜렷한 불연속성은 없다. 이러한 경우 인위적 시스템은 더욱 효과적으로 작동한다. 인위적 시스템은 이를테면 식물을 열매, 채소, 꽃으로 혹은 한해살이, 두해살이, 여러해살이로 나누는 경우처럼, 실용적인 목적을 위해 배우고 이용하기가 훨씬 쉽다. 하지만 신뢰도가 떨어지기 때문에 '비과학적'인 것으로 간주된다.[17]

린네는 두 가지 열정이 있었다. 먼저 "더 많은 종을 알면 알수록 식물학자의 탁월성도 그만큼 두드러진다"는 그의 표현에서 짐작

할 수 있듯이, 가능한 한 모든 식물을 알고자 했다.[18] 다음으로 모든 것을 일목요연하게 명명하고 분류하고 체계화하고자 했다. 심지어 그는 식물을 사랑하는 사람들을 식물학자, 식물애호가, 수집가, 연사, 분류학자 등으로 분류하기도 했다. 식물학자 율리우스 폰 작스Julius von Sachs는 린네를 "분류하고 조정하고 계급을 매기는 기계"라고 칭했다.[19]

린네가 창안한 분류시스템은 인위적이지만, 단순하고 효율적이었다.[20] 아리스토텔레스의 논리학에 따라 그는 식물계를 강classes, 목orders, 속genera, 종species, 변종varieties이라는 다섯 단계의 분류군으로 나누었다.[21]

> 다른 학문 분야에서 차용한 샘플은 이 점을 분명히 해준다. 지리학은 왕국, 관구, 준주, 교구, 마을. 군대는 연대, 중대, 소대, 분대, 병사. 식물학은 강, 목, 속, 종, 변종.[22]

린네는 이들 다섯 분류군 중 상위의 두 단계, 즉 강과 목은 인간의 무지를 반영하는 문화적 관념체임을 분명히 했다. 둘 다 자연 속에는 존재하지 않으며, 단지 식물을 빠르고 효율적으로 식별하기 위한 수단에 불과하다는 것이다. 결론적으로 그는 이렇게 말한다. "우리가 식물에 대해 더 많이 알수록 그 간극은 메워질 것이며, 마침내 강과 목의 경계도 사라질 것이다."[23]

이와는 대조적으로 가운데 두 가지 분류군, 즉 속과 종은 '자연적'이었다. 다시 말해 신이 부여한 불변의 것으로, 매우 분명한 불연속선으로 서로 분리되었다. 분류군의 최하위층에 속한 변종들

은 가변적이고, 동시에 린네의 관심 밖이었다.[24]

식물을 분류하기 위해 린네는 수술(수기관)과 암술(암기관)의 숫자, 크기, 형태, 상대적인 위치에 토대를 둔, '자웅분류법sexual system'이라 불리는 방법을 사용했다. 그는 먼저 수술을 토대로 23개 강을 정하고, 이끼와 같이 꽃을 피우지 않는 식물을 24번째 강에 넣었다. 그런 다음 암술의 숫자와 위치에 따라 각 강을 다시 목으로 세분화했다. 이를테면 '여섯 개의 수술Hexandria' 강에 속하는 식물 중 암술이 하나면 '암술이 하나인 식물Monogynia' 목에 넣었다. 린네시스템은 역할과 기능, 생리학, 생태학과 같은 특성은 깡그리 무시해 버렸다.[25]

《식물의 강》(1738)과《식물 철학Philosophia botanica》(1750)에서 린네는 기존의 모든 분류 도식들을 기술하고 구분했다. 그는 자신의 식물 분류가 본질적으로 인위적인 분류 도식이라는 사실을 잘 알고 있었다. 린네는 비록 인위적이지만 자신의 체계가 식물들의 진정한 본질을 포착한다고 확신했다. 그 이유는 생식기관이야말로 식물들이 변이 없이 온전하게 스스로를 재생하게 해주는 유일한 수단이라고 생각했기 때문이다. 다양한 식물의 종에서 수술과 암술의 숫자, 크기, 형태, 상대적인 위치가 동일하다는 사실이 속의 존재를 입증한다고 린네는 믿었다. "꽃과 열매의 주요 부분들의 기하학적 배열이 동일한 종들은 모두 하나의 속에 속한다."[26] 그에게 종과 마찬가지로 속도 자연적이고 영원불변이었다. "모든 속은 자연적이고, 애초부터 그렇게 창조되었다. 속과 종은 계시, 발견 그리고 관찰로 확인된다."[27]

그는 각각의 속에 속한 다양한 종의 어떤 생물학적 친화력을 이용해 유사성을 설명하지 않았다. 따라서 진화의 개념은 아직 먼 미래의 일이었다. 린네의 소박한 창조론은 친화력의 생물학적 의미를 무시해버렸을 가능성이 크다. 그렇다고 그가 보지 못한 것에 대해 그를 비난하는 것은 시대착오적이다. 그는 생명체에 대한 이해를 바탕으로 생물학을 발전시키려고 한 것이 아니라, 지식체계로서의 생물학을 발전시키고자 했기 때문이다. 다시 스타플뢰의 말을 들어보자.

> 자웅분류법의 가장 큰 이점은 간편하고 쉽게 이해할 수 있는 정보를 저장하고 검색체계를 제공한다는 점이다. 말하자면 용법을 표준화한 것이다. 이명법이 제공한 각 종들의 암호명과 결합하여, 자웅분류법은 국제적으로 통용 가능하고 다양한 사람들에게 동일한 결과를 가져다주는 매우 단순하면서도 유용한 하부구조를 제공했다.[28]

린네가 사람들에게 기억되고 존경받는 까닭은 이미 당대에 공격을 받고 그 뒤 오랫동안 외면당했던 자웅분류법이 아니라 그의 명명법 때문이다. 그에게 분류와 명명은 따로 떼어놓고 생각할 수 없었다.

> 식물학은 분류와 명명법이라는 두 가지 토대 위에 서 있다. ……분류는 명명을 위한 토대다. 식물학은 이 두 요소에 의존한다. 일년 안에 처음 보고, 스승도 없이, 그림이나 어떤 설명의 도움도 받지 않고, 모든 식물을 익히고 줄곧 기억한다면, 이런 사람이 바로

식물학자다.[29]

린네의 명명법은 '이명법binomial system'으로 알려져 있다. 이를테면 호모사피엔스*Homo sapiens*(슬기로운 사람), 피숨 사티붐*Pisum sativum*(꼬투리 완두)에서 알 수 있듯, 모든 종이 두 개의 라틴어로 표현되기 때문이다. 자웅분류법과 달리 이명법은 서서히 발전되었다.《식물학 비평 Critica botanica》(1737)에서 그는 기본 규칙의 틀을 잡았다.[30]

첫째, 동일한 속에 속한 식물은 동일한 속명을 가져야 한다. 둘째, 모든 명칭은 라틴어와 그리스어를 사용해야 한다. 셋째, 속들 사이의 닮음을 암시하는 단어는 피해야 한다〔따라서 벨리디오이데스*Bellidioides*(국화)는 크리산테뭄*Chrysanthemum*으로, 캄마에르호도덴드론*Chamaerhododendron*(진달래)는 아잘레아*Azalea*로 바뀐다〕. 넷째, 식물학자는 그리스도가 말한 나를 만지지 말라는 'Noli me tangere' 혹은 주기도문의 우리 아버지를 의미하는 'Pater noster' 같은 감상적이거나 종교적인 명칭은 피해야 한다.

학명의 출발점은 '속과 종차에 따라per genus et differentiam', 다시 말해 속을 명명하고 그 속에서 어떤 특정한 종을 다른 종들과 구별 짓는 어구로 기술하여 사물을 규명하는 아리스토텔레스 혹은 스콜라철학의 방법과 같았다.

속명을 위해 린네는 간단하면서도, 그 속에 속한 모든 구성체가 공유하는 몇 가지 특성을 입증하는 낱말들을 찾았다. 예를 들어 트리오프테리스*Triopteris*는 여섯 개의 꽃잎 주위에 세 개의 '날개wing'가 달린 식물이고, 콘볼불루스*Convolvulus*는 하나의 덩굴줄기를 갖는다. 헬리오카르푸스*Heliocarpus*는 태양처럼 생긴 열매 하나를 맺는다. 린네는 사람의 이름을 따서 명명하기도 했다. 이를테면 클리포르티아나*Cliffortiana*는 그를 후원한 클리포트의 이름을 딴 것이고, 린나에이아*Linnaeia*에 관해서는 그 스스로 이렇게 적고 있다.

"린나에이아는 라플란드에 자생하는 식물로, 성장이 더디고 보잘것없으며 제대로 대접도 받지 못하고 아주 잠깐 동안만 꽃을 피운다. 아마도 이런 특성이 린네와 닮았다고 생각하여, 저 유명한 그로노비우스*가 그런 이름을 붙였을 것이다."[31]

아리스토텔레스의 분류법에서 종차는 동일한 속에 속한 종들 가운데서 하나의 종을 식별하는 기술적(혹은 설명적) 어구였다. 린네는 자신의 기술적 어구를 간결하게 만들려고 노력했다. 동일한 속의 여러 구성체에서 하나의 종을 뚜렷이 구별할 만큼 완벽하면서도, 동시에 쉽게 기억될 만큼 짧은 이름을 원했던 것이다. 우르티카*Urtica*(쐐기풀)를 묘사하면서 존 레이는 218개, 조제프 투르네포르는 98개 단어가 필요했던 반면, 린네는 71개 단어만 사용했다.[32] 린네의 라틴어는 굳이 키케로까지 들먹일 필요도 없이 선배들이 사용하던 라틴어가 아니었다.[33] 예를 들어 그는 스톤핑크stone pink를 다음과 같이 10개 단어로 기술했다. "Dianthus caulibus unifloris, squamis, calycinis ovatis, corollis multifidis, foliis linearibus(패랭이속, 줄기마다 꽃이 한 송이씩 달려 있으며, 꽃받침은 달걀 모양, 화관은 여러 갈래로 쪼개졌고 잎은 선형).[34]

앞선 식물학자들보다 훨씬 간명해졌지만, 린네는 여전히 기술적인 종차로는 만족할 수 없었다. 많은 종으로 이루어진 속에서 각

---

* Jan Federik Gronovius(1686~1762). 네덜란드의 식물학자.

각의 종을 구분하려다 보니 종차는 장황해질 수밖에 없었다. 달리 말해 그의 두 가지 목표인 간결성과 완전성은 양립할 수가 없었던 셈이다.

1740년대에 이르러 린네는 간단한 참조코드를 활용하여 이러한 난제를 해결하려고 시도했다. 올란드와 고틀란드 탐험에 대한 일종의 보고서인 《올란드와 고틀란드 여행기Öländska och gothländska resa》(1745)를 비롯한 《스웨덴 식물상Flora svecica》(1745)에서 식물에, 《스웨덴 동물지Fauna sevecica》(1746)에서 동물에 매긴 일련의 고유 번호를 언급했다. 예를 들어 그가 어떤 식물을 "Pyrola staminibus adscendentibus pistillo declinato Fl. Suec. 330"이라고 인용했다면, 그것은 "스웨덴 식물지 식물번호 330"이라는 의미였다.[35]

이 같은 코드 활용은 린네의 저서를 소지하고 식물조사를 하는 사람들에게는 유용했다. 하지만 린네가 알고 있던 일련번호들은 기억하기가 매우 까다로웠을 뿐 아니라, 그가 생각한 학명의 근본 취지는 식물학자들에게 이름으로 식물을 식별하도록 하는 데 있었다. 그래서 그는 여백에 별칭 혹은 '실용명trivial name'을 추가로 써넣기 시작했다. 이를테면 "Tiopteris Hort. Cliff. 169"(그가 쓴 《클리포트 식물지》 식물번호 169)에 그는 별칭 'jamaicensis'(원산지 자메이카)를 덧붙였다.[36]

실용명은 정의가 아니라, 젠티아나 푸르푸레아Gentiana purpurea (자주색 용담), 자스미눔 오도라티시뭄Jasminum odoratissimum(향기가 달콤한 재스민), 베타 불가리스Beta vulgaris(평범한 비트) 등의 예에서 알 수 있듯이, 쉽게 기억할 수 있는 특성을 제시하는 일종의 기억 보조장치였다. 실용명은 핀구이쿨라(pinguicula : 벌레잡이제비꽃), 즉 *Pinguicula vulgaris*, 23과 *Pinguicula alba*, 23의 경우처럼 동일한 속에 속한 종들을 구분하는 데 특히 유용했다.

1750년대에 접어들어 린네는 실용명이 기억하기 쉬울 뿐만 아니라 그가 처음으로 도입한 일련번호 못지않게 효율적인 참조코드가 될 수 있다는 사실을 깨닫는다. 그래서 그는 서지학적 참조번호를 배제해버렸다〔*Achillea*(서양톱풀)705→*Achillea millefolium*〕. 《식물의 종》(1753)과 《자연의 체계》(1758) 제10판에서 그는 두 가지 명명법을 사용했다. 첫 번째에서는 속명과 종을 기술하는 하나의 진단적 어구로 구성했다(이를테면 *Potamogeton foliis oblongo-ovatis petiolatis natantibus*). 진정한 의미의 이명법인 두 번째에서는 속명과 종을 기술하는 것이 아니라 표기하는 실용명으로 구성했다〔이를테면 *Potamogeton natans*(대동가래)〕.[37]

식물의 학명과 문헌참조의 상관관계는 결코 우연의 일치가 아니었다. 존 헬러John Heller가 지적했듯이, 린네는 당대의 식물학 관련 문헌들을 연구하고 분류했다. 《클리포트 식물지》에서 린네는 클리포트가 소장한 저서들을 분류하여 목록으로 만들었다. 다시 말해 하나하나 일련번호를 매겨 저자명, 제목, 출판 장소와 날짜, 페이지 규격과 전체 쪽수, 내용에 대한 논평 등을 상세히 기록했다. 《식물학 비평》(1737)에서 그는 책의 인용법을 다음과 같이 설명한다.

모든 인용에서 저자명은 식물의 속명에 상응하여 축약된 형태를, 저서들은—저명한 작가들은 여러 권의 작품을 통해 명성을 얻는 것이 일반적이므로—과학적 명칭(즉, 종명)에 상응하여 Dillen. elth., Dill. gissens., Dill. gener. 같은 형태를 취해야 한다. 또한 저서명은

한 단어로 축약되어야 한다.[38]

다시 말해 린네는 이미 1737년에 책의 분류에 이명법을 적용시킨 셈이다. "책의 분류에 이명법을 사용한 린네의 실험은 다른 것들에도 이명법을 적용하려는 그의 계속된 여러 시도의 출발점"[39]이었다고 헬러는 말한다.

린네 분류법의 가장 큰 매력은 실용성이었다. 에른스트 마이어의 설명을 들어보자.

> 자웅분류법을 사용하는 식물학자라면 누구나 린네와 동일한 결론에 도달할 것이다. 꽃과 열매의 부분들에 대한 명칭을 어느 정도만 익히면 어떤 식물이라도 식별이 가능한 까닭이다. 거의 모든 사람이 린네의 분류법을 채택했다는 사실은 그리 놀라울 것도 없다.[40]

정원사들은 마치 서가에 책을 꽂듯 식물을 질서 정연하게 배치할 수 있었다. 린네가 '식물애호가'로 분류했던 아마추어들은 꽃을 눌러 말린 후 자신들의 식물표본집 페이지에 깔끔하게 정돈할 수 있었다. 린네의 방법은 18세기 중반에 왕성하게 활동한 합리주의자들의 질서존중사상과 18세기 후반에 유행처럼 번져나간 감상적 자연애호 열풍에 제대로 부응했다. 파리나 큐왕립식물원*을 한가로이 거닐던 세련된 신사숙녀들이나 야생화 수집에 매달리던 시

• 영국 런던 교외의 큐에 있는 식물원. 왕실의 작은 정원에서 출발하여 18세기 이후 4만여 종의 식물이 자라는 세계 최대의 식물원으로 발전했다.

영국 큐왕립식물원 안의 야자하우스 전경.

골 목사들에게 식물연구는 하나의 유행이자 상류계급의 표식이었다. 심지어는 괴테나 루소 같은 유명작가들까지 식물학자로 자처했다.[41]

린네시스템은 식물애호가들뿐 아니라 전문 식물학자들까지 빠른 속도로 점령해갔다. 네덜란드에서는 1750년대에 그 인기가 절정에 달했다. 프랑스에서는 1760년대 초 몽펠리에식물원*이 최초로 린네시스템을 도입했다.[42] 파리식물원**은 1774년 린네의 방식대로 식물들을 재배치했다.[43] 에스파냐에서는 마드리드식물원의 교수 미구엘 바르나데스Miguel Barnades가 그의 《식물학 원리Principios

• 6세기에 만들어진 식물원으로 프랑스에서 가장 오랜 역사를 자랑한다. 3000여 종의 다양한 식물들이 있다.
•• 파리에 있는 프랑스 국립자연사박물관의 일부인 식물원. 17세기 약용식물을 재배하는 왕실 정원으로 설립되어 프랑스 식물학 대가들의 과학 연구 중심지로 발전했다.

de botánica》(1767)에서 처음으로 린네시스템을 적용했다. 1780년대에 이 시스템은 정원의 식물 배치나 식물학을 전공하는 학생들의 시험에서 거의 독보적 위치를 차지하게 된다.[44] 멕시코에서는 린네시스템이 1878년에 도입되었다.[45] 1778년 에스파냐의 식물탐험가 이폴리토 루이스Hipólito Ruiz와 호세 파본José Pavón이 린네의 저서 사본을 배낭에 넣고 페루에 상륙했다. 1790년대에는 산 마르코스대학에서 린네시스템을 정규 과목으로 가르쳤으며, 1808년 리마식물원의 조성에도 그의 방법이 적용되었다.[46]

하지만 린네주의가 가장 완벽하게 승리를 거둔 곳은 영국이었다. 1762년 식물학자 윌리엄 허드슨William Hudson이 린네의 방법을 따른《영국의 식물상Flora Anglica》을 발표하는 순간, 기존의 모든 식물지는 권좌에서 밀려났다. 수많은 린네의 제자들이 영국과 그 식민지들을 여행하면서 당시의 대탐험에 참여했다. 1747년에서 1751년까지 북아메리카를 여행하며 세 권의 박물학 저서를 남긴 피터 칼름Peter Kalm,[47] 조지프 뱅크스Joseph Banks의 사서였고 식물학자로서 제임스 쿡James Cook 선장의 첫 번째 태평양 항해(1768~1771) 때 '인데버Endeavour호'*에 동승했던 다니엘 솔랜더Daniel Solander 그리고 솔랜더의 후임자로 뱅크스-컬렉션의 도서목록 편찬을 맡았던 조너스 드리안더Jonas Dryander도 있었다.[48]

조지프 뱅크스 경(1743~1820)과 제임스 쿡 선장(1728~1779)의 태평양 항해가 오랫동안 세인의 관심을 받은 데에는 충분한 이유가 있

• 18세기 영국의 소형 범선으로, 제임스 쿡 대위(훗날 해군 대령)가 남태평양을 탐사·항해한 선박으로 유명하다.

다.[49] 오늘날 연장선에서 볼 때, 특히 두 가지 양상이 주목을 끈다.

첫 번째는 그들이 발견한 방대한 수의 새로운 식물이다. 1820년 뱅크스가 사망할 즈음, 그의 식물표본실은 2만 3000개에 이르는 '정리된' 종과 5000여 개의 '정리되지 않은' 종을 보유하고 있었으며, 아직 분류조차 하지 못한 자료도 1700개가 넘었다. 두 번째는 클리포트와 린네의 식물표본실이 마침내 런던에서 보금자리를 얻었다는 사실이다. 마치 미래에 방문하게 될 학자들의 마음을 미리 헤아리기라도 한 듯, 자료들은 모두 린네의 방법에 따라 배열되었다.[50]

영국에서 이 새로운 시스템이 확산되도록 도와준 일등 공신은 식물원이었다. 맨 먼저 첼시 피직 가든Chelsey Physic Garden*이 린네의 법칙을 따랐다. 감독은 필립 밀러Phillip Miller로, 그가 쓴 《가드너 사전 Gardener's Dictionary》(7판, 1759)은 린네의 분류법을 영어로 옮긴 것이었다.[51]

런던 근처 큐가든(큐왕립식물원) 수석 가드너 윌리엄 에이튼William Aiton은 1760~1767년까지 약 3만 6422제곱미터 땅에 3400종 식물을 배치했다. 1771년 조지 3세는 이 식물원을 조지프 뱅크스의 손에 맡겼는데, 그는 그곳을 '제국에서 가장 큰 거래소'로 변모시킨다. 이른바 '큐 컬렉터들'은 인도, 북아메리카, 태평양, 오스트레일리아 등지로 파견되어 다른 나라의 컬렉터들과 식물자료를 교환했다.

이런 식으로 1772년과 1820년 사이에 7000여 종의 새로운 식물이 영국으로 들어왔다. 드리안더의 도움으로 에이튼은 《큐 식물지

• 1673년 영국 약제회에서 약용식물을 연구하기 위해 만든 식물원으로, 각 식물의 생장환경을 고려하여 호수, 바위, 화산암, 벽돌 등 다양한 재료로 조성되었다.

Hortus kewensis》(1789)를 출간한다. 이 저서에 관해 스타플뢰는 다음과 같이 말한다.

> 영국의 여러 식물원에서 재배되는 식물들의 명명법과 분류법을 체계화하는 데 당대에 가장 큰 기여를 한 저서…… 배열은 당연히 린네의 방식을 따랐다. 따라서 이 책은 분류의 세부사항을 다룬 개요서로 분류학의 원칙에도 크게 기여했다.[52]

18세기가 저물어갈 즈음 린네시스템의 승리는 거의 확실한 듯했다. 영국에서는 그의 추종자들이 1788년 린네학회를 창립했으며, 3년 후에는《회보Transactions》를 발간하기 시작했다. 프랑스에서도 린네학회들이 우후죽순으로 생겨났으며, 1790년에는 프랑스혁명주의자들이 린네의 동상을 세웠다. 스타플뢰의 표현을 빌리자면, 18세기 말 린네의 분류법은 "거의 신성시되었다."[53]

린네의 자웅분류법은 오래전에 더욱 복잡한 자연적 분류시스템에 자리를 양보했지만, 그의 이명법은 거의 200년 동안 권좌를 누려오고 있다. 1905년에 출발한 국제식물명명규약ICBN은《식물의 종》(1753)과《식물의 속》(1754) 제5판을 식물 학명의 공식 시발점으로 규정한다. 심지어 동물학자들도 린네의《자연의 체계》(1758) 제10판을 동물 학명의 근간으로 삼는다.

비단 정보뿐 아니라 과학의 언어도 린네로 말미암아 변형되었다. 린네의 어휘는 정확하고 간결하며 체계적이었다. 완전히 새로운 어휘를 만들기 위해 그리스와 라틴어의 어간, 접두사, 접미사를 사용하는 방법은 새로운 화학을 비롯한 과학 분야에 큰 자극제로

작용하게 된다.[54]

생물학의 메카, 파리

파리에서는 박물학을 연구하는 다른 두 가지 방법으로 말미암아 린네의 시스템이 도전받게 된다. 뷔퐁으로 대표되는 설명적 전통과 아당송, 쥐시외 그리고 라마르크의 땀과 열정이 배어 있는 자연적 분류시스템이 바로 그것이었다. 린네 사후 당대의 가장 유명한 박물학자는 조르주 루이 르클레르 드 뷔퐁Georges-Louis Leclerc, comte de Buffon(1707~1788)이었다.

린네는 국제과학자협회의 편익을 위해 식물계를 분류하려고 한 반면, 뷔퐁은 비전문 애호가인 프랑스 식자층 독자들에게 동물계의 신비를 가르치고자 했다. 이 같은 두 사람의 상반성은 곧 자연과 언어에 접근하는 방식의 차이를 의미한다.

뷔퐁은 〈박물학의 연구와 취급 방법에 관하여De la manière d'étudier & de traiter l'Histoire Naturelle〉라는 일종의 성명서를 통해 린네를 공격하며 학자로서 첫발을 내딛는다. 이 글은 1744년 왕립과학아카데미에서 발표된 후 1749년 그의 《박물지Histoire naturelle générale et particulière》 첫 권에 수록된다.[55] 그는 린네의 분류를 완전히 인위적이며 "모든 것 중에서 가장 사리에 맞지 않고 가장 기형적인 것"이라고 비난했다.

거의 무한대로 작은 부분들에서 속의 특징들을 뽑았기 때문에 나

조르주 루이 르클레르 드 뷔퐁의 《박물지》 1765년 판본에 실린 해마 삽화.

무 한 그루 혹은 풀 한 포기를 알아보려고 해도 확대경을 준비해야만 한다. 크기, 형태, 외관, 잎 등 분명한 특징들은 이제 어떠한 목적도 수행할 수 없고, 오직 수술만 중요할 뿐이다. 만약 당신이 수술을 볼 수 없다면, 당신은 아무것도 알지 못하며 아무것도 보지 않은 것이다.[56]

뷔퐁의 주장에 따르면, 린네의 방법은 "차이는 무시해버리고 뽕나무와 쐐기풀, 튤립과 배자나무, 느릅나무와 당근, 장미와 딸기, 귀리와 오이풀을 동일한 강 속으로 밀어 넣었다." 그리고 그는 다음과 같은 결론을 내렸다.

"왜 그래야 하는지 이유도 모른 채 당나귀는 말이 되고, 고양이는 스라소니가 되어야 한다고 요구하는 것보다는 차라리 당나귀는 당나귀이고, 고양이는 고양이라고 말하는 게 훨씬 더 간명하고, 자연스럽고, 정확하지 않을까?"[57]

하지만 뷔퐁의 진짜 공격대상은 린네시스템의 인위성이 아니라 분류라는 발상 그 자체였다. 분류한다는 것은 뚜렷하게 드러나는 일련의 불연속을 의미한다. 뷔퐁은 자연이 불연속적이라는 생각을 거부했다. 그는 종의 수는 무한하며, "존재할 수 있는 것은 모두 존재한다"고 믿었던 까닭이다. 자연이 불연속적으로 비친다면 그것은 인간의 무지에 기인할 따름이며, 지식이 증가하면 종 사이의 간극도 점차 메워질 것이다. 따라서 아무리 '자연적'이라 할지라도 분류시스템은 사전의 알파벳순처럼 자의적일 수밖에 없다. 속을 자연적 그룹으로 생각한 린네와는 대조적으로, 뷔퐁은 명명하고 분류하는 일은 인간이 생각해낸 분석 방법에 불과할 뿐이라고 믿었다. "이러한 사유방식은 우리로 하여금 자연적 존재들 사이의 잘못된 관계들이 무한정하다고 상상하게 한다. …… 그것은 창조자의 작품들이 지닌 현실성에 우리 마음의 추상성을 강요하는 행위다."[58]

뷔퐁은 린네의 분류시스템뿐만 아니라 그의 언어와 명명법도 비판했다. "이런 식의 앎은 과학이 아니다. 그것은 …… 기껏해야 하나의 관습, 그로부터 진정한 지식은 결코 나올 수 없는 하나의 소통 수단에 불과할 뿐이다." 그는 이렇게 결론짓는다.

> 명칭과 표식들이 늘어나면서 과학의 언어가 과학 그 자체보다도 더 어려운 것이 되고 말았다. …… 만약 이 모든 것이 신비한 질서라는 외관을 갖지 않고 그리스어와 식물학적 박식으로 포장되지 않았다면, 이러한 방법이 얼마나 우스꽝스러운지를 알아채는 데 그토록 오랜 세월이 필요했겠는가.[59]

뷔퐁이 제시한 답은 명료하게 쓰는 것이었다. "잘 쓰인 작품만이 후대에 전해지기 마련이다. 정보의 양, 사실의 특이성, 어쩌면 발견의 신비로움조차 영원성의 보증은 결코 아니다. …… 이러한 것들은 인간의 외부에 있으며, 문체가 곧 인간 자체다." 따라서 글쓰기는 "간단명료하고, 단정하고, 신중해야 한다 …… 표현의 고결성과 적절한 용어의 선택만이 거기에 덧붙일 유일한 장식이다 …… 한마디로 말해 글은 지루함과 어려움 없이 읽힐 수 있도록 쓰여야 한다."[60]

과학은 그 무엇보다도 기술을 의미했다. "자연의 대상들은 정확하게 기술될 경우에만 제대로 포착된다."“과학을 발전시키는 유일한 방법은 기술과 기술의 대상이 되는 다양한 사물의 역사를 천착하는 것이다."[61] 뷔퐁에게 과학의 본질은 분류나 분석이 아니라 서술기법이었던 셈이다.

뷔퐁은 당대 대부분의 학자들처럼 다작을 했으며, 여러 분야에 걸쳐 백과사전적 지식을 갖추고 있었다. 1749년 왕립식물원의 원장으로 일하면서 그는 인간과 동물에 관한《박물지》15권(1749~1767)을 출간했다. 뒤이어 새에 관한《박물지》9권(1770~1783), 네발동물에 관한 증보판 7권(1774~1789), 광물학을 다룬《박물지》5권과 지도책(1783~1788) 한 권을 발표했다.

그는 당대를 대표하는 문학가이자 탁월한 과학저술가의 한 사람이었으며, 그의 유려한 프랑스어는 오늘날까지도 존경받고 모방된다. 자연에 대한 그의 해박한 지식은 경탄의 대상이었지만, 그가 가진 정보의 상당 부분은 다른 사람들의 연구에 토대를 두고 있었다. 따라서 과학에 대한 그의 기여도는 동시대인들이 믿고 있었던 것만큼 크지 않았다.[62]

비록 인위적 분류시스템을 반대했지만, 뷔퐁도 유기체를 닥치는 대로 그저 기술만 할 수는 없었다. 독자들에게 자연을 이해시키기 위해서는 실로 엄청난 양의 자연물들을 논리적 방법으로 조직해야만 했다. 결국 그도 계몽주의의 세례를 받은 인물이 아닌가. 자연의 본질을 반영한다고 주장하는 분류를 강요하는 대신, 그는 인간(오히려 프랑스인)과 유사성이 멀어지는 순서에 따라 동물계를 배열했다.

어떤 사람은 박물학의 대상을 자신과 관계있는 정도에 따라 판단한다. 자신에게 가장 필요하고 유용한 것이 첫 번째 자리를 차지할 것이다. 예를 들어 말, 개, 소의 순서로 동물에 대한 선호 순위를 매겨나갈 것이다. …… 그런 다음 그는 자신과 친숙하지는 않더라도, 사슴이나 토끼, 야생동물과 같이 자신과 동일한 지역, 동일한 기후에서 살고 있는 동물들에게로 관심을 돌릴 것이다. …… 물고기, 조류, 곤충, 아메바류 그리고 모든 생물의 경우도 마찬가지일 것이다. (사람은) 자신에게 유용한 정도에 따라 생물을 연구하기 마련이다. …… 모든 것 중 가장 자연적인 이러한 순서야말로 우리가 좇아야 할 순서다. …… 우리는 소박하고도 자연적인 이 방법이 극도로 정교하고 복잡한 분류법보다 낫다고 믿는다. 그런 분류법들은 너무나 자의적이기 때문이다.[63]

린네의 자웅분류법을 거부한 뷔퐁은 철저히 인간 중심적인 대안을 강구한다. 먼저 그는 종만이 진정으로 자연적이며, 린네가 사용한 강, 목, 속은 상상의 산물이라고 주장했다. 하지만 식물학자로서 경력이 쌓이면서 그는 점차 자연적 속의 존재를 인정하게 된다. 뷔퐁은 《조류 박물학Histoire naturelle des oiseaux》(1770~1783)에서 종 혹은 인간에 대한 유용성이 아니라 속에 의거하여 새들을 구분했다.

18세기가 저물어갈 무렵, 파리는 베르나르 드 쥐시외와 앙투안 로랑 드 쥐시외, 미셸 아당송, 장 바티스트 라마르크 등 여러 탁월한 사상가들의 고향이었다. 자연에 대한 그들의 접근 방법은 린네의

프랑스 식물학자 미셸 아당송(1727~1806)(왼쪽)
프랑스 식물학자 베르나르 드 쥐시외(1699~1777)(오른쪽)

통계학적 분류시스템이나 뷔퐁의 문학적 기술과는 달랐다. 그들
의 목표는 하나의 자연적 분류시스템을 발견하는 것이었다. 그것
은 암술과 수술은 물론 씨앗과 열매, 떡잎 등 자연의 법칙을 규명
해줄 수 있는 다양한 특징들까지 고려하는 종합적인 시스템이었
다. 이를 통해 그들은 박물학을 생물학으로 변화시켰다.

자연적 분류시스템의 개척자는 파리식물원의 수석 식물학자 베
르나르 드 쥐시외Bernard de Jussieu(1699~1777)였다. 그는《자연의 체
계》제4판을 프랑스어로 번역한 터라 린네시스템을 훤히 꿰뚫고
있었다. 하지만 린네와 달리 그는 소수의 식물들을 대상으로 형태
학, 성장 속도, 영양학 등 다양한 특성들을 현미경으로 세밀하게
연구하기를 좋아했다. 그는 관찰한 결과를 책으로 엮는 대신 다른
식물학자를 가르치는 데 주력했다.[64]

그와 같은 길을 걸어간 사람들 중 미셸 아당송Michel Adanson(1727 ~1806)이 있다. 청년 시절 아당송은 서인도회사*에 고용되어 세네갈에서 6년을 체류하며 그곳에서 수천 개의 동식물학 표본을 수집했다. 아프리카의 식물상에 린네의 분류시스템을 적용하지 않기 위해 그는 린네보다 더 큰 범위의 대상에서 유사성을 찾았다.

> 식물학에서 오직 한 가지 자연적 방법만 가능하다는 사실은 의심의 여지가 없다. 그것은 바로 식물의 모든 부분에 대한 총체성을 고려하는 방법이다. 뿌리, 줄기, 잎, 꽃, 열매는 말할 것도 없고 식물의 특징, 속성, 기능에 이르기까지 그야말로 모든 점을 고려해야 한다. …… 이러한 총체성에서 유사성 혹은 친화성이 나오며, 이것은 다시 식물들을 단위로 묶어 강 혹은 과families로 나눈다.[65]

그의 두 저서 《세네갈 박물지Histoire naturelle du Sénégal》(1757)와 《식물의 과Famille des plantes》(1763)는 자연적 분류시스템이 비록 어렵지만 가능하다는 사실을 입증했다. 불행히도 아당송은 린네의 분류시스템뿐만 아니라 그의 명명법마저 거부했는데, 그것은 곧 식물학의 표준어를 거부한다는 의미이다.[66] 그 결과 그의 작품은 세인의 관심에서 멀어지고 말았다.

린네의 명명법을 아당송의 자연적 분류와 통합시키는 데 가장 큰 공헌을 한 사람은 베르나르 드 쥐시외의 조카 앙투안 로랑 드 쥐

---

* 1664년에 프랑스가 서인도에 대한 무역을 독점하기 위해 설립한 회사로, 별다른 성과를 거두지 못한 채 1674년 해체되었다.

시외Antoine-Laurent de Jussieu(1748~1836)였다. 1765년 파리의 삼촌 집으로 거처를 옮긴 후 그는 삼촌의 식물표본실, 왕립식물원과 그곳의 식물표본실, 그리고 1766~1769년 태평양 항해 때 탐험가 루이 앙투안 드 부갱빌Louis-Antoine de Bougainville과 동행했던 박물학자 필리베르 코메르송Philibert Commerson이 수집한 3000여 종의 표본을 직접 보게 되었다. 스타플뢰의 말을 들어보자.

> 쥐시외의 과와 속의 한계 설정은 이처럼 우수한 자료에 크게 의존했다. 그것은 부족한 정보로 발생할 수 있는 아당송의 시행착오를 상당 부분 줄여주었다. 동시에 그처럼 다양한 형태들은 너무 경직되고 단순한 린네의 도식보다는 자연적 분류에 의거하는 편이 더 낫다는 그의 믿음을 더욱 굳건하게 했다.[67]

풍부한 자료의 도움으로 앙투안 로랑 드 쥐시외는 식물계를 15개 강과 100개 과(린네의 목에 해당)로 나눌 수 있었다. 반면 린네의 속과 종은 그대로 받아들였다. 《식물의 속Genera plantarum》(1789)에서 그는 자연적 분류시스템의 정교성을 린네 명명법의 단순성과 결합시켰다.[68]

린네의 명명법과 자연적 분류는 출판업자 샤를 조제프 팽쿠크Charles-Joseph Panckoucke의 《주제별로 정리한 체계적인 백과사전En-cyclopédie méthodique》(1782~1832, 총 199권)의 일부를 차지하는《식물학사전Dictionnaire de botanique》에 고스란히 반영된다.[69] 팽쿠크는 장바티스트 라마르크*를 고용하여 네 권의 《식물학사전》을 집필하게 했다. 이 사전은 900여 개의 삽화와 함께 2000여 종의 식물을 다루었다. 출판업자의 요구로 라마르크는 전체적으로 린네의 시스템에 따라 편성한 후, 형태학이나 지리학적 분포 등 당시에 알려진 모든 것을 총망라하여 식물들을 기술했다.[70] 식물 학명과 자연적 분류시스템의 결합은 18세기 말과 19세기 초를 대표하는 식물학자들로서는 필수 선택 사항이었다.[71]

분류학(정보를 조직하는 방법)과 과학(자연을 설명하는 한 방법)을 가장 명확하게 구별하는 것은 친화성의 문제다. 친화성 혹은 친화력이란 종들 사이의 유사성을 의미한다. 이런 유사성으로 각 종들은 그룹으로 묶여 일차적으로 속에, 더 멀리는 목과 강에 편입될 수 있다. 그렇다면 많은 종이 그처럼 서로 닮은 까닭은 무엇일까?

천지창조 이후부터 줄곧 식물들이 존재해온 방식이 그렇다고 믿었기 때문에, 린네는 자신이 발견한 친화성에 의문을 제기하지 않았다. 하지만 뷔퐁은 달랐다. 일단 동물의 종들이 속을 형성한다는 사실을 인정하고 난 다음에는 "왜?"라고 묻지 않을 수가 없었다. 교육을 받은 18세기 프랑스인으로서 그는 창조론을 글자 그대로 받아들이기에는 너무나 회의주의적이었다. 대신 그는 종은 시간에 따라 변할 수 있으며, 가까운 관계에 있는 종들은 같은 조상일지도 모른다고 생각했다. 1766년 발표한 〈동물의 퇴화에 관한 논고Discours sur la dégénérescence des animaux〉에서 그는 구세계와 신세계의 네발 동물들의 관계를 조명했다. 네발 동물을 38개의 '과'(속

• Jean-Baptiste de Lamarck(1744~1829). 프랑스의 박물학자이자 진화론자. 진화에서 환경의 영향을 중시하고 습성의 영향에 따른 용불용설을 제창했다.

조르주 루이 르클레르 드 뷔퐁
(1707~1788)의 초상.

에 대해 그가 사용한 용어)로 나누어 묶은 다음―구세계 24개, 신세계 14
개―그는 몇몇 종은 '더 오래된 자연의 상태'로부터 퇴화한 것이 분
명하다고 결론 내린다. 따라서 '새로운 환경의 오랜 영향'[72]으로 '아
메리카의 호랑이들'과 구세계의 호랑이들은 서로 달랐다. 친화성의
개념을 기반으로 그는 점차 퇴화라는 자신의 발상을 굳혀나갔다.

> 우리는 이렇게 말할 수도 있을 것이다. 원숭이는 인간과 동일한
> 과에 속하고, 따라서 퇴화한 인간이며, 인간과 원숭이는 말과 당
> 나귀처럼 공통의 기원을 가졌다고. 동물이든 식물이든 모든 과는
> 오직 하나의 기원만을 갖는다고. 어쩌면 이렇게까지 말할 수도 있
> 지 않을까? 모든 동물은 단 한 마리의 동물에서 퇴화해왔으며, 시
> 간이 흐르면서 그 한 마리가 개량과 퇴화의 과정을 통해 모든 종
> 의 동물을 탄생시켰다고.[73]

이 같은 원시진화론은 순수한 사변이었으나, 창조자의 도그마에 대한 도전이었으므로 동시에 위험한 사변이기도 했다. 하지만 뷔퐁의 권위와 종교적 교의에도 주저 없이 의문을 제기하는 프랑스 지식인층의 과단성에 힘입어 이러한 사변들은 비옥한 땅에 뿌려진다. 비록 뷔퐁이 자연에 대한 린네식의 접근법을 문학적인 것으로 대신해야 한다는 주장을 하며 학자로서 첫걸음을 내딛긴 했지만, 그 두 가지 접근법은 적대적이 아니라 오히려 상호보완적 관계였다. 린네가 아무런 설명도 없이 제시한 데 대해 뷔퐁이 사변했던 친화성의 문제는 실제로 생물학이 출현하는 실마리를 제공했고, 나아가 다윈 진화론의 배경이 되었다.[74]

라부아지에와 프랑스의 화학혁명

생명과학에서 분류와 명명법은 설명 이론보다 1세기 이상 먼저 등장했다. 반면 화학 분야에서는 새로운 분류법과 명명법이 설명 이론과 거의 동시에 발전했다.

18세기 이전에는 표준적 화학명명법이 없었고, 대신 연금술, 제약술, 야금술, 유리제조법, 염색술 등에서 차용된 용어들로 뒤죽박죽이었다. 예를 들어 연금술의 전통은 금속, 천체, 로마의 신들을 동일시했다. 즉, 철-화성은 전쟁의 신 마르스Mars, 청동-목성은 신들의 수장 유피테르Jupiter, 금-태양은 태양의 신 솔Sol, 은-달은 달의 신 루나Luna, 구리-금성은 미의 여신 비너스Venus, 납-토성은 농업의 신 사투르누스Saturn, 수은-수성은 상업과 교역의 신 메르쿠리우스Mercury였다. 이 전통에 따라 독일의 화학자 마르틴 클라프로트Martin Klaproth는 자신이 발견한 금속을 1781년 윌리엄 허셜William Herschel이 발견한 행성의 이름을 따서―허셜이 그 행성을 그리스 신화에 나오는 하늘의 신 이름을 따서 우라노스(천왕성)라고 명명해놓은 터였다―우라늄이라고 명명했다.

연금술사들이 우의적 명칭이나 기호를 사용한 것은 비입문자들에게 혼동을 주려는 의도도 있었지만, 더 중요한 이유는 그러한 명칭이 자신들에게 자연의 신비, 즉 '소우주와 대우주 사이의 숨겨진 관계'를 꿰뚫어볼 힘을 부여한다고 믿었기 때문이다.[75]

원소와 화합물은 이보다 덜 고상한 명칭을 갖고 있었다. 심지어는 우리에게 친숙한 음식 혹은 요리 재료를 닮았다고하여―비록 독이 있긴 했지만―그런 이름으로 불리기도 했다. 이를테면 비트리올의 기름(oil of vitriol, 황산), 타르타르의 크림(cream of tartar, 주석염), 새턴의 슈거(sugar of Saturn, 아세트산납), 안티몬 버터(butter of antinomy, 삼염화안티몬), 마르스의 사프란(saffron of Mars, 자철석), 유황의 간(liver of sulfur, 황화칼륨), 마그네시아의 우유(milk of magnesia, 수산화마그네슘)……. 어떤 경우에는 지리학적 위치를 따르거나(키프로스 황산vitriol of Cyprus, 프로이센 블루blue of Prussia, 엡솜 소금Epsom salt*), 예상되는 의학적 특성 혹은 발명자의 이름을 따서(실비우스의 해열성 소금febrifugal salt of Sylvius,** 홈부르크의 통증을 완화하는 소금Homburg's sedative salt, 리바비우스의 독주liquor of

---

- 영국 서리 주에 위치한 엡솜에서 채굴한 소금. 일반 소금보다 미네랄과 마그네슘 함량이 높다.
- 17세기 네덜란드의 의학자. 생명과 질병의 모든 현상이 화학반응으로 설명, 치료될 수 있다는 연구로 화학의 근대화를 선도했다.

Libavius[•]) 명명되었다.

뿐만 아니라 알가로트 가루powder of Algaroth 혹은 콜커타르colcothar 와 같이 신비롭게 들리지만 전혀 의미 없는 명칭도 있었다. 새로운 화합물을 만들어낸 약제학자들이 경쟁자들을 의식하여 일부러 엉터리 이름을 붙이는 경우도 드물지 않았다. 몇몇 화합물은 여러 가지 명칭이 있었다. 예를 들어 황산칼슘potassium sulfate은 panacea duplicata, arcanum holsteiniense, tartarus vitriolatus, sal polychrestum Glaser 등 십여 가지의 다른 이름으로 불렸다. 사실 기존 어휘는 비논리적이었을 뿐만 아니라, 상황에 따라서는 위험할 수도 있었다.[76]

화학자들은 연금술을 일컬어 돌팔이들이 조작한 사기라고 공격했다. 1749년에 프랑스의 화학자 피에르 조제프 마르케Pierre Joseph Macquer(1718~1784)는 이렇게 적었다.

> 화학이 마술적이고 신비로운 학문으로 변질되고 말았다. 그 표현 형식은 오직 숫자요, 어구는 은유이고 공리는 수수께끼다. 한마디로 말해, 모호함과 이해 불가능성이 화학언어의 핵심적 특징이 되고 만 것이다. 자신들의 비밀을 감추고 싶었던 화학자들이 자신들의 기술을 인간에게 무용한 것, 다시 말해 경멸적인 것으로 만들었다.[77]

• 16세기 말 독일의 화학자이자 의사였던 리바비우스는 연금술과 화학에 관한 자세한 기록들을 많이 남겼다. 대표적인 저서로《연금술》이 있다.

옛 용어법을 비판하는 것과 새로운 용어법을 개발하는 것은 별개의 문제다. 하지만 18세기 중반, 실험을 통해 새로운 화합물이 봇물처럼 쏟아져 나오면서 화학자들은 체계적인 명명법이 절실하게 필요했다. 1700년부터 1750년에 이르는 동안, 알려진 중성염의 숫자는 12개에서 수백 개로, 알려진 금속의 숫자는 10개에서 17개로, 알려진 산의 숫자는 6개에서 18개로 늘어났다. 화학자들의 소통이 활발해지자, 유럽의 대학마다 화학과가 그야말로 문전성시를 이루었다.[78]

혼란스러운 연금술 용어를 피하고 싶었던 여러 화학자는 그 속성과 제조법을 묘사하는 긴 어구로 화합물을 표시했다. 이를테면 스웨덴의 광물학자 크론스테트A. F. Cronstedt는 이른바 황산칼륨calcium sulfate을 "황산과 포화된 혹은 황산과 섞인 백악terra calcarea Acido Vitrioli saturata seu mixta"이라고 표현했으며, '산소oxygen'라는 단어가 보편화되기 전 앙투안 라부아지에는 이 가스를 일컬어 "공기 가운데 호흡하기에 최적이자 최고인 부분" 심지어는 "일반 공기보다는 그 격이 한 단계 높은…… 순수한 공기"라고 했다.[79]

새로운 화합물의 등장은 린네 이전의 식물학자들이 직면한 상황을 연상케 한다. 앞서 언급했듯이, 린네의 명명법이 일대 혁신을 가져오기까지 모든 식물에 이상한 이름과 장황하고 복잡한 설명이 꼬리표처럼 붙어 있었다. 린네의 이명법이 식물계에 질서를 가져온 것처럼, 그것을 화학에 적용 못할 이유도 없지 않겠는가.

새로운 화학언어를 향해 내딛은 첫걸음이 린네를 모방하여 각종 염에 이명법을 적용하고자 한 사실은 그리 놀라울 것도 없다. 표준이 되는 참고도서 《화학사전Dictionnaire de chymie》(1766)에서 마르케는 이렇게 말한다.

> 금속 성분을 함유한 모든 황산염vitriolic salt에는 'vtriol'이라는 동
> 일 명칭을 부여하고, 이를테면 황산과 금으로 구성된 황산염은
> vitriol d'or, 황산과 은의 결합인 염은 vitriol d'argent, ou de lune
> 하는 식으로 부르는 편이 합당할 것이다.[80]

　하지만 아직 발견되지 않은 금속 원소(나트륨, 칼륨, 칼슘, 알루미늄)의
염화물과 같은 화합물에 대해서는 '점토질 토양에서 나는, 황산을
함유한 소금sel vitriolique à base de terre argileuse'(황산암모늄), '글라우버의
비법으로 암모니아와 결합한 소금sel ammoniaque secret de Glauber'(주석
산나트륨, 타르타르산염), '비너스의 결정cristaux de Vénus'(아세트산구리) 등의
예에서 보여주듯, 마르케도 기존 명명 전통을 그대로 따랐다.[81]
　그 외에도 여러 화학자가 새로운 화학명명법의 발전에 기여했다.
스웨덴의 광물학자 토르베른 베리만Torbern Bergman도 그중 한 사람
이었다. 린네의 제자이기도 한 베리만은 스승의 이명법을 광물에
적용하고자 했다.[82] 그 또한 기존 어휘에 대한 비판으로 과학계에
첫발을 들여놓는다.

> 명명에서 염은 개혁이 필수적이라는 게 내 입장이다. 기존 명칭들
> 은 모순투성이라 도저히 그대로 둘 수 없으며, 가장 합리적 명칭
> 이라고 내세우는 것들조차도 틀리거나 불확실하거나 다른 물질과
> 공통된 속성에 토대를 두고 있다. 염의 숫자는 갈수록 증가한다.
> 바로 이 때문에 항구적인 새로운 법칙의 확립이 필요한 것이다.[83]

스웨덴의 화학자이자 광물학자
토르베른 베리만(1735~1784).

베리만은《전기적 친화력에 관한 논고Dissertatio de attractionibus electivis》(1775)에서 '전기적 친화력', 즉 화학반응의 결과를 밝히며 '마그네시아 아에라타magnesia aerata'(탄산마그네슘)나 '칼크 니트라타calx nitrata'(질산석회) 같은 표현을 사용했다. 하지만 스웨덴어로 쓸 때는 '탄산으로 포화된 철järn uplöst i luftsyra'(탄산철)이라는 서술 어구를 사용했다.[84]

몇 년 후 웁살라 왕립과학아카데미는 베리만의《자연화석의 체계에 관한 고찰Meditationes de systemate fossilium naturali》을 출간한다. 이 책에서 그는 자신이 정립한 화학명명법의 원칙을 기술했다.[85] 그가 제시한 원칙에 따르면 산, 알칼리, 금속은 하나의 단어로 된 이름이어야 한다. 그중 금속은 반드시 '-um'으로 끝나야 한다. (따라서 에스파냐어로 '작은 은(little silver)'을 일컫는 plantina(백금)은 plantinum으로 바뀌었다.) 중성염은 그 구성 요소를 언급하는 두 개 혹은 세 개 단어로 지칭해야 한다.

베리만의 명명법은 두 가지 이유 때문에 기대만큼의 효과를 거두지 못했다. 그는 당시 화학자들 사이에서 관심의 대상이던 기체 대신 자연 광물을 대상으로 삼았을 뿐만 아니라, 1780년대에는 이미 학문언어로서 위상을 잃은 라틴어로 글을 썼던 것이다.[86] 그럼에도 그의 노력은 동시대의 프랑스인이며 화학자인 루이 베르나르 기통 드 모르보Louis-Bernard Guyton de Morveau(1737~1816)에게 영감과 자극을 주었다.

기존 화학 어휘에 대한 기통 드 모르보의 첫 번째 비판은 디드로의 《백과사전》 증보판에 실린 그의 글에서 확인된다.

"이미 알려진 것은 과감히 생략해버리고 초보자들에게 혼란을 주고 전문가들조차 당황하게 만드는 엉터리 유사성들을 반복하지 않는다면, 과학 분야의 기술용어는 훨씬 더 개선될 것이다."[87]

같은 맥락에서 그는 붉은색 계열의 물질을 묘사하는 데 사용되어온 'foie'(liver, 간(요리)) 단어를 음식과 관련된 의미가 전혀 없는 'hepar'(liver, 간) 단어로 바꿀 것을 제안했다. 이 한 가지 예만 보더라도 그가 베리만의 영향을 받았다는 점은 분명하다. 사실 그는 베리만의 여러 저서를 프랑스어로 옮긴 바 있었다.

베리만은 〈화학 명칭에 관한 보고서Mémoire sur les dénominations chymiques〉(1782)에서 자신의 언어철학을 다음과 같이 설명했다.

언어의 완벽함은 과학 자체의 완벽함을 말한다. 과학의 진보는 과학적 사고들이 명확하게 규정된 기호들로 표현될 때에만 확실하고 신속할 수 있다. 기호는 그 의미가 정확하고, 그 표현이 간결하고, 사용하기 편리하고, 기억하기 쉬어야 한다. 나아가 그 안에는 기호들을 한데 묶어주는 유추와 각 기호를 정의하는 체계 및 기호들의 의미를 추정할 수 있는 어원이 가능한 한 오류 없이 유지되어야 한다.

베리만은 기존의 화학 명칭과 긴 묘사적 어구를 좀 더 단순한 법칙을 따르는 새로운 어휘로 대신하자고 제안했다. 그의 견해에 따르면, 모든 물질은 묘사적 어구를 지양하고 한 단어로 된 이름을 가져야 한다. 각각의 원소도 한 단어로 된 이름을, 화합물은 그 구성 요소를 가리키는 이름을 가져야 한다. 실체가 완전히 파악되지 않은 물질의 경우에는, 잘못된 의미를 내포한 단어보다는 차라리 본질적 의미를 갖지 않은 단어를 택하는 게 낫다. 끝으로 신조어는 그리스어의 어간에서 파생되어야 한다.[88]

기통 드 모르보가 베리만을 전범으로 삼았음은 분명한 사실이지만, 한 가지 면에서는 달랐다. 베리만이 라틴어를 사용한 반면, 기통은 "명칭은 그것이 형성된 언어 환경을 고려하여 선택되어야 한다. …… 이 규칙은 결코 간과할 수 없는 중요한 것이다"라고 주장하며 모국어인 프랑스어로 글을 썼다. 라틴어 어간보다 그리스어 어간을 선호한 데에는 어쩌면 제수이트 교단*에 대한 그의 반감이 작용했을지도 모른다. 어쨌든 기통의 제안은 다른 곳은 몰라도 프랑스에서는 큰 호응을 얻었다.[89]

• 1534년 이냐시오 로욜라가 프란시스코 사비에르 등과 함께 파리에서 창설한 가톨릭의 남자 수도회. 예수회라고도 한다.

앙투안 로랑 라부아지에(1743~1794).

　이런저런 제안들로 기통 드 모르보는 당시 과학아카데미의 영향력 있는 회원이자 부자였던 앙투안 로랑 라부아지에Antoine-Laurent Lavoisier(1743~1794)의 주목을 끌게 된다. 이 시기는 기통을 포함한 모든 화학자가 신봉하던 플로지스톤 이론,* 다시 말해 당대의 화학-패러다임에 라부아지에가 정면으로 도전한 바로 그 무렵이었다. 1750년대부터 기체에 대한 다양한 실험으로 수십 종의 신물질, 화학반응 그리고 그것들을 설명하는 가설이 무더기로 쏟아져 나왔다. 이 같은 발견의 돌풍은 화학을 더욱 복잡하고 혼란스럽게 만들었다.

　라부아지에는 수수께끼 같은 '플로지스톤phlogiston'에 근거하여

---

* 　연소현상을 비롯한 물질의 화학적 성질을 플로지스톤이라는 가연성 물질 원소로 설명하는 이론. 라부아지에의 새로운 연소이론, 곧 물질의 연소는 산소의 결합임이 밝혀지기까지 플로지스톤 이론이 100여 년 동안 통용되었다.

기존 설명을 거부한 채 대기를 구성하는 기체들 중 하나가 '산을 만들어내는 주체creator of acid'(그리스어로 'oxygen')로서, 태우고 굽는 것(즉, 산화작용)뿐 아니라 다양한 화학반응에도 관여한다고 주장했다. 그는 또한 화학반응을 '친화력'이나 '교감' 같은 모호한 표현들로 묘사하는 대신 계량화하는 방법을 찾았다. 라부아지에는 화학반응에서는 "그 어떤 것도 더해지거나 보태지지 않는다"고 주장했는데, 달리 말해 원소들은 새로운 방식으로 나누어지거나 결합한다는 의미였다. 그는 많은 논문 중에서도 특히 1785년 과학아카데미에 발표한 〈플로지스톤에 관한 고찰Réflexions sur la phlogistique〉을 통해 자신의 이론을 역설했다.

발표한 글들이 그리 큰 호응을 얻지 못하자, 그는 전략을 바꿔 자신의 새로운 화학은 완전히 새로운 언어가 필요하다는 판단을 내렸다. 그 사이 기통 드 모르보가 1786년 말경 파리에 도착했고, 얼마 지나지 않아 1787년 2월, 라부아지에의 설득으로 기통은 플로지스톤 이론을 버리고 산소이론oxygen theory을 자신의 명명법에 적용하게 된다. 라부아지에와 과학아카데미 동료(앙투안 프랑수아 드 푸르크르아와 클로드 루이 베르톨레) 그리고 또 다른 젊은 실험조교(장 앙리 하센프라츠와 피에르 오귀스트 아데), 이렇게 다섯 사람이 의기투합하여 완전히 새로운 화학시스템을 개발했다.[90]

1787년 4월 18일, 라부아지에는 과학아카데미에 〈화학명명법의 개혁과 완성의 필요성에 관한 보고서Mémoire sur la nécessité de réformer & de perfectionner la nomenclature de la Chimie〉를 발표한다. 2주일 후, 5월 2일에는 기통 드 모르보가 〈명명체계의 발전에 관한 보고서Mémoire sur de développement des principes de la nomenclature méthodique〉를 발표한

다.[91] 이들의 글은 《화학명명법Méthode de nomenclature chimique》이라는 제목을 달고 함께 묶여 출간된다. 이 책에는 화학기호에 관한 에세이 한 편과 신구 화학 어휘 관계를 조명한 용례집 두 편이 수록되었다.[92] 이 저서가 바로 토마스 쿤Thomas Kuhn이 "과학의 혁명 scientific revolution"이라고 부른 고전적 사례다.[93]

라부아지에의 에세이는 생각, 단어의 관계를 다룬 철학적 담론이었다. 그는 대수학을 모델 언어로 간주한 철학자 에티엔 보노 드 콩디야크Étienne Bonnot de Condillac에게 많은 영향을 받았다.[94]

> 흔히들 믿고 있듯이 언어는 단순히 기호로 생각과 이미지를 표현하는 것만을 목적으로 삼지 않는다. 언어는 진정한 분석적 방법으로서, 이를 통해 우리는 수학자들이 취하는 방식으로 이미 알려진 것에서 알지 못하는 것으로 나아간다. …… 따라서 분석적 방법은 언어이며, 언어는 분석적 방법이다. 어떤 의미에서 이 두 문장은 같은 말이다.
>
> 모든 자연과학 분야에서 우리는 세 가지 경우를 구별한다. 그 세 가지는 곧 과학을 구성하는 일련의 사실들, 그러한 사실들을 포착하는 생각들 그리고 그러한 생각들을 표현하는 낱말들을 일컫는다. 다시 역으로 낱말은 생각을 낳고, 생각은 사실을 묘사하고 …… 생각들을 저장하고 이동시키는 것이 낱말들이기 때문에, 언어에 완벽을 기하지 않고서는 과학을 완벽하게 만드는 일도 불가능하다는 결론이 자연스럽게 도출된다.
>
> 지금이야말로 화학에서 화학의 진보를 방해하는 온갖 장애물을 제거하는 동시에 진정한 분석 정신을 도입해야 할 시기다. 이러한

개혁이 이루어지려면 언어의 완벽성이 필수 전제조건이라는 사실을 우리는 분명히 확인했다.[95]

라부아지에에게 언어는 지식의 도구였다. 어휘의 변화가 과학 자체의 변화를 반영하기도 하고 유발하기도 한다는 것이다. 그가 제안한 것은 그저 이미 알려진 화학물질에 적용할 일련의 새로운 명칭이 아니라, 화학구조에 의거하여 물질을 명명하는 분석적 방법이다. 이를 통해 장차 더 많은 발견을 이끌어낼 터였다.[96]

라부아지에는 기통 드 모르보에게 이 새로운 방법이 작동하는 방식을 기술하도록 맡겼다. 단순한 물질—토양, 금속, 알칼리, 산기, 그리고 산소, 수소, 빛, 열소 같은 '법칙'—에는 단순한 명칭이 주어졌다. 화합물은 그것을 구성하는 원소들에 의거하여 명명되었다. 이때 산소의 포화 정도에 따라 완전포화일 경우에는 '-ique', 불완전포화일 경우에는 '-eux' 접미사를 붙였다. 예를 들어 황Sulfur은 acide sulfurique(황산H_2SO_4)와 acide sulfureux(아황산H_2SO_3)라는 두 가지 형태로 나누어진다. 다시 황산과 결합한 염은 황산염sulfate, 아황산과 결합한 염은 아황산염sulfite 그리고 산소가 없는 화합물은 황화물sulfure이 된다.[97] 이 새로운 명명법은 물질의 형태나 실용가치, 심지어는 상호 반응하는 속성까지 무시해버리고 철저히 그 구조에만 집중했다. 다시 말해 그것은 물질의 구성 요소를 분석하는 새로운 실험기술을 반영한 것이다.[98]

당시의 화학적 지식을 고려할 때, 그러한 명명법은 단지 시작에 불과했다. 아직 파악되지 않은 물질에 대해서 라부아지에와 기통은 'acide muriatique'(소금에 절인 산, 이것은 나중에 다시 염산hydrochloric acid

으로 개칭된다)와 같은 잠정적인 명칭을 부여한다. 아직 원자이론이 나오기 전 시대이므로 그들은 오늘날 일산화탄소carbon monoxide나 이산화탄소carbon dioxide와 같이 산화의 정도를 나타내는 양적 접두사를 이용할 수가 없었다.

《화학명명법》의 세 번째는 '기존의 유의어와 새로운 유의어' 및 '새로운 화학 명칭을 위한 사전'에 할애되었다. 전자는 기존 용어를 새로운 명칭으로 바꿔놓았다. 예를 들어 base de l'air vital(생명의 기본이 되는 공기)은 oxygène(산소)로, espirit de Vénus(비너스의 영혼)는 acide acétique(초산)로, foie d'antimoine(안티몬의 간)은 oxide d'antimoine sulfuré(황화안티몬)로 그리고 sel d'Epsom(엡솜 소금)은 sulfate de magnésie(황산마그네슘)로 바뀐다. 후자는 1055개의 새로운 화학용어와 기존 361개 화학용어를 담고 있었다. 이것은 전자보다 두 배 이상 길었는데, 그 이유는 많은 화합물질이 너무나 새로워서 전통적인 명칭으로는 도저히 감당해낼 수 없었기 때문이다. 실제로 새로운 명칭의 절반가량은 라부아지에가 예견했듯이, 나중에 발견된 물질에 할애되었다. 라부아지에의 명명법은 새로운 명칭의 그저 단순한 목록이 아니었다. 명명하는 방법이라기보다는 미래의 연구를 위한 하나의 지침이었다.[99]

명명법과 산소이론은 빠르게 확산되었다. 1787년과 1791년 사이에 《화학명명법》은 여섯 번이나 판을 거듭했다. 이 책이 담고 있는 새로운 발상은 라부아지에가 창간한 학술지 《화학연대기Annales de Chimie》와 라부아지에의 《화학원소론Traité élémentaire de chimie》(1789), 장 앙투안 샤프탈Jean Antoine Chaptal의 《화학의 원리Elémens de chimie》(1790) 그리고 푸르크르아의 《박물학의 원리Elémens d'histoire naturelle》(3판, 1789) 같은 화학교본을 통해 널리 보급되었다. 화학명명법과 새로운 텍스트들은 영어, 독일어, 에스파냐어로 빠르게 번역되었다. 영어나 로망스어 번역들은 단순하게 프랑스어 어휘(이를테면 산소oxygen→oxígeno, ossigeno)를 선택했다. 반면 독일어 번역은 그리스어 어근 대신 독일어 어근을 가진 새로운 학명들로 재구성했다(이를테면 산소→신맛이 나는 물질Sauerstoff, 수소hydrogen→물을 머금은 물질 Wasserstoff).[100]

예상대로 이 새로운 시스템은 엄청난 반향을 불러일으켰다. 아카데미의 나이 많은 회원들과 화학제품을 취급하던 상인들은 새로운 명명체계를 강력하게 거부했다. 프랑스의 전통주의자들은 '표준어법', 다시 말해 고상한 살롱(사교계) 언어에 대한 공격행위라며 비판하고 나섰다. 당시 영향력 있던 저널《물리학 논평집 Observations et Mémoires sur la Physique》의 편집발행인 장 클로드 드 라 메테리Jean-Claude de la Métherie는 '귀에 충격을 줄 뿐 아니라 프랑스어의 정신과도 완전히 동떨어진 거칠고 야만적인 말'을 사용한다며 새로운 시스템을 공격했다.[101]

영국 화학자들은 플로지스톤 이론을 구하려고 애쓰는 한편, 한 분야가 다른 모든 분야에 자신의 견해를 강요하거나 모든 분야가 각자 자신만의 언어를 만들어낼지도 모른다는 우려 속에서 어떠한 이론화도 거부했다. 영국의 화학자 조지프 블랙Joseph Black은 이 새로운 명명법을 프랑스인들의 '체계화 광풍'의 한 가지 사례라고 꼬집었다.[102] 또 다른 영국의 화학자 헨리 캐번디시Henry Cavendish 는 다음과 같이 불만을 토로했다.

체계적 명칭을 부여하는 것이 유행이 되면, 틀림없이 이론을 달리
하는 화학자들은 각자 자신만의 특별한 이론과 부합하는 이름을
붙이려고 할 것이다. 그러면 서로 다른 수많은 명칭으로 넘쳐나게
된다. …… 그 모든 학명이 실제로 이용되리라고는 상상조차 할
수 없다. 정작 두려운 것은 그것이 사람들의 마음을 부추겨 현재
의 '명칭 만들기' 열풍을 가열시킬지도 모른다는 점이다.[103]

미국의 3대 대통령 토머스 제퍼슨Thomas Jefferson 역시 이렇게 논
평했다.

단 한 가지 실험이 용어의 계통을 송두리째 뒤흔들어놓을 수도 있
다. 그(라부아지에)가 제시한 황산염, 아황산염, 황 따위의 용어들은
은어를 통해 과학의 진보를 방해한 것 이외에는 아무런 도움이 되
지 못했다. 이러한 혼동에서 벗어나려면 상당한 시간이 필요할 것
이다.[104]

산소이론이 플로지스톤 이론을 대신하기까지 족히 2, 3세대가
흘러야 했다.[105] 하지만 학생들과 젊은 화학자들은 주저 없이 새로
운 명명법을 받아들였다. 그 이유는 그것이 물질의 양을 표현하고
미래의 연구를 선도함은 물론 기존의 연금술 어휘를 한번에 없애버
린 까닭이다.[106] 산소이론은 1790년대 이후부터 화학 어휘의 근간
이 되어왔다. 화학사가 윌리엄 브록William Brock은 이렇게 설명한다.
"현대 화학자가 라부아지에 이전에 출간된 화학서적을 접할 경
우 이해할 수 없는 부분이 태반일 것이다. 하지만 라부아지에가 직

존 돌턴(1766~1844)의 초상.

접 썼거나 그가 죽고 난 후 몇 년 내에 출간된 글들은 오늘날 독자라도 별다른 어려움 없이 이해할 수 있다."[107]

18세기 말, 화학문헌은 대개 설명 위주였다. 상징부호가 없던 것은 아니지만 대부분 연금술 텍스트에 나오는 이상한 삽화와 연관이 있었다. 예컨대 한가운데 점이 찍힌 원은 태양(즉, 금)을 의미하고, 초승달 모양은 달(즉, 은)을 의미하는 식이었다. 심지어 어떤 것은 이미 오래전에 본래 의미를 상실해버린 이집트어까지 거슬러 올라가야 했다.[108]

그럼에도 화학자들은 장황한 언어적 표현에 대한 축약이라는 상징부호의 유용성은 인정했다. 라부아지에와 기통의 화학명명법에는 라부아지에의 실험조교 하센프라츠와 아데가 공동으로 쓴 에세이 한 편이 수록되어 있다. 여기에서 화학 부호의 새로운 시스템이 제안된다. 그들의 제안에 따르면, 단순한 물질은 짧은 선으로,

금속은 원으로, 산은 정사각형으로, 알칼리와 토양은 이니셜(철을 함유할 경우-F, 염화물일 경우-M, 산을 함유할 경우-A······)을 포함한 삼각형으로 표시된다. 화합물은 형태들의 조합을 요구했고, 그 때문에 명료하게 만든다는 것이 오히려 혼란만 가중시키는 결과를 낳았다.[109] 비록 라부아지에가 나서서 새로운 시스템에 힘을 실어주었으나 대부분의 저자들은 얼마 못가서 그들의 제안을 무시해버렸다. 아마도 인쇄상의 문제가 가장 큰 걸림돌로 작용했을 것이다.[110] 기통도 그들이 제안한 부호들을 사용했지만, 에콜폴리테크니크(파리공과대학, 국립이과학교)에 적을 둘 때뿐이었다.[111]

라부아지에 이후 화학과 화학명명법에서 그 다음 단계의 발전은 원자이론을 창안한 존 돌턴John Dalton(1766~1844)이 주도했다. 돌턴은 원자를 아주 작은 공 모양으로 상정하고, "작은 원과 몇 가지 식별부호로 표시했다. 화합물은 이것들의 병렬조합으로 이루어졌다."[112]

예를 들어 그는 산소는 하나의 원으로, 수소는 점이 찍힌 하나의 원으로, 질소는 수직선을 가진 하나의 원으로 표시했다. 금속의 경우에는 원 안에 이니셜을 넣었다(구리-C, 철-I, 비소-Ar······). 물을 나타내기 위해 돌턴은 빈 원 하나와 점이 찍힌 원 하나를 그렸다. 더욱 복잡한 화합물은 더 많은 원이 필요했다. 이를테면 명반alum은 무려 25개 원으로 표시되었다. 이 새로운 시스템을 통해 돌턴은 화합물을 구성하는 각 원소의 원자 비율뿐 아니라 그 배열까지도 나타낼 수 있었다.[113]

하센프라츠와 아데의 시스템보다 훨씬 간편해졌지만, 돌턴의 상징부호도 인쇄공들에게는 여전히 악몽이었다. 1813~1814년, 돌턴과 동시대인이었던 옌스 야코브 베르셀리우스Jöns Jakob Berzelius(1779~

1848)는 한 걸음 더 나아간 논리적 시스템을 만든다. 그는 돌턴의 작은 원들을 지워버렸다.[114] 대신 각각의 원소를 라틴명의 첫 글자 혹은 첫 두 글자로 나타냈다. 이를테면 황sulfur은 S, 실리콘silicium 은 Si, 주석stannum은 Su, 탄소carbon는 C, 코발트cobaltum는 Co, 구리 cuprum는 Cu로 표시했다. 한 원소가 가진 다수의 원자들은 숫자로, 화합물은 플러스(+)부호로 나타냈다. 이를테면 물은 $_2$H+O, 이산화탄소는 C+$_2$O가 되었다. 아주 단순한 상징부호들을 정비한 베르셀리우스는 좀 더 복잡한 단계로 나아갔다. 글자를 가로지르는 줄무늬는 원자 두 개를 의미했다. 산소는 글자 O 대신 화합물 위에 점을 하나 찍어 표시했으며, 비슷한 방식으로 황을 나타내는 S는 어깨글자 콤마로 대체했다. 마지막으로 플러스부호를 지워버리고 화합물에 포함된 원자의 숫자를 왼쪽에서 오른쪽으로 이동시켰다. 따라서 $_2$H+O는 H^{2}O로 바뀌었다.[115]

이처럼 복잡한 변형 과정을 거쳤음에도 베르셀리우스의 시스템은 가장 논리적이고, 가장 기억하기 쉽고, 무엇보다 인쇄하기에 가장 간편했다. 하지만 돌턴은 불편한 심기를 드러냈다.

> 베르셀리우스의 상징부호들은 실로 끔찍하다. 화학을 배우는 젊은 학생이라면 히브리어와 친숙해지느니 차라리 히브리어를 몽땅 배워버리는 편이 나을지 모른다. 그의 부호들은 마치 원자들의 혼동처럼 보인다. …… 초심자들의 기를 죽이고, 과학에 정통한 사람마저 혼란시키며, 원자이론의 아름다움에 먹구름을 드리운다.[116]

하지만 다른 화학자들은 점차 베르셀리우스의 이론을 수용하기 시작했다. 1834년, 영국의 에드워드 터너Edward Turner와 독일의 유스투스 폰 리비히Justus von Liebig가 베르셀리우스의 시스템을 수용했다.[117] 2년 후에는 영국과학발전협의회·화학표기법위원회가 베르셀리우스의 표기법을 적극 추천하기에 이르렀다. 베르셀리우스의 시스템은 $_2H+O=H_2O$와 같은 식으로 화학등식을 표시하기에 쉬웠으며, 무엇보다 당시 새롭게 떠오르던 유기화학에 적합했다. 유기화학에는 말로 설명하기 어려운 복잡한 화합물이 수두룩했다.[118] 이제 화학언어는 라부아지에의 예견대로 '어느 정도는 수학자들이 취하는 방식으로 이미 알려진 것에서 알지 못하는 것으로 나아가게 하는 진정한 분석적 방법'이 되었다.

미터법

미터법을 배운 사람이라면 누구나 그것의 논리성과 실용성에 놀라지 않을 수 없다. 동시에 평소 자신들의 효율성과 상식을 큰 자부심으로 내세우는 영국인들이 유독 도량형만큼은 중세의 틀을 벗어나지 못한 시스템에 왜 그토록 집착했는지 궁금증이 생기게 마련이다. 이 말이 역설적으로 들린다면, 도량형의 역사에서 등장하는 또 다른 역설 두 가지를 언급하지 않을 수 없다. 미터법을 만들어낸 프랑스인들은 두 세대 동안 사용을 거부했다. 한편 법적인 강제를 통해 도량형시스템을 널리 보급한 최초의 국가는 프랑스가 아니라 영국이었다.

도량형은 그것을 사용하는 일반인, 그것을 강요하는 정부 관료 그리고 그것을 발전시키는 과학자에게 각각 다른 목적으로 이용된다. 사회역사학자 비톨트 쿨라Witold Kula는 이론이 분분한 도량형의 역사 속에 영주와 농부, 혹은 봉건제와 자본주의 사이에 투쟁이 반영되어 있다고 보았다.

그렇다면 미터법이 탄생하는 과정에서 과학자들이 담당한 역할과 그들의 필요성에 따라 시스템이 야기한 사회투쟁의 결과에 어떤 영향을 미쳤는가에 초점을 맞춰보자.

정보시스템이라는 관점에서 볼 때 미터법은 명명법이다. 미터법이 측정 단위에 부여하는 명칭은 정확히 규정되고, 서로 지속적이고, 한결같은 방식으로 관계하는 까닭이다. 과학자들에게 미터법은 동식물의 학명 못지않게 중요하다. 미터법을 공식적으로 도입한 나라에서는 과학자들에 의한, 과학자들을 위한 그 시스템을 법령으로 만들어 다른 사람들에게 강요했다. 혁명기 프랑스에서 미터법이 출현했다는 사실은 곧 계몽주의 사상에 물든 지식계급에 기인한 구체제의 붕괴를 의미한다.

혁명기 이전의 도량형은 무질서 그 자체였다. 비톨트 쿨라에 따르면, 18세기 유럽에는 파운드pound라 불리는 391개의 상이한 측정 단위와 푸트foot(복수형 피트feet), 혹은 그것의 동의어라 불리는 828개의 상이한 측정 단위가 존재했다.[119] 도량형사가 로널드 줍코Ronald Zupko는 프랑스에 1000개의 표준 측정 단위와 25만 개의 변형이 존재했다고 피력했다.[120] 혁명이 일어나기 직전, 프랑스를 여행했던 아서 영Arthur Young은 "측정 단위가 온통 뒤죽박죽이라 도무지 종잡을 수가 없다. 지방은 말할 것도 없고, 심지어는 거의 모든 마을과 읍마다 그 단위가 제각각이다"라고 말한 바 있다.[121]

실제로는 그가 생각한 것보다 상황은 훨씬 더 나빴다. 심지어 같은 읍내에서 측정 대상과 측정 주체에 따라 같은 말이 다른 단위를 의미하는 경우도 비일비재했다. 파리인의 길이 단위였던 '샤틀레측정단위toise du Châtelet'는 '아카데미측정단위toise de l'Académie' 혹은 '페루측정단위toise du Pérou' 및 자오선의 호를 측정하며 과학자들이 이용한 북방측정단위toise du Nord와 경쟁했다.[122] 면적 단위인 '아르팡arpent'의 경우 파리 지역의 여러 관구에서 그 가치가 서로 다른 등급이 48가지나 되었다.[123]

단위는 장소마다 달랐을 뿐 아니라, 같은 장소라도 측정 대상에 따라 달랐다. 파리에는 직물을 측정하는 단위가 세 가지였다.[124] 밀, 귀리, 소금, 석탄, 오일 등은 서로 다른 부피 단위로 측정되었다.[125] 같은 품목의 같은 단위조차도 거래 방법에 따라 달라질 수 있었다. 예를 들어 소작인한테 소작료로 밀을 받을 경우, 지주는 넓고 편편한 용기를 사용해 수북이 채웠으며, 반대로 그 밀을 다시 팔 때는 좁고 긴 용기를 사용하여 내용물을 빗질하여 깎아내렸다.[126]

하지만 시간이 흐르면서 하나둘씩 표준화가 이루어졌다. 계량의 권리는 영주나 길드의 특권으로서, 이를 통해 그들은 수익을 챙겼다. 18세기 중반이 지난 시점에 새로운 조세법에 위기를 느낀 토호들은 경쟁적으로 소작인들을 수탈하기 시작한다. 나아가 계량의 권리는 상인들이 고객들한테서 막대한 이익을 챙기는 수단이었으며, 감독자는 그것을 빌미로 뇌물을 챙길 수 있었다. 그것은 다시 끝없는 소송을 낳으며 변호사들의 배를 불려주었다.[127]

이러한 상황은 도량형을 왕가의 특권으로 생각하던 군주나 그 관료들에게는 심각한 도전이었다. 샤를마뉴 대제 이후 군주들은 자신들이 만든 측정 단위가 왕국 전체에서 쓰이도록 수백 개에 이르는 칙령과 법령을 반포하지만 번번이 실패로 끝나고 만다. 그 까닭은 지방세도가들이 다양한 측정 단위들을 포기하기에는 그 이득이 너무나 컸기 때문이다.[128]

이성의 시대로 접어들면서 왕가의 특권에 대한 주장은 강력하고 새로운 목소리, 즉 과학자들의 목소리에 힘입어 다시 탄력을 받게 된다. 이론적으로 지구의 크기를 측정하는 것이 가능해지는 순간부터 과학자들은 그것을 현실화하려면 믿을 만한 측정 단위가 필요하다는 사실을 인식했다. 그리고 그것을 출발점으로 측지학과 도량형학은 같은 배를 타고 항해하기 시작한다.

과학적 합리화를 위해 도량형을 개혁하자는 첫 제안은 1670년에 나왔다. 아마추어 과학자 가브리엘 무통Gabriel Mouton이 양극을 통과하는 원주의 일부분으로, 지상은 물론 천문학적으로 측정이 가능한 자오선의 호로부터 측정 단위를 산출하자고 요구한 것이다. 무통의 제안은 천문학자 아베 장 피카르Abbé Jean Picard가 파리와 아미앵 사이의 자오선 길이를 측정하는 계기가 되고, 나중에는 천문학자 크리스티안 하위헌스와 장 도미니크 카시니의 지지를 이끌어내게 된다.

이러한 개인적 차원의 제안들은 수학자이자 탐험가인 샤를 마리 드 라 콩다민Charles-Marie de la Condamine(1701~1774)이 페루 탐사를 마치고 돌아온 후 공개토론의 장에서 본격적으로 제기된다(4장 참조). 1745년 라 콩다민은 적도에서 왕복주기가 정확히 2초일 때의 진자 길이에 토대를 둔 '보편적이고 믿을 수 있는' 측정 단위를 과학 아카데미에 제안했다. 이것이 나중에 페루 혹은 아카데미측정단위가 될 터였다. 무통의 경우처럼 그의 시스템도 자연적 현상의 측정에 토대를 두고 계산을 쉽게 하기 위해 십진법으로 표현했다.[129] 프랑스혁명이 일어나기 훨씬 이전부터 과학자들은 자연적 단위와 십진법이라는 미터법의 두 가지 특징을 옹호하고 나선 셈이다.

18세기 말경 왕가의 관리자들은 도량형학에 지대한 관심을 보였는데, 그 이유는 식량수급을 통제하여 기근을 막거나 위기 상황에서 질서를 유지하는 그들의 능력과 도량형학이 밀접한 관계에 있었기 때문이다.[130] 뿐만 아니라 각 포병대는 대포의 구경과 포탄의 무게를 계량화하려고 했으며, 심지어는 보병총의 부품들을 규격화하려는 생각까지 품었다. 이 모든 정황은 정밀하고, 정확하고, 통일된 측정 단위를 요구했다.[131]

왕가의 특권의식과 과학적 이성은 중농주의자 로베르 튀르고 Robert Turgot(1727~1787)가 주도한 일련의 개혁에서 같은 방향을 걷게 된다. 1774~1776년이라는 짧은 재정총감 재임 기간에 그는 도량형의 개혁 임무를 젊은 수학자 콩도르세와 농학자이자 행정가 마티외 티예Mathieu Tillet(1720~1791)에게 맡겼다.[132] 튀르고 내각의 몰락은 궁정의 정치적 음모와 기존의 특권으로 막대한 이익을 챙겨오던 귀족계급을 포함한 기득권층의 반대에 기인했다는 것이 거의 정설로 통한다. 비톨트 쿨라의 주장에 따르면, 기존 도량형의 폐지는 모든 봉건적 특권의 폐지를 통해, 다시 말해 혁명으로만 가능한 것이었다.[133]

튀르고의 실패는 그의 후임자 자크 네케르Jacques Necker(1732~1804)의 열의를 꺾어놓았다. 1788년 루이 16세에게 보낸 보고서에서 그는 도량형 개혁안에 대한 자신의 부정적 견해를 밝혔다.

도량형을 통일하여 왕국 전체에 통용될 수단이 필요하다는 데 저 또한 동의합니다. 하지만 크고 작은 계약들, 봉건제도상의 의무를 비롯한 갖가지 종류의 법령들에 미칠 파장을 고려해볼 때, 과연 이 개혁안이 온갖 종류의 어려움을 무릅쓸 만한 가치가 있는지 의문입니다.[134]

디드로의 《백과사전》에서도 네케르와 비슷한 입장이 감지된다. '계량Mesure'이라는 표제어를 찾아보면 "사람들이 결코 동일한 도량형의 사용에 동의하지 않으리라는 점은 분명하다. 그러나 단일 지배자의 통치를 받고 있는 나라에서는 그럴 가능성이 아주 크다"라는 구절이 발견된다. 표제어 '무게Poids'에서는 다음과 같이 언급된다.

무게의 다양성은 가장 난처한 양상들 중 하나이지만 동시에 치유 불가능한 불편함이기도 하다. 모든 국가에서 무게의 단위를 하나로 줄이는 것은 불가능하며, 심지어는 한 나라에서 서로 다른 무게의 단위를 줄이는 것조차도 어렵다.[135]

그런 상황에서 최선의 방책은 도량형의 변환표를 공포하는 일이었다. 당시 그런 일은 아주 빈번했다.[136]

삼부회의 요청에 따라 1789년 봄에 코뮌* 및 여타 여러 지방단체가

* 프랑스의 최소 행정단위.

작성한 저 유명한 '청원서Cahiers de doléances', 혹은 탄원서의 주요 내용들 중 하나가 바로 도량형과 관련된 사항이었다. 비톨트 쿨라는 약간 과장하여 "측정 단위를 통일하고 도량형에 대한 영주들의 특권을 폐지하자는 사람들의 목소리가 온 나라에 울려 퍼졌다"[137]고 적었다. 수백 개의 청원서는 무질서한 표준과 이를 악용한 귀족과 상인들의 수탈에 대한 불만을 토로하며, '한 분의 왕, 하나의 법, 하나의 도량형' 혹은 그와 비슷한 취지를 요구했다.[138] 과학자들과 그들을 지지하는 혁명 대열에 동참한 지지자들은 단순한 대중의 욕구를 수용하며 재빠르게 자신들의 목적을 이뤄나갔다.

수십 년 넘게 좌절되어온 도량형 개혁의 지지자들은 1789년에 국민의회의 결성을 절호의 기회로 삼았다. 콩도르세는 당시 국민의회의 떠오르는 별, 샤를 모리스 드 탈레랑 페리고르Charles-Maurice de Talleyrand-Périgord(1754~1838)에게 자신의 생각을 전했다. 1799년 탈레랑은 국민의회에 도량형에 관한 제안서를 제출했다. 여기에서 그는 과학아카데미와 영국왕립학회가 제휴하여 하나의 새로운 도량형 시스템을 만들어야 한다고 주장했다. 이 시스템은 '자연에서 차용한' 것, 다시 말해 초진자*의 길이에 토대를 둔 것이어야 했다.[139]

국민의회는 탈레랑의 제안을 과학아카데미로 보내 재검토하게 했다. 아카데미는 콩도르세, 라부아지에, 티예, 천문학자 샤를 보르다Charles Borda 그리고 수학자 조제프 루이 라그랑주Joseph Louis Lagrange가 포함된 과학자들로 위원회를 구성했다. 1791년 3월 국민의회로 보낸 보고서에서 이 위원회는 십진법과 진자가 아니라 오

---

* 왕복주기가 2초인 진자.

히려 자오선의 호에 토대를 둔 길이 단위를 추천했다.

그 후 아카데미는 새로운 시스템의 세부사항을 검토하기 위해 또 다른 위원회를 결성했다. 여기에는 보르다, 콩도르세, 라그랑주, 라부아지에, 수학자 피에르 시몽 드 라플라스Pierre-Simon de Laplace 와 가스파르 몽주Gaspard Monge가 포진했는데, 모두 그 당시 세계에서 가장 탁월한 수학자와 과학자들이었다. 이들이 바로 미터법을 완성한 주체로서, 국민의회는 1791년 3월 그들의 시스템을 공식적으로 채택했다.[140] 라부아지에는 "지금까지 인간의 손에서 만들어진 것 중 그 어떤 것도 이처럼 위대하고, 간편하고, 완전할 수는 없다"고 자부했다.[141]

이를테면 '파리측정단위'와 같은 현존하는 표준을 선택하는 대신, 과학자들은 길이의 기본 단위는 자연적이고 정확해야 한다고 주장했다. 여기서 '자연적natural'이란 항상 같은 결과를 낳고 반복적으로 측정이 가능하며 자연에 존재하는 대상에 토대를 두어야 함을 의미했다. 초진자의 길이, 적도에서의 지구의 원주 그리고 양극을 통과하는 지구의 원주가 그러한 대상으로 제안되었다.

먼저 초진자의 길이는 계산이 간편하고 비용이 적게 들었지만 정확성이 떨어진다는 결정적 약점이 있었다. 게다가 그 방법은 초second라는 자의적이고 십진법에 의거하지 않는 또 다른 하나의 단위가 필요했다. 다음으로 적도의 길이는 좀 더 고상한 발상이었지만, 당시 도구로서는 측정이 불가능했다. 따라서 자연스럽게 나머지 하나인 양극을 통과하는 원주, 즉 자오선이 최종적으로 낙점되었다.

과학자들은 이미 한 세기 전부터 여러 차례 일정 각도의 자오선 길이를 측정했는데, 회를 거듭할수록 그 정확도가 높아졌다. 위원회는 한 차례 더 측정할 것을 제안했다. 그런데 이번에는 동일한 자오선 위에 위치할 뿐 아니라, 북위 45도와 등거리이며 해발고도까지 동일하다는 이점을 가진 됭케르크와 바르셀로나 사이의 자오선 길이가 측정 대상이었다. 우연의 일치인지 전 세계에 통용될 하나의 측정 단위를 만드는 데 필요한 요건들을 두루 갖춘 곳은 오직 프랑스뿐이었다(당시 혁명 당원들의 사고는 이와 유사한 우연의 일치가 비일비재했다). 일단 두 지역 간의 거리가 측정되자, 극에서 적도까지 거리를 계산하는 일은 그다지 어렵지 않았다. 마침내 극에서 적도에 이르는 자오선 길이의 1000만 분의 1 길이의 단위가 미터meter로 확정되었다. 그리고 그 단위는 정확하면서도 자연적이었다.[142]

위원회의 탁월한 학자들은 당연히 인류의 복지를 염두에 두고 일했지만, 그 과정에서 그들 스스로 상당한 학문적 진전을 이뤘다. 됭케르크에서 바르셀로나에 이르는 자오선의 호를 측정하는 작업은 수년의 시간과 수학자, 천문학자, 지도제작자 등 수십 명에 이르는 전문가들의 열정적 노력이 뒤따라야 했다. 실제로 이 프로젝트는 과학아카데미의 일 년 예산보다 많은 돈이 필요했다. 공포정치 기간에 아카데미가 문을 닫은 이후부터는 프랑스의 과학연구를 지탱해주는 버팀목 역할을 맡게 된다.[143]

1793년 봄에 과학아카데미는 새로 결성된 의결기관인 국민공회*에 권장을 제출했다. 자오선 프로젝트가 완성되는 동안 잠정적으로 3pieds 11.44lignes**를 미터 단위로 삼자는 것이었다.[144] 또한 과학아카데미는 오늘날 미터법을 연상시키는 무게와 측정 단위뿐 아니라—이를테면 일주일은 10일, 하루는 10시간, 한 시간은

100분, 1분은 100초, 직각은 100도로 정하는 등―다양한 목적으로 십진법을 사용하자고 제안했다. 상인과 회계원들은 르네상스 시기에 아라비아숫자가 유럽에 도입된 이후부터 줄곧 십진법을 사용해오고 있었다. 하지만 그것을 다른 측정에 적용한다는 발상이 당시로서는 얼마나 생소했던지, 십진법의 옹호자 중 한 사람이었던 프리외르 드 라 코트도르조차도 "감소하는 순서로 배열된 동일한 종류의 단위를 상정해보면, 각 단위는 바로 그 앞에 위치한 단위보다 열 배 작고 그 다음에 위치한 단위보다는 열 배 크다"고 설명할 정도였다.[145]

기존 측정 단위와 혼동을 피하기 위해 아카데미의 학자들은 전통보다는 오히려 논리학에 중점을 둔 새로운 명명법을 도입했다. 먼저 기본적인 측정 단위들을 mètre, litre, gramme, are(10×10미터 면적) 그리고 stare(1세제곱미터)로 개칭했다. 10, 100, 1000, 10000 배수에는 각각 그리스어 접두사 déca, hecto, kilo, myria를 붙인 반면, 약수에는 라틴어 접두사 déci, centi, milli를 이용했다. 이 새로운 명명법도 도입 과정에서 논쟁을 비껴갈 수는 없었다. 옹호하는 측은 콩디야크와 라부아지에의 지지를 받으며 "언어가 정립되지 않고서는 과학적인 추론도 불가능하다"는 논리를 폈다. 그러자 반대측은 "대다수 시민에게 생소하고 난해한 이런 명칭들은 공화국을 유지하는 데 무용하다"며 반박했다.[146]

- 파리의 시민 봉기로 왕정이 무너진 후 1792년 9월 21일에 구성되어 1795년 10월 26일까지 존속한 입법기관.
- •• 피에pied와 린느ligne는 프랑스의 옛 길이 단위로, 각각 지금의 약 0.3248m와 약 2.2558mm에 해당된다.

8월 1일에 교육위원회는 새로운 시스템이 1794년 7월부터 의무화되며, 부족한 점을 보완하기 위해 도량형 임시위원회를 운용할 것이라고 발표했다.[147] 그사이 막시밀리앙 로베스피에르Maximilien Robespierre와 공안위원회가 좌지우지하던 국민공회는 점점 더 급진적으로 변해갔다. 급기야 국민공회는 과학아카데미를 폐지하고 보르다, 라플라스, 라부아지에 등을 포함한 도량형위원회 핵심 위원들을 군주제와 결탁했다는 오명을 씌어 몰아냈다.[148] 이 위원회와 나중에 다시 결성되는 위원회 및 관련 단체들은 비록 그 구성원이 자주 교체되긴 했지만 언제나 높은 수준을 자랑했다.

됭케르크에서 바르셀로나에 이르는 자오선의 길이에 대한 조사가 마무리되면서, 1799년 6월에 최종적인 하나의 표준이 정부에 전해졌다. 같은 해 12월 10일에는 공식적으로 채택되었다.[149] 하지만 그 발표가 끝은 아니었다. 미터법에 대한 대중의 저항이 전국으로 확산되었기 때문이다. 농부와 직공들은 이상한 명칭과 낯선 진법이 자신들을 속이는 또 다른 수단이라고 받아들였다. 도량형국은 정부의 관리는 물론 심지어 포병장교들마저 기존 단위들을 계속 사용한다며 불만을 터뜨렸다.[150]

그러는 동안 군사전략가 나폴레옹 보나파르트가 정부를 전복하면서 미터법을 이끌어오던 정책들은 원점으로 돌아가고 말았다. 일 년도 채 지나기 전에 나폴레옹은 그리스어와 라틴어를 근간으로 삼은 명명시스템을 자신이 고안한 시스템으로 바꿔버렸다. 예를 들어 새로운 단위들에 옛 용어를 적용하여, 킬로미터는 1000mille, 센티미터는 손가락doigt, 밀리미터는 줄trait, 리터는 파인트pinte, 킬로그램은 파운드livre로 되돌려놓았다.[151] 1812년에는 미터를 제외한 나머지 명칭들은 폐기 처분하고 십진나눗셈을 분수로 대체하여—1리브르livre는 2분의 1킬로그램이었으며, 이것은 16온스once로 나누고, 각 온스는 다시 8그로gros로 나누었다—도량형 시스템은 한 걸음 더 후퇴해버렸다. 나폴레옹의 러시아 침공 직전에 보수층의 지지를 끌어내기 위해 고안된 이러한 측정법은 결과적으로 혼란만 가중시켰다.[152]

그 후 두 세대에 걸쳐 미터법은 프랑스혁명의 가장 급진주의적 당파였던 자코뱅주의*와 연계를 통해 겨우 명맥을 이어나갔다. 혼동과 미지근한 태도로 일관된 수십 년의 세월이 흐른 후, 1837년 프랑스 정부는 마침내 온전한 형태의 미터법, 십진법, 그리스어와 라틴어에 기초한 명명법 등 모든 것을 다시 제자리로 돌려놓았다. 1840년 1월 1일 이후 프랑스에서는 유일한 합법적 시스템이던 미터법이 세계적으로 통용되기까지 대중 교육, 경제발전, 법령 강화가 비약적으로 이루어지는 한 세기가 더 흘러야 했다.

다른 나라에서는 덤으로 또 하나의 장애물이 가로막고 있었다. 미터법은 국산이 아니었던 것이다. 1790년에 탈레랑이 영국인들을 도량형 개혁에 동참시키려고 시도했지만, 두 나라의 긴장관계로 그 계획은 끝내 무산되고 말았다. 그로부터 8년 후, 당시 저지대**와 북이탈리아를 장악하고 있던 프랑스 군대의 위용을 배경삼아 탈레랑은 (러시아와 영국을 제외한) 다른 국가의 대표자들에게 미터법을

---

* 프랑스혁명 당시 로베스피에르가 이끈 당파를 말한다. 상대적으로 온건한 지롱드당과 대립하면서 과격하고 급진적인 혁명을 지향했다.
** 유럽 북해 연안의 벨기에, 네덜란드, 룩셈부르크로 구성된 지역.

도입하라는 압력을 넣었다. 프랑스에서뿐 아니라 거의 전 유럽에서 왕정복고와 탄압정치가 도량형의 혼동을 부채질하고 있던 시기였다. 그럼에도 미터법은 비록 느리긴 했지만 서서히 자리를 잡아갔다. 때로는 중요한 정치적 사건이—이탈리아와 독일의 통일, 폴란드공화국과 유고슬라비아의 탄생(1919), 인도의 독립(1947), 러시아와 중국의 공산주의 혁명(1918, 1959)—큰 계기로 작용하기도 했다.[153]

하지만 영국과 미국은 완강하게 미터법에 저항했다. 18세기 영국에서는 도량형의 문제가 프랑스에서처럼 그렇게 절박하지 않았다. 국민 대다수가 똑같이 자의적이고 비과학적인 측정 단위를 사용했기 때문이다. 이를테면 12온스의 트로이파운드troy pound, 16온스의 런던파운드London pound, 혹은 상형파운드avoirdupois pound, 그리고 1758~1760년에 만들어져 상무부에 보관된 야드yard 등이 그러하다.

수많은 개혁가가 초진자에 근거한 단위, 단위들 간의 일관성, 십진법 등을 포함한 하나의 새로운 도량형시스템을 제안했다. 하지만 1793년, 그런 제안들은 단지 '프랑스적'이라는 이유로 거부당했을 뿐만 아니라 산업계와 무역업계의 반대에도 맞서야 했다.[154]

1814년에 나폴레옹전쟁*이 끝나자 의회가 도량형에 관심을 갖기 시작했다. 마침내 1824년 의회는 야드, 트로이파운드, 영국갤런imperial gallon을 기본 단위로 하는 영국식 도량형시스템을 반포하게 된다. 기본 단위 가운데 영국갤런은 화씨 62도의 증류수 10파운드 혹

---

* 프랑스혁명 당시 나폴레옹 1세의 지휘 아래 프랑스가 유럽 각국과 벌인 전쟁. 그 횟수가 무려 60차례에 달한다.

은 수은 30인치의 부피로 규정되었다. 그 외 단위(쿼트quarts, 파인트pints, 부셸bushels, 온스, 인치 등등)는 이 세 가지 기본 단위에 토대를 두었다.[155]

미터법과 달리 영국시스템은 '자연적'이지도 일관적이지도 않은데다 십진법도 따르지 않았다. 그럼에도 이 시스템은 처음부터 널리 수용되었다. 물론 거기에는 일단의 검열관이 강제 집행한 역할이 큰 몫을 차지한다. 한창 산업화로 치닫고 있던, 달리 말해 표준 치수로 상품을 대량생산하던 나라에서 믿을 수 있는 측정 단위가 필요했다는 점은 너무도 당연한 현상이었다. 그 결과 영국 상품은 제국은 물론 해외시장에서 유리한 입장에 서게 되었다.

도량형 개혁에 대한 미국인들의 태도는 오히려 영국인들보다도 더 미온적이었다. 십진제 통화체계를 도입한 토머스 제퍼슨은 프랑스 대사 시절 도량형 개혁에 매료된다. 워싱턴 대통령의 요청에 따라 그는 1790년에 프랑스와 유사한 십진법을 제안했다. 하지만 의회는 받아들이지 않았다.[156] 그로부터 수십 년이 흐른 후 1821년에 정치가 존 퀸시 애덤스John Quincy Adams가 〈도량형에 관한 보고서Report upon Weights and Measures〉를 발표하면서 도량형 개혁의 문제가 다시 세인의 관심을 끌었다. 이 글에서 그는 미터법의 장점을 다음과 같이 극찬했다.

이와 같은 시스템의 확충은 분명 전 세계 인류의 물리적·도덕적·지적 조건의 개선이라는 바람직한 결과를 가져올 것이다. 따라서 이 시스템의 최종적인 도입과, 비록 변형은 되었지만 보편적인 적용이, 우리가 기대할 수 있는 최상의 것이라는 견해에 일말의 의심도 주저함도 없다.

"기대할 수 있는 최상의 것"을 현실화하기 위해 애덤스가 기댄 대상은 의회가 아니라 여론이었다.

> 이 시스템이 프랑스 세력권을 넘어 최종적으로 널리 알려지려면 오랜 기간 실제로 사용하여 이 제도의 막강한 장점들이 다른 나라들의 이견을 잠재울 수 있을 때까지 기다려야 한다. 그때가 되면 힘의 바퀴는 저절로 굴러갈 것이다.[157]

마침내 1828년에 미국의회가 도량형 개혁으로 눈을 돌리긴 했지만, 영국과 동일한 야드, 트로이파운드, 상형파운드를 비롯해 영국에서는 1824년 폐지된 1707년의 퀸앤갤런Queen Anne gallon과 1702년 윈체스터부셸Winchester bushel 등의 아주 오랜 관습적 단위들을 법제화하는 수준을 넘어서지는 못했다.[158]

미터법의 중요성과 그것이 수용되기까지 그토록 오랜 시간이 걸린 이유를 이해하려면 미터법의 중요한 특징을 되짚어볼 필요가 있다. 무엇보다도 미터법은 보편적이고 신뢰할 수 있는 표준의 본보기로 공식 인증되더라도 법적으로 강제되는 과정을 거치면서 무수한 구체제의 단위들을 대체해나가야 했다. 청원서의 작성자들이 요구한 것도, 결국에는 이 시스템이 성공을 거둘 수밖에 없었던 원인과 같은 문제였다. 하지만 미터법은 과학자들이 도입했음에도 일반 대중에게는 그다지 중요하지 않았던 또 다른 특징이 있었다.

첫 번째 특징은 미터법의 '자연성naturalness'이다. 사람들은 늘 자연적인 시간, 날, 해의 단위들을 사용해왔다. 하지만 극에서 적도에 이르는 자오선 길이의 1000만 분의 1이 1미터라는 사실이 과학자를 제외한 농부, 상인, 영주에게는 특별한 의미가 없었다.

과학자들이 주장한 두 번째 특징은 이 시스템이 내적으로 일관적이어야 한다는 것이다. 면적 단위는 길이 단위의 제곱이어야 하고, 부피 단위는 길이 단위의 세제곱이어야 하고, 무게 단위는 특정한 온도에서 증류된 물 부피의 무게여야 한다는 것이었다. 시간이 흐르면서 과학자들이 에너지와 질량 및 전기와 관련된 기본 단위들을 하나하나 규명할 수 있게 되자, 전체시스템도 그만큼 확장되어갔다. 하지만 리터 혹은 그램이 시간과 장소와는 상관없이 동일하게 적용되면 그뿐, 부피가 길이 혹은 무게 단위와 어떤 관계에 있는가 하는 문제는 일반 대중의 관심 밖에 있었다.

세 번째 특징은 십진계산법이다. 아카데미 회원들은 인간은 대개 자신의 손가락을 계산 도구로 이용한다는 점을 근거로 제시하며, 기수 10이 가장 "자연적"이라고 주장했다. 하지만 사람들은 이외에도 다양한 기수들을 사용했다. 12진법의 기본수 12는 6, 4, 3으로 나누어지지만 10은 5와 2로 나누어질 뿐이다. 따라서 시간(24시간, 60분, 60초), 각도(360도), 달걀, 굴 등에는 아직도 12진법이 사용된다. 재단, 목공, 상거래 등 상당수의 업종에서는 반복하여 계속 2로 나누어질 수 있는 단위들이 십진법보다 심적 공감대를 형성하기에 훨씬 더 용이했다. 하지만 문제 풀이 수학의 경우에는―특히 긴 나눗셈이나 제곱근 찾기와 같은 연산을 고려할 때―십진법이 더 효율적이었다. 과학자와 철학자들이 십진법을 그토록 간절히 원했던 것도, 또 대중 교육시스템을 기반으로 한 수학 풀이 방법이 널리 보급된 후에야 비로소 프랑스 사람들이 미터법의 가치를 인식하기 시작한 것도 바로 이 때문이다.

네 번째 특징은 미터법의 명명시스템이다. 언어가 정립되지 않고서는 과학적으로 추론하는 것 또한 불가능할지 모른다. 하지만 과학자들에게는 일관적이고 논리적 명칭이 일반 사람이 말하는 방식과 상충한다. 도량형의 명명법도 식물이나 화학의 명명법과 마찬가지로 특별한 현상을 정확한 용어로 규정하고, 그러한 현상의 관계를 보여주는 것을 목표로 삼고 있었다. 하지만 그 어떤 정부도 미터법적인 용어로 기존 도량형을 대체한 방법을 본떠서 시민들에게 개, 완두콩, 소금 대신에 학명이나 속성을 나타내는 어구인 *Canis familiaris*, *Pisus sativum*, Sodium chloride로 칭하라고 강요할 수는 없었다.[159]

프랑스혁명은 보통 '부르주아의 발흥', 혹은 좀 더 범위를 확장하여 자유시장free market이라는 표현과 직결된다. 미터법이 자유시장을 향한 대중의 욕구를 자극했다고 보는 시각은 지나친 감이 없지 않다.[160] 자유시장이 단일하고 믿을 수 있는 도량형을 비롯한 여러 표준이 필요한 것은 분명해 보인다.[161] 하지만 미터법이 필수요건은 아니다. 자유방임적 자본주의에 가장 크게 기여한 영국과 미국이 선택한 해결책은 상업적 요구에 부응하는 일이었다. 이와는 대조적으로 미터법은 과학자들, 혹은 범위를 좀 더 넓게 잡으면 철학자들과 그들의 사상으로 무장한 혁명가들이 선택한 시스템이었다. 다시 말해 그것은 합리주의와 과학의 해결책이었지 자본주의의 해결책은 아니었다. 바로 그 때문에 앵글로-색슨 국가에서는 오직 과학자들만 미터법을 사용한다.[162]

과학은 데이터를 축적하고 자연 속에 감추어진 일정한 패턴들을 찾아내는 데 그치지 않고, 그러한 패턴들을 설명하고자 한다. 하지만 패턴을 찾기 위해서는 먼저 자연현상을 분류하고 명명해야 한다. 따라서 분류와 명명은 설명의 토대로서 영향을 줄 수밖에 없다.

린네는 식물명에 명확성과 논리성을 부여하기 위해 식물을 속으로 분류했지만, 그의 분류는 설명의 문제는 피해 갔다. 린네의 속에 대한 신학적 설명은 곧 속은 신으로부터 주어진 것으로, 창세기 이래 고정불변이라는 생각에 의존했다는 표현이 더 적절할지 모른다. 더욱 정교한 자연적 분류를 위해 린네의 인위적 시스템을 거부함으로써, 린네의 후계자들은 속은 물론 때에 따라서는 더 높은 단계인 목과 강에 포함되는 다양한 종의 생명체 가운데서 그들이 발견한 친화성의 문제와 직면했다. 바로 동물과 식물이 자연적 그룹을 형성한다는 사실을 어떻게 설명해야 하느냐는 문제였다. 18세기 말경에는 이미 임의성이나 신의 의지는 만족스러운 답이 될 수 없었다. 생물학은 린네의 분류시스템이 겪어온 친화성에 대한 설명을 자연 그 자체에서 찾아내려는 욕구에서 탄생했다.

분류와 명명은 화학혁명에서도 필수요건이었다. 하지만 화학에서는 분류, 명명 그리고 설명이 동시에 이루어졌다. 우리가 굳이 혁명이라는 꼬리표를 붙이는 것도 바로 그 때문이다. 라부아지에와 기통 드 모르보는 화학물질에 대한 논리적 명명법뿐만 아니라 화학물질들 간의 관계, 즉 그것들이 형성된 방식에 대한 표현법을 만들어냈다. 영어 단어 'rust(녹)'와 달리 학명 'ferric oxide'는 이 물질이 철(라틴어 ferrum)과 산소oxygen의 화합물이라는 정보를 알려준다. 베르셀리우스의 명명시스템에서 'Fe$_2$O$_3$'는 우리에게 더 많은 정보를—각각의 분자 속에 포함된 원자의 개수—간결하게 전해준다.

18세기 말에 탄생한 미터법은 다음의 세 가지 필요성이 부합한 결과물이었다. 우선 단일하고 믿을 수 있는 도량형시스템에 대한 대중적 필요성이 절실했다. 그 다음으로 자연적이고, 수학적으로 간편하고, 내적으로 일관된 측정시스템에 대한 과학적 필요성이 제기되었다. 끝으로 혁신 그 자체를 중시한 정치적 대변화를 피할 수 없었다. 이렇게 하여 탄생한 시스템은 타협의 산물이 아니라, 법의 힘을 빌려 완강하게 저항하는 대중문화를 잠재우며 거둔 과학의 승리였다.

  과학은 많은 유산을 물려받았다. 자연의 신비를 설명하는 위대한 이론들은 최근 과학연구의 기술적인 파생효과를 낳으며 집중적인 조명을 받고 있다. 동시에 과학은 정보관리의 좋은 본보기이기도 하다. 18세기와 19세기 초의 분류시스템과 명명법은 자연과학의 진보에 필수적이었을 뿐만 아니라, 다른 지식 분야에 훌륭한 모델을 제공했다.

3.

통계 그 전환적 시각

정보의 변형

당신을 어떻게 사랑하느냐고요? 헤아려 볼게요.

— 엘리자베스 브라우닝, 《포르투갈인이 보낸 소네트》

우리는 숫자의 바다에서 살고 있다. 지능지수IQ, 학교 성적, 국내 총생산량, 야구의 평균 타율, 다우존스지수, 예상 강우량 등 그야 말로 통계의 문화에 둘러싸여 숫자들의 의미를 제대로 깨닫지 못 하고서는 정상적인 삶을 영위하기가 쉽지 않다.

데이터를 대변하는 수치로서 통계는 18세기에 처음 등장했으며, 19세기 초에 이르러 문화경관cultural landscape을 가늠하는 하나의 일반적 특징이 되었다. 당대의 가장 영향력 있는 사상가 중 한 사 람인 토머스 로버트 맬서스Thomas Robert Malthus(1766~1834)의 전환적 시각은 숫자의 변혁적 힘을 보여주는 대표적인 예로 손꼽힌다.[1]

맬서스하면 누구나 할 것 없이 "억제되지 않을 경우, 인구는 기 하급수적으로 증가한다. 반면 물질은 산술급수적으로 증가할 뿐 이다"라는 유명한 구절부터 떠올리게 된다. 이 말은 마치 자연법 칙이나 수학적 명제처럼 들리지만, 사실은 예지적이다. '억제되지 않을 경우' 반드시 재앙이 닥친다는 의미를 담고 있는 것이다.[2] 예 나 지금이나 맬서스 추종자들이 주목해온 것도 바로 이 대목이다.

맬서스가 1798년에 이러한 구절을 쓴 것은 진보의 필연성을 확신하고 있던 콩도르세나 윌리엄 고드윈*과 같은 경솔한 낙관론자들을 반박하기 위해서였다. 비록 진술하긴 했지만, 그는 데이터의 도움 없이 《인구론Essay on Population》을 집필했다. 이 글은 치열한 논쟁을 불러일으켰으며, 1801년에 영국 역사상 최초의 인구조사가 실시되는 데 결정적 계기로 작용했다.

인구조사 데이터로 무장한 맬서스는 자신의 생각을 다시 정리했다. 그리고 1803년을 시작으로 수년에 걸쳐 다섯 차례나 《인구론》을 개정했다. 개정판은 모두 표제는 같았지만 각기 다른 부제가 붙어 있었다. 엄밀히 말해 동일한 작품이 아니었다. 판이 거듭되면서 책의 분량과 정보의 양은 계속 늘어났고, 서술기법도 갈수록 정교해졌다. 맬서스는 인구와 물질에 대한 자신의 생각을 끊임없이 변화시켜나갔다. 그리고 어느 시점부터 맬서스는 필연적인 인구 재앙을 더는 예언하지 않았다. "지금껏 우리가 알고 있는 그 어떤 나라에서도 인구의 힘이 완전한 자유를 행사하도록 방관한 적이 없었다"[3]는 사실을 깨달았던 것이다.

맬서스의 주장에 따르면, 북아메리카인들이나 '문명화되지 못한' 사람들과 달리 유럽인들은 기근을 경험하면서 식량공급에 맞춰 인구를 조절하기 전에 예방 점검을 통해 인구수를 통제해왔다. "식구(食口, 먹는 입)에 대한 두려움 때문에 부부간의 잠자리 횟수 줄이기는…… 아마도 가장 강력한 점검 수단으로 간주될 것이다. 이

• William Godwin(1756~1836). 무정부주의와 급진주의를 표방한 영국의 정치평론가이자 소설가. 프랑스혁명 직후 《정치적 정의에 관한 고찰》을 통해 사유재산을 부정하고 생산물의 평등한 분배에 입각한 사회정의의 실현을 주장했다.

를 통해 근대 유럽인들은 물질 수단의 수준으로 인구를 줄일 수 있었다."[4]

심지어 영국도 교육을 통해 위기를 벗어날 수 있다고 보았다. 만약 교육을 받는다면, 가난한 사람들도 마치 동물처럼 무작정 번식만 하는 것이 아니라 자신들보다 상위계층의 사람들을 본받아 도덕적 자제력을 갖추고 행동하는 법을 배울 것이라는 논리였다. 한마디로 통계가 불운을 점치는 예언자를 자유주의자로 바꾸어놓았던 것이다.

먼 옛날부터 상인과 관료는 기장記帳을 해왔기 때문에 수리적 지식을 갖춘 사람은 늘 있어왔다. 이성과 혁명의 시대에 새로운 것은 숫자가 금전 이외에도 인구, 건강과 질병, 자연, 심지어는 신의 영역까지도 분석하는 데 이용될 수 있다는 사고였다.[5]

통계에 대한 관심의 근원 중 하나는 공중보건에 대한 염려였다. 17세기와 18세기 초, 유럽과 북아메리카를 휩쓴 전염병, 특히 페스트와 천연두는 공포의 대상이었을 뿐 아니라 정보를 얻고, 이해하고, 예견하고, 예방하고자 하는 욕구도 불러일으켰다. 이처럼 급박한 상황 아래서 수리적 방법을 인구 문제와 공중보건의 연구에 적용하려는 '정치산술'이 등장하게 된다.

또 다른 동인은 정치와 경제였다. 계량화는 중상주의, 이를테면 대차대조표, 손익계산서 등의 상업적 회계법을 국가와 국민에게 적용하려는 최초의 시도와 맞닿아 있었다. 정부의 비판자들은 통계를 이용하여 정책시스템의 결점을 포착하고 그 개선책을 제안할 수 있었다.

수치적 데이터는 매우 방대한 양의 정보를 요구하기 때문에, 국가나 교회 같은 기관만이 정보를 수집할 수 있는 재원 혹은 수단을 갖추고 있었다. 그런 정보는 얻기가 매우 힘들었으며, 따라서 정보를 확보한 기관들은 대부분 그것을 공개하지 않았다. 18세기 말에 이르기까지 개인은 자신의 수리계산적 기술을 활용할 수 있는 믿을 만한 정보에는 거의 접근조차 못했다. 중세의 신학논쟁에서처럼 이성의 시대에도 공허한 언쟁과 억측이 난무했다.

18세기에 유럽의 각 정부 조직이 점점 더 체계화되면서, 계량화의 정신은 교육받은 대중뿐 아니라 관료들에게도 영향을 끼쳤다. 정보에 대한 관료들의 필요성은 수치적 데이터의 수집을 더욱 가속화했다. 18세기에 들어서 거의 완만하고 산발적으로 이어지던 흐름은 18세기 말에 이르러 혁명과 전쟁으로 가파른 급물살을 타게 된다. 마침내 19세기 중반, 대중적 욕구와 정부의 필요성이 상호작용하여 인구조사국, 통계청, 통계학회 등이 주도하는 본격적인 통계운동이 전개된다. 지금 세계는 바로 그러한 운동에서 형성된 것이다.

정치산술과 신적 질서

이른바 통계는 17세기와 18세기만 하더라도 '정치산술political arithmetic'로 알려져 있었다. 이 용어의 출발점은 런던의 부유한 상인 존 그랜트John Graunt(1620~1674)가 《사망표에 관한 자연적·정치적 고찰Natural and Political Observations Made upon the Bills of Mortality》을 발

표한 1662년으로 거슬러 올라간다. 사망표는 런던교구신부회에서 간행한 보고서로, 런던의 모든 성공회교구를 대상으로 각 교구민의 사망 원인은 물론 교구마다 치러지는 세례식과 장례식의 횟수를 숫자로 제시했다. 처음 15세기에는 비정기적으로 발간되었으나, 1603년 이후 정기 주간 연재물로 바뀌면서 런던 시민들에게 전염병의 도래를 경고하고, 각 교구 간의 상대적 행복지수를 알려주었다.[6]

존 그랜트는 기존의 회계 방법을 이 주간 사망표에 적용했다. 몇 가지 추정치(이를테면 인구 중 가임기 여성 비율과 가구당 인구수)를 설정하고, 주간표에서 뽑아낸 데이터를 목록으로 작성하여 런던 거주자의 숫자, 연령별 남녀의 숫자, 다양한 연령대의 남녀 비율 등 여러 가지 흥미로운 결론을 얻을 수 있었다. 그랜트는 런던에서 사망률이 출생률보다 높지만 외곽지대에서 이주해온 덕에 인구는 계속 증가한다는 사실을 발견했다. 뿐만 아니라 만성병과 풍토병으로 죽은 사망자 수가 사람들을 공포로 떨게 하는 전염병보다 훨씬 많다는 사실도 밝혀냈다.[7]

그랜트의 저서는 대단한 성공을 거두었다. 특히 페스트가 런던을 강타한 1665년에는 그 인기가 가히 폭발적이었으며, 이를 통해 그는 왕립협회의 회원으로 선출되는 영예까지 얻었다. 그랜트의 작품은 여러 정치산술학자들에게 영감을 주었다. 그 첫 번째 인물이 바로 친구인 의사 윌리엄 페티William Petty(1623~1687)였다. 다작 저술가였던 페티는 1683년에《더블린 사망표에 관한 고찰Observations upon the Dublin-Bills of Mortality》을, 1686년에는《더블린 사망표에 관한 새로운 고찰Further Observations upon the Dublin-Bills of

Mortality》을 집필했다. 1679년에 완성하여 1690년에 발표한《정치 산술Political Arithmetick》에서 페티는 자신과 그랜트의 분석 방법을 지칭하는 또 하나의 용어를 만들었다. 이 글에서 페티는 인구뿐 아니라 토지가격, 제조업, 항해술, 농업 그리고 숫자로 기술할 수 있는 모든 종류의 경제 및 공적 생활을 다루었다.[8] 그처럼 강렬한 숫자에 대한 열정은 숫자가 말보다 더 사실적이라는 믿음에서 나온 것이었는데, 사실 그 믿음은 오늘날에도 여전히 유효하다.

> 내가 취한 방법이…… 썩 유용하다고는 할 수 없다. 비교급 단어나 최상급 단어만을 사용하여 지적 논법을 구사하는 대신에…… '숫자', '무게' 혹은 '측정 단위'에 의존하여 내 뜻을 밝혔다. 오직 감각의 논법만을 사용하여 자연에 존재하는 명백한 근거가 있는 원인만을 고려했기 때문이다. 따라서 특정인의 가변적인 마음, 견해, 기호, 열정 따위에 의존하는 원인들은 철저히 배제되었다.[9]

페티와 더불어 그레고리 킹Gregory King(1648~1712) 또한 1세대에 속한 인물이었다. 그는 '아궁이'당 혹은 가구당 인구수에 대한 몇 가지 추정치를 설정한 다음, 아궁이세hearth tax에 관한 기록들을 활용하여 당대와 미래의 영국 인구를 산출했다. 1690년에 쓴 그의 논문 〈영국에 관한 자연적·정치적 고찰과 그 결과Natural and Political Observations and Conclusions upon the State and Condition of England〉는 1802년에 비로소 발표되지만, 그 결과는 경제학자 찰스 대버넌트Charles Davenant(1656~1714)의 저서《상거래의 균형에서 승자로 만드는 가능한 방법들에 대한 논고Essay upon the Probable Methods of Making a

People Gainers in the Balance of Trade》(1699)에 먼저 등장했다. 제목만 보아도 정치산술이라는 상표 뒤에 숨겨진 저자의 중상주의적 동인이 금세 읽힌다.[10]

초기의 정치산술학자들은 불완전하고 신빙성 없는 자료들에 의존했으며, 방법은 조야했고 그 결론 또한 대부분 편향적이었다. 하지만 정치산술은 학문적인 관심 그 이상의 것으로, 삶과 죽음을 계량화하는 과정에서 필연적으로 질병, 출생, 죽음과 관련된 인간과 신의 역할이라는 까다로운 문제를 건드릴 수밖에 없었다. 사회를 계량화하는 첫 번째 시도라는 의미에서, 정보문화에 대한 정치산술학자들의 기여도는 저명한 철학자들과 비교해도 전혀 뒤지지 않는다.

정치산술과 건강의 관계는 복잡하면서도 상호보완적이었다. 이 움직임은 페스트의 영향과 질병의 원인을 수치화한 사망표의 활용 가능성에서 야기되었다. 하지만 이러한 '원인들' 중 대다수는 정확하지도 과학적이지도 않았다. 보고된 원인들 가운데는 '신의 행위', '자연의 부패', '머리에 찬 수분', '나약함' 등의 표현도 발견된다. 하지만 두 가지 질병은 명백하고 뚜렷한 증상을 나타냈다. 페스트는 겨드랑이와 사타구니에 고통스러운 검은 종기를 돋게 했으며, 천연두는 온몸을 물집으로 뒤덮었다. 페스트는 예방과 치유가 불가능했던 탓에, 이 질병이 퍼져 나간다는 소문을 들으면 그저 달아나는 수밖에 없었다. 반면 천연두는 예방이 가능했다. 하지만 그 때문에 예방 문제를 둘러싸고 격렬한 논쟁이 불붙게 되는데, 여기에서 정치산술이 중요한 역할을 했다.

18세기 이전에도 천연두를 앓고 있는 환자에게서 채취한 고름을 건강한 사람에게 주입하는 예방접종(종두법)이 터키, 중국, 아프리카의 일부 지역에서 실시되었다. 1720년대에 콘스탄티노플 파견 대사의 아내이자 여류 시인이던 메리 워틀리 몬터규 부인이 자신의 아이들에게 인두접종을 시행하여 영국에 종두법을 널리 알렸다. 1722년에는 웨일즈 공비가 자신의 딸들에게 접종한 것을 계기로 귀족계급과 왕가도 이 방법을 받아들였다.

유행을 불러올 정도의 호소력이 있었음에도 종두법에는 두 가지 걸림돌이 있었다. 접종 후에 건강한 사람이 죽기도 할 만큼 위험성이 높았으며, 신학적 보수주의자들은 그것을 신의 의지에 반하는 행위라고 거부했다. 1720년대 팸플릿 문학*은 전염병과 관련한 흥미로운 문제들을 공론화했다. 예방접종을 옹호한 사람들은 천연두로 말미암은 사망자의 비율이나 접종을 받은 자의 비율 등의 양적인 증거를 제시한 반면, 반대자들은 사례연구나 도덕적 논증을 선호했다. 얼마 후 수치의 증거로 무장한 유행이 최종 승리를 거두면서 종두법은 영국 전역으로 퍼져 나갔다.[11]

영국령 북아메리카에서도 비슷한 상황이 전개되었다. 1704년부터 발행된《보스턴 뉴스레터Boston News Letter》는 월간 사망표도 게재했는데, 유감스럽게도 사망 원인은 빠져 있었다. 성직자들은 설교를 통해 아이를 포함한 모든 연령대의 사망은 신의 의지가 발현된 증거일 뿐이라고 역설했다. 하지만 1721년에 천연두가 유행하자, 공중보건 쪽 사람들 사이에 균열이 생겼다. 코튼 매더를 비롯

---

* 주로 시사 문제를 다룬 소논문이나 평론.

한 일단의 성직자들은 접종을 옹호한 반면, 새뮤얼 그레인저 같은 반대자들은 예정설에 대한 간섭이라는 논리를 내세우며 맹렬히 비난했다. 양 진영 모두 엉성한 방법으로 수치를 활용했지만, 접종 옹호자들이 제시한 증거가 훨씬 더 설득력이 있었다. 그 이유는 1730년과 1752년에 천연두가 다시 찾아왔을 때 예방접종이 보편화되었고, 그와 동시에 질병은 '죄의 방문visitation for sins'이라는 논법이 호소력을 잃었기 때문이다.[12]

프랑스에서는 종두가 뒤늦게 시행되었는데, 이는 수리적 지식을 갖춘 사람들이 없어서가 아니라 의료기관의 경직성 때문이었다. 의료전문직은 의학부, 그중에서도 특히 파리 의학부가 통제했다. 이 공식적 조합은 개인의 신체 내부에서 4체액(피·담즙·흑담즙·점액)의 균형이 깨진 상태가 곧 질병이라고 주장했다. 이런 관점이라면 많은 이들을 대상으로 한 질병의 수치화는 무의미할 수밖에 없었다. 의사들은 수학에 관심이 없었을 뿐 아니라, 수학자들이 의료 문제에 개입하는 것도 달가워하지 않았다. 샤를 마리 드 라 콩다민, 다니엘 베르누이Daniel Bernoulli, 장 달랑베르 같은 저명한 수학자들이 종두법을 지켜내기 위해 확률계산법을 이용했지만, 의사들은 그들의 논증을 묵살해버렸다.

하지만 의사들의 반대에도 영국의 경우와 비슷한 경로를 밟으며 종두법은 확산되어 나갔다. 먼저 귀족계급 사이에서 유행처럼 퍼져 나가자, 뒤이어 부르주아들이 유행처럼 모방했다. 종두법은 구체제의 마지막 몇십 년 동안 합리주의적인 고위 관료들까지 매료시켰다. 재정총감 튀르고가 1775년에 전염병위원회를 결성했으며, 그의 후임 자크 네케르는 그 위원회를 왕립의료협회로 격상시

켜 공중보건과 전염병에 관련된 정보를 수집하게 했다.[13]

시대에 따라 신의 존재를 입증하는 방식도 변해왔다. 그렇다면 이성을 경배하는 시대에 몇몇 사람이 논리와 관찰을 토대로 신의 존재를 증명하려고 시도한다 해도 전혀 놀라울 것이 없지 않겠는가?

인구통계학에서 신의 손길을 찾으려고 시도한 '자연적' 신학자들 중 선두주자는 영국 앤 여왕의 주치의 존 아버스넛John Arbuthnot(1667~1735)이었다. 1710년 영국 학회지《철학회보Philosophical Transactions》에 1629년부터 1710년까지 런던 사망표에 의거한 그의 논문〈남녀 출생비율에서 관찰된 지속적인 규칙성에서 얻은 신의 논증Argument for Divine Province, taken from the constant Regularity observe'd in the Births of both Sexes〉이 발표되었다. 아버스넛은 여자아이보다는 사내아이가 더 많이 세례를 받음에도 사망률은 오히려 사내아이가 높다는 점에 주목하며, "남자들이 견뎌내야 하는 외적 사건들은—먹을거리를 구하려면 위험을 무릅쓸 수밖에 없었다—생명까지 위협하는 위험요소였다"는 점에서 그 원인을 찾았다. 이 두 가지 현상은 서로 상쇄된다고 보았던 그는 "자연의 작품들 속에서 발견되는 무수한 신의 발자국들 가운데 유달리 눈길을 끄는 뚜렷한 발자국이 하나 있다. 그것은 다름 아닌 남성과 여성의 숫자 사이에서 유지되는 정확한 균형이다"[14]라고 결론 내렸다.

이와 같은 인구학적 규칙들의 발견은 프로테스탄트 성직자들로부터 환영을 받았다. 영국령 북아메리카에서는 역사가 패트리샤 코헨Patricia Cohen이 다음과 같은 말로 환영사를 대신했다.

"독실한 신자들은 교회에서 사망의 수치적 패턴들을 배워서 인구학적 사실들을 각자의 죽음에 대한 성찰에 활용하라고 권유받았다. 기독교인을 위한 일종의 화두인 셈이다."[15]

인구학을 통해 신의 존재를 증명하려는 가장 철저하고 치밀한 시도는 프로이센의 사제로서 군목을 지낸 요한 페테르 쥐스밀히 Johann Peter Süssmilch(1707~1767)의 작품이었다. 1742년에 그는《출생과 사망 그리고 번식에서 입증된 인간종의 변화들 속에 내재된 신적 질서Die göttliche Ordnung in den Veränderungen des menschlichen Geschlechts, aus der Geburt, Tode und Fortpflanzung derselben erwiesen》를, 그로부터 20년 후에 다시 두 권으로 된 제2판을 발표했다.

쥐스밀히는 하노버, 스웨덴, 프로이센, 비텐베르크, 런던의 여러 도시, 로마, 스톡홀름, 베를린과 1056개에 달하는 마을에서 수치들을 취합했다. 그리고 그 수치에서 출생률과 사망률, 남녀 출생비율, 도시와 시골의 사망률을 좌우하는 규칙들을 발견했다. "만약 100개의 사례를 통해 어떤 결론을 도출한다면, 한 가지 사례로 그 어떤 반론도 제기할 수 없을 것이다"[16]라는 표현에서도 드러나듯, 쥐스밀히는 수치의 힘을 굳게 믿었다. 쥐스밀히의 계량화는 직접적이었지만, 그것을 해석하는 방법은 거의 문학적이었다. 예를 들어 그는 여러 마을을 대상으로 한 수치적 통계표를 작성한 후 거기에서 보편적 결론을 이끌어냈다.

제시된 모든 증거에서 다음과 같은 사실이 확인된다.
(1) 농촌 지역의 사망률은 풍년일 경우 42분의 1과 43분의 1 사이, 혹은 여러 해의 사망률을 합산하여 그 평균치를 구하면 38분의 1이다.

(2) 위의 두 비율의 평균을 내면 40분의 1이라는 수치를 얻을 수 있다. 이 법칙을 사용하려면 대상이 되는 해가 풍년인지, 흉년인지 정확히 알아야 한다.

(3) 소읍의 사망률은 32분의 1이다.

(4) 베를린과 같은 대도시의 사망률은 28분의 1이다.

(5) 로마나 런던과 같은 이른바 거대도시의 사망률은 24분의 1에서 25분의 1에 이른다.[17]

농촌의 사망률과 도시의 사망률 대비를 통해 쥐스밀히는 윤리적·종교적·정치적 결론을 도출해냈는데, 우연의 일치인지 그 결론들은 반도시적·반가톨릭적인 그의 선입견과 정확히 맞아떨어졌다. 따라서 그가 도시의 높은 사망률을 '너무 느슨한 훈육'이나 '빈번하고 과도한 육욕적 탐닉'의 탓으로 돌린 것은 어쩌면 당연한 귀결일지도 모른다.

불순한 쾌락으로 그들은 피를 망가뜨리면서 치유가 거의 불가능한 질병에 사로잡힐 것이다. 그리하여 젊음의 꽃이 시들고 활기가 소진되어, 마침내는 때 이른 죽음을 맞이할 것이다. 로마가 남긴 기록들에서…… 당시 매춘부는 6000여 명이 존재했음을 확인할 수 있다. 그들이 공식적으로 묵인한 것은 그들이 납부하는 세금, 어쩌면 수많은 미혼 남성 때문일 수도 있고, 그들의 활동을 허용한 잘못된 치안이나 권력의 비호 때문일 수도 있다. 몸속에서 은밀히 확산되어 결국에는 죽음으로 몰고 가는 페스트와 비견될 정도라니, 이 얼마나 무서운 독인가! …… 대중적인 선동에도 죄악의 구렁텅이 속으로 빠져들지 않을 젊은이가 과연 얼마나 될까? 또한 때 이르게 자신들의 힘이 소진됨을 알아채는 젊은이는 얼마나 될 것인가?

쥐스밀히는 이러한 퇴폐 현상과 시골생활의 건강성을 대비시켰다.

전염성 독이 시골마을에서는 좀처럼 발견되지 않는다. (도시인들보다) 사람들은 훨씬 더 소박하다. 시골사람들에게는 더 높은 품위, 적어도 자연적 품위가 있다. 성직자들의 감독과 교회의 가르침은 파렴치한 언행을 가로막는 방벽이다. 힘든 노동 또한 무분별한 격정을 막아준다.[18]

쥐스밀히의 목표는 숫자의 양적 법칙이 인구수를 조절하는 예정설과 개인의 자유의지를 조화시킨다는 사실을 통해 신의 존재를 증명하는 데 있었다. 비록 종교에 무게 중심을 두었지만, 그는 인간사, 특히 국가에 미치는 인구통계의 중요성을 널리 전파하는 데 일익을 담당했다. 그가 제시한 수치들은 한 국가의 인구 규모가 그 국가의 힘을 비롯한 안정과 밀접하게 연결된다는 점을 보여주었다. 국가의 힘과 안정은 당시 프로이센의 통치자들이 매우 중시하던 문제이기도 했다. 다시 말해 통치자에게는 인구 성장을 보전할 의무가 있다는 것이다.[19]

인구 감소 논쟁

정치산술, 인두 접종 논쟁 그리고 서술적 통계와 수치적 통계를 둘러싼 갖가지 논증들은 모두 18세기를 특징짓는 계량화 정신의 표현이다. 하지만 그 실현 과정이 결코 순탄치만은 않았다. 정보 수집에 필요한 기구들을 개발하는 데 각 정부는 소극적인 자세로 일관했다. 뿐만 아니라 도시의 사망표, 아궁이세를 비롯한 세수 그리고 18세기 말경 스웨덴, 에스파냐와 미국에서 최초로 행해진 인구조사의 결과물 등, 특정한 정보를 입수한 경우라도 그것을 대중화하는 일은 거의 없었다. 수요와 공급의 간극을 메우는 일은 사변에 머물렀으며, 연역적 이성은 실증적 증거가 부족했다. 흥미롭게도 당시 가장 악명 높았던 인구감소이론과 맬서스의 가설이 스펙트럼의 양극단을 형성했다.

인구 감소 논쟁은 1721년에 몽테스키외 남작Baron de Montesquieu (1689~1755)이 《페르시아인의 편지Lettres Persanes》를 출간하면서 시작되었다. 이 책에서 그는 다음과 같이 말했다.

> 이러한 종류의 사안들을 되도록 정확하게 계산을 한 후에 나는 현재 지구상에 존재하는 인구는 고대와 비교할 때 겨우 50분의 1 정도밖에 되지 않는다는 사실을 발견했다. 놀라운 것은 지금도 인구가 매일 줄어든다는 사실이다. 만약 이런 상태가 계속된다면 향후 10세기 이전에 지구는 사막으로 변하고 말 것이다.[20]

몽테스키외의 정보는 고전학자 유스투스 립시우스*와 게라르두스보시우스[**]의 저서에 나오는 로마의 인구에 대한 왜곡된 평가에 토대를 두고 있었다.[21] 거기서 한 걸음 더 나아가 그는 주저《법의 정신L'esprit des lois》에서 폭압적인 정부는 인구의 감소를 가져온다고 단언했다.

몽테스키외의 주장은 많은 동조자를 얻었는데, 그 대표적 사례로 디드로의《백과사전》에 수록된 루이 드 장쿠르의 논문〈프랑스〉와〈결혼〉을 꼽을 수 있다.[22] 신빙성이 있는 증거에 입각하지 않았음에도 몽테스키외의 인구감소이론이 그처럼 큰 인기를 누린 배경은 정치적 함의였다. 당시 대부분의 철학자들은 인구 증가가 번영의 확실한 징표이며, 번영은 훌륭한 정부의 산물이라고 믿었다. 따라서 인구가 감소할 경우, 그것은 곧 정부가 잘하지 못했다는 증거가 되는 셈이다. 장 자크 루소Jean-Jacques Rousseau(1712~1778)의 설명을 들어보자.

> 정치적 조직의 목적은 무엇인가? 다름 아닌 구성원들의 보호와 번영이다. 그렇다면 구성원들이 보호받고 번영한다는 가장 확실한 증거는 무엇일까? 인구의 숫자…… 인구수를 빠른 속도로 증가시키는 정부가 분명 최선의 정부이다. 반면 인구수를 감소시키고 구성원을 쇠약하게 만드는 정부는 최악의 정부이다. 셈하고, 측정하고, 비교하는 일은 계산을 전문으로 하는 전문가들이 맡아 해주기 바란다.[23]

- Justus Lipsius(1547~1606). 벨기에의 인문주의자이자 고전학자, 윤리·정치 이론가.
- •• Gerardus Vossius(1577~1649). 네덜란드의 신학자이자 고전학자.

인구감소이론을 주장한 사람들은 이러한 논증을 그 순서만 살짝 뒤바꾸었다. 프랑스 정부가 맡은 바 직무를 제대로 수행하지 못하고 있다는 가정에서 출발하여, 그들은 인구가 감소한다는 사실이 분명하다고 결론지었다. 예를 들어 중농주의 경제학자 마르키스 드 미라보Marquis de Mirabeau(1715~1789)는 그의 주저 《인간의 친구 혹은 인구론L'ami des hommes, ou traité de la population》(1756)에서 잘못된 농업정책과 부자들의 과소비로 프랑스의 인구가 줄어들고 있다고 주장했다. 하지만 그는 자신의 주장을 뒷받침할 수치적 데이터를 제시하지는 못했다.[24] 비슷한 맥락에서 중농주의자 프랑수아 케네François Quesnay도 1650년에 2400만 명에 달하던 프랑스 인구가 1750년에는 1600만 명으로 감소했다는 견해를 피력했지만, 그 역시 그러한 수치들의 명확한 근거를 제시하지 못했다.[25]

영국의 정치산술학자들은 이미 17세기 말부터 출간된 사망표를 근거로 자신들의 논지를 활발하게 전개해왔던 반면, 프랑스에서는 일반 대중이 접할 수 있는 정보가 상대적으로 부족했기 때문에 1740년대에 비로소 정치산술이 시작되었다. 인구의 중요성에 대한 관심이 높아지면서 좀 더 정교한 이론적 틀이 만들어졌고, 그것을 기반으로 먼저 시험적인 공식조사를 거쳐 마침내 완전한 형태의 인구센서스가 이루어졌다.

좀 더 귀납적인 방법으로 프랑스의 인구를 산정하려고 시도한 최초의 인물들 중에는 44권의 《박물지》를 쓴 조르주 루이 르클레르 드 뷔퐁이 있다. 그가 1749년에 발표한 인간편은 파리에서 행해진 영세, 결혼식 그리고 장례식의 횟수를 숫자로 제시하여 인구의 성장을 계산하려고 했으나, 그 수치들은 실제와 상당한 차이가 있

였다. 때문에 그는 교회묘지에 묻히지 않는 영아들의 사망에 관한 정보는 얻지 못했다.[26]

지리학자 장 조제프 에필리Jean-Joseph Expilly(1791~1793)는 1762년에 펴낸《프랑스 지역 갈리아의 지리·역사·정치사전Dictionnaire géographique, historique et politique des Gaules et de la France》에서 아궁이세 보고서와 출생기록부들을 토대로 인구 산출을 시도했다. 표본과 몇몇 스웨덴 통계자료에서 다양한 계수들을 취합한 다음, 그는 아궁이당 인구수가 도시는 여섯 명이고 시골은 네 명으로 그 평균치는 다섯 명이라고 추정했다.[27] 통계학자 루이 메상스Louis Messance(1733~1799)와 장 바티스트 모오Jean-Baptiste Moheau가 그의 작업을 이었다. 이 두 사람은 정부의 비밀 수치에 어느 정도 접근이 가능했으나 정확한 결론을 이끌어내지는 못했다.[28]

끝으로 확률적 수학의 창시자 중 한 사람인 피에르 시몽 라플라스(1749~1827)가 자신의 구상을 인구에 적용했다.《출생, 결혼 그리고 죽음에 관하여Sur les naissances, les mariages let les morts》(1783)에서 라플라스는 인구 산출에서 예상되는 오류를 최소화하려면 적어도 100만 명 이상의 거주자를 조사 대상으로 삼아야 한다고 주장했다.[29]

이들 정치산술학자들이 한 일은 각 교구의 출생기록부와 몇몇 지방을 대상으로 한 인구조사에서 하나의 '보편적 승수universal multiplier'를 산정한 다음, 그 상수常數에 프랑스 전체의 출생 수를 곱하는 것이었다. 물론 승수의 값은 선택된 표본 및 아궁이세, 인두세 등의 세금, 밀 소비 수치 그리고 입수 가능한 여러 정보와 최종 수치의 비교를 통해 그 표본이 얼마만큼 '교정되느냐'에 달려 있었다. 에필리의 승수는 28이었으며, 메상스는 25, 모오는 25.5, 라플라스는 26을 승수로 사용했다. 그 결과 2090만 명(1762년 에필리)에서 2400만 명(1793년 라플라스)에 이르는 인구 추정치가 산출되었다.[30]

각각의 견해차에도 프랑스의 산술학자들은 유럽에서 프랑스의 인구가 가장 많으며, 계속 증가한다는 사실을 입증했다. 1780년대에는 인구감소이론을 잠재웠다. 이 같은 과정을 통해 그들은 꾸준한 데이터 축적과 계산법의 발전은 장차 유명한 철학자들의 탁월한 통찰력마저 무효화시킬 수 있음을 보여주었다.

프랑스보다 시기적으로 뒤처지고 덜 이념적이었으나, 영국에서도 인구감소이론이 등장했다. 대다수 저술가들의 주요 관심사는 로마시대보다 인구가 과연 감소했느냐의 문제가 아니라, 당시 영국의 인구가 감소하고 있는지, 1688년 명예혁명 이후부터 줄곧 인구감소 현상이 이어져오느냐에 있었다. 1755~1757년 《철학회보》는 인구감소이론에 대한 찬반양론의 글들을 발표했다. 《조세 반환에 관한 논고Observations on Reversionary Payments》(1771)와 《영국과 웨일스의 인구에 관한 에세이Essay on the Population of England and Wales》(1780)라는 책에서 리처드 프라이스Richard Price(1723~1791)는 정치산술에 관한 문헌들을 종합하고 조세보고서들을 활용하여, 지난 17세기 이래 인구가 15퍼센트 줄어들었다는 결론을 도출했다. 문제는 산술이 아니라 자료였다. 그는 아궁이세, 창문세 혹은 주세를 거주자의 숫자와 연계시키는 명확한 방법을 갖추지 못했던 것이다. 정치산술학자 윌리엄 웨일스William Wales(1734?~1798)는 전국의 교구 관리자들에게 질문서를 발송하여 가구 수를 확인하고 교구 성직자들을 통해 1688~1697년, 1741~1750년, 1771~1780년의 교구등록부에 관한 정보를 수집하여 그러한 결함을 개선하려고 했다.《영국과 웨일스의 현재 인구 상태에 관한 연구An Inquiry into the Present State of Population in England and Wales》(1781)에서 웨일스는 인구는 감소하는 것이 아니라 오히려 증가하고 있다는 결론을 내렸다.[31]

비록 웨일스가 시기상 앞서긴 했지만 인구 성장이라는 발상은 필연적으로 토머스 맬서스와 연계될 수밖에 없었다. 맬서스의 놀라운 점은 그의 방법론이나 역사적 인구통계에 대한 기여도가 아니라, 그보다 오히려 더 세심한 인구통계학자들은 이미 오래전에 잊힌 반면, 그의 명성은 지난 2세기 동안 줄기차게 이어져왔다는 사실이다. 하지만 세계인구가 다시 감소하기 시작하면 맬서스는 잊히고, 반대로 인구감소이론을 주장한 사람들에 대한 기억은 망각으로부터 되살아날 것이 분명하다.

앙시앵레짐의 통계학

'통계statistics'는 '국가에 대한 탐구'를 표현하기 위해 독일의 통계학자 고트프리트 아헨발Gottfried Achenwall(1719~1772)이 최초로 사용한 용어였다. 이 용어는 1770년에 빌펠트J. F. von Bielfeld의 저서가 《일반교양 입문Elements of Universal Erudition》이라는 제목으로 번역되면서 영국에 상륙했으며, 21권에 달하는 방대한 분량의 역작《스코틀랜드의 통계보고서Statistical Account of Scotland》(1791~1799)를 저술한 싱클레어John Sinclair 경이 이를 대중화했다. 1797년도《브리태니커백과사전》은 통계를 "어떤 왕국, 나라 혹은 교구에 대한 관찰이나 조사를 표현하기 위해 최근에 도입된 단어"[32]라고 기술했다. 1810년대에 들어서 비로소 숫자 형태로 제시된 정보라는 오늘날의 의미를 획득했으며, 수학의 한 분야인 확률계산법이라는 부차적 의미로 사용된 것은 1830년대였다.

인구 문제에 대한 갑론을박을 잠재울 수 있는 가장 확실한 방법은 센서스였을 것이다. 하지만 프랑스 정부는 시민의 자유에 대해서는 그리 염려하지 않았음에도 센서스가 민중의 저항을 불러올지도 모른다는 생각에 주저했다. 게다가 모든 개인은 평등하며 따라서 덧셈이 가능하다는 센서스의 기본 전제는 인간의 가치는 제각각이며, 따라서 일대일 대응관계가 성립되지 않는다는 귀족들의 시각과 상충했다. 정착 유럽인들이 국가의 필요성과 자신들의 안전 사이의 상관관계를 명확히 인식하고 있던 식민지에서만 인구조사가 성공적으로 이루어졌을 뿐이다.[33]

하지만 계몽지식인으로 자처하던 절대왕정의 각료와 감독관들은 국가적 업무를 합리적 방법으로 처리하기 위한 정보가 필요했다. 구체제의 마지막 세기는 그들의 요구와 그들이 도출해낸 마구잡이식 답변들로 넘쳐났다.[34]

1664년에 재정총감 장 바티스트 콜베르Jean-Baptiste Colbert(1619~1683)는 감독관들에게 정확한 지도를 작성하고 주교관할권과 수도원, 군대와 귀족계층, 사법관과 그들의 청렴도, 재정과 세금징수, 왕가의 소유지, 천연자원, 항해가 가능한 강과 하천, 상업, 공업, 말 사육장, 위조화폐 등 갖가지 정보들을 수집하여 보고하게 했다. 3년 후에는 이른바 '루이법전Code Louis'을 통해 각 교구의 성직자들에게 영세, 혼인, 장례에 관한 기록들을 매년 왕립법원에 제출하라고 명령했다. 이런 일련의 조처들은 당시 프랑스 정부가 국가의 자원이나 백성에 관한 문제는 차치하더라도 자체의 행정 상황조차 제대로 파악하지 못했다는 사실을 극명하게 보여준다.[35]

18세기에 콜베르의 후임자들은 그의 시도를 되풀이했다. 재정총감을 위시한 각 부처의 수장들은 정기적으로 감독관들에게 주택, 가족, 거지, 전문가, 자원, 산업, 연료 심지어는 '지역 문화의 친절성과 지적 수준의 정도'에 관한 정보를 요구했던 것이다. 하지만 그 모든 시도는 행정적인 뒷받침 부족으로 좌초되고 말았다.[36]

재정총감들의 요구사항은 그들이 경제 및 인구 문제에 지대한 관심이 있었음을 보여준다. 무엇보다도 세금수입을 늘리는 것이 주된 동인으로서, 일련의 조사가 대중의 저항에 부딪친 것도 바로 그 때문이었다. 프랑스 왕정이 수집한 데이터의 결함은 너무 분산된데다 미숙한 지방행정도 한몫했다. 비록 정보에 대한 정부의 요구가 강제적이었지만, 모호한 질문들은 비교할 수도 합산할 수도 없는 답변들을 양산했다.

어쨌든 답변들 속에 포함된 정보는 국가기밀로 간주되었다. 에필리가 지리학사전을 만들기 위해 정보를 요청했을 때 재정총감은 다음과 같이 반응했다고 한다.

> 에필리 씨에게 이 보고서의 사본을 주는 것은 적절치 않다고 생각됩니다. 여기에 들어 있는 공업, 상업, 재정, 거주자의 지적 수준 등에 관한 다양한 정보는 정부의 자산으로서 일반인에게는 공개될 수 없는 것입니다. 별다른 문제없이 출간이 가능한 인구나 역

사적 사실들에 관한 몇몇 일반적 견해를 건네주는 것만으로도 충분할 것입니다.[37]

앞으로 살펴보겠지만, 심지어 혁명마저도 모든 것을 즉시 알아야한다는 중앙정부의 주장과 혼란스럽고 오류투성이의 답변들 사이의 간극은 메울 수 없었다.

프랑스에서와 달리 영국 정부는 절대권력의 만용이 상대적으로 미약했으며, 의회의 감시 아래 한결 개방적인 태도를 취했다. 모든 것을 단번에 알아야 한다고 요구하지도 기대하지도 않았고, 설령 요구를 한다 해도 신중했다.

1688년 명예혁명 이후 재무성의 의사록, 소비세출납부, 해군의 점호명부 등 공식문서의 숫자가 실로 엄청나게 증가해왔다. 이러한 기록물 중 상당수는 통계적이었는데, 그 시발점은 1696년에 작성되기 시작한 수출입 감찰관들의 문서였다. 18세기 동안 정부의 각 부서는 공식적인 정책수행의 용이성을 위해 복잡한 기록·보관 시스템을 개발했다. 기밀유지를 위한 일이었지만, 관료들은 자신들의 수장, 의회의원들 그리고 특수한 관련 단체들로부터 수집한 정보를 공개하라는 압력을 받았다.[38]

명색이 사망표와 정치산술의 근원지라 할 수 있는 영국은 그 다음 발걸음을 옮기기 주저했다. 1753년에 하원은 "총인구와 이를 대상으로 한 출생·혼인·사망자 수의 연례적 취합 및 기록"에 관한 법안을 도입했다. 하지만 이 법안은 "그나마 남아 있는 영국인의 마지막 자유마저도 그 뿌리째 뒤흔들어버리는…… 상처받은 사람들을 대상으로 사용된 가장 악랄한 강탈과 압제의 수단……더군다나 국민을 대상으로 매년 작성된 기록들은 저 바깥 적들에게 우리의 약점을 알려주게 될 것이다"라고 맹비난하는 상원의원들의 반대에 부딪쳐 곧 무위로 끝나고 말았다. 또 다른 몇몇 의회의원들은 자신들의 유권자들이 "이 제안을 불길한 것으로 간주하여, 혹시나 수치화가 엄청난 대중적 불행 혹은 전염성 소요사태를 불러오지나 않을까 두려워하고 있다"고 주장했다.[39]

　이런저런 여러 주장을 종합해보면 인구조사를 반대하는 근본원인이 무엇인지 분명하게 드러난다. 말하자면 정부, 외국인, 신을 두려워했던 것이다.

쥐스밀히를 제외한 18세기의 대다수 독일 지식인들은 정치산술보다는 이른바 '기술적·비수치적 통계'를 선호했다. 기술적 통계는 특히 괴팅겐대학에서 인기가 높았는데, 그곳 교수들은 유럽 각국에 관한 방대한 양의 정보를 어떤 식으로든 체계화하려고 시도했다. 그런 과정에서 그들은 치밀한 법규를 통해 수많은 독일공국의 복지를 최대화하려고 노력했던 17세기 저술가들인 관방학파 경제학자*들의 행보를 그대로 답습했다.[40]

　괴팅겐대학의 교수이자《유럽 국가들의 국가학 개요Abriss der Staatswissenschaft der europäischen Reiche》의 저자 아헨발은 당대의 박물학자와 백과전서학자들의 계보를 이었다. 아헨발의 접근법은 수치적이기보다는 분류학에 더 가까웠기 때문이다. 그는 특히 기후, 토양,

---

*　18세기를 풍미한 독일의 행정학. 장 바티스트 콜베르가 주도한 프랑스의 중상주의와 짝을 이룬다.

인구, 제조, 운송, 재화 등 각국의 경제 자원에 역점을 두었다.[41] 아헨발에게 통계학자의 의무는 "도덕적, 물질적, 경제적, 정치적 그리고 종교적 원인들의 상호관련성을 추적하고 그 결과들을 측정하여, 그 모든 것을 종합한 전체 그림을 그려내는 것"이었다.[42] 비록 아헨발의 기술이 설명적이지만, 경우에 따라서 그는 당시까지도 수백 개의 작은 공국으로 나뉘어 있던 독일의 주요 관심사를 비교해볼 수 있는 수치적 데이터를 사용하기도 했다.

비슷한 맥락에서 안톤 프리드리히 뷔싱Anton Friedrich Büsching(1724~1793)은 세계의 지리를 서술적으로 묘사하자고 제안했다. 여섯 권으로 발간된 그의《새로운 지리학Neue Erdbeschreibung》(함부르크, 1754~1771)은 발트 해를 따라 늘어선 국가와 도시들을 대상으로 삼았으며, 특히 코펜하겐을 상세히 다루었다.

아헨발과 뷔싱 이후 독일의 통계학은 계량화에 대한 견해차에 따라 두 분파로 나뉘었다. 기센대학의 교수 아우구스트 크로메 August F. W. Crome는 경제 지도책인《유럽의 생산지도Producten-Karte von Europa》(1782)와《유럽 각국의 크기와 인구에 관하여Über die Grösse und Bevölkerung der sämtlichen europäischen Staaten》(1785)에서 숫자표를 이용했다.[43] 아헨발의 제자이자 괴팅겐대학의 후임 교수인 슐뢰처A. L. von Schlözer에게 역사는 '움직이는 통계학'인 반면, 통계학은 '어떤 한 순간으로 동결된 역사'였다.[44] 슐뢰처와 더불어 이른바 괴팅겐학파는 수치적 데이터를 "저급한 통계학"이라고 비난하며, '고급한' 기술적 통계학만이 국가의 특성이나 자유에 대한 애정과 같은 중요한 자질들을 검증할 수 있다고 주장했다. 하지만 그 후 전개된 지속적인 노력에도 기술적 통계학은 프로이센이 본격적으로

수치적 데이터를 수집하기 시작하는 1812년부터 세인의 관심권 밖으로 밀려났다.[45]

신뢰할 수 있는 통계 수치를 산출할 만한 크기를 가진 최초의 국가는 스웨덴이었다. 1686년부터 루터파 성직자들은 교구기록물들을 보관하라는 요구를 받아왔다. 스웨덴은 다른 종교를 가진 사람이 거의 없었기 때문에 그 기록들은 시기별 인구수를 꽤 정확히 반영했다.

1749년에 왕립과학아카데미는 각 교구목사들에게 정기적으로 소속 교구의 출생, 혼인, 사망 그리고 전체 인구수를 산술제표위원회에 제출하게 했다. 왕립과학아카데미의 사무국장 페르 바르겐틴Pehr Wargentin은 여기서 취합된 수치들을 토대로 출생과 사망은 물론 종교, 연령, 성, 혼인 여부 그리고 직업에 따른 스웨덴의 인구를 산출했다. 이러한 수치들은 스웨덴 국회와 국왕을 위해 보관되어오다가 1760년대에 일반에게 공개되었다. 진정한 의미의 센서스가 아니라 정치산술을 공식적으로 실험한 것이지만, 바르겐틴과 그의 후임자 헨리크 니칸데르Henrik Nicander가 발표한 수치들은 아마도 1830년대 이전에 알려진 것들 중에서는 가장 정확했다고 평가할 수 있을 것이다.[46]

1789~1815년의 프랑스 통계학

프랑스혁명 초기부터 혁명정부의 지도자들은 자신들이 거주하는 국가에 관한 정보를 수집하는 데 온 힘을 기울였다. 관료들의 전통적인 호기심은 점점 늘어나는 비상사태, 이웃 국가들의 적대감 그리고 그에 따른 일련의 전쟁으로 엄청나게 확대되었다. 잠재적 신병과 과세 대상자의 숫자는 물론 유권자, 요주의 인물, 거지와 유랑자, 수확량과 비축식량, 물가 등에 관한 정보도 새로운 지도자들의 채집 대상이었다. 더군다나 그들은 정보는 공공의 자산이며, 따라서 시민들을 교육하고 계몽시키기 위해서는 정보가 널리 공유되어야 한다고 믿고 있던 터였다.

정부의 부처마다 다양한 정보가 필요했으며, 때로는 요구사항들이 겹치기도 하고 상충되기도 했다. 1789년 12월, 제헌의회는 모든 자치단체에 명하여 선거를 목적으로 활동하는 자들의 명단을 작성하게 했다. 1790년에는 구체제의 관구 및 여타 지역을 데파르트망département•으로 대체시킨 분할위원회가 새롭게 편성되어 각 지역의 행정책임자들에게 담당 지역의 인구와 자원에 관한 정보를 제출하라고 명령했다. 또 한 달 후에는 구빈위원회가 군이나 읍 단위의 인구조사를 요구했는데, 거기에는 세금납부자, 14세 이하의 어린이, 노인, 병약자, 유랑자, 거지 등이 포함되었다.

1791년 1월, 입법의회는 전국을 대상으로 한 인구목록을 요구하고 나섰다. 거기에는 모든 거주자 수, 직업, 혼인 여부뿐 아니라 어린이, 하인, 주거지, 자원 등이 총망라되어 있었다. 같은 해 7월에는 전국의 지자체에 정치적 요주의 인물을 포함한 거주자의 숫자

• 프랑스의 지자체 단위의 하나. 코뮌(우리나라의 시나 읍에 해당)보다 상위의 중역 자치단체로 우리나라의 도에 해당된다.

를 하나도 빠짐없이 기록하여 제출하라는 명령을 내렸다. 뿐만 아니라 금속, 유리, 면직, 비누, 가죽 등 생필품의 제조를 비롯한 쟁기, 방앗간, 소, 말, 돼지 등 식생활과 관련된 정보도 요구받았다. 하지만 3만 6000여 개에 달하는 프랑스의 코뮌 가운데 겨우 123곳에서만 그러한 명령에 따랐을 뿐이다.[47]

1792년 9월, 입법의회는 급진적 의제로 무장한 채 온갖 정보에 민감한 반응을 보인 국민공회로 바뀌었다. 처음에는 지방 행정책임자들의 열정에 기대를 걸었다. 국민공회의 부속기관으로서 인구조사의 임무를 수행할 공공사업위원회는 각 지역 행정관리자들에게 다음과 같은 회람용 서신을 띄웠다.

> 프랑스 전 지역의 인구에 대한 정확한 지식을 얻기 위해 본 위원회에서 설명서와 함께 세 가지 서식을 발송하니 충실히 답변해주시기 바랍니다. 이토록 중차대한 사업의 성공적 완수를 위해 모든 신민이 열성과 지혜를 다하리라 기대합니다. 이 사업의 유일한 목적은 바로 국민의 행복에 있습니다. …… 현재 국가 번영의 모든 수단은 의제 안에 들어 있으며, 우리는 그중 가장 본질적 요소들 중 하나인 인구조사를 더는 미룰 수 없습니다. 자유인의 수치화! 이것이 선행되지 않고서 그 어떤 것을 시도할 수 있겠습니까? 애국충정으로 가득한 지방관료 수장들에게 이 과업을 맡기는 것은 그 속도와 성공에 대한 약속을 보장하는 것과 다를 바 없습니다.[48]

책임자들의 열정이 기대한 결과를 낳지 못하자, 국민공회는 강압정책으로 바꾸어 회람용 편지와 독촉장으로 지사들을 괴롭혔다. 예를 들어 저 무시무시한 공안위원회는 지방의 행정 수장들에게 123개에 달하는 항목에 대한 정보를 요구하며, 3일 내에 보고하지 못할 경우 해당 지역은 '뭔가 의심스럽고 악의가 있는' 것으로 간주될 것이라고 으름장을 놓기도 했다.[49]

요구받은 데이터를 수집하는 지사들prefect*과 데이터를 처리하는 관료체제의 능력이 혁명지도자들의 열정을 충족시키지 못했다. 그 결과 체계화되지 못했거나 신빙성 없는, 그야말로 잡동사니 정보들로 봇물을 이루었다. 물론 개중에는 정확한 정보도 섞여 있었을 것이다. 하지만 당시 프랑스는 전쟁 중이었고, 그 와중에 산더미 같은 보고서들이 탄약통으로 바뀌거나 공공건물의 난방용 불쏘시개로 사용되는 일이 비일비재했다.[50]

1795년 11월, 혁명의 열기가 한풀 꺾이면서 국민공회는 더욱 보수적인 총재정부로 대체되었다. 같은 해 12월, 총재정부의 초대 내무장관 피에르 베네제크Pierre Bénézech는 각 부처의 장관들에게 다음과 같은 공문을 띄었다.

> 입헌정부로 들어선 현재, 귀 부서가 어떤 상태인지를 가능한 한 빨리 파악하여 알려주시기 바랍니다. …… 현재의 상황과 앞으로 몇 년 후 프랑스가 맞이할 상황을 비교해보면, 자유정부의 장점과 우리가 완수하게 될 미덕이 선명하게 드러날 것입니다.[51]

• 프랑스혁명 정부는 중앙정부를 대표하는 인물을 국내의 여러 지방에 거주하게 하는 지사 제도를 정교하게 다듬었다. 이 제도는 대부분의 서구 근대국가에서 여러 가지 형태로 모방된다.

베네제크의 후임자 프랑수아 드 뇌프샤토François de Neufchâteau는 '인구와 각종 동물들'에 관한 정보 및 '모든 관점을 망라하여 귀 부서에 유용하거나 흥미롭거나 혹은 주목할 만한 것들'에 관한 정보를 요구하는 회람용 서신을 정기적으로 보냈다. 심지어는 로마의 유적에 관한 정보까지도 요구했다.[52]

1799년 12월, 총재정부를 전복시킨 나폴레옹 보나파르트는 동생 루시앵을 내무장관에 앉혔다. 루시앵은 취임하자마자 지방 행정책임자들에게 서신을 띄었다.

> 본인은 농업, 상업, 공업 등등 모든 분야에서 공화국과 관계된 정보라면 무엇이든 관심이 있습니다. 입수되는 정보를 취합하여 큰 밑그림을 그리고자 합니다. 숫자표와 동봉된 편지 상단부에 필히 '공화국의 통계'라고 기재해주시기 바랍니다.[53]

1800년 11월, 루시앵 보나파르트의 뒤를 이은 샤프탈은 통계청을 신설하여 경제 혹은 인구와 관련된 모든 정보를 수집하게 했다. 그는 전임자보다 훨씬 더 열정적으로 각 지방의 보고서들을 취합했다. 모든 것을 즉시 알고 싶었던 것이다. 샤프탈은 병원, 지형, 거지, 물가, 도로, 조세, 교육 등에 관한 데이터를 요구했을 뿐만 아니라, '서민의 정서'까지 알고 싶어 했다. 내심 '각 지역의 도덕적·물질적 상황'에 대한 보고서를 매달 제출받기를 기대했기 때문에, 그는 "모든 정보를 완벽하게 취합하여 우리나라의 부와 자원에 대한 정확한 지식을 정부에 전달해야 한다고 생각합니다"라고 공표했다. 한 행정 관료가 좀 더 실용적인 동기를 제공했다.

"인습, 편견, 여론, 풍속 그리고 거주민의 열정 등에 관한 매우 정확한 세부사항들이 요구되며, 이를 통해 정부는 서로 다른 여러 지방정부를 효율적으로 관리하기 위한 최선의 조처로서 감시, 압박, 격려, 보호 등의 형태를 선택하여 취할 수 있다."[54]

이 많은 요구는 기대만큼의 성과를 거두지 못했다. 국민공회의 대대적 숙청을 통해 각 부처의 유능한 인물들이 제거되었고, 그 와중에 중요한 문서들이 사라졌다. 자리를 보전한 지방 관료들은 공포 혹은 타성으로 무기력해졌다. 지사들은 대개 식자층이었지만 거느린 직원들은 무능했으며, 정보를 수집하고 정리하는 훈련도 제대로 받지 못한 상태였다. 심지어 정보 수집을 위해 그들이 의지해야 했던 코뮌의 수장들 중 3분의 2가 문맹이었다. 이른바 '지사 통계prefect's statistics'는 기술적인 것과 수치적인 것이 뒤섞여 도무지 비교 자체가 불가능한 잡다한 정보들의 집합체였다. 그중 상당수는 부정확하거나 잘못된 정보였다. 마찬가지로 루시앵 보나파르트의 지시로 2년이 소요된 1801년 '센서스' 또한 오류와 결함투성이여서 현실적으로는 거의 무용지물에 가까웠다.[55]

하지만 통계청이 수집한 정보가 공익을 위해 유용된 것도 사실이다. 나폴레옹의 정치적 동지들 중 한 사람인 집정 캉바세르의 후원으로 1830년에 창립된 '파리통계학회'는 통계학을 "한 국가에 실제로 존재하는 주목할 만한 것들에 대한 정확한 목록을 제시하는 기술"로 정의했다. 이 같은 독일적 통계 개념을 충실히 좇으며, 파리통계학회는 슐뢰처와 아헨발의 저서들을 번역하는 작업을 기획했다. 1795~1830년 동안 기술적 통계를 다룬 저서들이 봇물처럼 쏟아져 나왔다. 1797년 정부에서《데파르트망 개요서Descriptions abrégées des départements》를 펴냈으며, 1799년에는 세바스티앙 보탱 Sébastien Bottin의 《정치·경제 연감Annuaire politique et économique》 그리고 1803년에는 빅토르 에르뱅Victor Herbin의 《프랑스와 식민지의 일반·특수 통계Statistique générale et particulière de la France et de ses colonies》가 발표된다.[56]

1804년 12월, 황제로 등극한 나폴레옹은 파리통계학회를 해체하고 모든 공식문서에 자물쇠를 채워버렸다.[57] 이후 중앙정부가 요구한 정보는 한결 전문화되었다. 내무장관 농페르 드 샹파니Nompère de Champagny는 지사들에게 비축식량과 곡물의 시세, 제조업 그리고 무역에 관한 보고서를 매달 보고하라고 지시했으며, 면화, 밤나무, 꿀벌, 오렌지 나무 등에 관한 특별보고서도 요구했다.[58] 그뿐만 아니라 지사들은 범죄와 치안, '국민들의 태도' 그리고 지방 관료들의 활동까지도 일일이 보고해야 했다.[59] 하지만 지방 관료들은 더욱 전문화된 이러한 요구에 부응할 만한 역량이 없었다. 대신 권위 있는 그랑제콜grandes école* 출신으로 잘 훈련된 수학자들이 지사들의 데이터 수집에 크게 일조했다.[60]

그럼에도 공식적인 데이터 수집은 인식론적·정치적 논쟁을 비켜갈 수 없었다. 나폴레옹 치하에서 통계학회 수장들은 문학적 소양을 갖춘 사람들로서, 통계학에 대한 독일적 사고에 매료되어 있었다. 알렉상드르 데페리에르Alexandre Deferrière는 "프랑스가 생산하

---

* 프랑스혁명 이후, 중앙집권 체제의 강화를 위해 국가의 주도로 설립된 엘리트 양성 고등교육 연구기관.

는 채소의 개수를 아무리 정확히 계산한다 해도 프랑스의 정원에 단 한 포기의 배추도 더 보탤 수는 없을 것이다"[61]라는 기지 넘치는 발언으로 수치적 통계학을 퇴출시켰다. 그의 후임자 자크 피세 Jacques Peuchet는 그가 쓴《프랑스 통계학 입문Statistique élémentaire de la France》(1850)에서 특유의 프랑스 정신에 호소했다.

> (프랑스인은) 그것이 아무리 정확하다 할지라도 무미건조한 제표는 견디지 못한다. …… 이리저리 비틀 필요도 없이 그저 자연스럽게 말로 표현하면 훨씬 더 간단할 것을 수수께끼 같은 공식이나 대수학적 계산법, 혹은 기하학적 도형을 이용하여 제시하거나 분석한다고 자처하는 그 같은 방법을 단호히 거부해야 한다.[62]

그의 하급자 에마뉘엘 뒤빌라드Emmanuel Duvillard는 다른 시각을 가진 수학자였다.《통계청 업무에 관한 논고Mémoire sur le travail du Bureau de statistique》(1806)에서 그는 "우아한 문체라는 유혹적인 광택제로 빛을 발하는 사람들"을 비판했다. 그 대안으로 "다량으로 상세하게 그리고 신뢰할 정도의 정확성으로 제시될 수 있는 사실들은 반드시 목록으로 나타내야 한다"고 제안했다. 왜냐하면 "이 형식이야말로…… 상호연결과 그 관계에 대한 이해와 나아가 마음의 작용까지 가능하게 하는 유일한 것"[63]이기 때문이다.

나폴레옹은 기술적 통계학과 정치산술 사이의 인식론적 논쟁에는 관심이 없었다. 그는 통계청의 관료 샤를 에티엔 코크베르 몽브레에게 경제 데이터를 작성하라고 지시했다. 1806년과 1812년 사이에 만들어진 보고서 가운데서도 특히 수확과 식량 가격에 관한 보

고서는 당시의 것으로는 가장 믿을 만한 보고서들 중 하나였다.[64]

1810년 이후, 나폴레옹의 끊임없는 군사작전과 대륙봉쇄령은 서서히 프랑스 경제를 무너뜨렸다. 점점 독재화되면서 정부의 관심 대상도 보조가 필요한 극빈층에서 세금징수가 가능한 부유계층으로 옮겨갔다. 정부의 주도로 부유한 가문의 재산을 조사하기 시작했는데, 심지어는 딸들의 결혼지참금, 미모, 결혼의 기회까지도 조사 대상에 포함되었다.[65] 급기야 1811년 11월, 나폴레옹이 직접 나서서 "모든 기득권층을 대상으로 한 피고용 노동자의 숫자 및 생산물의 품질이 포함된 각 분야의 제조업에 관한 완벽한 통계를 8일 이내에 제출할 것"을 요구하기에 이르렀다. 하지만 통계청이 자신의 요구에 합당한 정보를 제공하지 못하자, 나폴레옹은 통계청을 해체해버렸다.[66] 그 당시 내무장관 몽탈리베르Montalivert는 이렇게 해명했다.

"20년 전에 통계청이 신설되었지만, 중요하거나 완벽한 결과물은 전혀 내놓지 못했다. …… 그 작업 과정은…… 너무 이론적이었다. 꿈은 원대했고 조사해야 할 세부사항은 너무 방대했다."[67]

최초의 센서스

'센서스census'란 용어는 그 개념 정의가 무를 자른 듯 명쾌하지 못하다. 어떤 학자들은 18세기에 미국, 스위스 혹은 에스파냐에서 최초의 센서스가 이루어졌다고 주장하는 반면, 또 다른 학자들은 성서시대 혹은 고전시대의 '센서스'를 언급하기도 한다. 개념을 분명히 하기 위해, 이 글에서는 어떤 특정 시기의 한 국가에 거주하는 전체 인구를 셈하고자 하는 시도를 센서스라고 규정한다. 아궁이나 가구 혹은 영세, 혼인, 장례와 같은 종교 행사의 셈에 토대를 둔 모든 추정은 이누머레이션enumeration으로 구분한다.

18세기 이전의 이누머레이션은 거의 예외 없이 통치 목적과 직결되어 있었다. "가서 이스라엘 민족을 헤아려라!"라는 다윗왕의 명령을 받은 사령관 요압은 '검을 뽑는 용맹한 남자들'의 숫자를 세었다(《사무엘서》 하 24장 1~3절). 잠재적 징병 대상자들을 헤아리는 경우뿐 아니라, 강제노역자나 세금징수가 가능한 가구 혹은 '아궁이' 수를 결정할 때도 이누머레이션이 실시되었다. 1086년에 만들어진 둠즈데이북Domesday Book*의 목적은 세금징수였다. 대부분의 경우 여성과 아이들을 비롯한 성직자와 귀족은 조사 대상에서 제외되었다.

이런 여러 이유 때문에 18세기 말 이전에 행해진 이누머레이션은 강한 저항에 부딪쳤다. 때로는 "다윗왕의 가구 조사 이후 역병이 이스라엘 백성들을 덮쳤다"(《역대기》 상 27장 14~17절)는 식의 종교적 설명에서 대중적 저항의 원인을 찾기도 했지만, 조사원들이 방문한다는 소식에 일반인들이 달아날 구멍부터 찾은 진짜 이유는 따로 있었다. 그들은 하나 같이 조세징수원이나 강제 징병요원 혹은 그와 유사한 종류의 압제를 행사하는 대리인이었기 때문이다. 그들이 마주칠 수밖에 없었던 저항을 고려할 때, 조사담당자들이

• 잉글랜드의 정복왕 윌리엄 1세 때 실시한 조사기록의 원본 또는 그 요약본. 토지 소유자의 이름, 장원의 이름과 규모, 농민의 수, 양어장, 문화시설의 개수 등이 상세히 기록되었다.

상관에게 완전한 허구는 아닐지라도 사실과 일치하지 않는 수치를 보고한 것도 어쩌면 당연한 결과일 것이다.[68]

규모가 큰 나라를 대상으로 한, 진정한 의미의 최초 센서스는 1787년 에스파냐에서 실시된 인구조사였다.[69] 18세기 에스파냐의 부르봉왕조는 여러 차례 왕국의 인구를 조사했다. 최초로 실시된 '캄포플로리도 일반 조사Campoflorido Vezindario general'(1717)는 아궁이 수를 세는 전통 방식을 취했는데, 세금징수가 목적이었으므로 부정확할 수밖에 없었다. 1768~1769년 아란다Aranda 센서스는 처음으로 아궁이 수가 아닌 개인을 대상으로 삼았지만, 대부분의 학자들은 그것을 신뢰할 수 없다고 평가한다.

1787년 개혁 성향의 장관 호세 플로리다블랑카José Floridablanca가 새로운 센서스를 지시했는데, 거기에는 외국인들에게 "외국인이나 외국학자들이 생각하는 것처럼 왕국이 비어 있지 않다"는 사실을 증명해 보이려는 의도가 담겨 있었다. 이전의 이누머레이션과 달리 이 센서스는 수개월에 걸쳐 기독교 당국이 아닌 시민의 손으로 이루어졌다. 이 센서스에 따르면, 그보다 20년 전에 실시된 아란다 인구조사 이후 인구수가 150만 명 증가했다. 비록 현대 인구통계학자들이 10퍼센트 정도의 인구가 누락되었다는 점을 지적했지만, 1800년 이전에 유럽에서 실시된 센서스들 중 가장 정확할 뿐 아니라, 1875년 이전에 에스파냐에서 실시된 센서스들 중 유일하게 신뢰할 수 있는 것이다.[70]

세계 최초의 혁명 국가를 이룬 미국이 두 번째로 센서스를 실시했다. 1787년에 제정된 미합중국헌법 1조 2항을 보면, 인구수에 근거하여 중앙정부의 예산을 책정하고 하원의 의석수를 산정하기 위해

10년마다 센서스를 실시한다고 명시되어 있다. 이를 통해 입법초 안자들은 대표자 수를 늘리는 동시에 세금을 감축해달라는 압박 의 수위를 조절할 수 있었다.

1790년 3월 1일 공표된 법안에 의거하여 센서스 담당 요원들은 법원집행관들의 감독 아래 가장(세대주)의 성명, 16세 이상과 이하 의 자유 백인 남성의 숫자, 여성의 숫자, 여타 자유인의 숫자, 노예 의 숫자 등 몇 가지 기초 사항을 조사했다. 각 주의 공식적인 인구 수는 전체 자유인의 숫자에 노예 숫자의 5분의 3을 더하는 방식으 로 산출되었으며, 세금을 내지 않는 인디언들은 여기에서 제외되 었다. 미국의 4대 대통령인 제임스 메디슨James Madison이 불만을 토 로했듯이, 최초의 센서스에는 '입법자들에게 반드시 필요하며, 정 치경제학 분야에도 큰 도움'[71]이 되는 직업에 대한 조사가 빠져 있 었다.

당시 미국의 인구는 광활한 지역에 흩어져 있었을 뿐 아니라, 교 통수단마저 발달하지 않은 터라 데이터를 수집하고, 정리하고, 전 송하고, 편집하는 데 무려 8개월이나 걸렸다. 1791년 10월에 국방 장관 토머스 제퍼슨이 서명한 이 보고서는 무려 56쪽에 달했다. 하 지만 최종적으로 제시된 392만 9214명이라는 인구수는 제퍼슨의 기대에 부응하지 못한 수치였다.[72]

앞선 세기 내내 격렬한 논쟁의 대상이기도 했던 영국제도의 인 구수에 관한 문제가 프랑스혁명기에 다시 초미의 관심사로 떠올랐 다. 군대의 인력 수요와 1800년도의 흉작은 의회로 하여금 정확한 인구 산출의 필요성을 깨닫게 했다.

1800년 2월에 제정된 인구조례Population Act에 의거하여 의회는 하원 서기 존 리크만에게 새로운 센서스의 총책을 맡겼다. 하지만 경찰관, 교회직원 그리고 '부유한 주택 소유주들'의 도움을 받으며 교구민생위원이 주도한 영국과 웨일스의 인구조사는—스코틀랜드에서는 각 학교 교장들이 수행했다—엄격히 말해 이누머레이션이었다. 교구별 혹은 읍 단위, 가구 수, 가구당 남녀 숫자(연령 제외)를 비롯한 농업, 상업, 제조업 혹은 수공업, 기타라는 세 범주 중 하나의 직업이 기재되었다. 뿐만 아니라 국교회 성직자들은 1700년부터 1780년까지는 10년마다, 1781년부터는 매년 영세식과 장례식의 숫자를, 1754년과 1800년 동안에는 매년 결혼식의 숫자를 기록하라는 지시를 받았다. 진정한 의미의 센서스와 달리 여기에서 산출된 수치들은 불완전할 수밖에 없었다. 비국교도는 철저히 배제되었기 때문이다.[73]

그 결과는 1801년 12월에 출간되었다. 예상 외로 그 조사들은 별다른 대중적 반발 없이 원활하게 진행되었고, 그 결과물 또한 당시로서는 만족할 만한 것으로 받아들여졌다. 리크만의 감독 아래 1811년, 1821년 그리고 1831년에 비슷한 형태의 조사가 시행되었으며, 1841년에 본격적인 센서스가 실시되기까지 별다른 진전 없이 비슷한 양상이었다.[74]

미국인 : 계산하는 사람들

자신들의 새로운 국가를 자랑스럽게 생각했던 미국인들은 낡은 유럽국과 자신의 나라를 비교하고 싶어 했다. 자신들의 나라와 자신들이 거주하는 고향 마을에 대해 많은 것을 배우고 싶은 열정에서 그들은 전기, 연감, 지명사전, 여행기 등 온갖 종류의 기술 책들을 부지런히 쓰고 읽었다. 이러한 책들은 지리학에 대한 독일 특유의 기술적 접근법처럼 수치를 선호하는 미국인의 성향과 일맥상통했다. 그 대표적인 예로 제퍼슨은 어디를 가나 메모장을 들고 다녔다고 한다. 특히 고향 버지니아를 즐겨 돌아다녔는데, 〈버지니아 주에 대한 메모〉에서 그는 구구절절 고향에 대한 애정을 상세한 묘사로 대신했다.

미국독립전쟁 이후 작가들은 마치 약속이나 한 듯 뉴헤이븐이나 필라델피아 같은 도시는 물론 자국의 모든 지역을 묘사하고 찬미하는 데 열을 올렸다. 제퍼슨의 저서도 당시까지는 언어적이었지만, 1790년 이후의 작품들은 '진정한 사실들'을 제시하는 온갖 종류의 통계들로 가득했다. 필라델피아에 관한 책을 출간한 어느 작가가 설명했듯이, "현재와 같은 상황에서 작품을 구상하는 작가라면 누구나 사실의 집적이 첫 번째 과제이며, 그 사실에서 비롯되는 성찰은 독자에게 맡겨야 한다는 견해는 당연할"[75] 터였다.

외국인들의 눈에는 마치 미국인들이 숫자에 대한 강박관념이 있는 것처럼 비쳤다. 1818년 발간된 180쪽 분량의 미국 기술서인 애덤 세이버트Adam Seybert의 《통계연보Statistical Annals》 서평을 실은 영국 잡지 《에든버러 리뷰Edinburgh Riview》는 미국인들을 일컬어 "조야하고 산술적"이라고 표현했다. 쉽게 말해 미국인들은 문화, 과학 혹은 예술은 도외시하고 인구나 상거래 같이 셈이 가능한 것만 중요시한다는 의미였다.[76] 영국의 여행가 토머스 해밀턴도 뉴잉글랜드의 거주자들에 대한 글에서 "산술은 추측하고, 예상하고,

기대하고, 계산하는 이 나라 국민의 본능에 기인하는 것처럼 보인다"[77]고 언급했다.

하지만 숫자에 대한 숭배는 정치적 목적과 맞닿아 있었다. 다양한 목소리들이 여전히 불안정한 국가체제를 위협하는 것처럼 여겨지는 상황에서 '사실들'이 그러한 목소리를 하나로 묶어줄 터이기 때문이다. "비록 그것이 불완전하다 할지라도 모든 사람이 똑같이 안다면, 그들의 견해 또한 같을 수밖에 없을 것"이라고 1804년《문예지와 미국의 기록Literary Magazine and American Register》은 적었다.[78]

비록 마구잡이식이었지만, 19세기 중반까지 통계 활동이 활발했다. 영국의 경우와 마찬가지로 세례, 혼인, 장례에 관한 교구기록이 그 출발점이었다. 1791년 미국 예술과학아카데미American Academy of Arts and Sciences는 기대수명표를 만들기 위해 62개 교구를 대상으로 기록물들을 수집했다. 1804년에는 뉴욕시 당국이 도시조사국Office of City Inspector을 신설하여 의사와 산파, 목사, 묘지 관리인과 교회 관리인에게서 출생, 혼인, 사망에 관한 보고서들을 모았다.

뉴올리언스에서는 의사 베닛 도울러가 묘비명에서 사망자 수와 나이에 관한 정보를 수집했다. 하지만 이를 근거로 이른바 '묘지 산술학자graveyard arithmetician'가 그린 기대수명에 관한 그림은 너무 달콤했다. 가난한 사람들은 데이터에서 배제되었기 때문이다. 1842년에 매사추세츠 주에서 등록법Registration Act이 통과되고, 연이어 1840년대와 1850년대에 다른 주에서도 비슷한 법안이 만들어지기까지 사망통계는 불충분하고 신뢰할 수 없었다.[79]

통계는 국민의 호기심을 만족시키고 자긍심을 높여주었을 뿐만 아니라 사회적 변화도 가져왔다. 대체로 미국 의사들은 연역적 접근법을 선호했으며, 의학을 과학보다는 오히려 예술로 생각하는 경향이 강했다. 하지만 1830년대에 접어들어 파리에서 공부하고 돌아온 몇몇 젊은 의사들의 주도로 노트 작성과 기록보관에 대한 관심이 일기 시작했다. 1840년대 중반에 설립된 미국의사협회는 회원들에게 질의서를 배부하고 매년 수치적 보고서를 제출하게 했다. 19세기 중반부터 미국 의사들은 점차 '정확한 기록, 통계학적 분석, 의학에 대한 경험론적 접근법'에 토대를 둔 '합리적 의학'으로 방향을 잡아나갔다.[80]

의학과 공중위생의 분석 및 개혁에서는 미국이 유럽보다 뒤떨어졌을지 몰라도, 도덕적 개혁을 위한 통계학 이용에서는 미국이 단연 선두주자였다. 1816년 매사추세츠 주의 과음방지위원회는 술과 관련된 사건 및 사고 발생률 보고서를 작성했다. 그 다음 해에 필라델피아의 교도소협회가 범죄, 범죄자 그리고 감옥에 관한 통계를, 보스턴의 빈자를 위한 도덕·종교 교육위원회는 극빈층 자녀들이 5만 4029개 시와 1899개 찬송가 그리고 교리문답에 대한 1만 7779개 답변을 기억한다는 흥미로운 보고서를 발표했다. 1830년에는 뉴욕의 도덕개혁협회가 윤락과 간음에 관한 통계를 수집했다.

역사학자들이 말하는 이른바 제2차 대각성운동*은 박애주의 혹은 개종을 목적으로 한 운동 그 이상의 의미가 있었다. 인간 행동을 수치화하려는 시도들은 지식에 대한 목마름과 통계의 힘에 대

* 1720년에서 1740년까지 영국의 북아메리카 식민지에서 활발하게 전개된 신앙부흥운동으로, 유럽 각국의 신앙생활에 큰 영향을 미쳤다. 1795년에서 1835년까지 뉴잉글랜드에서 유사한 형태의 신앙부흥운동이 다시 일어나는데, 제2차 대각성운동이란 이를 일컫는다.

한 신뢰의 발현인 것이다. 부랑자나 방탕한 생활에 젖은 사람 혹은 교육의 혜택에서 소외된 아이들을 배려하는 뭔가를 하려면, 개혁자들이 먼저 그 숫자가 현재 얼마인지 또 구제되었거나 치료된 숫자는 얼마인지를 구체적으로 알아야 했다. 경건성과 도덕성에 관한 문제에서조차 미국인들은 '추측하고, 예견하고, 기대하고, 계산하는 국민'이 되었다.[81]

미국에서 센서스의 발전은 국가의 발전과 그 궤를 같이 했지만, 시기상으로는 상당한 차이가 있다. 1790년 센서스와 마찬가지로, 1800년과 1810년 센서스도—이를테면 연령별(5년 단위) 자유 백인 남녀의 숫자, 여타 자유인의 숫자, 노예의 숫자 등—아주 기초적인 인구조사 차원에 머물렀다. 1790년 당시 사람들의 직업 데이터를 얻고자 한 매디슨 같은 인물과 그것을 사생활 침해이자, 국민에게 더 많은 세금을 징수하기 위한 술책의 하나로 보는 양측이 팽팽히 맞선 상황이었다. 그 타협책으로 재무장관이 〈예술과 제조업에 관한 성명서〉를 발표했지만, 사실 그것은 정확성과는 거리가 먼 문서였다.[82]

센서스는 점차 정교해졌다. 1820년 센서스는 직업을 포함시켰을 뿐만 아니라, 처음으로 흑인을 연령과 성별에 따라 구분했다. 1830년 센서스는 사법보안서비스청으로 송달된 인쇄물들을 활용했다. 특히 이 조사는 최초로 시청각장애인들을 수치화하여, 그것을 바탕으로 163쪽 분량의 보고서를 작성했다.[83]

1840년 센서스는 이전보다 훨씬 더 정교해졌다. 그 좋은 예로 조사항목이 1790년에는 네 개, 1800년에는 20개에 불과했던 반면 이

때에는 82개로 급증했다. 미국의 8대 대통령 마틴 밴 뷰런Martin Van Buren과 1839년에 설립된 통계협회의 요구로 미국독립전쟁 연금수급자, 학교, 광산업과 제조업, 문맹자, 백치, 정신이상자 그 외 많은 항목이 조사 대상에 편입되었다.

역사가 패트리샤 코헨이 지적했듯이, 엄청난 분량의 1차 데이터와 무능한 통계청 수장 윌리엄 위버William Weaver 그리고 그의 지시를 따르던 아마추어 수학자들이 뭉쳐 통계 역사상 가장 부끄러운 실패작을 만들어냈다. 수치와 분석의 오류들이 기묘하게 결합하는 과정을 거쳐 이 센서스는 북부로 갈수록 흑인 정신이상자의 퍼센트가 증가한다는 결과를 내놓았다. 노예제도의 옹호자들은 이를 근거로 흑인의 정신적 결함과 흑인에게 미치는 자유의 악영향을 주장하고 나섰다. 전직 대통령 존 퀸시 애덤스(미국의 6대 대통령)로 대표되는 반대자들은 이 센서스를 정치적 목적으로 통계를 조작한 남부 노예상인들의 음모로 보았다.[84] 1840년 센서스는 '사실들'이 국가를 단합시킬 것이라는 순진한 신념을 한순간에 무너뜨렸다. 코헨의 설명을 들어보자.

> 1840년도에 실시된 센서스의 역사는 망실된 순수함의 역사다. 이를 계기로, 때로는 통계도 거짓말을 할 수 있다는 일반인들의 인식이 강화되었다. 통계전문가들은 방어적 자세를 취하며 숫자에 주의를 기울일 수밖에 없었다. 이제 그들도 자신들의 수치가 또 다른 수치들로부터 도전받을 수 있음을 깨닫게 된 것이다.[85]

1815년 이후 프랑스와 벨기에의 '사회물리학'

루이 18세(재위 1815~1824)와 샤를 10세(재위 1824~1830) 치하의 프랑스 복고왕정은 나폴레옹에게 봉사한 수많은 관료들을 쫓아내고 그들이 보관한 보고서들도 폐기 처분해버렸다. 하지만 "자연과학에서 그 가치가 입증되고 관찰에 토대를 둔 통계학을 정치학과 도덕학에도 적용하자"[86]는 산술학자 라플라스의 외침이 보여주듯, 사회통계학에 대한 인식은 이미 프랑스 문화에 깊이 침투해 있었기에 역사의 시곗바늘을 혁명 이전으로 되돌릴 수는 없었다.

필요성과 행정력이 결합하면서 전쟁부, 상무부, 법무부는 각각 징병, 외국무역, 재판에 관한 일련의 통계를 집성했다. 맨 먼저 법무부가 정기적으로 완벽한 통계를 수집하기 시작했다. 신중한 문서 업무라는 오랜 전통이 있었을 뿐만 아니라, 범죄와 판결이 엄격하게 규정되어왔기 때문이다.[87] 1827년에 최초로 교부된 〈형사재판 관리에 관한 일반 보고서Compte général de l'administration de la justice criminelle〉는 "사실들에 대한 정확한 지식은 정부에게 가장 필요한 것 중 하나다. 이것은 논점을 조명하고 단순화하며, 이론의 모호성을 실증적이고 확실한 경험의 빛으로 대신함으로써 논점에 명확한 근거를 제공한다"[88]는 신조를 표방했다. 여기서 "교부되었다"라는 말은 "출판되었다"라는 의미는 아니었다. 그렇다고 "비장祕藏되었다"라는 의미도 아니었다. 대신 이 보고서들은 고위관리들을 위해 극히 제한된 부수로 인쇄되었다. 하지만 곧 일반인에게 유출되고 마는데, 범죄에 대한 두려움이 있던 부르주아 독자층 사이에서 이 보고서가 특별한 관심의 대상으로 떠오른 까닭이다.[89]

범죄학자이자 법무부의 범죄 통계 책임자였던 앙드레 미셸 게리André-Michel Guerry(1802~1866)는 1833년에 발표한《프랑스의 도덕 통계에 관한 시론Essai sur la statistique morale de la France》에서 처음으로 일반 보고서에 등장하는 날것 그대로의 수치들을 체계적으로 분석했다. 표, 지도, 그래프 등으로 중무장한 이 책에서 그는 범죄율이 어떻게 지역, 빈부, 교육, 경제활동 등의 여러 요인과 결부되는지를 보여주었지만, 자신의 분석으로부터 완벽한 결론을 이끌어내지는 못했다.[90]

7월 왕정(1830~1848)*은 그야말로 통계의 홍수를 불러왔다. 1834년에 상무장관 아돌프 티에르Adolphe Thiers는 일반통계청을 개설했다(1840년에 프랑스 일반통계청으로 개칭된다). 알렉상드르 모로 드 조네Alexandre Moreau de Jonnès(1778~1870)의 지휘 아래 이 통계청은 정부 부처에서 수집한 각종 데이터를 출간하는데, 여기에는 공공사업, 농업, 상업, 광산업, 교도소, 저축은행 등에 관한 정보가 포함되어 있었다. 이곳에서 1831년부터 5년마다 정기적으로 내무부에서 수집한 센서스 데이터를 출간했다. 이는 진정한 의미에서 프랑스 최초의 센서스이자, 이전에 센서스로 통했던 과장된 추정치들과는 확실히 차별화되었다.[91]

영국의 경우와 달리 프랑스 일반통계청은 공중보건보다는 경제 문제에 더 큰 관심을 두었다. 하지만 프랑스에도 공중보건, 인구 동태통계, 전염병학 등에 관심을 기울인 의학자들이 있었는데, 그

---

* 1830년 구체제로 복귀를 꾀하며 반동정책을 펴던 샤를 10세에 항거하는 부르주아 혁명으로 새로운 왕정이 시작된다. 이를 일컬어 7월 왕정이라고 한다.

들 중 상당수는 나폴레옹전쟁이 끝난 후 해임된 군의관들이었다. 1829년에 창간된 《위생과 의학 연보Annales d'Hygiène et de Médecine Légal》는 자체의 연구조사 결과물과 가난, 알코올의존증, 범죄, 윤락, 청소년 비행 등에 관한 글들을 실었다. 그리고 이 모든 것을 담은 이른바 '도덕 통계moral statistics'[92]가 형성되었다.

철학자 이안 해킹Ian Hacking의 표현을 빌리자면, 1830년대에 서유럽과 미국은 '인쇄된 숫자들의 사태'[93]를 경험하고 있었다. 각국 정부는 경쟁적으로 엄청난 양의 통계들을 수집하고 출간했는데, 그 주요 관심사는 한편으로는 과학적이었고(사회적 현상들을 이해하고 설명하는 것) 또 다른 한편으로는 정치적이었다(국가 행위로 사회를 개혁하는 것).

1830년 독립이 되기 전까지 벨기에는 나폴레옹이 지배하는 프랑스의 일부였다가 다시 네덜란드 왕국에 복속되었다. 그런 과정을 거치면서 벨기에의 국민 사이에는 관료 집단에 대한 불신이 팽배해 있었다. 네덜란드로부터 떨어져 나오기 직전인 1830년에 벨기에에서 실시된 센서스는 각 지방자치 당국이 징집자의 숫자를 적게 배정받고자 인구수를 줄여서 보고한 탓에 신빙성이 결여된 것으로 입증되었다. 독립을 이룬 새로운 왕국은 행정조직을 개편하고 국가 차원의 통계를 실시했다. 이를 위해 내무장관 리츠는 자신의 친구 아돌프 케틀레Adolphe Quetelet(1796~1874)에게 도움을 청했다.[94]

케틀레는 탁월한 재능과 엄청난 열정을 지닌 사람이었다. 수학자로서 수련을 거친 후 그는 수학, 물리학, 천문학을 가르쳤다. 1823년부터 1825년까지 파리에 거주하는 동안 케틀레는 수학자 라플라스와 장 바티스트 푸리에˙의 영향을 받았다. 그의 작업 방식은

아돌프 케틀레(1796~1874)의 초상.

많은 수를 관찰하고 수집한 다음 거기에서 특정한 법칙들을 찾아
냈다. 그는 열정적인 조직자이기도 했다. 1833년 영국 방문 중에
영국과학발전협회를 설득하여 통계지부를 설치하게 했으며, 벨기
에로 돌아가서는 1841년에 통계중앙위원회를 결성했다. 1842년에
브뤼셀 센서스를, 1846년에는 벨기에 센서스를 기획했다. 1853년
에 최초의 국제통계학회를 조직하고 책임자가 된 케틀레는, 통계
관련 간행물의 통일된 방법과 용어를 개발하기 위한 국제적 협조
를 호소했다.[95]

케틀레의 접근법은 이를테면 그가 '사회적 물리학' 혹은 '인간
학'이라고 부른 사회적 현상에 수학을 적용하는 방식이었다. 출생

● Jean Baptiste Fourier(1768~1830). 프랑스의 수학자로 1822년에 출간된 그의《열 분석 이론》
은 수리물리학 발전에 큰 영향을 주었다.

률과 사망률은 기온이 상승하면 증가하고 기온이 하강하면 감소하는 등 계절에 따라 변한다는 사실에 영감을 얻어 케틀레는 다음과 같이 적었다.

"만약 당신이 출생과 사망의 법칙을 기하학적으로 표현하고자 한다면, 사인곡선sine curve과 아주 비슷한 하나의 선험적 곡선을 찾게 될 것이다. 우리는 그 곡선에 y = a + b sin x라는 등식을 부여할 수 있다."[96]

케틀레는 프랑스 신병들의 신장분포에서 한 가지 뚜렷한 규칙을 발견하고, 그것을 '이항곡선'—오늘날에는 '정규분포곡선' 혹은 '종형곡선'으로 알려져 있다—이라 불렀다. 그는 또한 아이들의 평균 성장비율이 쌍곡선과 흡사하다는 사실도 확인했다.[97]

케틀레는 혼인, 자살, 범죄 등의 '도덕적' 통계도 조사했다. 형사 사법에 관한 공식적인 프랑스 통계에서 그는 "범죄 발생의 '무시무시한 정확성' 혹은 항상성을 발견했다. 〈연령에 따른 범죄 성향 연구Recherches sur le penchant au crime aux différens âges〉라는 글에서 케틀레는 "내가 이미 연구했던 남성의 신장 도표나 앞으로의 연구 과제인 남성의 체중과 근력 도표, 혹은 우리가 이미 알고 있는 사망표가 그러하듯, 연령별 범죄 성향 분석표 또한 확신을 갖고 당연한 것으로 받아들이는 데 전혀 주저함이 없다"라고 적었다.

그는 범죄 성향이 연령뿐 아니라 성별, 교육, 민족성, 기후, 계절 그리고 여러 요인과 관계있다고 인식했다. 예를 들어 그는 남성의 범죄율이 10세에서 12~13세 사이에 급격히 상승하다가 그 후 점차 하강곡선을 그린다고 보았다. 케틀러의 주요 저서 《인간과 인간의 능력개발에 관하여, 혹은 사회물리학에 기초한 하나의 시론

On Man and the Development of His Faculty, or an Essay in Social Physics》은 이러한 관련성들을 집중적으로 조명한다.[98]

통계학은 주로 범죄, 질병, 신장과 같이 인과메커니즘이 제대로 작동되지 않는 분야에서 빛을 발했다.[99] 상관관계에서 곧장 곡선과 등식의 비약으로 케틀레는 물리적 법칙과 상응하는 사회법칙을 구명하고자 했다. 물론 그 혼자 외롭게 이러한 실험을 한 것은 아니었다. 아버스넛, 쥐스밀히, 맬서스 그리고 오귀스트 콩트의 저서들에서도 그와 유사한 관점들이 감지된다. 하지만 정작 케틀레를 유명하게 만든 것은 그의 '평균인average man'에 대한 찬미였다.

천문학자인 케틀레는 어떤 별의 위치와 같은 단일 항목에 대한 다양한 측정치들의 분포가, 징집된 군인들의 신장과 같은 여러 항목에 대한 단일한 측정치들의 분포와 비슷하다는 사실을 알게 되었다. 천문학자들이 이론적으로 완벽한 측정치를 상정하고, 그에 대한 최대한의 근사치를 도출하기 위해 무수한 측정치들의 평균값을 취했듯이, 케틀레도 인간을 대상으로 한 무수한 측정치들의 평균은 '평균인'뿐만 아니라 넘치지도 모자라지도 않는 하나의 이상적 유형을 제시한다고 결론지었다.

> 내가 고려한 인간은 천체에서 중력의 중심부를 이루는 공동체 내부에 있는 유추다. 이는 하나의 허구적 존재이며, 공동체에서 얻어진 평균적 결과들에 따라 모든 것이 그를 위해 발생한다. 그 '평균적' 인간이 한 국가에 적용될 경우, 그는 그 국가의 전형을 대변할 것이다. 나아가 그 평균적 인간이 모든 인간에게 적용될 경우, 그가 인류 전체의 전형을 대변할 것이다.[100]

그는 '평균인'의 이상화가 사회에 대한 예술과 문학의 대표성을 더욱 강화하고, 정치가들은 여론에 귀를 기울여 정치를 발전시킬 것이라고 믿었다.

하지만 사회물리학과 평균인의 이 같은 연계는 아주 까다로운 철학적 문제를 건드렸다. 만약 개인차가 이상적인 '평균'에서 일탈을 의미하고, 사회가 '법칙들'로만 운용된다면, 필연적으로 인간의 자유의지는 '가능성이라는 아주 협소한 범위 내에서만 작동하는 하나의 가변적 요소'로 축소될 터이기 때문이다.[101] 케틀레의 말을 빌리자면, "매년 발생하는 범죄들은 우리 사회조직의 필연적 결과처럼 보인다. …… 사회가 범죄를 조장하고, 유죄는 사회의 성립을 가능하게 하는 유일한 수단이다."[102] 이것을 좀 더 일반화하면 다음과 같다.

> 한 개인으로서 인간은 아주 자유롭게 행동하는 것처럼 보인다. 말하자면 그의 의지는 어떠한 한계도 알지 못하는 것처럼 보인다. 하지만…… 우리가 더 많은 개인을 관찰하면 할수록 그 사회를 유지시키는 동인들의 결과물인 보편적 사실의 비중은 확대되는 반면, 그 개인은 점점 더 축소되는 경향을 보인다.[103]

케틀레는 1830년의 혁명(7월 혁명)을 경험했는데, 그 역사적 사건은 프랑스의 군주제를 뒤집어엎고 네덜란드로부터 벨기에를 분리시켰다. 하지만 '단절이나 진보가 아니라 평정 상태의 회복'이라는 표현에서도 알 수 있듯이, 그는 혁명을 하나의 물리적 현상으로 해석했다. 그는 사회적 통계가 사회의 갈등상태를 밖으로 드러냄으로써 현명한 위정자들이 미리 개혁을 단행하여 혁명을 피할 수 있을 것이라고 믿었다. 하지만 통계학은 반동적 군주와 급진적 혁명가들을 만족시키지 못했다. 결국에는 온건한 부르주아 개혁가들의 도구로써 비로소 제 역할을 맡게 되었다. 통계학자로서 케틀레는 경험적 사회학의 초석을 놓았을 뿐만 아니라, 자유주의적 개혁운동의 선도자였다.[104]

영국의 통계운동

나폴레옹전쟁 이후 통계학은 영국인들의 삶과 문화에 깊숙이 침투해 들어갔으며, 1830년대에는 지식층 사이에서 대유행을 일으켰다. 재정, 조세, 징병 등과 연관된 관료들은 통계학을 통해 즉각적인 실익을 얻고 싶어 했다. 연금보험이나 생명보험에 관한 정책들을 수립해야 하는 실무진은 생명표 혹은 기대수명표를 작성했다. 하지만 통계학은 거기에 머물지 않고 다양한 분야의 사람들에게도 관심과 조명의 대상이었다. 식자층으로 하여금 과학, 진보 그리고 인간의 완전함을 믿게 만든 합리적 정신과도 일맥상통했던 것이다.

정치산술과 마찬가지로 센서스 통계도 사회가 동등한 가치를 지닌 개인들로 구성되었다는 가정에 토대를 두었다. 적어도 과학에 대한 귀납적 (혹은 베이컨적) 접근이라는 관점에서 볼 때, 숫자들속에서 일정한 법칙을 찾는 것은 사회를 이해하는 과학적 방법처럼 보였다. 이러한 인식은 건강과 발병률에 관심이 있는 의사들은 물론 부, 생산, 수입과 직결된 사업가와 경제전문가들의 마음을 움

직였다. 이들 지지층이 하나로 뭉쳐서 '통계학운동'을 형성했다.[105]

통계학운동에 매진한 최초의 조직 혹은 단체는 '사회발전의 촉진에 도움이 되고자 안달하던 사람들'[106], 곧 13명의 의사와 기업가들이 1833년에 설립한 맨체스터통계학회Statistical Society of Manchester였다. 같은 해에 영국과학발전협회는 케임브리지에서 열린 정례회에 아돌프 케틀레를 연사로 초빙했다. 그의 연설에 공감한 회원들이—그 가운데는 토머스 맬서스, 수학자 찰스 배비지, 경제학자 낫소 시니어와 리처드 존스도 있었다—런던통계학회Statistical Society of London를 결성했다.[107] 학회 안내서에 실렸던 회원들의 신조를 들어보자.

> 런던통계학회의 설립 목적은 '사회의 현재 상황과 그 전망을 구체적으로 밝히기 위해 산출된 사실들'을 취합하여 출간하기 위함이다. 본 학회가 지향하는 가장 중요한 활동 지침은 본 학회에서 주관하는 각종 회보와 간행물에서 신중하게 모든 '견해'는 배제시키고, 철저히 사실들에만 초점을 국한시키는 것이다. …… 그리고 그것이 가능하다면, 수치로 명시되고 도표들로 정리될 수 있는 사실들로 말이다.[108]

순수한 객관성을 표방했지만, 사실 이 협회의 창립 회원들과 영국의 여러 도시에서 그들의 신조에 부화뇌동하고 나선 사람들 대부분은 휘그당원으로서 당대를 대표하는 정치적·지적 엘리트들이었다. 산업화와 도시화가 야기한 미증유의 사회적 스트레스에 극심한 불안을 느끼고 있던 그들은 영국이 1830년에 유럽의 일부를 휩쓴 것과 비슷한 정치적 혁명을 감행하고 있다고 확신했다. 그들의 사회적 책임의식과 혁명에 대한 두려움은 1832년의 선거법 개정안Reform Act, 1833년의 공장법Factory Act, 1834년의 신구빈법New Poor Law을 주도했다. 브리스틀통계학회Statistical Society of Bristol는 1839년에 다음과 같은 취지의 성명서를 발표했다.

소박한 단계의 사회에서는 누구나 가난한 사람들에 대한 자신의 의무를 인식하기가 그리 어렵지 않을 수도 있다. …… 하지만 한 국가가 전 세계의 절반을 위해 공장을 가동시키는 인위적이고 복잡한 상태의 사회가 도래한다면, 그리하여 필연적으로 노동자와 가상의 세분화된 고용자들 사이에 엄청난 괴리가 불거져 나온다면, 과연 이 문제에 대해 어떤 식의 장담을 할 수 있겠는가?[109]

통계학회 설립자들은 의견 불일치의 문제는 단지 무지의 결과이며, 자신들의 지위를 이용하여 '사실'을 취합하는 순간, 그러한 무지는 눈 녹듯 사라질 것이라고 믿었다. 그들에게 통계학은 단순히 수학으로 도피하는 것이 아니라 자신들의 관점을 합리화하기 위해 고안된 일종의 담론이었다. 혁명에 대한 두려움, 사회적 문제에 대한 관심 그리고 사회에 관한 '사실들'에 대한 갈망이 얽히고 설켜 있었던 것도 바로 그 때문이다.

하지만 그러한 '사실들'을 과연 어디에서 찾는단 말인가? 런던 통계학회가 기획한 최초의 연구 프로젝트들 가운데는 경찰, 병원, 구빈책임자, 지주, 치안판사 이외에 빈민들을 다루는 사람들을 대상으로 한 설문조사도 있었다. (19세기 말까지 가난한 사람들을 대상으로 한 직접적인 조사는 이루어지지 않았다.) 그 결과는 매우 실망스러웠다. 연구조사는 사회적 문제에 대한 관심과 통계의 타당성에 대한 확신뿐만 아니라, 엄청난 돈이 필요하다는 사실을 간과했던 것이다.

비용은 차치하더라도 그 연구는 설립자들의 당초 기대보다 효율적이지 못했다. 정보, 여론 형성 그리고 개혁으로 이어지는 직접적인 연결고리가 없었던 까닭이다. 초기의 열정적 분위기가 식어가자, 통계협회의 회합에 참석하는 인원도 급격히 줄어들었고, 급기야 맨체스터와 런던을 제외한 모든 지역의 클럽들이 하나둘씩 문을 닫기에 이르렀다. 1840년대에 런던통계학회가 주관한 회합의 단골 회원은 주로 직업상 숫자를 취급하는 공직자나 전문 요원이었다.[110]

필요한 데이터를 얻기 위해 개혁가들과 수량화 전문가들은 정부로 눈을 돌렸다. 1830년대에 이루어진 개혁들은 정부 요원들이 의회위원회에 제공한 데이터와 정확히 일치했다. 말하자면 통계가 개혁 과정의 일부였던 셈이다.

1830년대에 이르기까지, 의회의원들이 요구한 데이터들은 구하기도 어려웠지만 그야말로 오류투성이였다. 1832년에 식량보고서의 책임자 윌리엄 제이콥William Jacob이 털어놓은 불평을 들어보자.

통계 정보가 일부 수집되었는데, 그것은 주로 양원의 노력 덕분이었다. 하지만 그 적은 정보조차도 불필요하거나 중요하지 않거나 혹은 성가신 세부사항들과 뒤섞인 채 육중한 2절판 묶음 속에 아무렇게나 흩어져 있었다. 연구나 분석을 하려면 실로 끔찍한 노동이 뒤따라야 했다.[111]

1832년 개혁안이 발효되자, 정부의 여러 부처는 경쟁적으로 통계사무소를 개설했다. 1810년부터 범죄 데이터를 수집해왔던 내무성은 1830년대에 정기적인 보고서를 출간하기 시작했다. 상무부는 공업과 무역에 관한 정보를 의회에 제공했을 뿐만 아니라, 입수된 다른 정보도 인쇄했다. 거기에는 심지어 맨체스터 경찰이 술 취한 사람들한테 걷어 들였다가 술 깬 다음 돌려준 금액까지 포함되어 있었다. 육군과 해군도 통계 데이터를 수집하기 시작했는데, 알렉산더 툴로크 소령이 작성한 서인도제도와 제국의 식민전초기지에 주둔한 영국 군대의 질병과 사망에 관한 보고서는 꽤 가치 있는 데이터로 알려져 있다.[112]

공식적인 통계기구 중 가장 중요한 곳은 인구등록청(General Register Office, GRO)이었다. 오랫동안 비국교도와 가톨릭교도는 자신들의 출생과 혼인, 사망에 관한 사항을 국교도 성직자들이 기록에서 배제한 사실에 저항해왔다. 그 때문에 그들은 법적 지위를 가질 수 없었다. 통계실무자들은 교구기록부에 근거한 인구동태통계가 정확한 생명표를 작성하기에는 너무나 허점투성이라고 불평했다. 의사들은 질병의 원인에 관한 더 많은 정보를 요구했다. 마침내 의회는 1836년 등록법을 통과시키고, 잉글랜드와 웨일스의 인구동태통계 업무를 인구등록청에 일임했다(스코틀랜드는 1855년에, 아일랜드는 1863년에 독자적인 사무국을 개설했다).[113]

인구등록청의 초대 청장 토머스 리스터Thomas Lister는 각별한 노력을 기울여 등록 절차를 확립했다. 잉글랜드와 웨일스는 626개 등록지구로 나뉘었고, 각 지구의 구빈위원들이 사무직 등록관과 관리직 등록관으로 임명되었다. 출생과 혼인에 관한 등록은 임의적이었지만, 전염병에 대한 공포심 때문에 사망과 그 원인에 관한 등록은 매우 중요하게 다루어졌다. 사무직 등록관들은 데이터를 등록부에 기록했으며, 4분기마다 그 사본을 관리직 등록관에게 제출하여 확인 절차를 밟았다. 이후 데이터는 인구등록청에서 다시 한 번 확인을 한 뒤 분류, 색인, 제본 과정을 거쳐 최종적으로 내화성 철제상자에 보관되었다. 인구등록청의 문을 연 첫해 동안, 인구등록청이 수집한 자료는 95만 8630개 항목으로 12권 분량에 달했다.[114]

인구등록청은 1814년 센서스를 담당할 조직으로 급부상했다. 등록청은 3만 5000명의 현장조사원을 고용하고 인구동태통계 업무를 맡은 지방등록관들이 이들을 지휘했다. 각 가정을 방문하여 개인의 이름, 성별, 나이, 직업, 출생지를 확인하여 기재한 설문지는—이전의 센서스들과는 달리 요약본이 아니었다—인쇄를 한 후, 다시 인구등록청으로 보내져 통계전문가들이 편집하고 분석했다. 그 결과물은 이전에 영국 혹은 다른 어느 나라에서 실시된 센서스보다도 훨씬 더 정확한 인구통계이자, 향후 모든 센서스의 본보기가 된다.[115]

인구등록청의 핵심 인물은 토머스 리스터 청장 재임 시절 통계편찬자로 일했고, 리스터 청장의 후임 조지 그레이엄George Graham 밑에서는 통계감독관으로 활동한 윌리엄 파르William Farr(1807~1883)였다. 그는 전문의 자격을 획득한 직후부터 《영국의학연감British Annals of Medicine》에 인구동태통계, 인구학, 의학 개혁에 관한 글들을 싣기 시작했고, 1839년부터 1880년까지 인구등록청이 주관한 거의 모든 간행물을 분석·검토·정리하여 그 결과를 의회의원들 앞에서 발표하기도 했다. 또한 런던통계학회의 종신회원으로 사회경제학의 실상과 인구동태통계학에 관한 다수의 논문을 발표했다.[116] 다른 개혁자들과 마찬가지로 파르도 "도시빈민층의 불행은 현대화된 도시환경에서 치유 가능한 물리적 결함"[117]에 기인한다고 믿었다. 그는 질병과 사망의 원인을 밝히는 데 통계학을 활용하면 가난한 사람들의 삶이 개선되고, 의학을 좀 더 과학적인 반석 위에 올려놓으리라고 확신했다. 청장에게 보고한 최초의 연례보고서에서 파르는 다음과 같이 말했다.

> 사망과 사망 원인은 수치적 분석을 허용하는 과학적 사실들입니다. 잘 아시다시피 과학을 통해 우리가 사유할 수 있는 최상의 것은 생명의 법칙들, 성별과 연령에 따른 법칙들의 변형 그리고 문명, 직업, 장소, 계절의 영향 혹은 질병과 죽음을 유발하거나 공중보건을 개선시키기도 하는 물리적 힘의 영향이 아니겠습니까.[118]

파르의 주도 아래 인구등록청에서 봇물처럼 쏟아낸 수치적 데이터들은 개혁의 견인차 역할을 했다. 당시 가장 영향력 있는 개혁자였던 에드윈 채드윅Edwin Chadwick은 정보를 바탕으로《영국 노동인구의 위생 상태 보고서Sanitary Report on the Condition of the Labouring Population of Great Britain》(1842)를 집필했다. 시위원회에 제출된 1848년도 콜레라 창궐에 관한 파르의〈주간 보고서Weekly Returns〉에 영감을 얻은 존 스노우John Snow 박사는 콜레라와 식수원의 역학관계를 조사하기 시작했다. 그 결과물이 바로 선구적인 역작《콜레라의 전염방식에 관하여On the Mode of Communication of Cholera》(1854)이다.[119]

인구등록청의 간행물은 그 완벽함으로 세계적인 인정을 받았다. 여기에는 세 가지 양상이 중요하게 작용했다. 첫 번째는 파르가 제공한 사망과 기대 수명 데이터였다.[120] 이것은 19세기 중반 활발하게 전개된 건강보험과 생명보험 계획에 필수적인 생명표의 토대가 되었다.

그 다음으로 통계는 사망에 대한 단순한 예측이 아니라, 그 원인을 밝혀 수명 연장에 이용되어야 한다는 것이다. 이를 위해 파르는 시골, 소읍 그리고 도시의 사망률을 발표했다. 이것은 영국 전 지역을 대상으로 하여 기존의 사망표를 한 단계 진전시킨 것으로, 시골과 도시 간에 그리고 한 도시라도 거주지에 따라 엄청난 차이를 보였다. 하지만 파르는 그러한 차이를 쥐스밀히의 경우처럼, 죄악이 아니라 환경의 탓으로 돌렸다. 예를 들어 그가 제시한 데이터를 보면, 빠른 인구 성장 때문에 이전에는 건강한 지역으로 분류되던 리버풀에서 아동의 절반이 6세 이전에 사망했다. 파르는 사망률이 1000명당 10명 혹은 그 이하인 63개 지역을 목록으로 작성했다. 평균사망률 1000명당 17명을 목표치로 정했으며, 1848년 공중보건법은 사망률이 1000명당 23명을 웃도는 지자체장들에게 위생개혁을 단행하라고 요구했다.[121]

파르의 세 번째 공헌은 질병분류에 과학적 토대를 마련해준 점이다. 천연두, 페스트, 콜레라 같은 질병은 식별하기가 용이했지만, 대부분의 사망 원인은 '신의 방문' 혹은 '자연적 원인' 등의 모호한 명칭들로 뭉뚱그려졌다. "많은 경우 질병은 서너 가지 용어로 표시되는데, 각각의 용어는 여러 다양한 질병에 중첩적으로 사용되던 것이다. 모호하고 까다로운 명칭들이 적용되거나, 일차적

병명 대신 복합적 병증이 기록되어왔다"[122]고 파르는 불만을 터뜨렸다.

영국의학협회의 지지 아래 그는 의사와 검시관은 사망진단서에 명료한 용어를 사용해야 한다고 주장했다. 이를 계기로 질병분류학이라고 불리는 사망 원인-분류시스템이 확립되었다. 의사로 활동한 40여 년 동안 개정을 거듭한 그의 질병분류학은 19세기 말까지 영국에서 통용되었으며, 오늘날 국제질병분류International Classification of Diseases가 탄생하는 데 결정적 역할을 했다.[123]

통계학의 기원을 개관하는 과정에서 우리는 국가에 따라 통계의 초점이 달랐다는 점을 확인했다. 이를테면 영국인들은 건강에, 프랑스인들은 경제적 데이터에, 그리고 미국인들은 수치의 정치적·도덕적 활용에 관심을 보였다. 하지만 이런 차이들의 이면에는 계량화의 정신 혹은 언어적 기술로는 발견할 수 없는 진실을 밝히고 싶은 욕구가 공통된 문화현상으로 자리 잡고 있었다. 이 모든 경우에서 통계란, 엄청난 양의 정보를 취합·분석하고, 그 안에서 일정한 법칙들을 찾아내고, 이해하고, 최종적으로는 그 모든 것을 바탕으로 세계를 통제하려는 욕구의 발현이었던 셈이다.

사회적 통계는 두 가지 현상과 동시 발전이 요구된 까닭에 제자리를 찾기까지 복잡한 과정과 오랜 산통을 겪었다. 그 과정을 살펴보면, 첫째는 전염병, 범죄, 인구와 경제의 변화 그리고 사회적 현상들을 '운명' 혹은 '신의 의지' 같은 초자연적 설명에 기대지 않고 인간적 언어로서 설명하고자 하는 바람이었다. 둘째는 교구기록, 세금대장, 관 주도의 이누머레이션 등 그 특성상 조직의 힘을 빌릴 수밖에 없는 데이터의 취합이었다.

계량화작업은 앙시앵레짐(구체제) 기간에 몇몇 정치산술학자, 교수 그리고 관료에서 비롯되었다. 혁명기에는 그것이 시민을 국가와 연결시키는 수단으로, 반대로 정부는 자국 국민을 이해하고 통제를 하는 수단으로 간주되었다. 하지만 사건들이 잇달아 터지는 상황에서 통계학적 정보가 간절히 필요했던 혁명 주체들은 인내심과 정보를 수집하고 분석하는 행정 능력이 부족했다.

나폴레옹전쟁이 끝난 후에야 비로소 통계학적 정보와 정부가 제공하는 정보 공급에 대한 대중적 수요가 오늘날 우리가 맞닥뜨린 '인쇄된 숫자들의 사태'와 어우러진다. 이를 시발점으로 통계학은 반동적 절대주의와 급진적 혁명을 거부하는 대신, 건강과 범죄 혹은 도덕과 관련된 문제들의 개혁을 통한 진보를 옹호하던 온건주의자들의 담론 형태로 바뀌게 된다. '계산하는 사람들'이 비단 미국인들만은 아니었다. 유럽과 미국의 부르주아나 관료들은 물론, 그 시기부터 오늘날에 이르기까지 체계적이고 합리적 방법으로 진보를 이루고자 했던 모든 사람이 이에 속한다.

2차원의 세계, 지도와 그래프

정보의 디스플레이

그리하여 지리학자들은 아프리카 지도에
야만적인 그림들로 빈자리를 채우고,
사람이 살지 않는 고원지대에는
마을 대신 코끼리를 그려 넣었다.

— 조너선 스위프트, 《시에 대하여》

부르주아 계층만 정보문화에 기여한 것은 아니었다. 시각적 표현의 영역에서, 카시니와 해리슨이라는 두 사람의 이름만으로도 사회의 모든 계층에 정보문화가 얼마나 폭넓게 퍼져 있었는가를 입증하기에 충분하다.

1세기가 넘는 4대에 걸친 카시니 가문이 프랑스의 천문학과 지도 제작을 좌지우지했다. 이 특출한 혈통의 선구자 조반니 도메니코 카시니Giovanni Domenico Cassini(1625~1712)는 볼로냐대학의 교수로 재직 중이던 1669년에 파리천문대의 수장으로 초빙되었다. 파리의 시민권자가 되면서 그는 장 도미니크 카시니로 이름을 바꾸고 구체제의 권위 있는 엘리트층으로 진입했다. 천문대에서 일하며 그는 행성들의 운행을 발견했고, 목성 주위를 도는 위성들을 관찰하며 경도를 결정짓는 방법을 고안했다. 또한 당대의 가장 정교한 지도 제작 프로젝트를 진행하여 프랑스 최초의 과학 지형도인 이른바 '카시니 지도'[1]를 제작했다.

카시니 2세라고도 불리는 그의 아들 자크 카시니Jacques Cassini(1677

~1756)는 아버지의 뒤를 이어 파리천문대의 책임자가 되었으며, 프랑스 과학아카데미의 회원으로도 선출되었다. 또한 그의 아버지가 해오던 자오선의 길이 측정도 계속 이어받았는데, 그것은 정확한 지도 제작에 반드시 필요한 예비작업이었다. 50년 넘게 이 작업에 매달리는 동안, 다시 그의 아들 세자르 프랑수아 카시니César-François Cassini de Thury(1714~1784)가 아버지 뒤를 이었다. (당연히) 카시니 3세가 되는 프랑수아 카시니 또한 아카데미의 회원이자 천문대의 책임자였다. 1784년에 그가 사망하자, 카시니 4세인 그의 아들 자크 도미니크Jacques-Dominique(1748~1845)가 천문대의 책임자이자 아카데미 회원으로서 지도 제작 프로젝트를 총괄했다. 1793년에 완성된 카시니 가문의 '프랑스 지도Carte de France'는 구체제의 지도 제작을 대변하는 하나의 명품이었다. 자크 도미니크의 아들 가브리엘Gabriel(1784~1832)은 오랜 가문의 전통을 깨고 식물학자가 되었다.

비범성과 권위로 요약되는 카시니가의 역사와는 대조적으로 존 해리슨John Harrison(1693~1776)은 그야말로 파란만장한 삶으로 만년에 이르러서야 겨우 빛을 보았다.[2] 그는 시계제작법을 스스로 체득한 목수의 아들로 태어났다. 1714년에 영국의회는 지도 제작에 이용할 수 있고, 바다에서 배의 위치를 확인할 만큼 정확한 시계에 1만 파운드의 거금을 상금으로 내걸고 심사위원단으로 경도심사국Board of Longitude을 설립했다.

상금 획득을 목표로 1728년에서 1735년까지 시계제작에 매달린 해리슨은 마침내 이전의 그 어떤 것보다도 복잡한 시계를 만들어내는 데 성공했다. 해리슨의 작품 1호는 이전의 그 어떤 시계보다도 훨씬 더 정확했다. 온도 변화의 영향을 받지 않고 마찰의 저항

존 해리슨(1693~1776)의 초상.

없이 작동했으며 기름도 필요하지 않았다. 물론 무게가 72파운드, 높이가 3피트에 달했던 탓에 바다로 가지고 나가 상금 경합을 벌일 수는 없었다. 하지만 그 정확성이 얼마나 놀라웠던지 경도심사국은 해리슨에게 장려금을 주면서까지 시계제작을 독려했다. 해리슨은 작품 2호를 완성하는 데 꼬박 4년을, 작품 3호가 나오기까지 다시 7년의 세월이 흘렀다. 이 두 작품은 실험적 고안물로 거대하고, 복잡하고, 흉물스럽긴 했지만 아주 정확했다.

1757년, 해리슨은 자신의 다음 작품은 그 크기가 훨씬 더 작을 것이라고 공언했다. 2년 후 그는 모양이 예쁘고 갖고 다니기 편리한 5인치 포켓용 시계인 작품 4호를 완성했다. 시계 역사가인 루퍼트 굴드Rupert Gould의 표현을 빌리자면, 그것은 "이전에 만들었거나 앞으로 만들어질 것들 중 가장 유명한 시계"였다.[3]

의회심사국은 1761~1762년 자메이카 항해에 작품 4호를 시험하게 했다. 여러 달 동안의 시험 결과, 오차는 단 5초뿐이었다. 하지만 이에 만족하지 못한 심사국은 바베이도스 왕복 항해에서 다시 시험을 하게 했다. 이번에는 하루당 10분의 1초가 빨랐으며, 경도 오차도 0.5도 이하였다. 의회의 요구를 훌쩍 넘어서는 결과였지만, 심사국은 약속한 상금 지급을 보류한 채 해리슨에게 그가 제작한 모든 작품을 넘겨줄 것과 다른 시계제작자들이 그 작품을 복제하도록 허용할 것을 요구하고 나섰다. 하지만 그 모든 요구에 응했음에도 심사국은 이전에 받은 장려금까지 합산하여 7500파운드만 보내왔다.

해리슨은 심사국의 편파성에 항의했다. 알고 보니 심사국의 핵심 인물이 바로 그와 경쟁관계에 있던 발명가 네빌 매스켈린Nevil Maskelyne(1732~1811)이었던 것이다. 해리슨의 억울한 사정을 들은 국왕 조지 3세는(그 자신도 아마추어 시계제작자였다) "이런 맙소사, 해리슨, 당신이 그런 취급을 당하다니!"라고 외쳤다고 한다.

마침내 1773년 작품 4호를 완성한 지 14년이 흐르고 죽음을 2년 앞둔 시점에 해리슨은 나머지 상금을 받을 수 있었다.

시각적 표현

정보 전달의 수단으로서 그림은 글이나 숫자보다 이점이 많다. 그림이 훨씬 더 '자연스럽게' 다가오는 것이다. 사실 인류는 3000년 혹은 그보다 더 빠른 시점에 드로잉, 회화 그리고 조각을 접해왔으며, 그러한 이유로 어린아이들은 문자나 숫자를 알기 훨씬 이

전부터 그림을 이해한다. 이를테면 얼굴 모양과 같은 특정한 종류의 정보를 표현하기 위해서는 문자와는 비교할 수 없을 정도로 그림이 유리하다.[4]

하지만 어떤 그림이 정보적 의미를 담고 있다 할지라도, 효과적이고 정확하게 그 정보를 전달할 필요까지는 없다. 고도의 효율성과 정확성에 도달하기 위해서 정보의 그래프적 표현은 기나긴 진화 과정을 거쳐야 했다. 18세기와 19세기 초, 정보를 전달하기 위해 고안된 시각적 표현 형식에 실로 엄청난 변화가 일어났다. 비록 서구 예술에 끼친 영향은 작았지만, 이러한 변화들의 숫자와 다양성은 주목을 끌기에 충분하다. 동식물과 인체 해부 일부분의 일러스트레이션, 엔지니어링 드로잉과 테크니컬 일러스트레이션, 지도와 수위도 및 지질단면도, 통계그래프 등등 그 예를 일일이 들자면 끝도 없을 것이다.

이 장에서는 시각적으로 정보를 전달하기 위한 수단 중 두 가지만 집중적으로 다루고자 한다. 지도와 그래프가 바로 그것이다. 비록 전달하는 정보는 서로 다르지만, 그러한 정보를 보관하고 전달하는 방식에서 지도와 그래프는 서로 유사점이 많음을 보여준다. 통계와 설명은 1차원적인 반면, 지도와 그래프는 2차원적이기 때문에 '읽기'보다는 오히려 '보기'에 의존한다고 말할 수 있다. 대체로 보기가 읽기보다 효과적이다.

지도는 고대부터 산발적으로 진화해온 아주 오래된 정보 표현 수단이다. 18세기와 19세기 초에 지도제작술의 진보는 비록 그 양이 엄청나기는 하지만 세계에 대한 지식의 증가보다는 오히려 정밀성과 정확성의 발전을 반영한다고 보는 편이 타당할 것이다. 다시 말해 지도제작술이 과학화된 것이다.

이와는 대조적으로 통계그래프는 특정한 과학도구들의 결과물이자, 수치적 데이터를 표현하는 수단으로 18세기에 처음 등장했다. 오늘날 전문용어로, 숫자들은 디지털인 반면 통계그래프는 데이터의 아날로그버전이었다. 통계그래프의 진화는 (약간의 시차를 두고) 3장에서 살펴본 통계의 진화를 좇아가는 경향을 보였다. 통계그래프는 19세기에 들어서야 비로소 통용되었다는 점은 그리 놀라운 사실도 아니다. 지도와 그래프의 변종이며, 1820년대에 처음으로 출현한 새로운 형태의 시각적 표현인 주제도thematic maps 역시 같은 경로를 밟았다.

육지지도의 제작

지도의 발전은 세 가지 방식으로 가늠할 수 있다. 첫 번째는 세계에 대한 지식의 증가를 반영하는 변화다. 이런 관점에서 볼 때 15세기 및 16세기와 비교될 만한 시기는 없다. 지도제작자 아서 로빈슨Arthur Robinson의 말을 빌리자면, 이 시기는 "형이상학적 개념들에 토대를 둔 정신적 상징화"보다는 "현실세계의 축약된 이미지"를 더 중요시했다.[5] 그렇지만 18세기에 태평양의 여러 섬과 오스트레일리아, 뉴질랜드 등 세계에 대한 유럽인들의 지식이 더해진 것 역시 사실이다. 19세기 중반에는 아메리카 양 대륙과 아시아의 대부분 지역이 지도상에 빼곡히 채워졌다.

지도학적 진보의 두 번째 기준은 정밀성이다. 이것은 작은 빈칸에 마을이나 산의 고도와 같은 세밀한 사항을 채워넣는 것을, 다시 말해 정보의 밀도가 증가함에 따라 지도를 완성해나가는 것을 의미한다. 이는 거북이걸음의 진보로서, 측량사와 꼼꼼한 지도제작자들의 인내와 땀을 요구한다.

세 번째 기준은 정확성이다. 지도 제작에서는 구성 요소의 위치적 정확성이 생명인데, 측지학, 천문학, 측량술을 비롯한 그와 관련된 도구들의 발전이 필요하다. 이것은 지도 제작의 과학적 양상이며, 우리 시대가 지구에 대한 지식 증가에 가장 크게 기여한 것도 바로 이 부분에서다.[6]

지리적 특징들*의 위치는 지도에서 경도선과 위도선이 교차하며 만드는 격자눈금의 상대적 관계로 표시된다. 여행자와 항해자들은 오래전부터 수평선과 북극성 사이의 각도를 측정하거나, 남반구에서는 좀 더 어려운 방법인 남십자성으로 현재 위도를 판단하는 방법을 알고 있었다. 별을 보고 위도를 결정하는 방법은 간편하지만, 지구가 완전한 구형일 경우에만 정확할 수 있다. 17세기 말, 천문학자들은 지구가 완전한 구형이 아니라고 믿을 만한 충분한 근거를 확보하게 된다.

1666년에 루이 14세 치하의 프랑스 재정총감 장 바티스트 콜베르가 과학아카데미와 파리천문대를 세우는데, 그 주된 목적은 지

---

* 지도상에 표시될 수 있는 지구 구성 요소들을 통틀어 일컫는 말. 자연적 지리 특징, 추상적 지리 특징, 인위적 지리 특징으로 나뉜다. 자연적 지리 특징은 지형과 생태계를, 추상적 지리 특징은 정치적인 구획이나 적도 등을, 인위적 지리 특징은 거주지나 댐, 고속도로, 교량과 같은 건축물을 포함한다.

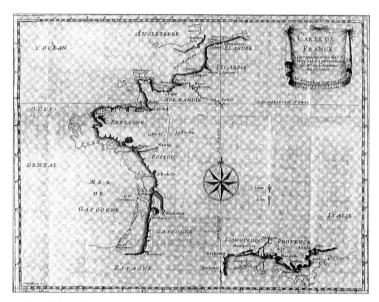

그림 1 과학아카데미, 프랑스 지도, 1682.

도제작법을 개선하여 상업, 도로건설, 항해 그리고 군대에 필요한
지도를 만들기 위함이었다. 그 결과물이 바로 1682년에 완성된 '과
학아카데미 신사들의 관찰에 토대를 두고, 국왕의 명령으로 수정
된 프랑스의 지도'였다. 그 지도상에서는 일반적으로 알려진 위치
보다 프랑스의 서부 해안은 동쪽으로 1.5도, 지중해 해안은 북쪽으
로 0.5도 비켜나 있었다. 말하자면 프랑스의 영토가 수천 제곱킬로
미터나 축소되어 알려져 온 것이다(그림 1 참조).[7]

콜베르는 당시 가장 유명한 과학자 두 사람을 아카데미의 핵심
회원으로 초빙했다. 수학자이자 천문학자로서 진자시계를 고안하
고 토성의 고리를 발견한 크리스티안 하위헌스Christian Huygens(1629
~1695)는 수년간 외국인 회원으로 활동한 후 고국 네덜란드로 돌

아갔다. 하지만 도미니크 카시니는 계속 체류하며 당시로서는 가장 정교한 지도 제작 프로젝트인 프랑스 지도 제작에 착수했다.

지도를 개선하기 위해 프랑스 전역을 측량하는 과정에서 아카데미 회원들은 양극을 잇는 가상의 선 자오선에 따라 위도 1도의 길이를 측정하는 일이 급선무라는 사실을 깨달았다. 1669~1670년, 아베 장 피카르는 파리와 아미앵 사이의 자오선 길이를 측정했다. 긴 거리를 정확하게 측정하기 위해 그는 네덜란드의 수학자 빌레브로르트 스넬Willebrord Snell이 1615년에 고안한 삼각측량시스템을 도입했다.

삼각측량은 평평한 지표 위에서 5마일가량의 짧은 거리를 정확하게 측정하는 데 쓰이며, 이것을 베이스라인, 곧 기준점이라 불렀다. 삼각측량을 한 다음, 피카르는 세오돌라이트theodolite(경위의經緯儀)를 사용하여 기준점과 그 양끝에서 보이는 제3지점 사이의 각도를 측정했다. 삼각형의 한 면의 길이와 두 각의 크기를 측정한 다음, 그는 삼각함수표를 이용하여 나머지 두 면의 길이를 계산해냈다. 이른바 삼각사슬을 형성하는데 이러한 과정은 프랑스 전역을 가로질러 반복되었다.

1672~1673년, 초진자의 길이를 측정하기 위해 프랑스령 기아나로 파견된 천문학자 장 리세Jean Richer는 파리보다 기아나에서의 진자운동이 느리다는 사실을 확인했다. 그것은 적도에 가까이 갈수록 중력이 약해진다는 증거이기도 했다. 하위헌스는 그것이 지구가 적도 부분에서 부풀어져 있다는 뉴턴의 가설을 뒷받침한다고 믿었다.[8] 그렇다면 위도 1도의 길이가 적도보다는 양극에서 더 길어진다는 말이 되는데, 그럴 경우 기존의 모든 지도는 폐기 처분

될 운명이 되는 것이다.

이 문제는 측정을 통해서만 해결될 수 있었다. 하지만 1683년 콜베르가 사망하면서 모든 연구조사가 잠정적으로 중단되고 말았다. 1700년, 카시니의 아들 자크는 남쪽 방향으로 길이를 연장하여 파리에서부터 프랑스의 최남단에 위치한 콜리우드에 이르는 자오선을 측정했다. 그 결과, 지구는 적도가 아니라 양극에서 부풀어 올랐다는 결론을 내린다.

카시니 2세와 아카데미 그리고 뉴턴과 하위헌스가 논쟁의 양편으로 나누어지면서, 이 문제는 프랑스 대 영국과 네덜란드라는 정치적 대치 양상으로까지 확대되었다.[9] 정치적이든 그렇지 않든, 이 의문은 오직 과학적 수단으로만 해결될 수 있었다. 다시 말해 한편으로는 최대한 적도와 가까운 지점에서, 다른 한편으로는 최대한 극에 근접한 지점에서 위도 1도에 해당하는 자오선의 길이를 측정하는 것이다.

뉴턴의 중력이론을 프랑스에 소개한 피에르 루이 모페르튀Pierre-Louis de Maupertuis(1698~1759)가 직접 측정을 해보겠다고 나섰다. 상당 기간이 지난 뒤에 루이 15세는 두 팀의 탐험대 파견을 재가했다. 피에르 부게르Pierre Bouguer와 샤를 마리 드 라 콩다민이 이끈 1차 탐험대가 적도에서 위도 1도의 길이를 측정하기 위해 페루로 향했다. 하지만 정치적 어려움과 험준한 지형 탓에 1735년에서부터 1745년까지 오랜 기간이 소요된 후에야 임무를 완수할 수 있었다. 1736~1737년, 모페르튀가 진두지휘한 2차 탐험대는 북극권에 위치한 보트니아 만의 최북단에서 위도 1도의 길이를 측정했다. 두 탐험대의 측정 결과를 비교한 후, 아카데미는 뉴턴이 옳았음을 인

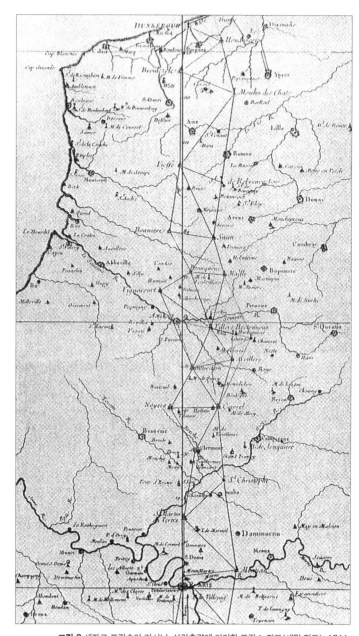

그림 2 세자르 프랑수아 카시니, 삼각측량에 의거한 프랑스 지도(세밀 지도), 1744.

정했다. 지구는 적도에서 178분의 1만큼 납작했던 것이다. 오늘날 측정 단위로 표현하면, 페루에서 측정된 위도 1도의 길이는 109.92킬로미터(68.30마일)인 반면 라플란드에서의 측정치는 111.094킬로미터(69.03마일)였다.[10]

탐험을 통해 지구의 모양을 알아내려는 움직임이 활발하게 전개되는 것과 때를 같이하여 프랑스 정부는 지도 제작에 다시 관심을 기울이기 시작했다. 1733년, 재정총감 필리베르 오리Philibert Orry(1703~1751)는 카시니 2세에게 1700년 이후 중단되어온 프랑스의 지적조사를 재개해달라고 요청했다. 도로와 운하건설이 긴급했던 것이다. 카시니는 기존에 측정한 됭케르트-파리-콜리우드로 연결되는 자오선의 재측정은 무의미하다는 사실을 깨달았다. 필요한 것은 정확한 삼각형 세트로서, 먼저 자오선과 직각인 파리를 통과하는 직선을 따라 삼각사슬을 형성한 후, 프랑스 전역을 삼각망으로 덮어나간다는 계획이었다. 이러한 프로젝트는 (기술적인 것과는 구별되는) 과학적 지도 제작의 토대로서, 광활한 지역을 대상으로 한 최초의 삼각측량이었다. 자크 카시니와 그의 아들 세자르 프랑수아 카시니의 지휘 아래 파리천문대는 주요 도시와 지리적 특징의 위치를 정확하게 보여주는 프랑스 지도를 완성하여 1744년에 18장을 인쇄했다. 이것이 바로 70여 년 전에 카시니 1세가 구상하여 첫걸음을 내딛은 '삼각측량에 의거한 카시니 일반지도'였다(그림 2 참조).[11]

1747년 루이 15세는 카시니에게 더욱 야심찬 또 하나의 프로젝트를 맡겼다. 그것은 8만 6400분의 1(1인치=1.36마일) 축척지도이며, 삼각측량의 첫 번째 결과와 동일한 규격이었다.

파리 주변 지역을 나타낸 지도는 1678년에 완성되었다. 이런 종류의 지도에서는 삼각측량도 시작에 불과할 뿐이다. 측량사들은 1차 삼각망 안에 2차, 3차 삼각망들을 채워넣고, 거기에 도로, 강, 건축물, 언덕 등의 무수한 세부사항들을 표시해나가야 했다. 그러한 프로젝트는 엄청난 인력과 시간이 뒤따랐으며, 88×55.5센티미터 혹은 35×22인치 크기의 180장 분량을 제작하여 10년 단위로 출간하는 것이 권고사항이었다. 이 지도들은 숲 속 도로, 물방아, 귀족의 대저택 등을 그 소유주의 이름과 함께 보여줄 정도로 상세해야 했으며, 장차 도로나 요새의 건설 혹은 왕가 소유의 산림, 가톨릭 관구, 거대 사유지의 측량 등 다양한 목적으로 이용될 터였다.[12]

1748년, 한 번에 10장씩의 지도를 작성하라는 임무와 함께 각각 두 명의 측량사를 동반한 10개 팀이 장도에 오르면서 프로젝트가 본격 가동되었다. 측량사들은 각도를 측정하고 해당 지역의 성직자나 귀족의 도움을 받아 주요 장소마다 지명을 기재해나갔다.

첫 번째 결과물이 막 인쇄되기 시작한 1756년, 과다한 비용을 이유로 국왕은 그 프로젝트를 포기하고 말았다. 벌여놓은 사업을 계속 진행하기 위해 카시니 3세는 개인회사를 세우고 부유한 귀족과 관료들에게 그 지분을 팔았다. 여러 지방의 수장들로부터는 관할 지역의 지도 제작에 대한 후원금을 받기로 했다.

작업은 더디게 진행되었다. 1760년 50장을 시작으로 1770년까지 45장, 다시 1780년까지 45장이 인쇄되었다. 1784년 카시니 3세가 사망할 무렵, 브르타뉴를 제외한 프랑스의 모든 지역이 지도상에 표시되었다(그림 3 참조). 지분 소유자와 후원자를 위해 각 장마다 300∼500부의 사본이 인쇄되었을 뿐 개별적으로는 거래되지 않았다.[13]

프랑스혁명으로 지도 제작에 대한 관심이 다시 고조되자, 초기의 혁명정부는 프랑스 지도의 완성에 기꺼이 후원금을 지원했다. 이번에는 카시니 4세인 자크 도미니크 카시니가 지휘봉을 이어받았다. 1793년에 완성된 카시니가의 '프랑스 지도'는 당시까지 그 어떤 나라에서 제작된 것보다 정확하고 상세한 지도였다. 하지만 완성될 무렵에 그 지도는 이미 효용가치를 잃었다. 숲과 마을의 세부 묘사에 일관성이 결여되었던 것이다. 평면상의 거리는 정확했으나, 고도 특히 산악지대의 고도에 대한 묘사는 추정적이라 신뢰성은 떨어졌다.[14]

다른 모든 영역에서도 그랬듯이, 혁명은 지도상의 행정구역도 완전히 뒤바꿔놓았다. 기존 구역들이 데파르트망으로 재편성되었기 때문에 카시니의 지도 또한 새롭게 그려질 수밖에 없었다. 1793년에 카시니회사는 소중한 천연자원으로서 국유화되었고, 그 회사에서 제작된 각종 지도들은 모두 육군성으로 넘겨졌다. 그때부터 나폴레옹전쟁이 끝나는 1815년까지 이 기구는 정부와 군대를 위해 프랑스와 유럽 국가의 지도를 제작했다.[15]

자국 영토를 대상으로 한 지도 제작에서 영국은 프랑스보다 50년 이상 뒤처져 있었다. 영국은 중앙집권이 약했던 까닭에 지도 제작은 지방 귀족이나 상업 출판업자들의 손에 맡겨졌다. 더군다나 과학자들과 지도제작자들은 육지보다는 바다에 관심이 더 많았다.

16세기부터 민간 측량사들이 축척 1인치 : 1마일가량의 다양한 지역지도를 그려오고 있었다. 그것은 답파지도踏破地圖로서, 주요 도로를 따라가며 보측으로 잰 거리와 나침반으로 잡은 방향이 표

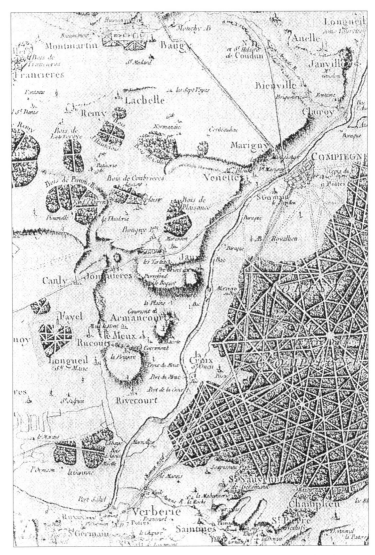

그림 3 세자르 프랑수아 카시니, 콩피에뉴 지도, 1756.

시되고 나머지 부분은 스케치로 채워졌다. 영국의 지리학자이자 측량기술자 샤를 아르덴 클로스Charles Arden-Close 경이 지적했듯이, "기존의 지역 지도처럼 독특하고 흥미롭지만 정확성이라는 측면에서는 아쉬운 점이 많다. 엘리자베스시대(1588~1603)의 지도에는 10퍼센트가 넘는 오류들이 발견된다지만, 놀랍게도 18세기 지도에서조차 비슷한 오류가 존속한다."[16]

1746년 컬로든전투* 직후 육군 소속 측량사 윌리엄 로이William Roy 가 최초로 그린 스코틀랜드 지도는 제작자의 말대로 "정확한 지도라기보다는 탁월한 군사용 스케치로 간주할 만한 것"이었다.[17] 1770년대와 1780년대에 제임스 리넬James Renell 소령이 그린 인도의 비하르 지도와 벵골 지도는 당시까지 영국에서 제작된 그 어떤 지도보다 정확했다.[18]

프랑스인들이 그 전범을 보여주었듯이, 삼각측량만이 정확한 지도 제작을 보증했다. 따라서 영국이 프랑스의 선례를 따른 것은 당연한 일이었다. 1783년에 프랑스의 카시니 3세는 이미 칼레**까지 완성된 삼각사슬을 확장하여 파리천문대와 그리니치천문대를 연결하자고 제의했다. 그 다음해인 1784년, 영국 국왕 조지 3세와 왕립학회는 그 프로젝트를 승인하면서 당시 소장으로 진급하여 해안 감찰관을 맡고 있던 로이를 책임자로 임명했다. 프로젝트의 원활한 추진을 위해 왕립학회는 당대 영국 최고의 기계제작자 제시 램즈던Jesse Ramsden에게 3피트 높이의 세오돌라이트를 주문했다.

- 스코틀랜드의 스튜어트 가문과 독일의 하노버 가문이 영국 본토에서 벌인 왕위계승전쟁.
- 도버해협에 면한 항구도시로 영국의 도버와 거리가 가깝다.

무게가 200파운드에 달하는 이 거대하고 복잡한 고안물은 10분의 1초* 이하인 호의 각도까지 읽어냈다. 마침내 램즈던은 35개월을 매달린 끝에 그 기계를 완성할 수 있었다.[19]

파리와 그리니치 사이의 정확한 거리를 결정하는 데 만족하지 못한 로이는 삼각측량의 주된 목적은 언제나 "더 중요한 사안인 영국제도British Islands의 종합적인 측량의 기초를 확립하는 것"[20]이 었다고 주장했다. 마침내 1788년에 그리니치와 파리가 삼각사슬로 연결되었다. 그로부터 2년 후, 〈그리니치자오선과 파리자오선 사이의 거리 측정에 이용된 삼각측량 보고서〉의 증거자료들을 수집하는 중에 로이는 사망했다.[21]

구체제의 프랑스가 그 전범을 보였다면, 영국 전역을 대상으로 한 측량의 동인은 프랑스혁명이 제공했다. 1791년 전쟁에 대한 공포의 반작용으로 리치먼드 공작은 왕립군사 측량기사와 제도기사 부대Corps of Royal Military Surveyors and Draughtsmen를 설립하여 잉글랜드와 웨일스의 삼각측량에 착수했다. 공작은 육군보급부대Ordnance 의 고위 장성이었고, 그 때문에 영국육지측량부Ordnance Survey라는 이름이 붙여졌다.

가장 시급한 문제는 프랑스의 침공에 대비한 영국 남부 해안의 측량이었다. 램즈던의 두 번째 작품인 3피트 높이의 세오돌라이트를 갖춘 측량사들은 1795년에 런던에서 영국의 끝단에 이르는 지역을 이중 삼각사슬로 연결한 다음, 서섹스와 켄트를 측량해나갔다. 나중에 이름이 붙여진 실측도Ordnance Map는 1801년에 네 장이

---

* 초second는 각도의 단위로서 원둘레의 129만 6000분의 1호를 중심으로 본 각을 말한다.

인쇄되었다. 이 지도들은 켄트와 서섹스 그리고 런던의 일부를 1
인치 : 1마일 축척으로 보여주었다.[22]

일단 남부지역의 지도는 거칠게나마 완성되었다. 하지만 그 후
부터 작업 진척은 더뎠고, 특히 나폴레옹전쟁 때 심했다. 카시니회
사의 경우처럼, 육지측량부 또한 자금난 때문에 지도 출간으로 자
구책을 마련할 수밖에 없었다. 이런저런 어려운 여건으로 말미암
아 1820년에 이르기까지 잉글랜드와 웨일스의 측량은 3분의 1가량
이루어졌다. 한편 아일랜드와 스코틀랜드의 측량은 각각 1825년
과 1837년에 시작되었는데, 부동산의 가치 산정이나 세금징수에
활용될 만큼 상세한 6인치 : 1마일 축척지도 제작이 당초의 목표
였다. 그 프로젝트는 1853년에 완전히 마무리되었다. 이후 또 다른
프로젝트가 이어졌는데, 사실 지도 제작이란 끝이 있을 수 없기에
당연한 일이었다.[23]

유럽 각국의 정부들은 이미 오래전부터 지식은 힘이라는 사실을 잘
알고 있었다. 특히 지도는 전쟁의 무기이자 통치의 수단으로서, 말
하자면 국가발전의 견인차였다. 정부 주도의 지도 제작 사업은 프랑
스를 넘어 전 유럽으로 퍼져 나갔다. 유럽에서 가장 '계몽화한' 국가
들의 집합체인 영국은 세금징수, 군대전략, 도로건설을 위한 목적에
서 혹은 근대화를 위해 거대한 지도 제작 프로젝트를 진행했다.

가장 정교하면서도 가장 쓸모없는 지도는 오스트리아의 요제
프지도였다. 프로이센에 슐레지엔을 잃은 데 자극받은 마리아 테
레사 여제와 각료들은 중앙집권화의 하나로 제국을 대상으로 한
5400장 분량의 통합지도 제작을 의뢰했다(카시니의 180장과 비교해보라!).

하지만 일관된 계획도 없었고, 지도 제작에 삼각측량이 사용되지도 않았다. 계몽화한 절대군주제의 전형을 보여주듯, 단 세 장의 복사본만이 국가기밀로 빈의 문서보관소에 보관되었다. 말하자면 '요제프지도'는 정확성에 대한 세밀성의 승리이자 계몽주의에 대한 절대군주제의 승리인 셈이다.[24]

유럽인들이 다른 사회로 침투해가는 과정에서 지식은 힘이라는 사실을 극명하게 보여준다. 1798년에 이집트를 침공했을 때 나폴레옹은 기술자와 지도제작자로 구성된 부대를 동반했다. 그 부대의 핵심 인물인 콜로넬 자코탱Colonel Jacotin의 주도하에 나일 강및 시나이와 팔레스타인 해안의 삼각측량이 이루어졌다. 그 결과물로 축척 10만 분의 1, 가로세로 50×80센티미터 크기의 지도 57장이 제작되었다. 이것이 1808년에 새겨지고 1818년에 인쇄되어 팽쿠크가 출간한 36권 분량의 그 유명한《이집트지Description de l'Egypte》다. 그로부터 2세기가 지난 후 지도학자들은 "측량 구역이 굉장히 정확하여 자코탱의 지도와 오늘날 지도 사이에 불일치점이 거의 없다"는 점을 인정하게 된다(그림 4 참조).[25]

프랑스인들이 이집트와 팔레스타인에서 행했던 그대로 영국인들은 인도를 대상으로 답습하지만, 그 규모는 훨씬 더 컸다. 개척자는 프랑스인들로 보세 신부가 1719년에, 장 바티스트 부르기뇽 당빌Jean-Baptiste Bourguignon d'Anville(1697~1782)이 1737년과 1752년에 사상 처음으로 인도 지도를 세상에 내놓았다. 벵골을 영국 품에 안겨준 1757년 플라시전투* 이후 동인도회사는 인도의 중요 루트를 지도상에 표시하기 위해 대규모 조사단을 투입하게 된다.

1767년에 벵골 총독 로버트 클라이브Robert Clive는 리넬 소령을

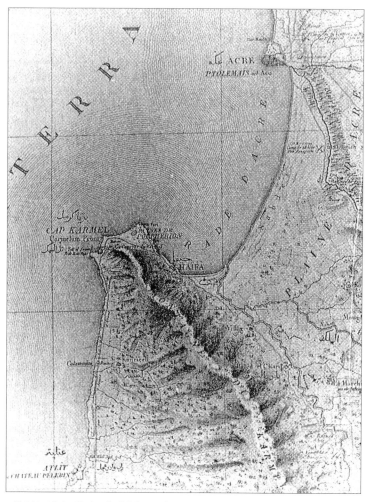

그림 4 콜로넬 자코탱, 아크레, 나사렛, 요르단 강(세밀 지도), 1809~1826.

조사단장으로 임명하고, 동인도회사의 주도하에 인도 전역을 지도화하라는 임무를 부여했다. 1767년과 1777년에 리넬은 소형 세오돌라이트를 이용하여 주요 도로와 하천을 삼각사슬로 연결했다. 이 과정에서 종종 천문학적 관찰로 검증을 했으며, 삼각사슬에서 배제된 자투리 구간들은 지역민들의 구술에 기초한 추정치들로 메웠다. 그 결과물로 리넬은 1779년에《벵골지도첩The Bengal Atlas》을, 3년 후 1882년에는《힌두스탄 지도Map of Hindustan》를 출간했다.[26]

1800년, 미국독립전쟁에 참전했던 장교 윌리엄 램턴William Lambton (1753~1823)은 마드라스^{**} 주 정부를 설득하여 인도반도를 가로지르는 삼각측량에 필요한 자금 지원을 약속받는다. 마드라스 인근에 그려진 기준점을 출발점으로 하여 램턴은 위도 13도선을 따라 일련의 동서 삼각망을 이어나갔다. 그 결과 인도반도가 리넬의 지도보다 43마일 좁다는 사실을 입증했다. 다시 그는 78번째 자오선을 따라서 남쪽 코모린 곶에서 북쪽 카슈미르까지 측량하는 거대한 프로젝트를 진행했다. 당시 삼각측량은 프랑스 및 영국과 이집트의 일부 지역에서만 이용되었다. 이 방법은 정확했지만 엄청난 비용이 필요했다. 값비싼 측량도구와 전문측량사 및 유능한 수학자는 필수요건이었고, 언덕꼭대기나 시야가 트인 나무 등 적당한 위치를 찾아서 대략 6마일마다 신호기를 설치하는 데도 많은 인력이 필요했다. 게다가 맑은 날에만 측량이 가능했기에 작업은 더딜

- 인도의 지배권을 놓고 영국 동인도회사와 프랑스의 지원을 받던 벵골 지역 사령관이 벌인 식민지 쟁탈전. 이 전투에서 패한 프랑스는 인도차이나 반도로 눈을 돌린다.
- ** 벵골 만에 면한 항구도시로, 남부 인도 최대의 도시이자 정치·경제·문화의 중심지다.

수밖에 없었다.[27]

1813년부터 1823년까지 인도총독이었던 모이라Moira 경은 이전에 육지측량부의 수장을 맡았던 터라 지도 제작과 삼각측량에 정통했다. 1817년에 모이라는 초대 수석감독을 맡게 되는 램턴과 더불어 인도 대삼각측량국GTSI을 설립했다. 그리고 코모린 곶에서 출발한 측량대는 자오선을 따라 점차 북쪽으로 이동해갔다. 마침내 1810년에는 벵갈로르에, 1820년 무렵에는 인도 중부지방에 도착했다. 1823년 램턴이 사망하자, 조지 에버리스트George Everest(1790 ~1866) 대위가 그의 뒤를 이었다.

갠지스 평야를 가로질러 히말라야에 이르기까지 삼각사슬을 확장하는 일은 각 삼각형의 꼭짓점마다 50피트 높이의 탑을 세워야 했기 때문에 너무나 어렵고 힘든 작업이었다. 에버리스트가 은퇴하는 1843년 무렵, 당대까지 측량 사상 세계에서 가장 먼 거리인 1400마일을 내달려온 인도종단측량대가 마침내 히말라야 산맥의 기슭에 도착했다. 그곳에서부터 다시 남인도와 동인도 방향으로 2차 삼각사슬이 여러 개 만들어졌다.[28]

해양지도의 제작

바다와 해안 그리고 섬의 지도 제작은 육지지도의 경우와는 전혀 다른 도전이었다. 바다에서는 삼각형을 그리거나 자오선의 길이를 측정하는 일이 불가능했던 것이다. 문제는 위도선과 경도선이 교차하며 만들어내는 가상의 격자눈금들 사이에서 관측자가 어떤 위치에 있느냐였다.

위도는 배 위에서 육분의六分儀를 이용하여 간단하게 알 수 있었지만, 경도 측정은 정교한 장비를 갖춘 천문학자에게도 결코 쉬운 일이 아니었다. 추측항법이나 자기편각(자침의 N극이 가리키는 방향과 진북 사이의 각)으로 현재 위치의 경도를 추정한 항해자들은 엄청난 오류를 범하기 일쑤였다. 대서양의 넓이에 대한 크리스토퍼 콜럼버스의 추정치는 18도, 혹은 300마일 이상 빗나갔다. 태평양을 횡단한 후 페르디난드 마젤란은 필리핀 군도를 53도, 혹은 거의 4000마일이나 동쪽에 위치한 것으로 기록했다. 여행자나 항해자들의 보고에 의존한 지도제작자들은 (완전히 허구라고는 말할 수 없지만) 매우 추정적인 경도를 이용하여 지도를 만들었다. 17세기 지도들에서는 지중해가 동쪽에서 서쪽으로 15도(825마일) 밀려난 상태로 그려져 있었다. 섬들은 발견되었다가 사라지고, 또 다른 곳에서 재발견되었다. 대륙들은 바다 위에서 이리저리 떠밀려 다니다가 새로운 항해기록에서 부풀려지기도 하고 축소되기도 했다.

경도를 알 수 없었기 때문에 선장들은 목적지의 위도에 따라 동쪽 혹은 서쪽으로 무작정 항해해나갔다. 하지만 이러한 항해법은 목적지가 상당히 먼 거리일 때 효과가 있었다. 특히 지도가 틀렸을 경우에는—당시에는 그런 경우가 허다했다—어떤 섬 하나를 찾기 위해 몇 주일씩 지그재그로 배를 몰아가다가 결국에는 엉뚱한 곳에 도착하기도 했다. 항상 조난의 위험이 따랐다. 1707년에 전함 네 척이 영국과 그리 멀지 않은 실리제도에서 조난을 당해 2000명에 이르는 군인이 사망했는데, 사고 원인은 선장들이 경도를 잘못 추정한 결과였다.[29]

16세기 이후부터 항해자, 천문학자 그리고 지도제작자는 경도에 대해 거의 강박관념에 사로잡혀 있었다. 이는 각국 정부의 경우도 마찬가지였는데, 경도상의 오류가 자칫 함대도 침몰시킬 수 있었기 때문이다. 1598년에 에스파냐 국왕 펠리페 3세는 정확한 경도측정법에 포상금을 내걸었으며, 곧이어 네덜란드 정부도 같은 조처를 취했다. 에스파냐와 네덜란드를 제치고 영국과 프랑스가 해상권을 장악하게 되는 18세기 초 영국과 프랑스 정부도 이 대열에 동참했다. 프랑스에서는 오를레앙 공작이 10만 리브르livre*의 상금을 내걸었다. 영국의회는 "정확한 경도를 알아내는 사람이나 단체에게 오차 범위 1도 이내일 경우 1만 파운드, 40초 각 이내일 경우 1만 5000파운드, 그리고 2분의 1도 이내일 경우 2만 파운드의 포상금"을 지급한다고 공시하고, 경도심사국을 설립하여 그 업무를 관장하게 했다.[30]

17세기 말에 천문학자들은 이론상으로 경도를 측정하는 여러 방법을 알고 있었지만, 그중 단 한 가지만 실용이 가능했다. 첫 번째는 식eclipse을 이용한 방법이다. 일식 혹은 월식은 분 단위까지 예측이 가능했으므로 경도를 알 수 없는 한 지점에서 일식이나 월식을 관찰하면, 자동적으로 '본초자오선prime meridian'(이를테면 파리나 그리니치처럼 이미 알려진 경도상의 한 지점을 통과하는 자오선)에서의 시간을 알 수 있다. 본초자오선의 시간에서 지방 태양시**를 빼면 그 지점의

경도가 드러난다. 하지만 불행히도 이 방법을 실용화하기에는 일식과 월식이 일어나는 빈도가 매우 희박했다.

두 번째 방법은 목성의 위성들을 이용하는 것이다. 1610년에 갈릴레오가 인식했듯이, 목성의 주위를 도는 네 개의 위성은 자주 목성의 앞쪽을 지나가거나(식) 목성의 뒤쪽을 지나갔다(엄폐occultation). 따라서 식이나 엄폐가 일어나는 정확한 시간만 미리 안다면 경도를 쉽게 알아낼 수 있다. 프랑스의 장 도미니크 카시니와 영국의 천문학자 존 플램스티드John Flamsteed는 이 위성들의 정확한 식표와 엄폐표를 작성해나갔다. 1690년에 출간된 카시니의 도표에 힘입어 유럽 각국의 천문대들은 자국의 경도를 계산해낼 수 있었다. 오래지 않아 이집트, 시암*, 희망봉, 세네갈, 마다가스카르, 서인도 등지에 대한 탐험이 줄을 이었고, 그 과정에서 이 새로운 방법을 통해 이른바 신천지들의 경도가 속속 계산되어 파리천문대로 보고되었다. 카시니는 파리천문대의 바닥 면에 별자리조견도(북극을 중심점으로 삼아 그린 원형의 별자리지도)를 그리고 그 위에 새로운 경도들을 기록했다.

수정된 지도를 그리기 위해 지도제작자들과 지도출판업자들은 앞 다투어 이 새로운 데이터들을 이용했다. 1682년 과학아카데미가 제작한 지도가 대표적인데, 이 지도에서는 프랑스가 이전에 비해 20퍼센트 축소되었다. 카시니의 제자로서 당대 프랑스를 대표하는 최고의 지도제작자였던 기욤 들릴Guillaume Delisle(1675~1726)은 수정된 경도를 이용하여 신세계 지도들을 출간했는데, 이들 지도

• 타이의 옛 이름.

상에서는 이전의 지도와 비교할 때 지중해와 대서양은 동서로 훨씬 더 좁은 반면, 태평양은 훨씬 더 넓은 것으로 그려졌다. 1761년에 부르기뇽 당빌은 18세기 초보다 그 수가 두 배나 많은 200여 개의 경도를 이용하여 개정판 세계지도를 완성했다. 그리고 시간의 흐름과 함께 새로운 경도들이 하나하나 더해지면서, 오늘날 우리가 알고 있는 세계지도가 과거의 왜곡과 환상에서 벗어나 서서히 제 모습을 찾아가기 시작했다.[31]

하지만 목성의 위성들을 이용한 경도측정법에도 두 가지 걸림돌이 있었다. 이 방법은 고성능의 망원경으로 무장한 전문 천문학자가 필요했을 뿐 아니라, 선상에서는 통용될 수 없었다. 따라서 이 방법으로는 상금 경합에 참여할 수 없었다. 또한 이 방법으로 산출되는 데이터들은 정확했으나 구하기가 쉽지 않았다. 때문에 좀 더 나은 방법을 강구해야 했다.

18세기 과학자들은 세 번째 천문학적 방법인 월거법月距法을 개발했다. 이 방법의 핵심은 달과 특정 항성 사이의 각도를 측정하는 것이다. 우리의 시야에서 달의 운행속도는 항성들의 속도보다 빠르기 때문에, 달과 특정 항성 사이의 각도와 지방시를 알고 그 각에 해당하는 본초자오선 시간을 알려주는 도표만 있으면 경도를 계산해낼 수 있다.

18세기에 개발된 두 가지 혁신적인 발명품이 없었다면 이 방법은 처음부터 생각조차 할 수 없는 일이었다. 첫 번째는 1731년에 수학자 존 해들리John Hadley가 소개한 각도 측정기구 팔분의八分儀(나중에 육분의로 개선된다)이다. 이 기구를 이용하면 달과 특정 항성이 형성하는 각도를 읽을 수 있다.

두 번째에 해당하는 본초자오선 월거표는 좀 더 까다로운 문제였다. 달의 운행표를 작성하는 일이 "골머리를 앓게 만든 유일한 문제"라고 뉴턴도 언급할 정도였으니 말이다. 결국 이 문제는 독일 수학자 토비아스 마이어Tobias Mayer(1723~1762)가 해결했다. 1763년에 영국의 왕실천문학자 네빌 매스켈린이《영국선원지침서The British Mariner's Guide》를 발간했는데, 이 책은 마이어의 월거표를 영역하고 그 사용법을 덧붙인 것이다. 1766년에는 그리니치천문대를 통과하는 자오선을 본초자오선으로 채택한 최초의 완벽한 월거표가 실린《1767년용 항해력과 천체력The Nautical Almanac and Astronomical Ephemeris for the Year 1767》을 출간했다.[32]

두 가지 혁신과 그것들을 이용한 계산 방법이 갖춰지면서 해상에서 경도를 결정하는 일이 가능해졌다. 그렇지만 그 절차는 너무 복잡하고 까다로웠다. 육분의를 갖춘 네 사람이 빠른 속도로 여러 가지 관찰을 수행해야 했다. 관찰한 결과는 평균을 내고 다시 시차와 대기차에 따라 수정한 다음, 최종 수치를《1767년용 항해력과 천체력》의 도표들과 비교하는 과정을 거쳐야 했다. 그것은 아무리 유능한 수학자라도 대략 네 시간이 소요되는 작업이었다.[33] 미국 해군 준장 찰스 모리스는 1800년에 "달을 관찰하여 경도를 읽어낼 수 있는 항법사는 거의 없었다고 해도 과언이 아니다. 그 계산 과정은 일반적인 방법을 넘어선 것으로 거의 수수께끼와 같았다"고 회고했다.[34]

그러는 동안 시간 측정에 기초한 대안적 방법이 출현했다. 일찍이 1522년에 네덜란드의 천문학자 게마 프리시우스Gemma Frisius는 한 지점과 본초자오선상의 정확한 시간을 동시에 알면 경도 측정이 용이할 것이라고 주장했었다.[35] 하지만 그로부터 2세기가 지난 시점까지도 여전히 경도 측정을 가능하게 할 만큼 정확한 시계는 나오지 않았다. 1714년에 경도를 관장하는 의회위원회에 보낸 뉴턴의 편지에도 씌어 있듯이, "배의 움직임, 온도와 습도의 변화 그리고 위도에 따른 중력 차이 때문에 그러한 시계는 아직까지 만들어지지 못했다."[36]

상금을 탄 시계는 역사상 가장 존경받는 시계제작자인 존 해리슨의 작품이었다. 하지만 정확성의 성배를 노린 사람은 비단 그뿐만이 아니었다. 많은 이들이 더 간편한 방법으로 성배에 접근해갔다. 프랑스에서는 피에르 르 루아Pierre Le Roy와 페르디낭 베르투Ferdinand Berthoud가 과학아카데미에서 내건 상금을 놓고 경합을 벌였다. 해리슨의 경우처럼, 이 두 사람의 시계도 바다에서 시험되었다. 1769년에 르 루아가 상금을 차지했으며, 베르투는 프랑스 해군의 공식적인 크로노미터* 납품업자로 선정되었다.[37]

1780년대부터 영국에서는 토머스 머지Thomas Mudge, 토머스 언쇼Thomas Earnshaw, 존 아널드John Arnold 등의 시계제작자들이 진두에 서서 해리슨의 기술적 혁명을 상업화하기 시작했다. 언쇼는 르 루아의 디자인을 바탕으로 해리슨의 시계보다 훨씬 더 간편한 크로노미터들을 제작했다. 그의 경쟁자 아널드는 정확한 시계를 연속적으로 제작하는 방법을 개발했는데, 그것은 곧 대량생산의 신호탄이었다. 프랑스의 크로노미터는 정교하지만 값이 비쌌던 반면, 영국에서는 그 가격이 서서히 하향곡선을 그리더니 마침내 선장

* 항해 중 천문 관측으로 배의 위치를 산출할 때 사용하는 정밀한 시계.

존 해리슨의 크로노미터 H5.

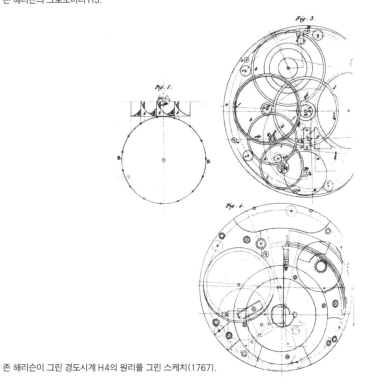

존 해리슨이 그린 경도시계 H4의 원리를 그린 스케치(1767).

들도 크로노미터를 구매할 정도가 되었다. 1815년까지 프랑스에서는 300여 개의 크로노미터가 제작된 반면, 영국에서는 그 숫자가 무려 4000~5000개에 달했다.[38]

하지만 이러한 기술적 진보가 모든 배에 적용되기까지 꽤 오랜 시간이 걸렸다. 1790년대까지만 해도 이 값비싼 장비를 모든 배에 비치한 곳은 동인도회사가 유일했다. 영국 해군도 1825년에야 비로소 모든 배에 크로노미터를 탑재할 수 있었다. 1833년 프랑스 해군 소속의 함선 250척 중 44척에, 그리고 1835년 미국 함선 54척에 크로노미터가 비치되었을 뿐이다. 이후 1840년대에 이르러 크로노미터의 공급이 그 수요를 충족시킬 수 있었다.[39]

앞서 살펴본 경도 문제에 대한 세 가지 해결책은 지도제작술, 지도제작에 관한 정보 콘텐츠의 개발과 지도 제작의 정확성과 정밀성에 영향을 미쳤다. 카시니의 목성의 위성들을 이용한 방법은 천문학자들이 있는 천문대의 위치를 고정시켰다. 천문대들은 거리상 멀리 떨어져 있었지만 세계지도의 대략적인 윤곽과 보다 정확한 프랑스 지도의 토대를 제공했다. 매스켈린의 월거법은 좀 더 간편했지만 여전히 기술, 인내력 그리고 맑은 날씨와 더불어 하늘을 관찰할 수 있는 땅이 있어야 했다. 또한 현재 위치상의 경도를 정확하고 신속하게 고정하는 크로노미터 덕분에 남반구와 태평양의 지도들이 하나둘씩 채워졌다.

에스파냐의 마닐라 범선은 태평양을 횡단할 때마다 선장들이 마닐라의 위도 혹은 멕시코 아카풀코의 위도를 따라 동쪽이나 서쪽으로 항해하다가 운이 좋으면, 목적지에 도착하는 일이 거의 3

세기 동안이나 반복됐다. 조난의 위험 때문에 야간에는 항해가 중단되었다. 혹시 엉뚱한 곳으로 흘러가지나 않을까 하는 두려움에 정해진 항로를 벗어나지 못했으며, 그 때문에 태평양의 수많은 섬을 지나치기 일쑤였다. 우연히 어떤 섬을 발견하더라도 그 섬을 다시 찾아내기란 불가능하다는 사실을 선원들도 잘 알고 있었다.

새로운 경도측정법이 이 모든 것을 바꾸었다. 1768~1771년에 '인데버호'를 타고 태평양을 항해한 제임스 쿡 선장은 월거법을 이용하여 타이, 뉴질랜드 그리고 오스트레일리아의 경도를 정확히 찾아냈다. 그가 확인한 뉴질랜드의 경도는 단지 2분의 1도, 혹은 29마일만 빗나갔을 뿐이다. 1776~1779년 두 번째 원정에서 그는 라컴 켄들Larcum Kendall이 제작한 해리슨-작품 4호(H4)의 복제품을 가져갔으며, 월거를 이용하여 복제품의 정확도를 시험했다. 그 결과, 3년 8개월 동안의 항해에서 겨우 26.5초의 오차가 났을 뿐이다.[40] 그 후에도 라페루즈, 밴쿠버, 블리, 당트르카스토 등의 해양탐험가들이 크로노미터를 활용했다. 새로운 경도측정법 덕분에 1870년대에 무수한 태평양 지도들이 출간되었고, 1790년대에 들어서 이들 지도상에 뉴질랜드와 북아메리카의 퍼시픽노스웨스트는 물론 마르키즈제도, 소시에테제도, 뉴헤브리디스제도, 하와이제도, 뉴칼레도니아, 노퍽 섬 등이 정확하게 표시되기 시작했다.

반면 유럽의 지도제작자와 항해자들의 소망을 반영하는 신화의 산물인 미지의 남방대륙Terra Australis과 북서항로Northwest Passage는 지도상에서 사라졌다.[41] 1791년에 밴쿠버는 다음과 같이 적었다.

북서아메리카 해안을 조사한 결과, 우리는 북태평양과 북대서양

사이에는 뱃길이 존재하지 않는다는 가장 만족스러운 증거를 확인했다고 믿는다. …… 하지만 …… 오랫동안 잘못된 생각을 믿어온 경우, 진실을 깨닫는 것은 결코 쉬운 일이 아니며, 사람들의 마음에 확신을 심어주기는 더더욱 어렵다.[42]

13세기 이래 지중해를 항해하는 선장들은 거친 도해와 스케치를 곁들인 수로 안내도인 포르톨라노 해도를 이용해왔다. 그래도 낯선 해안으로 접근할 때는 항상 조심했으며, 입항을 위해 전문 안내인을 고용하기도 했다. 대서양을 항해하는 선원들을 위한 최초의 안내서 루카스 얀스준 바헤나르Lucas Janszoon Waghenaer의《항해의 거울 Spiegel der Zeevaert》(1584~1585)은—이 책은 1588년에《선원의 거울 Mariner's Mirror》이라는 영어 제목으로 번역되었다—발트 해에서 에스파냐 남부에 이르는 항로와 지형을 상세히 묘사했다.

프랑스와 영국에서는 그로부터 1세기 후에 '웨거너스waggoners'[•]라는 별칭의 선원용 안내서가 출간되는데,《영국의 해안 수로 안내도Great Britain's Coasting Pilot》(1691)와《넵튠 프랑수아Le Neptune françois》(1639)가 바로 그것들이다. 영국의 안내서는 나침반의 방위에 토대를 두고 경도는 없이 약간의 위도만으로 거리를 추정한 반면, 프랑스의 안내서는 카시니의 목성의 위성들을 이용하여 정확한 경도를 확보한 상태에서 천문학자 가브리엘 드 이르Gabriel de Hire와 아베장 피카르가 프랑스 해안을 삼각도법으로 측량한 결과물이었다.

• 《항해의 거울》저자인 바헤나르Waghenaer를 영어식으로 발음하고 거기에 s를 붙여 만든 신조어.

그것은 콜베르가 관장하던 파리천문대의 작품으로 지도 제작에 과학적 방법을 활용한 대표적인 사례로 손꼽힌다.[43]

수로학 관련 정보를 보관하는 시스템의 확충에서도 프랑스가 단연 선두였다. 1720년에 설립된 해상지도·설계도 보관소는 항해자들과 천문학자들로부터 관찰 자료, 지형도, 스케치, 도표 등을 수집하여 각종 해안지도를 제작하고《넵튠 프랑수아》의 증보판을 출간했다. 프랑스의 선례를 좇아서 1753년 에스파냐의 해군 천문대를 시작으로, 1795년에 영국의 수로측량국 그리고 1830년에는 미국의 해도 및 기기병참부가 잇달아 세워졌다.[44]

수로학의 주요 정보원인 선원들의 관찰기록은 이전의 보고서와 면밀히 비교·검토한 후 사본으로 만들어져 재확인 과정을 거쳐야 했다. 사람들의 목숨이 주요 정보에 달려 있었기에 18세기의 수로학자들은 대체로 보수적 성향이 강했다. 영국제도의 해안들은 프랑스의 경우보다 훨씬 더 복잡했고, 특히 스코틀랜드에서 멀어질수록 날씨 또한 몹시 변덕스러웠다. 그런데도 18세기 중반에 이르기까지 영국의 선원들은《해안 수로 안내도》에 실린 이상한 도해들과, 네덜란드어나 에스파냐어 혹은 프랑스어로 된 몇 장의 엉터리 지도에만 의존해왔다. 스코틀랜드의 수로학 전문가이자 지도제작자인 머독 매켄지Murdoch Mackenzie(1712~1797) 경은 다음과 같이 언급했다.

항해자들은 위험하고 어려운 순간에도 감히 그러한 것들에 의존하지 못했다. 아주 위급한 상황이 아니라면 수로 안내자가 탑승할 때까지 눈에 익숙지 않은 해안이나 항구로 접근하는 일은 거의 또는 아예 시도조차하지 않았다. 안내자가 올라오면 그때서야 체스판이 치워진다. 그들이 믿고 따른 것은 오로지 자신들의 눈과 안내자의 지시뿐이었다.

영국 해안에 대한 최초의 믿을 만한 조사는 오크니제도의 측량이다. 1750년에 매켄지는 그 결과물인《오크니제도의 지형 및 수로 조사Orcades : or, a Geographic and Hydrographic Survey》를 펴냈다. 그는 자신의 측량법이 기존 방법들과는 차별화된다는 점을 강조했다.

> (내가 사용한 방법은) 육지를 끼고 배를 몰아가면서 항해용 나침반으로 곶 혹은 만의 방위를 찾고, 시각 혹은 측정선으로 거리를 추정하는 일반적인 방법과 다르다. 또한 항해를 통한 직접 조사나 설계도 자체에 대한 면밀한 분석도 없이, 흔히 마구잡이식으로 지도를 작성해나가는 신뢰성이 떨어지는 방법뿐만 아니라, 언어적 정보, 복사본 저널 혹은 우연히 해안을 지나치는 항해자들의 피상적인 스케치들과도 구별된다.[45]

대신 그는 해변과 인근의 섬에 설정한 꼭짓점들을 중심으로 삼각측량을 해나갔다. 그것은 수심 측량까지 병행해야 하는 힘들고 지루한 작업이었지만 아주 정확했다. 그러한 작업을 토대로 해군본부는 그에게 영국의 서부 해안과 아일랜드 전역의 측량을 의뢰했다. 그 결과 지도첩 두 권이 1774년과 1776년에 출간되었다(그림 5 참조). 매켄지는 거기에 머물지 않고 후학들을 위한 안내서《해양 조사 논고A Treatise of Maritim (sic) Surveying》를 발표했다.[46] 매켄지의 조카 머

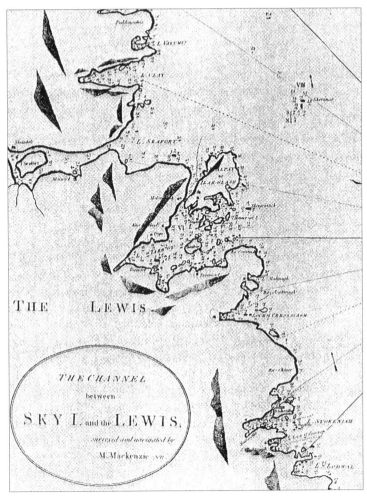

그림 5 머독 매켄지 경, 오크니제도의 수로도(세밀 지도), 1776.

독 매켄지 주니어와 그의 사촌 그렘 스펜스는 1771년부터 1804년까지 영국의 남부 해안을 측량해나갔다. 프랑스의 카시니 가문과 비견되는 매켄지 가문은 영국의 수로학에 과학적 방법을 적용했다.[47]

하지만 아무리 열심히 매달렸다 해도 한 가문이 영국 항해자들에게 필요한 모든 지도를 제공할 수는 없었다. 18세기 중반부터 영국 해군에서도 정보 수집과 지도 제작을 위한 수로학 전담기구의 설립이 절실히 요구되었다. 마침내 1795년 전쟁의 소용돌이 속에서 그 바람이 이루어졌다. 해군본부는 동인도회사의 수로측량사로서 벵골 만의 지도를 출간한 바 있는 알렉산더 달림플Alexander Dalrymple (1737~1808)을 수로측량국의 수장으로 발탁했다.[48]

수로 조사가 유럽 해안으로 국한된 것은 아니었다. 사실 가장 인상적인 조사의 상당수는 유럽 해양과 아주 멀리 떨어진 곳에서 이루어졌다. 1760년대에 제임스 쿡은 뉴펀들랜드 해안과 세인트로렌스 하구를 조사했다. 그리고 그의 지도들과 북아메리카 동부 해안을 그린 또 다른 지도들이 1777~1781년에 《애틀랜틱 넵튠The Atlantic Neptune》에 실렸다. 수차례에 걸친 태평양 원정에서 쿡 선장은 마주치는 해안마다 빠짐없이 조사를 해나갔다. 그중에서도 특히 뉴질랜드 해안에 관한 조사는 정확하고 세밀했다.[49]

1790년대부터는 항해자들이 눈에 띄는 해안들을 삼각측량법으로 조사하는 것이 거의 관례화되다시피 했는데, 그 범위는 대략 버뮤다에서 조선Korea에 이르는 뱃길이었다. 1802~1803년에 매슈 플린더스Matthew Flinders가 수행한 오스트레일리아 해안선의 탐사는 150년이 지난 시점까지도 여전히 유용했다. 달림플 및 그의 후임 토머스 허드Thomas Hurd(재임 1808~1829)와 프랜시스 보퍼트Francis

Beaufort(재임 1829~1855)가 지휘봉을 잡았던 기간에 영국의 수로측량 국은 전 세계 해안선의 대부분을 포함하는 거대한 탐사 프로젝트를 진행했다. 그 과정에서 영국은 해군 및 상선을 위한 나아가 전 세계의 선박을 위한 해상지도 제작의 메카로 급부상한다.[50]

지표면의 위와 아래

18세기 말에 지도제작자들은 위도선과 경도선이 교차하며 만들어 내는 가상의 격자눈금과 연결하여 지표면상의 여러 특징의 위치와 형태를 정확히 기술하는 방법을 알고 있었다. 그 다음 도전 대상은 지구의 굴곡을 종이 위에 표현하는 것인데, 측지학의 경우처럼 3차원의 지표를 2차원의 종이 위에 옮겨야 하기 때문에 고도의 기술이 요구되었다. 하지만 이 문제는 18세기에 와서야 조명을 받기 시작했다.

수중의 깊이를 보여주는 지도는 고도를 보여주는 지형도보다 거의 1세기 이상 먼저 등장했다. 먼 옛날부터 선원들은 암초, 모래 톱, 개펄 등의 위치와 깊이는 물론, 수면 아래에 펼쳐진 갖가지 특징을 알고 싶어 했다. 1580년대부터 제작되기 시작한 해상지도에는 항구나 해안선뿐만 아니라 수심, 즉 물의 깊이를 나타내는 숫자들도 표시되었다(19세기 초에 제작된 수로도인 그림 6 참조).

동일한 깊이에 위치한 해저의 지점들을 하나로 묶어 지도상에 표시한 등심선等深線 혹은 수중 등고선이 상용화된 것은 18세기 후반

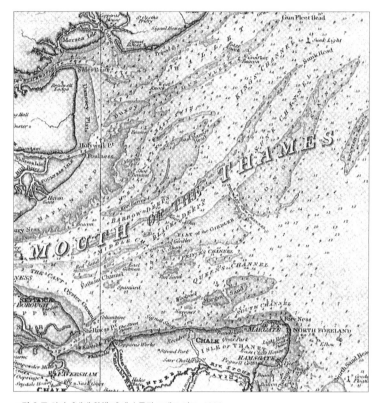

그림 6 존 워커, 《내해 항행도》에 수록된 그래프 지도, 1830.

무렵이었다. 넓은 바다를 대상으로 그려진 지도에 등심선이 표시된 최초의 지도로는 루이지 마르시글리Luigi Marsigli의 '리옹 만 지도 Carte du Golfe du Lion'(1725)가 손꼽힌다. 그로부터 8년 후인 1735년에 지도제작자 니콜라스 크루키우스Nicolas Cruquius가 라인 강의 지류인 네덜란드의 메르베데 하구지도를 출간했는데, 그것은 수심 10피트마다 등심선으로 표시된 '등심선지도'였다.[51] 1737년에 출간된 프랑스의 지도제작자 필리프 보슈Philippe Bauche의 영국해협지도에도 등심선이 사용되었다. 하지만 이 지도들은 세인의 주목을 끌지 못했으며, 그 때문에 18세기 말에 이르기까지 등심선은 수로 학자들이 전문적으로 사용하는 어휘에 포함되지도 못했다.[52]

육지지형도는 임학, 측지학, 토지등록 등에 필수요건이었을 뿐만 아니라, 도로와 운하의 건설, 관개시스템 확충 그리고 훗날 철로건설에도 요긴하게 이용되었다.[53] 하지만 육지지형의 고도를 결정하는 것은 수심 측정보다 어려운 일이었다.

17세기의 산악지도에서는 산들이 일률적 크기의 작은 돌기처럼 표시되었다(그림 7 참조). 카시니의 지도는 여기서 진일보하여, 언덕과 산은 '두더지가 파놓은 흙무덤'이나 '지네'의 형상으로, 계곡은 마치 평평한 고원을 가르는 협곡처럼 그려졌다. 산들의 고도와 형태는 불명확했지만 위치는 정확했다(그림 3 참조). 아주 드문드문 고도가 표시되었을 뿐인데, 사실 그것은 경사의 정도를 가리키는 철자 D(douce, 완만한)나 F(forte, 가파른)를 적어 넣은 것과 별반 다를 게 없었다.[54] 프랑스의 지도사학자 콜로넬 베르토Colonel Berthaut의 말을 들어보자.

> 프랑스의 지도가 제대로 된 알맹이도 없이 늘 그런 상태를 벗어나지 못하고, 심지어 어떤 경우에는 동시대 지역도의 수준에도 미치지 못하는 것은 지표의 기복을 표현하는 기법상의 문제 때문이다. 산비탈을 따라 그린 듯한 가는 선들은 경사도나 고도의 차이는 물론 지표의 형태도 제대로 보여주지 않는다. 마치 고원을 가르는 계곡을 거칠게 스케치한 것처럼 단지 지형의 윤곽만 드러낼 뿐이다.[55]

그림 7 알렉시스 자이요, 알프스 산맥(세밀 지도), 1692.

카시니 4세도 이에 대해 솔직히 시인했다.

> 우리의 의도는 결코 프랑스 지도에 딸린 장신구 그 이상의 것(지형
> 도)을 만들어보자는 것이 아니었다. 그저 좀 더 보기 편하게 만들
> 목적에서 지형의 윤곽을 스케치 형식으로 그려 넣었을 뿐이다.[56]

1786년에 물리학자이자 탐험가인 오라스 베네딕트 드 소쉬르
Horace-Bénédict de Saussure는 저서《알프스 여행기Voyages dans les Alpes》
에서 몽블랑 지도의 여백에 특정 지역들의 고도를 써넣었다.[57]
1797~1799년에는 장 바티스트 라몽Jean-Baptiste Ramond이 지도 자
체에서 고도 특징들을 보여주는《몽블랑의 물리 및 광물지도Carte
physique et minéralogique de Mont Blanc》를 출간했다.[58]

지형도는 특히 군대에서 중요하게 쓰였기에 프랑스 육군은 자
체적으로 탐사를 실시하여 지도를 그렸다. 1748년 알프스를 시작
으로 지중해 해안과 동부의 국경지대로 탐사가 이어졌다. 그 결과
물로 축척 34만 5600분의 1 지도들이 제작되었다. 그 지도들은 카
시니의 지도보다 훨씬 더 상세했으며, 숫자로 고도가 표시되고
선영(線影, hachure)으로 지형이 묘사되었다. 그러나 단 한 번도 출간
되지는 않다.[59]

선영이란 두께 혹은 짙고 옅은 명암과 길이를 조정하여 경사면
의 방향과 형태를 보여주는 선들을 의미한다. 선영이 처음으로 등
장한 것은 1748년에 제작된 파리 근교의 지도에서였다. 그 후 이
방식은 계속 발전해나갔다. 카시니 4세의 동료 루이 대위는 우모
식도법羽毛式圖法*을 활용한 축척 34만 5600분의 1인 프랑스 지도를

펴냈다. 비록 카시니 지도에 토대를 두었지만, 그 지도는 원본보다 훨씬 뚜렷한 고도의 높고 낮은 기복이 드러나 있다.[60] 18세기 말에는 자코탱 같은 지도제작자들이 지도상에 '기복 형태들의 선명한 조형 인상plastic impression'[61]을 나타낼 수 있었다(그림 4 참조). 오후의 사조광선(斜照光線, oblique rays) 속에서 세밀하게 그리고 새긴 선영지도는 마치 한 폭의 조감도와 같았다. 그것은 과학이라기보다는 차라리 예술에 가까웠다.

고도를 나타내는 과학적 방법에는 등고선이 이용되었다. 어느 정도 훈련된 사람이라면 등고선으로 각 지점의 고도는 물론 경사도까지 읽어낼 수 있었다. 완만한 경사면에서는 듬성듬성하게 그려진 선들이 경사가 가팔라지면서 점점 더 촘촘해졌기 때문이다.

1771년에 프랑스의 측량사 마르셀랭 뒤 카를라Marcellin du Carla 가 과학아카데미에 발표한 한 논문에서 처음으로 육지의 등고선에 관한 개념이 소개되었다. 얼마 후 지도출판업자 장-루이 뒤팽-트리엘Jean-Louis Dupain-Triel은 등고선을 사용한 프랑스 지도 두 장을 각각 1791년과 1798~1799년에 출간했다(그림 8 참조).[62] 하지만 등고선을 그려 넣었다고는 하나 대부분의 정보는 추정에 근거한 것이었다. 해수면을 기준으로 등고선을 그려 넣으려면 바로미터 혹은 삼각측량을 이용하여 수백 번 이상 고도를 측정해야 하는데, 그 과정이 매우 힘들고 많은 시간이 소요되었기 때문이다. 체계적인 고도탐사는 오직 군사적 목적에서만 이루어진 탓에 그 범위도 국경지역으로 한정되었다.[63]

• 선영을 이용한 지도제작법을 말한다.

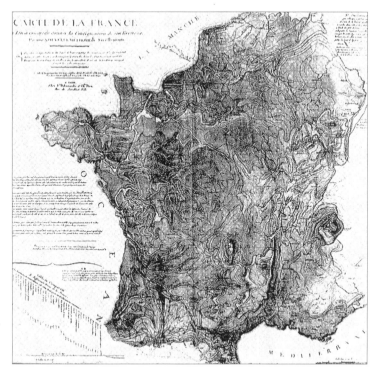

그림 8 장-루이 뒤팽-트리엘, 프랑스 등고선 지도, 1791.

　프랑스혁명과 나폴레옹전쟁은 카시니가의 프랑스 지도와 군대
의 지형도라는 프랑스 고유의 두 가지 지도 제작 전통을 낳았다.
전쟁 와중에 프랑스군 소속의 지도제작자들은 나폴레옹 군대를
위해 유럽 각국의 지도를 그리는 데 매진했다. 1802년에 측지위원
회는 군대, 산림청, 기술청 등 지도를 이용하는 각종 공적기관의
전문가들을 총동원하여 장차 그려질 지도들에 대한 지침을 만들
었다. 미터법은 길이의 단위로, 해수면은 고도의 기준점을 삼기로
합의되었다. 또한 축척 1000분의 1에서 10000분의 1까지의 도시지

도 혹은 요새지도에는 등고선도법이, 그 밖의 축척지도에는 사조광선을 이용한 우모식도법이 채택되었다.[64]

1815년에 나폴레옹의 이집트 원정대와 동행했던 군속 기술자와 지도제작자들이 본국으로 돌아왔다. 피에르 시몽 라플라스가 지휘하던 왕립프랑스지도제작위원회는 적잖은 논쟁 끝에 새로운 지도를 제작하기로 합의했다. 먼저 축척 4만 분의 1로 그린 지도는 출간을 위해 다시 축척 8만 분의 1로 새긴 다음 50 × 80센티미터 규격의 173장을 인쇄한다는 계획이었다. 이것은 1830년에 시행된 군사사업의 하나로 참모본부에 배속된 기술자들과 지도제작자들이 이루어냈다. 그런 까닭에 그 지도는 '참모본부 지도'로 불렸다. 이지도는 밑그림에 등고선이 포함되었는데 판각 과정에서 선영의 정확성을 유지하기 위해서였다. 카시니 지도와는 달리 이 지도는 수치와 사조광선 그리고 선영으로 고도를 나타냈다.

프랑스 전역을 대상으로 한 새로운 삼각측량이 1845년에, 지형조사는 1866년에 완료되었다. 1833년에 파리 지도가 처음 출간되었으며, 1880년에 이르러 코르시카 지도가 그 프로젝트의 대미를 장식했다.[65] 대부분의 유럽 국가도 프랑스의 선례를 좇아 군속 지도제작자들에게 지도 제작을 맡겼다.[66]

19세기의 지도제작자들이 지형의 기복을 2차원의 종이 위에 표현하는 두 가지 방법의 조화를 두고 어려움을 겪은 데는 그럴 만한 이유가 있다. 지형 탐사만 제대로 이루어지면 등고선은 좀 더 정확하고 과학적일 수 있었지만, 문제는 읽기가 어렵다는 점이다. 마찬가지로 선영과 사조광선은 기복의 '조형적 인상'을 부여했지만 정확한 표현이 아니라는 약점이 있었다.

이 문제는 쉽게 해결될 성질이 아닌 까닭에 오늘날까지도 그대로 남아 있다. 모든 지도는 명료성과 정밀성이 절충되어 제작의 목적과 규모에 따라 그 향방이 결정된다. 엔지니어나 도보여행자들이 이용하는 대축척지도에서는 등고선이 선호된다. 넓은 지역이나 국가 혹은 대륙 전체를 보여주는 소축척지도의 경우, 1830년대와 1840년대에 제작된 지도첩들이 명료성과 정밀성을 제대로 갖춘 최초의 사례로 꼽힌다. 말하자면 이들 지도에서는 등고선, 등고선 사이의 다양한 채색 그리고 시각적 효과를 위한 선영과 사조광선이 적절한 조화를 이루었던 것이다.[67]

지질도geologic map의 제작은 복잡한 가상의 3차원 묘사보다 까다로운 도전과 직면해야 했다. 이 문제를 해결하는 데 제도학, 스케치 그리고 그래프의 조합이 요구되었다. 다시 말해 지질학의 출현, 층위학stratigraphic sections이라 불리는 새로운 상징체계 그리고 보급을 위한 판각과 인쇄기술의 발전이라는 세 가지 문화적 변화가 반드시 선행되어야 했다. 역사학자 마틴 루드윅Martin Rudwick이 지적했듯이, 1830년대에 비로소 이 모든 변화가 하나로 규합되어 측지학의 시각적 언어가 만들어졌다.[68]

18세기에 몇몇 학자들은 지도나 스케치에 암석의 분포나 지질의 구조를 나타내려고 시도했다. 1746년에 프랑스의 지질학자 장 에티엔 게타르Jean-Étienne Guettard(1715~1786)가 두 장의 지도가 실린 논문을 과학아카데미에 제출하면서 첫 포문을 열었다.[69] 하지만 대부분의 지도학자들은 요한 샤르팡티에Johann Charpentier(1738~1805)를 지질도의 개척자로 꼽는다. 그는 《암석지도Petrographische Karte》

(1778)에서 수성페인트를 이용하여 노두outcropping*를 표시했으며, 글상자로 그 색채를 설명했다.[70]

한편 게타르는 앙투안 라부아지에와 더불어 1766년부터 《프랑스의 광물지도첩Atlas et description minéralogique de France》 제작에 매달려왔다. 1780년에 30장 분량으로 출간된 이 지도첩은 여러 가지 부호로 광물, 갱 그리고 노두의 위치를 나타냈다.[71] 하지만 이 지도들은 지표면 아래의 특징은 전혀 보여주지 않았다.

그 당시 산맥이나 화산과 같은 '지질학적' 주제를 다룬 기행문 작가들은 자신들의 저서에 종종 스케치 삽화를 그려놓았다. 하지만 평화로운 풍경을 묘사하는 데 익숙했던 18세기의 예술가들은 좀 더 역동적인 형태를 그려낼 준비가 안 돼 있었다. 윌리엄 해밀턴 William Hamilton 경의 《캄피 플레그라에이 : 시칠리아의 화산 관찰기 Campi Phlegraei : Observations on the Volcanoes of the Two Sicilies》(1776~1779) 나 오라스 베네딕트 드 소쉬르의 《알프스 여행기》에 등장하는 삽화들은 설득력이 있는 것도, 그렇다고 중요한 지질학적 정보가 있는 것도 아니었다.[72]

루드윅의 말을 빌리자면, 1830년대에 "획기적인 변화가 일어났다. 이제 모든 텍스트에는 지도, 단면도, 풍경화 그리고 여타 다양한 종류의 도표들의 지원을 받게 된 것이다."[73] 변화의 동인은 자의식을 지닌 학문 분야인 지질학의 출현에 있었다. 프랑스에서는 고생물학자 조르주 퀴비에Georges Cuvier(1769~1832)와 알렉상드르 브로니아르Alexandre Brongniart(1770~1847)의 《파리 주변의 광물지리에

• 광맥이나 암석의 지표상에 드러난 부분.

관한 시론Essai sur la géographie minéralogique des environs de Paris》(1811)에서 이러한 발전이 확인된다.[74]

영국에서는 1807년 런던지질학회GSL의 창립과 1811년부터 계속 이어진 학회지《회보》의 발간이 같은 맥락에 속했다. 1820년 무렵이 저널은 지질학적 관심을 불러일으키는 정확한 풍경 스케치를 출간하고 있었다. 엉성한 삽화들이 드문드문 등장하는 18세기의 저서들과 달리, 런던지질학회의《회보》는 지질학에서의 시각적 소통의 필요성이 최초로 제도적 표현을 생각해내고, 장차 그것이 이 학문의 일반 관행의 일부분으로 자리 잡게 만들었다.[75]

판각기술과 인쇄기술은 지질학적 삽화의 출현과 밀접한 관계가 있었다. 18세기의 삽화들은 고도의 숙련기술로 시간과 비용이 많이 드는 동판 작업이 끝나면 텍스트와는 별개로 인쇄되었다. 그런 까닭에 심지어 해밀턴이나 소쉬르의 저서와 같이 고가의 책에서 조차 권두 삽화를 제외하고는 삽화가 거의 실리지 못했다.

1830년대에 접어들면서 이를테면 지질학자인 찰스 라이엘Charles Lyell의《지질학의 원리Principles of Geology》와 같은 자연사 서적을 취급한 출판사들이 동판인쇄를 목판인쇄로 바꾸었다. 목판인쇄는 비용도 저렴하고 텍스트의 한 페이지를 그대로 짜 넣을 수 있다는 장점이 있는 반면, 정밀성이 떨어지고 쉽게 마모되었다. 채색지도와 채색삽화는 인쇄를 할 때마다 일일이 수작업으로 색깔을 그려 넣어야 했다.

염산으로 돌에 식각하는 석판인쇄는 동판인쇄보다 속도도 빠르고 비용도 저렴했을 뿐만 아니라 톤 계조tonal gradation*와 고도의 정밀성까지 보증했다. 1798년에 뮌헨의 알로이스 제네펠더Aloys

Senefelder가 고안한 이 방법은 찰스 헐만델Charles Hullmandel의 보급으로 1880년부터 영국에서 힘을 얻기 시작했다. 1824년부터 영국 지질학회는 자체 간행물의 삽화에 석판인쇄를 사용했다. 이전보다 더 많은 삽화가 책이나 잡지에 실리기 시작한 것은 사실 이러한 변화 덕분이었다.[76]

루드윅의 견해에 따르면, 측지학의 출현과 값싸고 질 좋은 삽화의 발전은 시각 – 언어적 소통 양식에서 더욱 추상적이면서도 정형화되고 이론을 갖춘 표현 양식의 발전에 기인했다.[77] 지표면의 암석과 토양의 형태를 보여주기 위한 명암법, 점묘법 그리고 수성 페인트의 사용 또한 이 새로운 양식의 한 부분을 차지했다. 무엇보다 중요한 것은 지도상의 가상적 선을 따라 지표면 아래의 지질학적 특성을 보여주는 가상절벽에 대한 표현법인 지질단면도였다.

이 표현법은 선상에서 바라본 해안절벽의 형태를 보여주는 해안지도를 모델로 삼았다. 말하자면 그것은 지하 가상절벽의 묘사라는 상상력의 결과였다. 존 화이트허스트John Whitehurst는 지질단면을 그려낸 인물 가운데 한 사람이며, 1778년에 《지구의 원래 상태와 형태 연구Inquiry into the Original State and Formation of the Earth》를 출간했다(그림 9 참조).[78] 이 책의 발간을 출발 신호로 퀴비에, 브로니아르 그리고 영국의 지질학자 윌리엄 스미스William Smith와 토머스 웹스터Thomas Webster의 저서들이 연이어 쏟아져 나왔다.[79]

지하의 지층에 관한 정보는 노두, 광산, 우물 등으로부터 나왔는데, 사실 이것들은 흔하지도 않았고 그 존재 지점 또한 서로 가깝

• 암석의 변질과 변성작용.

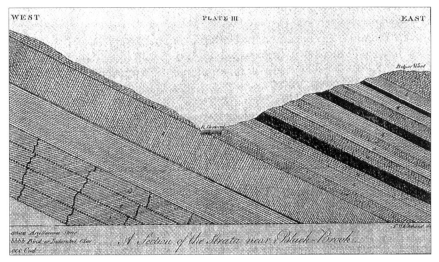

그림 9 존 화이트허스트, 《지구의 원래 상태와 형태 연구》에 수록된 지층 단면도, 1778.

지도 않았다. 그 때문에 초기의 단면도는 대부분 지층을 축성공사의 경우처럼, 완전한 평행이거나 완만하게 휘어진 형태로 나타냈다. 하지만 1830년대에 새로운 철로건설로 빈번히 절개공사가 이루어지면서 지질학자들은 지층이 비틀리고 쪼개지기도 한다는 사실을 인식하고, 그에 따라 지층을 묘사하기 시작했다. 1830년 이후부터는 지질학 저서에서 점차 기존의 풍경화 대신 이러한 추상적 표현법이 자리 잡아갔다. 그 이유는 그 무렵, 무수한 지질학 단체와 폭넓은 독자층이 더욱 정형화된 지도와 단면도의 언어를 '읽어낼' 수 있었기 때문이다.[80]

통계그래프

신문을 읽는 사람이라면 누구나 알고 있듯이, 그래프 또한 통계 못지않게 우리 삶과 문화의 중요한 일부를 차지한다. 비즈니스와 사회과학 분야에서 그래프는 양적 데이터를 명확하고 간결하게 제시하는 수단이다. 자연과학에서는 또 다른 기능이 첨부된다. 예를 들어 자기기압계에서 거품상자bubble chamber*에 이르기까지 자연현상을 관찰하는 데 이용되는 기구들이 양적 데이터를 그래프 형식으로 제시하면, 과학자들이 그것을 분석하여 수치적 데이터로 전환시킨다. 한마디로 정보가 숫자와 그래프 사이에서 양방향으로 이동하는 것이다. 역사적으로 볼 때, 데이터를 보여주는 그래프와 숫자는 1세기 동안 나란히 존재해오다가 하나로 결속되었다.

대다수 분야에서 그러하듯, 그래프의 경우에도 천문학이 그 발전의 견인차 역할을 맡았다. 10세기경 이미 천문학자들은 행성들의 운행을 가상의 격자눈금 위에 순환하는 선으로 나타내다가 점차 지축들 중의 하나로 표현했다.[81] 그렇지만 그러한 표현법은 그림이었을 뿐 진정한 의미에서의 그래프는 아니었다. 그래프의 수학적 토대 확립은, 다시 말해 그래프에서 한 점의 위치는 두 개의 숫자를 의미한다는, 발상의 실용화는 데카르트René Descartes(1596~1650)의 좌표이론이 등장하는 17세기 초까지 기다려야 했다.[82]

데카르트의 좌표들은 느린 속도로 확산되었다. 이를 활용한 최

• 방사선이나 소립자와 같은 하전입자가 통과하는 경로를 검출하는 장치. 하전입자가 불안정한 상태로 과열된 액체분자들과 부딪치면 기포가 생기는데, 이 기포를 사진으로 찍어 하전입자의 경로를 알아낸다.

초의 인물 중 한 사람이 천문학자 크리스티안 하위헌스였다. 그는 1669년 12월 12일에 동생 루이에게 보낸 한 편지에 연령대별 생존율을 그린 좌표그래프를 동봉한 바 있다.[83] 천문학자 에드먼드 핼리Edmond Halley가 1686년에 왕립학회 《철학회보》에 발표한 '지구 표면의 고도차에 따른 기압계의 수성 높이 : 기후에 따른 수성의 상승과 하강'이라는 글에도 좌표그래프 하나가 등장했다. 그로부터 수십 년 간격을 두고 브룩 테일러Brook Taylor의 모관상승(毛管上昇, capillary rise)에 관한 1712년도 논문과 크루키우스의 기압 관찰에 관한 1724년도 논문에서 같은 종류의 그래프들이 활용되었다.[84] 그러는 동안 과학자들은 다양한 종류의 자동기록기를 발명했는데, 1726년에 등장하는 풍속계와 1734년에 등장하는 풍압계가 그 좋은 예다. 하지만 그들은 결과그래프resulting graph는 제쳐두고 그러한 그래프에서 도출한 수치만 표로 만들어 출간했다.[85]

1760년대에 접어들어 그래프가 학자들의 관심을 끌기 시작했다. 1765~1772년에 수학자 요한 하인리히 람베르트Johann Heinrich Lambert(1728~1777)는 응용수학에 관한 저서 세 권을 출간했다. 기하학과 건축 드로잉이 중점적으로 다루어졌지만 (경험적 데이터에 토대를 둔 그래프가 아닌) 가설 생명표와 수학의 오류이론 및 평활그래프의 기법에 관한 글도 포함되어 있었다.[86] 1766년에 필리프 보슈가 센강 유역 지도에서 1732년부터 1766년까지의 월별 강 수위 변화를 나타낸 막대그래프를 선보였다.[87] 1782년에는 독일의 지리학자 아우구스트 크로메가 유럽경제지도첩을 발간했는데, 거기에도 인구와 생산을 비교한 그래프들이 다수 포함되어 있었다.[88]

18세기에는 오직 과학자들만이 그래프를 이해하고 이용했으며, 그 이용 또한 극히 드물었다. 종이 위에 그린 선들을 통해 인간을 표현한다는 생각을 처음으로 떠올린 사람이 과학자라는 사실은 하등 놀라울 게 없다. 그 당사자는 다름 아닌 화학자 조지프 프리스틀리Joseph Priestly(1733~1804)였다. 비록 오늘날에는 일반적으로 '산소의 아버지'로 기억되지만, 사실 그는 백과사전적 지식의 소유자로 역사, 문법, 신학, 교육, 심리학 등 다양한 분야에서 저서들을 남겼다. 그중에서도 가장 중요한 업적으로—물론 여기에는 역사를 가르치는 사람들의 입장이 가장 많이 반영되었다—그가 창안한 연대표를 꼽을 수 있다.

1765년에 가로세로 2×3피트 규격의 종이 한 장으로 된《일대기표A Chart of Biography》가 출간되는데, 여기에서 그는 막대그래프로 기원전 1200년부터 기원후 1750년까지의 기간에 살았던 유명인사 2000명의 생애를 보여주었다. 이 연대표와 함께 72쪽 분량의 데이터 색인인《일대기표 해설서Description of a Chart of Biography》도 출간되었다.[89] 일대기표와 그에 대한 설명서는 독자들의 엄청난 호응에 힘입어 1820년에 마지막 판이 나올 때까지 수십 차례나 출간을 거듭했다. 이와 더불어 프리스틀리는 1769년에《새로운 역사표 A New Chart of History》와《전 세계에서 발생한 중요 혁명사 개관 해설서A Description of a New Chart of History Containing a View of the Principal Revolutions of Empire that Have Taken Place in the World》를 함께 출간했다.[90]

연대표로 사람과 제국을 나타낸다는 발상이 당시로서는 가히 충격적이었기에 프리스틀리는 자신이 직접 나서서 당대의 정신적 흐름을 상세히 설명해야 할 의무감을 느꼈다.

추상적 관념으로는 어떠한 이미지도 생성될 수 없으므로, 추상적 관념은 필연적으로 우리의 마음속에서 특별하지만 가변적인 관념으로 대체된다. 만약 어떤 관념이 어떤 종류의 '양quantity'과 어떤 식으로든 관계를 맺는다면, 다시 말해 크기나 많고 적음의 변형을 허용한다면, 설령 그러한 관념의 원형이 우리의 감각적 대상이 아닐지라도 그러한 관념은 대개 우리의 마음속에서 그 어떤 감각적인 것에 대한 관념으로 대체된다. '시간Time'이라는 추상적 관념도 마찬가지다. 비록 그것이 우리의 감각기관들 중 그 어떤 부분의 대상도 아니기에 그로부터 어떠한 이미지도 만들어질 수 없지만, 양과 관계를 맺으면서 우리가 '더 큰greater' 혹은 '더 작은less' 시간적 공간을 말하게 된다. 이것은 우리의 마음속에서 측정 가능한 공간 개념으로, 특히 선Line의 개념으로 자연스럽고 손쉽게 대체된다. 시간과 마찬가지로 선 또한 넓이나 부피에 대한 관념이 철저히 배제된 상태에서 오직 길이의 단위로만 확대 및 축소가 가능하다. 따라서 더 큰 혹은 더 작은 시간적 공간은 극히 편리하고 유익하게 더 긴 혹은 더 짧은 선으로 대체될 수 있다.[91]

《일대기표》를 통해 프리스틀리는 "종이 위에 그려진 선이라는 구체적인 형상이 어떻게 시간과 같은 추상적 관념을 나타낼 수 있는가?"라는 철학적인 질문을 던지고 그 해답을 제시하고자 했다. 《새로운 역사표》에서 그는 그러한 과정의 유용성을 다음과 같이 설명했다.

이러한 도표의 가장 큰 장점은 역사적 지식에 대한 탁월한 물리적

조지프 프리스틀리(1733~1804)의 초상.

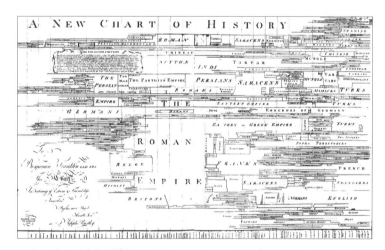

조지프 프리스틀리가 창안한 '새로운 역사표A New Chart of History'로, 1769년 J. 존슨이 그렸다.

유용성이 지구상에 존재해온 모든 제국의 발흥, 진보, 확장, 존속 그리고 시대 상황의 이미지를 제시함으로써 우리에게 쉽게 지워지지 않는 인상을 각인시켜준다는 것이다. 눈으로 한번 슬쩍 훑어보기만 해도 특정한 국가에서 발생한 혁명과 그 영향이 생생하게 드러난다. 이러한 과정은 텍스트의 읽기와는 비교조차 할 수 없을 정도로 정확하고 빠르다. 감히 단언컨대, 과거 여러 주일에 걸친 읽기보다도 더 완벽한 역사적 지식이 단 한 시간의 검토로 얻어질 수 있다.[92]

다시 말해 그래프로 제시된 데이터는 단어나 숫자로 이루어진 목록보다 훨씬 더 효과적으로 인간의 뇌리에 작용한다. 교육자 혹은 교사들은 프리스틀리의 이러한 통찰에 많은 빚을 진 셈이다.

프리스틀리의 도표들을 제외한 초기의 그래프들은 학술논문, 수학텍스트, 지도 혹은 지도첩에 곁가지로 슬쩍 끼워 넣는 것이 고작이었다. 그래프를 소통의 주요 수단으로 등장시킨 주체는 과학 저서가 아니라 독학의 정치평론가이자 탐험가였던 윌리엄 플레이페어William Playfair(1759~1823)였다. 젊은 시절 플레이페어는 잠시 증기기관 제작자였던 볼턴과 와트의 제도공으로 지냈다. 아마도 그는 그때 압력-용적 다이어그램을 그려내는 장치인 제임스 와트의 '지압계indicator'에 관해 배웠을 것이다. 당시 와트는 그것을 공개하지 않았다. 나중에 플레이페어가 사회·경제적 문제에 관심을 갖게 되었을 때, 제도공으로 지낸 수습 기간이 그에게 큰 도움이 되었음이 분명하다.[93]

1786년에 그는 손으로 채색한 44장의 그래프가 수록된《경제 · 정치지도첩The Commercial and Political Atlas》을 펴냈다.[94] 한 장을 제외한 나머지 그래프는 모두 선도line graph로서, 시간을 나타내는 수평축과 외국무역이나 국가의 부채 같은 경제 데이터를 나타내는 수직축이 그려져 있다(그림 10 참조). 유일한 예외는 1785년도 스코틀랜드의 수입과 수출을 나타낸 막대그래프였다. 플레이페어의 그래프들에서 최초로 경제 데이터가 이용되었다. 이 그래프는 근본적으로 직선적인(다시 말해 1차원적인) 프리스틀리의 그래프와는 달리 2차원적이었다.

프리스틀리와 마찬가지로 플레이페어도 미개척 분야에 과감히 도전했다.《경제·정치지도첩》서문에서 그는 돈이 어떻게 선으로 표시될 수 있는지 고개를 가로저을지도 모르는 독자들의 의구심에 다음과 같이 일격을 가했다.

> 기하학적 측정법은 돈이나 시간과 무관하다는 점을 이유로, 많은 이들이 이 방법을 잘못되었다고 비난해왔다. 하지만 분명 이 방법으로 시간과 돈이 표현될 수 있다. 예를 들어 설명하는 것이 이러한 이의를 잠재울 가장 손쉽고 간단한 방법일 것이다. 상거래 과정에서 어떤 사람이 받는 돈이 모두 기니guinea(영국의 옛 화폐)이고, 매일 저녁 그가 낮 동안에 거두어들인 그 기니들을 한꺼번에 쌓아둔다고 가정해보자. 그럴 경우 각각의 무더기는 하루를 의미하고, 그 높이는 그날 하루 동안에 받은 돈의 액수와 비례할 것이다. 이 단순한 논리로 우리는 시간, 비례 그리고 양이 물리적으로 결합할 수 있음을 확인한 셈이다.

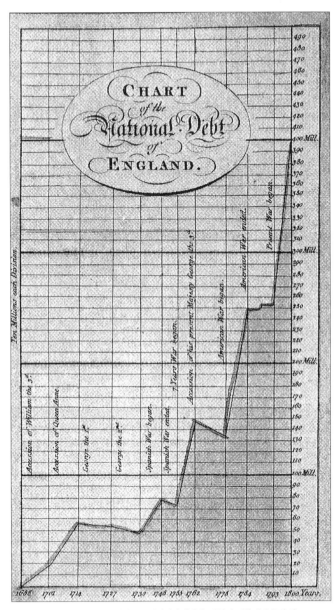

그림 10 윌리엄 플레이페어, 《경제·정치지도첩》에 수록된 선도, 1801.

감히 단언컨대, 직선적 산술lineal arithmetic이란 대폭 축소되어 종이 위에 표시된 이 기니의 더미들과 같다. 종이 위에서는 (예를 들어) 1인치가 지도상에서 어떤 강의 폭이나 영토의 특정 넓이를 나타내듯이, 500만 기니의 부피를 나타내기도 한다.[95]

플레이페어는 정보를 그래프 형태로 나타내야 하는 두 가지 이유를 제시했다. 첫째는 데이터가 소통되는 효율성의 개선이었다. 인간 사회에서 지식이 증가하고 거래가 늘어나면서, 개인과 개인 그리고 개인과 다수 사이의 정보 전달 양식을 간편하게 만드는 일이 더욱 절실히 요구되기 때문이다.[96]

두 번째 이유는 특수층을 겨냥한 것이었다.

고위층이나 활동적인 사업가들은 일반적 개요에만 관심을 둘 뿐 일반 정보의 수준을 넘어서는 특수용법 따위에는 눈길도 주지 않는다. 따라서 특수한 사항들을 일일이 검토하느라 골머리를 앓을 필요도 없이 이들 도표의 힘을 빌려 그러한 정보를 얻는 것이 바람직하다.[97]

이것은 18세기의 합리주의가 현실적으로 적용된 사례라 할 수 있다. 다시 말해 '고위층이나 활동적인 사업가들'은 경제 정보가 필요한데, 그러한 정보를 빠르고 효과적으로 받아들이고 싶어 한다는 것이다.

1801년에 플레이페어는 또 하나의 그래프 책자《통계 개요Statistical Breviary》를 출간한다. 여기에는 유럽 각국, 힌두스탄 그리고 22개

유럽 대도시의 인구와 관련된 통계와 언어적 기술이 실려 있다.[98] 이 책은 '유럽의 각 국가 및 왕국의 자원'을 압축된 형태로 보여주려고 시도했을 뿐만 아니라, 그 과정에서 플레이페어가 파이 도표 pie chart와 원그래프circle graph를 처음으로 소개했기 때문에 관심을 끈다. 이를테면 '유럽 주요국의 크기 및 인구와 수익을 보여주는 도표'에서 원의 크기는 각국의 영토에 비례한다. 이들 원의 좌우로 접한 수직선에서, 왼쪽 접선은 각국의 인구를, 오른쪽 접선은 각국의 수익을 나타낸다(그림 11 참조).

플레이페어는 그래프로 데이터를 시각적으로 보여줄 뿐만 아니라 그에 따른 결론까지 그려내려고 했다. 그는 두 접선을 점선으로 연결하여 "오른쪽에서 왼쪽으로 혹은 왼쪽에서 오른쪽으로 진행되는 선들의 상승이 인구에 비례하여 해당 국가의 세금이 과중한지 아닌지를 보여준다"고 주장한다.[99] 하지만 선의 기울기가 두 접선 사이의 거리, 즉 해당 국가의 크기에 영향을 받아 그의 추론은 설득력이 없다. 한 예로 그의 도표에서는 러시아 국민이 영국 국민보다 세금 부담이 '적은' 것처럼 보인다. 그는 인구 데이터와 경제 데이터를 그래프 형식으로 나타낸 최초의 인물이었다. 동시에 아주 복잡한 그래프들을 제시하며 그것을 통해 잘못된 결론을 이끌어낸 최초의 인물이기도 했다.

플레이페어는 영국에서 제대로 평가받지 못한 듯하다. 1837년에 창간된 《런던통계학회 저널Journal of the London Statistical Society》은 50호가 나올 때까지 통계는 겨우 14차례밖에 실리지 않았다. 이후 1878년에 비로소 경제학자 윌리엄 스탠리 제번스William Stanley Jevons의 한 기고문을 통해 저널에 플레이페어의 이름이 처음 언급되었다.[100]

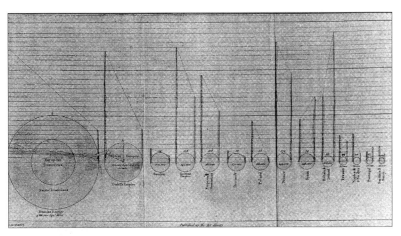

그림 11 윌리엄 플레이페어, 《통계 개요》에 수록된 원그래프, 1801.

플레이페어는 오히려 대륙에서 영향력을 발휘했다. 1788년에 그의 지도첩이 프랑스에서 출간되었는데, 사실 영국에서보다는 그곳에서 더 큰 인기를 누렸다.[101] 파리통계학회의 창립 회원 중 한 사람인 드니 프랑수아 도낭은 플레이페어를 높이 평가하여 그의 저서들을 프랑스어로 옮겼다.[102] 지리학자 알렉산더 훔볼트Alexander Humboldt는 1811년 발표한 남아프리카 여행기에 막대그래프와 겹친 정사각형을 등장시켰는데, 이는 분명 플레이페어의 《통계 개요》로부터 영향을 받은 것이다.[103] 그 역시 "크기나 양과 관련된 것은 그 무엇이든 기하학적 형태로 나타낼 수 있다. 머리를 괴롭히지 않고 감각에 호소하는 통계학적 투사는 수많은 주요 사실에 주의를 집중시키는 이점이 있다"고 그래프의 효율성을 강조했다.[104]

1820년대에 접어들어 저널들은 경쟁적으로 그래프를 출간하기 시작했다. 역사학자 로라 틸링Laura Tilling은 이렇게 적었다.

1830년대 무렵 독자에게 이해의 부담을 전혀 주지 않는 그래프 형식으로 데이터를 표현하는 것이 가능해졌다. 이전의 자동기록기의 경우, 독자의 편의를 위해 문자 데이터를 도표 형태로 바꾸는 것이 대세였다면, 오늘날에는 도표화된 데이터를 그래프로 나타내는 것이 점차 일반화되고 있다.[105]

그래프는 곧 사회학자, 경제학자 그리고 공학자에게까지 전파되었다. 앙드레 미셸 게리는 자신의 한 사회학 연구서에 연령대별 범죄 빈도와 생존 햇수 및 개월 수에 따른 범죄율을 그래프로 그려 넣었다.[106] 아돌프 케틀레도 1827년을 기점으로 자신의 여러 저서에 그래프를 이용했다.[107] 그리하여 1830년대에는 그래프와 도표가 학술저널의 보편적 특징으로 자리 잡았다.[108] 1843년에 프랑스의 가장 권위 있는 기술교육기관인 국립교량도로학교의 학장 샤를 조제프 미나르는 철도시간표와 대중교통을 분석한 그래프들을 출간했다.[109]

그 무렵 영국에서도 그래프의 활용이 표준 관행으로 자리 잡아 갔다. 천문학자 존 프리데릭 윌리엄 허셜, 경제학자이자 철학자 윌리엄 휴얼 그리고 과학철학자 포브스가 분석도구로 그래프 활용을 보편화시켰다.[110] 그러는 동안 전염병학자 윌리엄 파르는 콜레라에 따른 하루하루의 사망자 수를 보여주는 그래프들을 출간했다.[111]

1878년에 프랑스의 생리학자 에티엔 쥘 마레Etienne-Jules Marey가 최초로 소통 수단이 되는 그래프 연구서를 발표했는데, 그 책은 자연과학, 의학, 경제학 등 다양한 분야와 관련된 사례들로 가득했다.

과학은 진보를 가로막는 두 가지 장애물과 마주한다. 진실을 발견하는 우리의 감각적 결함과 우리가 획득한 진실을 표현하고 옮기는 언어의 비효율성이 바로 그것이다. 과학적 방법의 목적은 이러한 장애를 없애는 데 있다. 그래프적 방법은 그 어떤 방법보다 성공적으로 이 두 가지 목표를 달성했다.[112]

프리스틀리와 플레이페어의 시대에 등장한 새로운 소통 수단인 그래프는 점차 식자층의 일상 언어로 자리 잡게 된다.

주제도 혹은 테마지도

'주제도'는 지표면의 다양한 특징들이 아니라 일반적으로 하나의 특징만을 집중적으로 보여준다. 그것은 종려나무의 분포와 같은 자연적 현상일 수도 있고, 불교 신자의 분포와 같은 사회적 현상일 수도 있다. 정보 전달의 수단으로서 주제도는 지리지도와 통계 그래프 사이의 어느 지점에 위치한다. 대다수의 그래프는, 이를테면 영국의 무역수지 변화처럼 주어진 현상들의 시간적 추이를 보여주는 반면, 주제도는 특정한 현상의 공간적 추이를 보여준다. 또 지리지도처럼 형상들을 정확하게 보여줄 필요도 없다. 인구나 부에 비례하는 직사각형들로 각국을 표현하는 경우처럼, 형상들을 도식적으로 나타낼 수 있다.

공간은 지도상에서 2차원으로 표시되기 때문에 변수variable*는 시각적 표현이라는 관점에서 볼 때, 주제도의 제작에는 데이터뿐

만 아니라 종이 위에서 3차원을 보여주는 수단도 요구된다. 지형
이나 수심과 같은 3차원의 지리적 현상이 지도상에 표현되었을 때
와 마찬가지로 주제도의 제작에도 숫자, 숫자에 비례하는 원 혹은
정사각형, 무늬, 색깔, 명암 등 다양한 방법이 동원될 수 있다.

주제도의 제작자들이 부딪친 문제들 중 하나는 통계가 데파르트
망이나 교구 혹은 국가와 같은 특정 구역을 대상으로 이루어졌기
때문에, 범죄나 교육과 관련된 원자료 자체가 오류투성일 경우가
빈번하다는 점이었다. 필요한 것은 구역의 크기나 인구에 대한 주
어진 현상들의 비율, 즉 밀도였다. 주제도가 일반화되기 전에 지도
제작자 및 통계학자들은 먼저 밀도의 개념을 정리했다. 그런 다음
명암, 점을 비롯한 밀도가 동일한 지점들을 연결하는 등치선(等値
線, isolines 또는 isopleths) 등을 이용하여 그것을 종이 위에 나타내는 방
법과 씨름해야 했다. 종이 위에 3차원을 도식적으로 나타내는 데
이용되는 데이터 부호와 시각 부호들은 18세기 말과 19세기 초에
개발되었다. 지도제작자 아서 로빈슨의 이야기를 들어보자.

> 비록 그 뿌리는 17세기 후반까지 뻗어 있지만, 주제도의 성장과
> 성숙이 급속도로 이루어진 가장 중요한 시점은 대략 1800년과
> 1860년 사이다. 지도의 역사에서 일대 사건으로 기록되는 이 시기
> 는 프톨레마이오스의 생각들이 부활한 15세기와 견줄 만하다.[113]

• 변하지 않는 수를 가리키는 상수의 대응 개념. 일반적으로 연구조사에서 관심의 대상이 되는
성격 또는 속성을 말하며, 3차원으로만 표현이 가능하다.

물리주제도는 개념상 지리지도와 더 가까운 이유로 사회주제도보다 앞서 등장했다. 물리주제도를 착안한 사람은 독창적인 천문학자 에드먼드 핼리이다. 1686년에 그는 왕립학회 《철학회보》에 바람지도를 발표했다. 1701년에 북대서양과 남대서양에서의 나침반 변화를 보여주는 새로운 개정판 도표를 발간하면서 그는 항해자들이 나침반의 북극과 진북 사이의 각도를 통해 자신들이 위치한 지점의 경도를 알 수 있을 것이라고 기대했다(그것이 헛된 희망이었다는 사실이 곧 입증된다). 그리고 1715년에는 1715년 4월 22일 아침의 일식 때 영국에서의 달그림자 이동 경로에 관한 기술이 발표되었다.[114]

18세기에는 주제도가 거의 이용되지 않았다. 유일한 예외는 1786년에 《미국철학학회회보Transactions of the American Philosophical Society》에 발표된 벤저민 프랭클린Benjamin Franklin의 멕시코만류 지도였다. 그의 제작기법은 1817년에 알렉산더 훔볼트가 등온선(等溫線, isothermal lines)이 그려진 세계지도를 출간하면서 되살아났다.[115] 그 이후부터 등온선은 기압(1827년부터)이나 강수량(1839년부터)과 같은 기상학적 현상들을 보여주는 통상적인 수단이 되었다. 표현 형식의 주제도는 하인리히 베르크하우스Heinrich Berghaus의 《자연과학지도첩Physicalischer Atlas》두 권(1845년, 1848년 출간)에서 그 진가를 발휘했다. 이들 지도첩은 기상학, 수로학, 지질학, 식물학, 동물학을 다룬 지도들을 담았다.[116]

사회·문화적 현상들을 다룬 주제도는 통계를 비롯한 다양한 데이터의 활용 가능성에 의존했다. 하지만 18세기에는 그런 주제도가 거의 없었다. 아마도 1741년에 출간된 고트프리트 헨젤Gottfried

Hensel의《유럽의 다국어Europa Polyglotta》를 최초의 것으로 꼽을 수 있을 터인데, 이 지도는 야벳족, 셈족 그리고 함족으로 나누어진 아프리카 및 유럽의 언어 분포를 보여준다.[117] 잘 알려진 또 다른 지도들 중 1782년에 출간된 아우구스트 크로메의《새로운 유럽지도》가 있다. 이 지도는 앞서 언급한 그의 유럽경제지도첩과 동시에 그려진 것이다. 이 지도에서 크로메는 기호들을 사용하여 다양한 활동과 물품을 그려냈지만, 그러한 활동과 물품의 중요도와 양은 나타내지 않았다.[118]

나폴레옹전쟁이 끝난 후 인구, 범죄, 교육 등에 관한 통계 활용이 가능해지면서 비로소 사회적 현상을 다룬 주제도가 보편화되었다. 지도제작자 샤를 뒤팽Charles Dupin은 1819년에 흑백 명암을 사용하여 각 데파르트망의 문맹률을 보여주는 '계몽되었으나 캄캄한' 프랑스의 지도를, 8년 후에는 다시 각 데파르트망의 취학아동 비율을 보여주는 지도를 출간했다.[119] 사회적 현상들에 대한 연구는―이것은 나중에 "도덕 통계"라고 불린다―앞서 언급한 게리의 저서를 통해 프랑스에서 유명세를 탄다.

아드리앙 발비Adrien Balbi와 공저로 1829년에 발간된《교육과 범죄율의 통계 비교Statistique comparée de l'instruction et du nombre des crimes》와 1833년에 발표한《프랑스의 도덕 통계에 관한 시론》에서 게리는 취학아동과 범죄의 밀도를 보여주는 지도들을 통해 교육 수준이 높을수록 범죄율이 감소하는 것이 아니라, 오히려 증가한다는 충격적인 결론을 도출해냈다.[120] 같은 시기에 '범죄 성향'에 관한 아돌프 케틀레의 논문이 발표되는데, 프랑스와 저지대 및 라인 지방을 대상으로 범죄와 교육의 상관관계를 조사한 이 글도 게리의 저서들과 비슷한 결론에 도달했다. 출간과 번역을 거듭하면서 이 글은 사회학적 통계에 대한 관심을 고조시켰을 뿐만 아니라, 사회학적 통계를 표현하는 수단의 하나로 주제도의 활용에도 크게 기여했다.[121]

1840년대에 주제도는 널리 이용되었다. 법정 변호사이자 사회개혁가였던 조지프 플레처Joseph Fletcher는 일련의 영국—웨일스 지도에서 읽기—쓰기 능력과 범죄는 물론 부주의한 결혼, 적서 차별, 빈곤층, 은행예치금까지 보여준다.[122] 지리학자인 존슨A. K. Johnson의 《내셔널애틀러스National Atlas》(1843)는 켈트족, 게르만족, 슬라브족 등 유럽의 여러 인종을 다양한 색깔로—'혼혈인'은 혼합 빛깔로—나타냈다.[123] 이 모든 지도 중 가장 놀라운 것은 서로 다른 명암으로 여러 지역의 영적 구조spiritual constitution를 나타낸 하인리히 베르크하우스의 세계지도였다(그림 12 참조). 베르크하우스의 설명을 들어보자.

> 최상의 상태는 기독교 국가들이며, 그중에서도 프로테스탄트 국가들을 상위에 둘 수 있다. 따라서 이들 국가는 밝게(흰색으로) 그렸다. 최악의 상태 혹은 완전한 영적 암흑은 이교도의 영역에 해당되며, 따라서 가장 어둡게 그렸다. 그 중간 상태는 양극단 사이의 어느 지점에 위치하는가에 따라 명암의 정도를 달리했다.[124]

주제도가 사회학적으로 유용하게 적용된 마지막 사례는 전염병학에서 찾을 수 있다. 3장에서 살펴보았듯이, 최초의 통계는 주일 단위로 각 교구의 사망자 수와 사망 원인을 기록한 17세기의 런던

그림 12 하인리히 베르크하우스, 영적 구조도, 1848.

사망표였다. 1662년에 발표한 최초의 통계학 연구서인 존 그랜트 의《사망표에 관한 자연적·정치적 고찰》은 이 사망표들을 토대로 했다. 하지만 1830년대에 비로소 지도 제작과 전염병학이 하나로 결속되면서 사망 원인을 체계적으로 다룬 지도가 출현하게 된다.

1829년 이후에 유럽을 덮친 콜레라를 계기로 전염병의 재창궐 을 예방하는 데 도움이 되는 법칙들을 발견하지 않을까 하는 기대 감에 전염병 지도들이 봇물처럼 쏟아져 나왔다. 1836년에 예방의 학자 로텐부르크J. N. C. Rothenburg가《1832년 함부르크의 콜레라 대 유행Die Cholera-Epidemie des Jahres 1832 in Hamburg》을 출간했는데, 여기 에서 그는 함부르크를 지역별로 나눈 다음 발병 상황에 따라 그 명

암을 다르게 나타냈다.[125]

이런 종류의 지도들 중 가장 유명한 것은 존 스노우 박사의 런던 지도였다. 그 가운데 하나는 수도회사인 사우스워크 앤드 복스홀 사Southwark and Vauxhall Company와 램버스사Lambeth Company로부터 물을 공급받는 지역들을 보여주는 지도로서, 콜레라가 수인성전염병이라는 사실을 밝히는 데 결정적 역할을 했다. 브로드 스트리트의 주변을 보여주는 또 다른 지도는 그곳의 펌프로부터 공급된 물이 콜레라 창궐의 주범이라는 사실을 확인시켜주었다.[126] 깨끗한 물을 공공의 책임으로 인식하게 된 것은 바로 이러한 지도들 덕분이었다.

다른 정보매체와 마찬가지로 그림도 끊임없이 진화했다. 미학적 용어를 빌리자면, 17세기 말과 19세기 초에 '진보'가 있었다고 주장하는 사람은 없을지도 모른다. 하지만 19세기에 그 이전보다는 더 많고 더 유익한 정보들이 발견된 것은 엄연한 사실이다. 이는 지구, 바다, 심토 그리고 앞선 150년 동안 축적된 자연적 혹은 사회적 현상들의 분포와 관련된 지식이 엄청나게 늘어났음을 의미한다. 19세기 중반 지도제작자와 지질학자들 그리고 통계학자들은 이전보다 더 정밀하고 정확한 그래프 형태로 정보를 표현했다. 다시 말해 그들은 기술적 혹은 서사·시각적 언어—'마을 대신 (그려 넣은) 코끼리'—를, 데이터를 시각적으로 보여주는 과학적 시스템으로 바꾸어놓았다.

2세기 전만 하더라도 판화는 비용이 많이 들었고 지도는 희귀했으며, 대부분의 사람들은 평생 동안 그림 한 장 제대로 볼 수 없었다. 반면 오늘날 우리는 시각적 자극에 둘러싸여 있다. 어쩌면 압도당한다는 표현이 더 정확할지도 모른다. 정보를 시각적으로 표현하는 사진술, 동영상, 엑스레이, 컬러프린팅, 텔레비전, 네온사인 등의 완전히 새로운 시스템들은 이미 1850년부터 개발되었다.

하지만 놀랍게도 이러한 매체들조차 시각적 표현에 미치는 컴퓨터의 엄청난 영향력 앞에서는 꼬리를 내릴 수밖에 없다. 이 장에서 집중적으로 조명된 지도와 그래프도 컴퓨터의 막강한 힘을 벗어날 수 없다. 컴퓨터는 먼 곳의 감지창치로부터 전송되는 위성 이미지와 인간의 관찰에서 나온 데이터들을 통합하고 비교·분석하여, 지도보다 수천 배나 많은 정보를 저장할 수 있고 업데이트가 가능한 그래픽 데이터베이스를 구축한다. 그뿐만 아니라 디지털화한 데이터와 숫자 표들을 다양한 형태의 그래픽 이미지로 전환할 수도 있다. 말하자면 정적인 2차원의 지도와 그래프는 시작에 불과한 것이다. 머지않아 우리의 시각적 세계는 동적 지도, 3차원의 그래프 그리고 지금은 상상조차도 할 수 없는 또 다른 경이적인 그 무엇들로 넘쳐날 것이다.

그러나 컴퓨터는 명령에 따라 작동할 뿐이다. 만약 컴퓨터가 무엇인가 놀라운 것을 만들어낸다면, 그것은 인간이 직접 할 수도 있지만 노력에 비해 그 속도가 너무 느릴 때 그 무엇인가를 빨리 처리하라고 프로그램화되었기 때문이다. 따라서 진정한 의미에서 본다면 정보의 시각적 표현에 혁명을 일으킨 주체는 컴퓨터가 아니다. 그 주체는 바로 정확하고 효율적인 표현에 대한 욕구다. 그리고 그 뿌리는 저 경이로운 기계장치들을 우리에게 선물한 이성의 시대로까지 거슬러 올라간다.

지식의 힘, 사전과 백과사전

정보의 저장

내가 바로 새 시대 장군의 전형이랍니다.

식물, 동물 그리고 광물에 관한 정보에 정통하니까요.

영국의 왕들도 훤히 알고 있고, 마라톤에서 워털루에 이르기까지

역사적으로 이름난 전쟁들도 순서대로 인용할 수 있답니다.

수학에 관해서도 일가견이 있지요.

1 · 2차 방정식은 상식에 불과하고,

내 머릿속은 항상 이항정리에 관한 새로운 뉴스들과,

빗변의 제곱에 관한 재미있는 이야기꺼리들로 넘쳐난답니다.

게다가 미생물들의 학명까지도 줄줄 꿰고 있답니다.

간단히 말해, 식물, 동물 그리고 광물에 관한 한

내가 바로 새 시대 장군의 전형이랍니다.

— 길버트와 설리번, 《펜잔스의 해적》

사전과 백과사전은 문화를 이끌어온 숨은 일꾼들이다. 종종 조언은 구하면서도, 그것들을 진정으로 연구의 대상으로 삼는 사람은 극히 드물다. 이 유용한 지식의 집약들은 수년간 자신들의 임무를 충실히 완수한 후, 서가에 '안치'되거나 파쇄 과정을 거쳐 재생지로 돌아간다.

탁월함으로 시대를 초월하며 이러한 법칙에서 벗어난 예외도 있다. 디드로와 달랑베르의 《백과사전Encyclopédie》*이 그 좋은 예일 것이다. 드니 디드로Denis Diderot(1713~1784)는 역사상 가장 많은 저서를 남긴 철학비평가 중 한 사람이자, 프랑스 계몽주의의 상징적 인물이다. 그의 동료 장 르 롱 달랑베르Jean Le Rond d'Alembert(1717 ~1783)는 수학자, 천문학자 그리고 과학저술가였다. 그들 두 사람은 당대의 가장 야심찬 작품을 공동으로 기획하고 편찬했다. 모든

---

* 공식 명칭은 《백과사전 또는 과학·예술·기술의 이론 사전Encyclopédie, ou dictionnaire raisonné des sciences, des arts et des métiers》이다.

지식을 총망라한 하나의 보편적 요약본을 만든다는 계획 아래 그들은 시종일관 교육받은 독서 대중의 교화와 계몽에 초점을 맞췄다. 동시에 자신들의 작품이 유용하고, 현대적이며 최신 정보를 담아내기를 희망했다.《백과사전》은 값이 비쌌음에도 대중적 성공을 거두며 18세기 베스트셀러들 중 하나로 자리 잡았다.

하지만 성공이 남긴 유산은 초라하기 그지없다. 속편《주제별로 정리한 체계적인 백과사전Encyclopédie méthodique》은 상업적으로나 학문적으로 완전히 실패작이었다. 출간 당시만 해도 사는 사람도 읽는 사람도 거의 없었다. 오늘날에는 학술 저서나 식자층들의 대화에서 그저 스쳐 지나가는 말로 간간이 인용될 뿐, 일부러 새로운 판본을 구하려는 사람은 아무도 없다.

몇 년 후에 등장하는《브리태니커백과사전Encyclopédie Britannica》과《브로크하우스Brockhaus》는 전혀 다른 길을 걷게 된다. 1771년에 발행된《브리태니커백과사전》초판은 인쇄공과 조판공 그리고 생활고에 시달리는 잡문가, 이렇게 세 사람이 급조해 만든 그저 그런 작품에 불과했다. 독일어로 된《콘베르자치온스렉시콘Konversationslexikon》(대화사전)은 출판업자 프리드리히 아르놀트 브로크하우스Friedrich Arnold Brockhaus(1772~1823)의 작품으로, 그는 완결되지 못한 백과사전을 인수하여 고용한 집필진으로 하여금 완결 짓게 한 다음 1809~1811년에 그 초판을 찍어냈다. 이 두 백과사전은 박식의 저장고 혹은 모든 지식의 집약이 아니라 단순한 참고도서에 지나지 않았다. 그럼에도 2세기가 지난 오늘날까지 출간을 거듭하며 그 생명력을 과시하고 있다.

도대체 그 차이점은 무엇일까? 교육받은 일반 대중은 박식과 지적 교양을 존중하지만 정작 백과사전을 구매하는 일차적 조건은 최신 정보를 쉽고 효율적으로 접속하는 데 있다. 디드로와 달랑베르의 《백과사전》은 계몽주의의 상징이었으며, 바로 그 때문에 수 세기 동안 문화적 기념물로 영향력을 행사해왔다. 하지만 최신 정보와 연관된 실용성이라는 차원에서는 곧 퇴물 취급을 받을 수밖에 없었다. 문화는 시간적 흐름에 저항하기도 하지만, 대부분의 정보는 그 특성상 수명이 짧을 수밖에 없다. 정보 보급의 주체로서 브리태니커사와 브로크하우스사는 처음부터 그 점을 정확히 간파했던 것이다.

18세기에는 수십 종의 백과사전, 수백 종의 사전, 수천 권의 연감, 안내 책자, 역마차 시간표 그리고 여타 안내 책자 등 논리적이고 이용하기 쉬운 형태로 정보를 제시한 인쇄물들이 그야말로 봇물 터지듯 넘쳐났다.[1] 이 장에서는 참고도서의 전형인 사전과 백과사전을 정보시스템이라는 관점에서 다루고자 한다. 이들 참고도서를 정보시스템으로 분석하기 위해서 저장, 검색 그리고 보급이라는 세 가지 기준에서 살펴볼 것이다.

사전과 백과사전을 정보저장시스템으로 판단하려면 분량, 주제의 선택, 내용의 깊이를 고려해야 한다. 여기에 주제별, 알파벳순의 표제어 배열과 색인이나 전후참조 같은 수단들이 특정 참고도서가 가진 정보검색 장치의 가치를 결정한다. 끝으로 예약 구독률 혹은 판매 부수, 증보판의 숫자 그리고 모방판과 해적판의 숫자로 특정 참고도서에 포함된 정보의 보급률을 가늠할 수 있다.

사전의 진화

이론상으로는 가능하지만 실제로 사전과 백과사전을 구별하기가 쉽지 않다. 사전편찬자 앨런 리드Allen Read의 설명을 들어보자.

> 사전과 백과사전을 구별하는 일이 말은 쉽지만 실제로는 어렵다. 사전은 낱말을 설명하는 반면, 백과사전은 사물을 설명한다. 하지만 낱말은 사물들에 대한 언급을 통해서 그 유용성을 입증할 수 있기 때문에, 특정한 대상이나 관념을 완전히 배제하고서 사전을 구성하기는 어렵다.[2]

디드로와 달랑베르의 《백과사전》, 《브리태니커백과사전》(초판 속표지의 제목 《브리태니커백과사전 또는 새로운 기획으로 엮은 예술·과학사전 Encyclopaedia Britannica ; or, a Dictionary of Arts and Science, Compiled upon a New Plan》)의 경우처럼 참고도서들 중 상당수가 두 가지 명칭을 동시에 갖는 이유도 바로 그 때문이다. 심지어는 두 가지 개념을 포함시킨 이유를 설명한 사람도 있다. 예를 들어 존 해리스John Harris는 《기술사전Lexicon technicum》의 부제에서 "예술용어뿐 아니라 예술 자체까지도 설명한다"고 약속했으며,[3] 그의 후계자 이프리엄 체임버스Ephraim Chambers의 《사이클로피디아Cyclopaedia》는 "용어의 설명과 그 경우 등장하는 사물들에 대한 해석을 제공한다"고 주장했다.[4]

사전과 백과사전은 역사가 깊은 표현 형식으로 이성의 시대에서부터 본격적인 진화를 했다. 사전이 간단한 정의를 곁들인 낱말들의 목록에서 언어에 대한 학문적 지식으로, 백과사전이 설교조의 '지식의 나무'에서 오늘날 우리가 알고 있는 것처럼, 사실로 채워지고 최신의 정보를 담고 있으면서도 언제든지 업데이트할 준비가 된 참고도서로 진화한 것은 18세기였다. 새로운 작품의 급격한 증가, 그 규모가 점점 더 커진 개정판, 수만 부에 달하는 판매량 등도 그 시기의 특징이었다.

이러한 진화의 상당 부분은 북대서양과 인접한 국가들의 물질적 번영과 교육의 확산에 기인한 정보시장의 확대 혹은 성장을 토대로 이루어졌다. 18세기 문화를 연구한 어느 학자는 그러한 상황을 "식자층 사이에서 갈수록 커지는 지식에 대한 욕구"라고 표현했다.[5] 하지만 모국어와 알파벳순의 승리, 발전된 활판인쇄술, 동판삽화의 개량 등으로 대변되는 새로운 표현 형식들 또한 이들 참고도서의 성공에 크게 일조했다.

라틴어 텍스트에 등장하는 난해한 용어들을 설명한 '행간 주석interlinear glossa'과 그 뒤에 나온 '주석모음집glossae collectae', 혹은 난해한 라틴어 용어 목록이 사전의 원조였다. 이는 16세기에 라틴어-자국어 대역사전으로 진화했는데, 1544년에 발간된 존 위드홀스John Withhals의 《초보학습자를 위한 라틴어-영어 소사전Short Dictionarie of English and Latin for Yonge Beginners》의 경우처럼 주제별로 배열한 것도 있었고, 1552년에 발간된 리처드 헐로엣Richard Huloet의 《라틴어 입문서Abecedarium Anglo-Latinum》의 경우처럼 알파벳순으로 배열한 것도 있었다.[6]

17세기에 등장한 단일어 사전은 '어려운 단어들'을 수록한 사전과 문학사전이라는 두 가지 형태를 취했다. 문학작품에 흔히 사용되는 단어들을 설명한 문학사전은 로망스어권 국가들의 공통된 특징이었다. 이러한 장르의 시초는 피렌체의 크루스카 아카데미 Accademia della Crusca*에서 1612년에 출간한《크루스카 아카데미 사전 Vocabolario degli Accademici della Crusca》에서 그 기원을 찾을 수 있다.[7]

1637년에 '공식' 사전 작업을 시작하면서 프랑스의 아카데미 프랑세즈**가 이 방식을 도입했다. 이탈리아와 달리 자부심이 무척 강했던 아카데미 프랑세즈 회원들은 자신들을 고전작가와 견주어도 전혀 뒤질게 없다고 생각했기 때문에, 고전작품들을 인용하는 대신 독자적으로 예문을 만들었다. 하지만 작업이 계획대로 진행되지 않는 바람에《아카데미 프랑세즈 사전Le Dictionnaire de l'Académie françoise dedié au Roy》은*** 1694년에야 출간되었는데, 그때는 이미 시대적 흐름에 뒤처져 있었다.[8]

17세기 말, 진정한 문학사전에 대한 수요가 늘어나면서 많은 작가들이 독자적으로 사전 집필에 도전하게 된다. 저명한 문법학자 피에르 리슐레Pierre Richelet는 당대 유명작가들의 글을 토대로 1680년에 발간한《프랑스어 사전Dictionnaire de la langue françoise》의 표제어들을 선택했다.

> 내가 프랑스어 사전을 쓰게 된 동기는 프랑스 말을 사랑하는 근면한 사람들에게 도움을 주기 위함이다. 이를 위해 나는 우리나라에

---

* 이탈리아의 문어인 토스카나어를 순화시킬 목적으로 1582년 피렌체에서 설립된 문학 단체.
** 프랑스 학사원을 구성하는 다섯 개 아카데미 가운데 하나로, 1635년 추기경 리슐리외가 창설했다. 프랑스에서 가장 권위 있는 학술기관으로 사전 편찬 및 문학상 등을 수여한다.
*** 이 사전은 판본별로 3, 4, 5판과 6, 7, 8판이 각각 동일하기 때문에 명확한 정보를 위해 판본에 따라 표제를 구분했다.

서 가장 탁월한 작가들과 저명한 예술작품에 대한 글을 모두 섭렵했다. 이 책은 그 결과물로서, 그들의 가장 아름다운 표현과 그들이 가장 즐겨 쓴 단어들로 구성되었다.[9]

아카데미 프랑세즈가 사전 제작의 특허권을 갖고 있었기 때문에 리슐레는 그 책을 제네바에서 출간해야만 했다. 하지만 나중의 판본들은 프랑스에서 출간되었다.

앙투안 퓌르티에르Antoine Furetiere도 그와 똑같은 어려움을 겪었다. 아카데미 프랑세즈 회원인 그 역시 공식 사전 작업에 참여했다. 하지만 그는 오래지 않아 독자적으로 사전을 집필했으며, 그 때문에 '종신회원'의 자격까지 박탈당했다. 리슐레의 경우처럼, 그의 《일반사전Dictionnaire universel》(1690) 역시 출판권을 얻지 못하고 네덜란드에서 프랑스로 밀반입되는 이상한 과정을 겪어야 했다. 그럼에도 그 사전은 1727년에 마지막 9판이 나올 때까지 불티나게 팔리며 18세기 초 프랑스어 사전의 대명사로 군림했다.[10]

이 무렵 사전편찬자들은 사전의 목적을 두고 설전을 벌였다. 아카데미 프랑세즈는 사전의 규범적 시각을 다음과 같이 간략하게 설명했다.

살아 있는 한 언어가 그 궁극적인 완벽성에 도달했다고 확신한다는 것은 어불성설이라고 말하는 사람도 있을 것이다. 하지만 키케로의 생각은 달랐다. 오랫동안 이 문제를 천착한 그는 그 시대에 이미 라틴어가 그 무엇도 보탤 것이 없을 만큼 탁월함에 도달했노라고 자신 있게 주장했다. …… 오늘날 프랑스어가 그와 같으며,

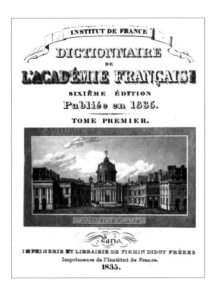

《아카데미 프랑세즈 사전 》
1835년 제6판 표지.

바로 그런 상태 속에서 이 사전이 만들어졌다.[11]

아카데미 프랑세즈의 회원들은 표제어의 선정에 있어서 매우 편파적이었다. 고대어나 신조어는 물론 사냥, 펜싱, 매 훈련, 군사전략 등의 고상한 취미와 관련된 것을 제외한 여타의 기술용어는 철저히 배재했다.

아카데미 프랑세즈의 규범적이고 문학적 언어관과는 대조적으로 퓌르티에르의 사전은 아카데미 프랑세즈 회원들이 무시해버린 표제어들을 다수 실었는데, 거기에는 과학, 의학, 무역 그리고 '표준어법 혹은 선용善用'의 또 다른 형태들이 포함되었다. 1730년에 프랑스의 철학자이자 문법학자 뒤마르세Dumarsais는 표준어법이라는 개념을 다음과 같이 정의했다.

표준어법은 근면한 국민의 일상적 언행이다. …… 여기서 근면한 국민이란 여건, 재산, 혹은 가치가 평범한 사람들의 그것을 능가하며, 독서, 성찰 그리고 동등한 자격을 갖춘 다른 사람들과 교류를 통해 정신이 함양된 사람을 의미한다.[12]

아카데미 프랑세즈 회원들이 말한 '완벽성'이나 '탁월성'과 뒤마르세의 '표준어법'은 모두 구체제의 사회구조에 대한 언어적 표현과 다를 바 없다. 뒤마르세가 '여건'과 더불어 재산과 가치를 언급했다는 사실은 사회적으로 언어적 변화의 여지를 남긴 것이다. 퓌르티에르의 사전에 과학, 의학, 상업 용어들이 대거 포함된 것이 바로 이런 변화의 전조로서, 대중적 호응을 얻었던 이유도 그 때문이다. 뿐만 아니라 어원에 따라 배열된《아카데미 프랑세즈 사전》과 달리 퓌르티에르의 사전 표제어들은 알파벳순을 따랐다. 퓌르티에르의 도전에 대한 응전으로서 아카데미 프랑세즈는 회원들 중의 한 사람인 토머스 코르네유Thomas Corneille에게 '예술 및 과학'과 관련된 용어들을 포함한《아카데미 프랑세즈 사전》의 보유편을 의뢰했다.《아카데미 프랑세즈 사전》과 동시에 출간된 이 '보유편'은 그 자체로 대단한 성공을 거두었다.[13]

공식적인 '종신회원' 자격과 출판특허권까지 갖고 있던 아카데미 프랑세즈 회원들은 오랫동안 자신들의 단어 선택이 '궁극적인 완벽성'을 제시한다는 환상에 사로잡혀 있었다. 1762년《아카데미 프랑세즈 사전Le Dictionnaire de l'Académie françoise》제4판을 출간하면서 그들은 마침내 과학·기술용어에 대한 급증하는 수요에 백기를 들고 말았다.

지난 세기에 과학과 예술은 비약적으로 발전하고 퍼져 나갔으며, 지금은 이에 관해 프랑스어로 기술하는 것이 전혀 부자연스럽지 않다. 그 결과 매우 특수해서 불과 몇몇 사람들만 알던 많은 용어가 일상어 속으로 들어오게 되었다. 오늘날 거의 통용화된 단어들을 우리의 사전에 편입시키기를 거부하는 것이 과연 합리적 처사라고 할 수 있는가? 그리하여 우리는 이번 개정판에 과학 및 예술과 관련된 기본 용어는 물론 교육받은 사람 말고는 관련 용어와 전혀 무관한 사항을 다루는 저서들 속에서 가뭄에 콩 나듯 나오는 기술용어까지도 포함시키기로 합의했다.[14]

왕립문자아카데미가 없었던 영국에서는 사전의 발전이 전혀 다른 방식으로 이루어졌다. 17세기의 영국사전들은 '어려운 단어들'을 수집한 사전 일색이었다. 다시 말해 난해하고 특수한 단어들, 그것도 주로 외국어에서 차용한 '현학적 용어'가 표제어로 선호되었던 것이다. 이 분야의 시초는 1604년에 출간된 로버트 코드리Robert Cawdrey의 《알파벳순에 의거한 단어표Table Alphabeticall》였다. 이 사전은 동의어로 정의된 2500개 단어로 구성된 소책자였다.[15] 존 불로카John Bullokar의 《영어해설집English Expositor》(1616),[16] 헨리 콕케람Henry Cockeram의 《영어사전English Dictionarie》(1623),[17] 토머스 블런트Thomas Blount의 《용어해설집Glossographia》(1656),[18] 에드워드 필립스Edward Phillips의 《영어 단어의 신세계New World of English Words》(1658),[19] 엘리사 콜스Elisha Coles의 《영어사전English Dictionary》(1676)[20] 등의 모방본들이 연이어 쏟아져 나왔다.

사전편찬자 조너선 그린Jonathan Green의 말을 빌리자면, 그러한 저서들이 겨냥한 것은 "교육의 혜택을 받지 못한 사람들, 이를테면 학자가 아닌 사람, 신분 상승을 염원하는 졸부 그리고 이미 상류층에 편입된 여성이었다. …… 참고도서보다는 오히려 당대의 언어 예절 교본에 가깝다고 해도 그리 지나친 표현은 아닐 것이다."[21]

18세기 초, 전문적인 사전편찬자 존 커시John Kersey와 네이선 베일리Nathan Bailey는 평범한 언어와 난해한 언어 모두를 포괄한 사전을 각각 한 권씩 출간하여 호평을 받았다. 존 커시의 처녀작《신영어사전A New English Dictionary》(1702)에는 표제어가 2만 8000개 실렸는데, 그 대부분은 일상적인 단어였다. 속표지에서 그는 자신의 사전이 "젊은 학자, 상인, 기능공 그리고 정확한 철자법을 익히고 싶어 하는 여성이 주요 대상이지만, 그 수용 범위가 아주 넓기 때문에 배움이 필요한 사람이라면 누구에게나 지속적인 도움을 줄 수 있을 것"[22]이라고 힘주어 말했다. 하지만 커시의 표제어 정의는 종종 'An Apron'(여성용, 기타 등등), 'A Goat'(야수), 'A Elephant'(짐승) 혹은 'May'(연중 가장 즐거운 달)[23]과 같은 식으로 엉성하기 그지없었다. 그럼에도 커시의 사전은 쉽고 값이 싸서 70년 이상이나 출간을 거듭하며 인기를 누렸다.

뜻밖의 성공에 용기를 얻은 커시는 1658년에 처음으로 출간된 에드워드 필립스의《영어 단어의 신세계》를 개정하기로 마음먹고 곧 그 작업에 착수했다. 그 과정에서 표제어가 원본의 두 배를 넘는 3만 8000개로 늘어났다. '커시-필립스'라고 알려진 그의 개정판은 1706년에 발표되었다.[24] 2년 후, 커시는《앵글로-브리타니쿰 사전Dictionarium Anglo-Britannicum》이라는 표제로《영어 단어의 신세계》의 요약본을 발표했다. 이 사전에는 원본의 표제어들이 가감

없이 그대로 수록되었지만, 정의는 짧아지고 전후참조의 숫자는 대폭 줄었다.[25]

커시에 뒤이어 네이션 베일리는 비록 고전작가의 반열에는 오르지 못했지만 18세기에 가장 성공한 사전편찬자였다. 그에게 명성을 안겨준 1721년에 출간된《일반어원사전Universal Etymological English Dictionary》은 이전의 그 어떤 사전보다도 많은 4만여 개의 표제어가 수록되었는데, 아주 평범한 단어들과—이를테면 'Man'(이성을 갖춘 피조물)—그 어원도 포함되었다. 이 사전은 8절판(5×8인치) 크기의 한 권으로 싼 가격 때문에 1802년까지 재판 인쇄를 제외하더라도 30차례나 출간을 거듭했다.[26] 존슨의《영어사전A Dictionary of the English Language》이 등장하는 1755년 이후에 나온 판본들은 각각 한 권에 표제어 6만 5000개가 수록되었다. (두 권에 4만 개의 표제어가 실린 존슨의 사전과 비교해보라!)

베일리도 당시의 일반적인 추세를 좇아 새로운 판을 출간할 때마다 사전은 커지고 복잡성은 더해갔다. 그리고 그것은 식자층의 즐거움이 아니라 '교육, 독서 그리고 여가 선용이 좁은 범위로 한정된' 사람들의 교육 혹은 교화를 위한 사전인 '대중사전people's dictionary'이 출현할 수 있는 계기로 작용했다.

최초의 '대중사전'은 1735년에 출간된 토머스 다이크Thomas Dyche 와 윌리엄 파든William Pardon의《신일반영어사전New General English Dictionary》이었다. 그것은 표제어 2만 개가 수록된 소사전으로, 크기도 5×8인치에 불과했다.(두 권으로 된 2절판 혹은 10×17인치 크기의 존슨의 사전과 비교해보라!) 물론 전후참조도 없고, 오류투성이에다 조잡한 편집에 이르기까지 완성도는 많이 떨어졌지만, 고상한 사전들은 아예

건드리지도 않던 저속한 용어와 '은어' 혹은 속어가 포함되었고 값
도 저렴했다. 그 때문에 그들이 펴낸 사전은 1794년까지 21차례 출
간을 거듭했으며, 프랑스어로도 번역되어 인기를 누렸다.[27]

《일반어원사전》의 성공에 힘입어 베일리는 1730년에 그 증보판
을《브리타니쿰 사전Dictionarium Britannicum》이라는 새로운 제목으로
출간했다.[28] 2절판 한 권에 표제어 4만 8000개를 수록한 이 사전은
당시까지의 영어를 가장 포괄적으로 다룬 작품으로 평가되는데,
정의와 어휘에서 진일보했을 뿐만 아니라 처음으로 발음까지 표
기했다. 한편 표제어의 선택과 정의의 많은 부분에서 존슨은 이 사
전을 토대로 삼았다.[29]

커시의 사전, 베일리의 사전, 다이크의 사전 그리고 파든의 사전
이 대중성과 실용성을 두루 갖추었음에도 2세기가 지난 오늘날에
도 여전히 기억되는 사전편찬자로는 새뮤얼 존슨이 유일하다. 그
만큼 존슨의 지향점이 월등히 높았기 때문이다. 아카데미 프랑세
즈 회원들이 60년 동안이나 매달렸음에도 지지부진했던 일을 그
는 혼자 힘으로, 그것도 겨우 8년 만에 이루어냈다. 그리고 그는 성
공했다.

존슨의 사전이 다른 사전과 차별화되고, 시대를 뛰어넘어 많은
비평가가 그를 높이 평가하는 까닭은 그 특유의 정의와 인용구 때
문이다. 대부분의 정의는 간결하며 함축적이다. 예를 들어 'Excise'
(소비세)는 "부에 대한 상식적 판단이 아니라 징수 주체가 고용한 악
마와 같은 인간들이 좌지우지하며 물품에 부과하는 끔찍한 세금"
이고, 'Lexicographer'(사전편찬자)는 "어원을 추적하고 낱말의 정확
한 의미를 캐는 힘들고 단조로운 일을 오랫동안 묵묵히 해나가는

조슈아 레이놀즈가 1775년에 그린 새뮤얼 존슨의 초상. 책을 눈앞에 바짝 대고 읽는 모습에서 새뮤얼 존슨이 눈이 나빴음을 알 수 있다.

순진한 사람"을 의미한다. 하지만 가장 중요한 것은 표제어 4만 3000개를 상세히 설명하기 위해 그가 이용한 인용구 11만 8000개이다. 대부분 1590~1660년의 영국문학에서 발췌한 것이다.[30]

1747년에 쓴 〈영어사전 집필 구상Plan of a Dictionary of the English language〉에서 존슨은 "이번 기획의 한 가지 큰 목표는 영어를 고정화하는 것"이라고 밝혔다. 다른 사람들처럼 그도 키케로의 라틴어나 플라톤의 그리스어처럼 영어 또한 이미 완벽한 상태에 도달했기 때문에, 크루스카 아카데미나 아카데미 프랑세즈의 사전들과 비슷한 수준의 또 다른 사전이 나오지 않는다면 영어는 갈수록 퇴조할 수밖에 없다고 믿었다.[31] 하지만 8년 후에 사전이 완성되었을 무렵, 그는 자신이 설정한 목표가 얼마나 허황된 것인지를 깨달았다.

사람들은 누구나 늙고 때가 되면 죽음을 맞이한다. 이러한 현상이 수세기 동안 이어져왔다는 사실을 너무나 잘 알기에 우리는 천 년 동안 수면을 연장시켜준다는 묘약에 콧방귀를 뀐다. 마찬가지로 자기의 사전은 방부 처리된 언어라서 언어의 훼손이나 부패를 막아줄 것이라고 환상에 빠진 사전편찬자도 조롱의 대상이 될 것이다.[32]

존슨의 사전은 "격퇴할 수 없는 것은 지연시키고…… 치유할 수 없는 것은 완화시킨다"라는 전통적 믿음을 구현한 마지막 불꽃이라고 할 수 있다.

그로부터 1세기도 지나기 전에 사전학은 완전히 개방되었다. 하지만 개방의 주체는 문학을 애호하는 영국의 지식인들이 아니라 프랑스에서 발생한 일련의 대사건들이었다. 1787~1788년에 출간된 장 프랑수아 페로Jean-François Féraud의 《비평사전Dictionnaire critique》(전 3권)은 프랑스혁명의 전조였다.[33] 기존의 규범적 시각을 단호히 거부하며 페로는 갈수록 늘어나는 기술 관련 어휘는 물론 신조어나 새로운 표현도 과감히 수용했다.[34]

변화의 바람이 세차게 몰아쳐왔다. 몰리에르, 라신, 코르네유, 페늘롱 등으로 대변되는 '고전적' 프랑스 작가들은 유행에서 밀려나고 있었다. 게다가 철학자 콩디야크로 말미암아 언어의 영구성 또한 크게 훼손되었다. 그는 언어란 이미 존재해온 관념들에 대한 표현일 뿐만 아니라, 새로운 관념들과 더불어 발전한다고도 보았던 것이다. 린네는 식물의 명명시스템을 통해, 그리고 라부아지에는 화학 어휘로서 이러한 변화에 일조했다.

프랑스혁명은 새로운 사회집단에 힘을 실어주었을 뿐만 아니라,

그 구성원들이 사용하는 어휘를 상용어로 격상시켰다. 그 결과 anarchiste(아나키스트), amendement(개량·개선·수정), démocratie(민주주의), département(데파르트망) 등의 어휘들이 일상어로 편입되었다.[35] 뿐만 아니라 정치학, 낭만주의 그리고 산업화가 새로운 언어들을 양산했으며, 변화에 대한 이러한 압력은 사전편집자들의 저항을 무력화했다. 장 샤를 라보Jean-Charles Laveaux는 그의 《프랑스어 사전 Dictionnaire de la langue française》(1820) 서문에서 다음과 같이 적었다.

언어사전은 사전이 제시한 언어가 스스로 생성하고 증가하고 발전하는 속도에 맞춰야 한다. 사전편찬자는 새로운 단어나 표현을 제시해서도 만들어내서도 안 된다. 언어관행의 보조자로서, 그는 그것을 제대로 알고 그것의 진보와 변천 그리고 그것의 모든 움직임을 추적하는 데 온 힘을 쏟아야 할 뿐이다.[36]

《신프랑스-에스파냐 사전Nouveau dictionnaire français-espagnol》(1826)의 서문에 등장하는 로디예A. de Rodier의 목소리는 더욱 강경하다.

모든 사유 혁명의 수동적 목격자인 사전은 그것의 일탈마저도 보호해야 한다. 그는 판관이 아니라 언어의 기록자다. 그는 주장하는 것이 아니라 기록한다. 그는 오직 언어관행이라는 한 가지 법만 따를 뿐이다. 그는 오직 시간이라는 결정권자에 종속될 뿐이다.[37]

사전에서 백과사전으로

사전이 '어려운 단어들'을 정의하는 것에서 단어의 기원과 의미를 제공하는 것으로 진화하는 동안, '예술용어뿐만 아니라 예술 자체까지' 설명하는 참고도서에도 변화가 일어나고 있었다. 이러한 진화는 17세기 말과 18세기 초의 역사사전과 기술용어사전의 출현으로 시작되어, 1세기 뒤에는 대중적인 인기에 힘입어 개정을 거듭한 '대화conversation'사전들의 출간으로 그 절정에 달했다. 이런 흐름과 함께 분량은 훨씬 더 많고 가격도 그만큼 비싼 '일반universal'사전들이 출현하게 된다. 이에 대해서는 다시 상세하게 다룰 것이다. 향후 이 두 형태는 경쟁관계를 형성하는데, 이는 '지식의 정보'와 '데이터의 정보'라는 서로 다른 인식을 반영한다.

두 장르 간의 경쟁은 17세기 말에 모레리의 역사사전과 벨의 역사사전으로부터 촉발되었다. 루이 모레리Louis Moréri(1643~1680)가 《역사대사전Grand dictionnaire historique》을 처음 발표한 것은 1674년이었다. 부제가 말해주듯이, 그것은 '신성한 역사와 세속적 역사의 특이한 혼합체'였다.[38] 사전은 가톨릭 유명인사와 명망 있는 귀족들을 다룬 까닭에 출간되자마자 엄청난 인기를 누렸다. 1680년에 저자가 사망한 이후에도 출판업자들은 한동안 《역사대사전》의 신판과 증보판을 찍어냈다. 그 과정에서, 1680년에 두 권으로 출발한 것이 1759년에 마지막으로 인쇄된 24번째 판본은 10권 분량으로 늘어났다.[39]

몇 년 후 당시 네덜란드에서 망명생활을 하고 있던 프랑스의 칼뱅주의자 피에르 벨Pierre Bayle(1647~1706)은 모레리의 작품을 반박하고 수정하기 위한 글을 쓰기 시작했다. 하지만 그는 곧 자신의 계획을 수정하고, 그 결과물로 프로테스탄트의 유명인사를 다룬《역사·비평사전Dictionnaire historique et historique》(1697)을 세상에 내놓았다. 비록 역사적 사실들과 그 기원에 대한 자신의 생각을 피력하는 데 세심한 주의를 기울였지만, 그의 회의적 종교관은 프로테스탄트와 가톨릭 양진영으로부터 공격의 대상이 될 수밖에 없었다. 하지만 역설적으로 벨의 작품이 오랫동안 인기를 누려온 것은 바로 그 때문인지도 모른다. 그가 죽은 후에도 그의 사전은 여러 차례 출간되었으며, 두 권으로 출발한 것이 1820년의 마지막 판본은 16권 분량으로 늘어났다.[40]

최초의 기술 관련 사전은 1704년에 처음으로 출간된 존 해리스의《기술사전》이었다. 라틴어 제목임에도 부제에서 밝혔듯이, 그것은 '예술과 과학을 다룬 보편적인 영어사전'이었다.[41] 한 권에 표제어 8200개가 수록된 사전은 나중의 판본에서는 두 권에 표제어 1만 2000개가 수록된다. 해리스의 사전은 문법 및 철학과 관련된 짤막한 표제어들과 함께 물리학, 항해, 수학 그리고 상업적 산술을 체계적으로 다룬 최초의 영어 서적이었다. 모레리나 벨과는 달리 해리스는 전기나 신학은 피했다. 그의 사전은 어느 정도 상업적 성공을 거두었다. 초판(1704)은 900명의 예약 주문을 받고 인쇄되었으며, 1710년도에 출간된 보유편에서는 예약 주문이 1200명으로 늘어났다. 하지만 무엇보다도 중요한 사실은 그 사전이 기술과 과학을 참고도서에 편입시켰다는 점이다.

오래지 않아 이프리엄 체임버스와 같은 기술 관련 백과사전의 편찬자들이 해리스의 맥을 이어나갔다.[42] 1728년에 2절판 두 권으로 등장하여 최종적으로는 다섯 권으로 늘어난 체임버스의《사이클로피디아》는 해리스의 사전보다 더 길고 상세했다. 그것은 사전이 아니었으나 그렇다고 일반 백과사전도 아니었다. 일종의 과도기적 형태로서, 말하자면 백과사전적 사전이었다. 뉴턴의 과학, 로크의 철학 그리고 염색, 양조, 판화, 양초 제조 등의 기술을 중점적으로 다루었으나 역사, 지리, 전기에는 소홀했다.

한편 표제어의 상세한 설명을 위해 다양한 크기의 판화들이 이용되었다. 체임버스의《사이클로피디아》는 인상적인 내용 이외에도 또 하나의 미덕을 갖추고 있었다. 이를테면 'Acoustics, see also Ear, Hearing, Phonics.'와 같은 식으로 전후참조를 체계적으로 이용한 최초의 사전이었다. 그 자체로 주표제어가 아니었던 용어 색인도 함께 수록했다. 한마디로 그 사전은 간편하고 효율적인 참조용 도구였다.

1795년에 마지막 판이 나올 때까지《사이클로피디아》는 여러 차례 개정되었으며, 훗날 더 유명한 사전들의 본보기가 되었다. 디드로와 달랑베르의《백과사전》은 이프리엄 체임버스의 사전이 프랑스어로 번역된 사실에 주목하고 그에 기초해 만든 사전이다. 잘 알려진 영국 백과사전《브리태니커백과사전》의 초판과 에이브러햄 리스Abraham Rees의《리스 백과사전Rees's Cyclopædia》초판은 분명 체임버스의 사전을 모방한 것이다.

실용적이면서 비교적 저렴한 참고도서가 가장 먼저 개발된 곳은 18세기 초 독일이었다. 1704년에 라이프치히의 출판업자 글레디치Gleditsch는 학문적 지식의 금자탑으로서가 아니라 일반 독서 대중의 욕구에 부응하는 일종의 참고도서를 만드는 작업에 도전했다. 이 분야의 연구자인 에른스트 레만Ernst Lehmann의 말을 빌리자면, 그러한 참고도서의 목표는 "당대의 가장 중요한 문제들을 설명하는 것……한마디로 그 시대의 양식을 쉽게 이해하는 것"[43]이었다.

신문에 등장하는 단어 설명집《정치·시사 실용사전Reales Staats-und Zeitungs-Lexicon》이 해당 장르로서 첫 테이프를 끊었다. 집필자는 쉬츠P. B. S. von Schütz였지만, 서문을 쓴 요한 휘브너Johann Hübner의 이름을 따서 "휘브너스Hübners"라고 알려졌다. 18세기 독일 출판업 계에서 가장 성공한 사례 중 하나로 꼽히는 이 사전은 초판이 나온 후 무려 1세기도 넘은 1824~1828년에 마지막 31판이 발행되었다.[44] 1709년 제4판 발간 때, 당시 부르주아 계층의 인기를 끌던 사교 대화에 유용한 지식을 제공한다는 취지로 제목이《정치·시사·대화 실용사전Reales Staats-, Zeitungs-und Conversations-Lexicon》으로 바뀌었다. 독일어에서 '대화사전Konversationslexicon'이라는 표현은 최신 정보를 담은 짧은 사전을 가리키는 의미로서 지금까지 통용된다.

18세기에 상업, 과학, 기술과 관련된 용어들을 설명한 실용 참고도서인 파울 야코프 마르페르거Paul Jacob Marperger의《자연·예술·산악·수공업·상거래 사전Curieuses Natur, Kunst, Berg, Gewerk und Handlungs Lexicon》(1712) 같은 '휘브너스'의 경쟁 대상이 계속 등장했다.[45] 그중 1721년에 처음 출간된 야블론스키Jablonski의《일반사전 Allgemeines Lexicon》이 가장 유명하다.[46]

야블론스키의 사전은 과학기술적 주제 대신에 신학적 주제에 역점을 두었다. 예를 들어 Wein(포도주) 항목은 5단 이상, Wallfisch(고래) 항목은 3단이 할애된 반면, Geometrie(기하학)과 Logick(논리학)에

독일 백과사전 《브로크하우스》 1928년 판본 표지 사진.

는 각각 22행과 17행이 할애되었을 뿐이다. 프로이센 아카데미의 수석 비서이자 프로이센의 왕자 프리드리히 빌헬름의 개인교사인 야블론스키 덕에 독일어가 라틴어 및 프랑스어와 어깨를 나란히 하는 교양어로 발돋움했다.[47] 같은 장르에 속하면서 흥미로운 제목을 가진 또 다른 작품으로 로트Roth의 《상용사전Gemeinnütziges Lexicon》[48]을 꼽을 수 있겠다(모든 독자층, 그중에서도 특히 교육받지 못한 사람들을 위한 상용사전이라는 부제가 붙어 있다).

프리드리히 브로크하우스의 창의직 발상에 힘입어 독일의 '대화'백과사전은 19세기 초에 하나의 명품으로 재탄생했다. 1808년에 브로크하우스는 미완성의 실패작인 레나투스 뢰벨Renatus Löbel과 크리스티안 프랑케Christian Franke의 《대화사전》 잉여 사본들을 인수한 다음, 필자들을 고용하여 완성시켰다. 첫 여섯 권이 1809년에, 그리고 그 후 2년 동안에 보유편 두 권이 출간되었다.[49] 프랑케의 사전은 학자들이 아니라 일반 독자를 겨냥한 것으로서, 짤막하게 나누어진 항목들은 '사교적 대화'에서 나올 법한 예술 및 과학 관련 주제들을 다룬 최신 정보들을 담았다.

초판은 불과 2000부밖에 팔리지 않았지만, 그것으로도 새로운 판을 준비할 구실은 충분했다. 10권으로 구성된 제2판은 1812년에 출간되었으며, 일 년이 채 지나기 전에 3만 부가 팔려나갔다. 마지막 몇 권이 인쇄되던 시점에 이미 제3판이 기획되고 있었다. 1814년부터 1819년 사이에 2판, 3판 그리고 4판이 동시에 팔려나가는 바람에 수요를 좇아가느라 인쇄공들은 그야말로 밤낮이 따로 없었다. 그럼에도 판매 부수를 더 늘리기 위해 브로크하우스는 구판을 신판으로 교체 구매하는 고객들에게는 일정 금액을 환불해주기까지 했다. 제5판(1819~1820)은 출간한 해에 1만 2000부가, 그 후 3년 동안에 다시 2만 부 이상 팔렸다. 1830년대에 브로크하우스는 새로운 판이 나올 때마다 3만 부가 넘는 판매고를 기록했으며, 이를 계기로 무수한 모방작이 양산되었다.[50]

판이 거듭되면서 《브로크하우스》는 점점 더 대형화되었다. 제5판은 10권으로 구성될 만큼 분량이 크게 늘어나자, 새로운 장르로 전환되고 있음을 인식한 브로크하우스는 식자층을 위한 《실용 백과사전(대화사전)Real-Encyclopädie für die gebildeten Stände(Conversations-Lexicon)》으로 표제를 바꾸었다. 나날이 변해가는 출판시장에서 경쟁력을 유지하기 위해 브로크하우스는 더 저렴하고 크기를 대폭 줄인 《독일어 포켓 백과사전 혹은 가장 유용한 지식을 담은 휴대용 도서관《Deutsche Taschen-Encyclopädie oder Handbibliothek des Wissenswürdigsten》도 발간했다.[51]

1771년에 나온 《브리태니커백과사전》(혹은 《새로운 기획으로 엮은 예술·과학사전》)의 초판은 일반적인 백과사전보다는 독일어 《대화사전》의 영어판에 가까웠다.[52] 출발은 초라하기 그지없었다. 표제지에서 '스코틀랜드 신사들로 구성된 한 학회'의 작품이라고 언명했지만, 사실 그 사전은 인쇄업자 콜린 맥파커Colin Macfarquhar와 판화가 앤드루 벨Andrew Bell 그리고 당시 무직으로 지내다 그들에게 고용되어 집필을 맡게 된 학자 윌리엄 스멜리William Smellie가 편집했다. 동시대인이었던 디드로와 달리, 스멜리는 많은 비용과 시간을 요구하는 전문가들에 의존하는 대신, 잘 알려진 몇몇 저서에서 정보를 취합하는 방법을 선택했다. 그 결과물은 단 3년 만에 세 권(4절판 2659쪽)으로 완간되었다. "모든 출판물은 실용성에 그 초점을 맞춰야 한다. 실용성이 결여되면 저자나 책이나 독자의 인정을 기대할 수 없다"고 서문에서 밝혔듯이, 사전의 편찬 목적은 아주 소박했다.

표제에서 언급된 '새로운 기획'이란 사전의 전통과 백과사전의 전통을 아우르는 절충을 의미했다. 44개의 '논문 혹은 시스템'은 과학, 의학, 수공업, 수학, 비즈니스 등 스멜리가 중요하다고 생각한 주제들을 담았다. 그런 표제어들은 상당히 길어질 수도 있었다. 예를 들어 '의학'은 111쪽, '산술'은 58쪽 그리고 '외과'는 39쪽에 달했다. 또 다른 표제어 30개는 3쪽 혹은 그 이상을 차지했고, 나머지 표제어들은 아주 가볍게 처리되었다. 긴 '논문들'과 달리 그 책은 'WOMAN'(인간의 여성, HOMO를 참조하라) 혹은 'APIARY'(양봉장, 벌을

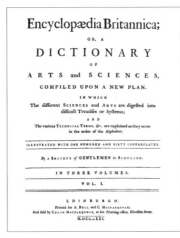

1771년《브리태니커백과사전》초판본의 속표지.
1771년《브리태니커백과사전》초판본에 실린 복수초와 종달새 삽화(Plate III).

키우는 장소)처럼 아주 짧은 사전식 표제어들로 채워졌다.

주제의 선택에는 아마도 스멜리와 그 동료들의 관심사뿐만 아니라 향후 독자들의 관심사도 반영되었을 것이다.《브리태니커백과사전》초판은 예약 주문을 받고 세 권을 한 묶음으로 한 세트 단위로 팔렸다. 문학계에 큰 반향은 불러일으키지 못했지만 3000세트라는 판매고는 상당한 수익으로서, 맥파커와 벨로 하여금 분량이 더욱 늘어난 '총괄적인' 백과사전에 도전하는 동기를 부여하기에는 충분했다.

1778년부터 1784년 사이에 제임스 타이틀러James Tytler가 집필한《브리태니커백과사전》제2판은 초판보다 세 배가량 분량이 늘었다. 몇몇 항목은 확장되었다. 이를테면 '의학'은 309쪽으로, '지리'는 195쪽으로 늘어났다. 뿐만 아니라 초판에서는 배제되었던 역사와 전기 영역이 더해졌으며, 식물표와 자원목록도 포함되었다. 분량이 훨씬 많아졌음에도 사전의 판매량은 초판보다 많은 4500부가 팔려나갔다.

《브리태니커백과사전》 제3판(1794~1797)에서는 이전과는 달리 여러 기고자가 집필한 항목들도 다수 수록되었다. 분량은 제2판보다 두 배로 늘어났다. 18권 1만 4579쪽에 달했으며, 전면 삽화도 542장이나 포함되었다. 앞선 판들보다 훨씬 더 성공작이었다. 1만 3000부가 팔리면서 2만 파운드의 수익을 올렸다.[53] 이를 계기로 브리태니커는 점점 더 늘어나는 식자층(그리고 미래의 식자층)을 위해 주기적으로 새로운 판을 발행해오고 있다.

일반 백과사전

《사이클로피디아》, 《브리태니커백과사전》 그리고 《브로크하우스》가 제작된 것과 시기를 같이하여 다양한 종류의 백과사전들이 쏟아져 나왔다. 그처럼 야심찬 시도들의 배후에는, 지식은 유한하며 따라서 포착하고 이해하는 것이 가능하다고 믿는 사람들이 든든한 버팀목으로 자리하고 있었다. 놀라운 점은 그들이 하나의 방대한 작품 속에 모든 지식을 담아내는 데 실패했다는 사실이 아니라, 그들의 작품들 가운데 상당수는 아직도 기억되고 숭배되며 가끔씩 조언자 역할을 한다는 사실이다.

이성의 시대에 새로운 백과사전을 기획한 최초의 인물은 프란체스코 수사 빈첸초 마르코 코로넬리Vincenzo Marco Coronelli였다. 그는 왕들 및 귀족들과 친분이 두터웠으며, 1701년에는 수도회의 총회장으로 선출되기도 했다.[54] 백과사전 편찬에 도전할 무렵, 그는 이미 지도제작자, 지구의제작자 그리고 다양한 분야에서 수백 권의 책을 쓴 저자로도 명성이 드높았다. 그처럼 대단한 업적에도 코로넬리의 열정은 식을 줄 몰랐다. 그의 열정은 백과사전으로 옮겨 갔고, 백과사전의 완성이 자신의 명성을 한층 드높여줄 것이라고 믿었다.

한편으로 그는 오랫동안 유명세를 떨쳐오던 플리니우스*의《박물지Historia naturalis》에서, 또 모레리의 사전, 벨의 사전, 특히 왕가의 전기와 계보를 수록한 요한 호프만Johann Jacob Hoffmann의《역사·지리·연대기·시학·서지학 일반사전Lexicon universale historico-geographico-chronologico-poëtico-philologicum》(1677)과 같은 동시대 작품들의 성공에서 영감을 얻었다. 이에 코로넬리는 그들보다도 훨씬 더 원대한 목표를 세웠다. 그 목표는《일반 도서관Biblioteca universale》이라는 표제 아래 이탈리아에서는 최초로 알파벳순을 채택한 45권 분량의 완벽한 백과사전을 제작한다는 계획이었다. 그는 하위계급의 프란체스코 수사들을 포함하여 교육 수준이 비교적 낮은 독자층을 위해 라틴어 대신 이탈리아의 토스카나어를 선택했다.

수십 개의 프로젝트를 동시에 진행했기 때문에, 그는 제작의 효율성을 위해 아주 정교한 계획을 세웠다. 코로넬리는 먼저 모레리

---

* Gaius Plinius Secundus(23~79). 고대 로마의 정치가·군인이자 학자. 그의 역작《박물지》는 티투스 황제에게 바친 대백과사전(37권)으로, 2만 개의 항목에 예술, 과학 등 당시의 문명을 폭넓게 다루었다.

로부터 역사 및 전기와 관련된 데이터를 얻고 벨의 수정본을 참조했다. 보드랑Baudrand의 《지리서Geographia》에서 지리적 정보를 얻고, 프랑스의 지도제작자 니콜라 상송Nicolas Sanson의 《지리 탐구 Disquisitiones geographicae》를 참조했다.[55] 전기 작가 제임스 푹스James Fuchs의 설명을 들어보자.

> 자신의 작품에 이 두 작품(모레리와 벨)을 끌어들인다는 발상은 참으로 기발했다. 더군다나 벨과 상송이라는 든든한 후원자까지 대동했으니 다른 연구를 하지 않고서도 모레리와 보드랑, 두 거장의 작품을 개선할 확고한 수단을 얻은 셈이었다.[56]

코로넬리는 이에 머물지 않고 자신을 위해 집필을 맡아줄 사람들을 모집하는 방법까지 고안해냈다. 프란체스코수도회의 수장이라는 신분을 이용해서 그는 수도회에 소속된 수사들에게 자신의 백과사전을 예약 주문하도록 종용했다. 또한 고위 수사들에게 표제어의 집필을 맡기면서, 하위 수사들을 교육시켜 그들도 집필에 참여하도록 명령했다. 뿐만 아니라 그와 친분이 있던 유럽 전역의 고위층들로부터 정보와 기사를 모았고, 모든 기고자들에게 앞서 출간된 사전을 예약 주문하라고 강요했으며, 그들에게 다시 다음 권들의 집필을 맡아달라고 부탁했다. 푹스의 말을 빌리자면, "기고자의 숫자가 늘어나면서 공유되는 정보 또한 그만큼 늘어났다. 그리고 기고자들과 예약 주문자들의 면면이 다양해지자, 서로 지식을 교류하고 각자의 수준을 넓히는 기회 또한 많아졌다."[57]

하지만 당초 목표인 45권 중 겨우 일곱 권만 출간되었다.[58] 그의 사전이 특히 지리학에 역점을 두었다는 사실은 새삼 놀라운 일도 아니다. 바이에른, 영국, 알렉산드리아, 브린디시 그리고 당연히 프란체스코수도회의 본향인 아시시 등을 다룬 항목에 많은 지면이 할애되었다. 그는 특히 중동의 문화와 언어, 종교 영역도 비교적 상세히 다루었다.

이 대담한 작업을 추진해나가는 과정에서 코로넬리는 이념적인 위험을 감내할 수밖에 없었다. 이전의 수도회 총회장들과는 달리 그는 교회학자가 아니라, (교의상 진리와 대치되는) 보편적 진리에 대한 사상들로 가득한 세속적 학자에 가까웠기 때문이다. 칼뱅주의자로서 자유사상가였던 벨에 대한 그의 찬미는 종교재판소의 주의를 끌기에 충분했다. 프란체스코수도회의 몇몇 수사들은 예약 주문의 강요를 달갑게 여기지 않았으며, 수도회의 상하계급이 서로 얽히는 상황에 분개했다. 그런 분위기는 점점 고조되었고, 마침내 1704년 교황 클레멘트 11세가 코로넬리의 총회장직을 잠정적으로 정지시키면서《일반 도서관》편찬 작업도 끝나고 말았다.

1732년에 《일반대사전Grosses vollstädiges Universal-Lexiconaller Wissenschafften und Künste》을 출간할 무렵, 요한 하인리히 체들러Johann Heinrich Zedler는 총 20권 분량을 생각하고 있었다.[59] 체들러의 작업을 이어받은 철학자 카를 귄터 루도비치Carl Günther Ludovici는 할레대학과 라이프치히대학의 교수들을 설득하여 집필에 참여시켰다. 그 결과, 사전편찬자 에른스트 레만의 표현대로 마치 웅장한 바로크 건물이 눈앞에 서 있는 것처럼 분량은 계속 늘어났다.[60] 알파벳의 전반부(A~L)는 18권까지 차지했고, M에서 Z까지는 46권이 필요했다. 그 가운데 특히 철자 S에 아홉 권, 다시 M에 여섯 권이 할애되었다. 1754년에 완간되었을 때 사전은 64권에 보유편 네 권까지 더해져 그야말로 '웅장한 바로크 건물'로 변해 있었다.

《일반대사전》은 모든 주제를, 심지어는 철자 F 이후부터 현존하는 인물들의 전기까지 담고 있었다는 점에서 '일반적'이었다. 비록 작은 마을 혹은 잘 알려지지 않은 산이나 강까지 다루었지만, 지리와 관련해서는 매우 편파적이었다. 예를 들어 라이프치히는 159단(79쪽)을 할애한 반면, 베를린은 겨우 2단만 할애했다. 라플란드는 64단을 차지한 반면, 프랑스를 다룬 분량은 10단도 되지 않았다. 뿐만 아니라 아프리카나 아메리카와 같은 먼 나라의 정보는 시대에 한참 뒤진 것이었다. 철학 표제어들도 편파적이긴 매한가지였다. 독일의 계몽주의 철학자 크리스티안 폰 볼프*에 128단, '볼프 철학'에 349단이 할애되었다.

과학이 《일반대사전》의 상당 부분을 차지한 것은 사실이지만, 그 대부분은 뉴턴 이전 혹은 심지어 갈릴레오 이전의 과학이었다. 체들러는 "과학 연구의 (유일한) 목적은…… 무신론과 투쟁하여 사물에 깃든 신적 본성을 입증하는 것이다"라는 입장을 고수했다. 표제어들 중 상당수는 주술, 수상술, 마법 등 자연계의 불가사의를 다룬 것이었다.

요한 제바스티안 바흐는 불과 한 단밖에 차지하지 못한 반면, 연금술과 관련된 개념에는 엄청난 지면이 할애되었다. 이를테면 황

• Christian von Wolf(1679~1754). 독일의 철학자이자 법학자로 철학 용어를 독일어로 개념화하는 등, 학문과 지식을 대중에게 보급한다는 계몽주의 정신을 구체화했다.

산염에 234단, 화약 혹은 분말가루에 282단이 할애되었다. 표제어가 너무나 시대에 뒤떨어졌던 탓에 체들러로부터 작업을 인수한 루도비치는 64권의 오류들을 교정하기 위해 보유편 네 권을 발행해야 했다. 비록 사전은 1500명에 달하는 예약 주문자를 확보하고 5500부나 팔려나갔지만, 제2판을 만들자고 나서는 사람은 아무도 없었다. 이미 식자 대중의 관심은 그보다 훨씬 더 흥미로운《백과사전》쪽으로 급격히 쏠리고 있었다.

《백과사전》이 지금까지도 여전히 좋은 이미지로 기억되는 것은 디드로와 달랑베르의 진보적인 철학 덕분이다. 항목 '백과사전'에서 디드로는 자신의 목표가 "지구상에 흩어진 모든 지식들을 취합하여, 우리와 더불어 살아가는 사람들에게 그것의 일반적 시스템을 제시하고, 나아가 후세들에게 그 지식을 전달하는 것"이라고 천명했다. 그가 말한 '일반적 시스템'이란, 그보다 1세기 전에 프랜시스 베이컨이 제의했던 도식적인 '지식의 나무'에 토대를 둔 것으로서, 여기에서는 철학이 몸통을 이루고 그 한가운데에 인간이 위치한다. 종교는 미신이나 마법과 더불어 단지 곁가지에 불과할 뿐이다. 따라서 지식은 신의 계시나 전통적인 권위로부터가 아니라 관찰과 연역적 추론에서 얻을 수 있을 따름이다.[61]

종교적 믿음에 대한 열정은 식어가고 세속적 이념에 대한 열정은 불붙지 않은 문화계급에게 세속적 휴머니즘은 분명 체제 전복적이었으며, 바로 그 때문에 흥미롭고 위험하고 매혹적이었다. 우리는 이 기념비적 작품에 영감을 준 베이컨의 철학을 극찬하거나 혹평할 수도 있다. 하지만 그들의 작품이 비단 백과사전으로 위장한 철학이었을 뿐만 아니라, 실제로 활용한 백과사전이기도 했다는 사실을 간과해서는 안 된다.

체들러의 사전 이후《백과사전》은 그때까지 나온 그 어떤 사전보다도 완벽한 정보의 집약이었다. 오리지널 폴리오판은 17권의 텍스트와 1885장의 선명하고 상세한 판화를 수록한 또 다른 11권으로 구성되었다. 7만 1818개에 달하는 표제어를 완성하기 위해 디드로와 달랑베르는 135여 명의 공동 집필자를 모집했다. 그 가운데 뷔퐁이나 볼테르 같은 인물은 이미 유명세를 타고 있었고, 루소, 튀르고, 네케르 등은 머지않아 유명해질 인물이었다. 디드로가 직접 표제어 5000개를 집필했다고 알려져 있다.

철학을 제외한 가장 큰 혁신은 편집자들이 상세한 기술을 위해 삽화를 곁들이는 등 시종일관 많은 공을 들였다는 점이다. 특히 여기에서 그들의 귀납적 방법이 빛을 발했다.

> 우리는 파리 및 왕국 전체에서 가장 뛰어난 기능공들을 대상으로 설정했다. 작업장을 일일이 방문하여 하나하나 질문을 던지고, 그들의 답변을 꼼꼼하게 기록하는 수고도 마다하지 않았다. 그리하여 그들의 생각들을 차츰 발전시켜나갔으며, 그들의 직업적 용어들을 적절한 언어로 대치시키는 과정을 통해 그러한 용어들을 규정하는 목록을 작성하기에 이르렀다.[62]

그들은 유리제조술에 44쪽, 식공에 33쪽 그리고 제분업에 25쪽을 할애했다. 그러한 항목들이나 관련 삽화를 찾는 독자들에게 일종의 지적 관음증을 충족시켜주었다. 더불어 후대에게 그러한 항목은 그 자체로 산업화 이전의 기술사를 추적할 수 있는 소중한 문서였다. 이후에 나온 그 어떤 백과사전도 그와 같은 급진적 사상을 담아내지는 못했다. 어쨌든 그들이 편찬한 사전을 계기로 기계나 장치에 대한 삽화를 곁들여 다양한 기술을 다루는 항목들이 모든 백과사전의 일반적 특징으로 자리 잡게 되었다.

그 명성을 고려할 때, 디드로와 달랑베르의 《백과사전》이 오랫동안 역사가들의 관심을 끌어왔다는 사실은 전혀 놀라울 게 없다. 대부분의 역사가들은 《백과사전》이 떨친 악명, 교회의 저항 그리고 그것이 야기한 정치적 문제에 주목한다. 뿐만 아니라 다양한 판본과 판매 부수를 상세히 기술한 미국의 역사학자 로버트 단턴 Robert Darnton 덕분에 오늘날 우리는 《백과사전》의 경영사에 대해서도 거의 정확히 알고 있다.[63]

엄청난 작업량과 극복해야 할 여러 가지 정치적 장애 요인들 때문에 오리지널 폴리오판은 1751년과 1772년에 띄엄띄엄 출간되었다. 980리브르라는 저렴한 가격으로 유럽의 부자들과 문화계급으로부터 4000건에 달하는 예약 주문을 받았다. 이를 출발점으로 《백과사전》은 최초의 출판업자인 앙드레 프랑수아 브르통 André-François Le Breton은 물론 그의 사업을 이어받은 샤를 조제프 팽쿠크에게 엄청난 수익을 가져다주었다.

그러한 상업적 성공에 눈이 번쩍 뜨인 스위스와 이탈리아의 인쇄업자들은 값싼 해적판들을 마구 찍어내어 프랑스로 밀반입시켰다. 최초의 해적판들은 원본과 마찬가지로 대형 폴리오판이었다. 1758년과 1776년 사이에 이탈리아의 루카에서 인쇄된 해적판은 737리브르의 가격으로 3000부가 팔렸다. 스위스의 제네바에서 인쇄된 두 번째 해적판(1711~1776)은 840리브르의 가격으로 2000부가, 이탈리아의 리보르노에서 인쇄된 세 번째 해적판(1770~1778)은 574리브르의 가격으로 1500부가 팔렸다. 그 후 다양한 소형판이 등장했다. 제네바와 뇌샤텔에서 인쇄된 4절판(1777~1778)은 384리브르의 가격으로 8000부 이상 팔렸으며, 로잔과 베른에서 인쇄된 8절판(1778~1782)은 225리브르 혹은 원본의 4분의 1 가격으로 6000부가 팔렸다.[64] 원본과 해적판을 더해《백과사전》은 평균 30권 분량으로 2만 5000세트, 다시 말해 75만 부가 팔려나간 셈이었다.

두말할 필요도 없이《백과사전》은 당대를 풍미한 초베스트셀러로 성직자, 의사 그리고 여타 전문가들을 망라한 전 유럽의 식자층이 주요 고객이었다. 단턴의 말을 빌리자면, "서가에 꽂힌 4절판 크기의 한 권 그 자체만으로도 책주인에게 지식인이자 철학자의 위상을 부여했다."[65]

《백과사전》의 성공은 표절자들뿐만 아니라 그 내용을 보강하고 개정하고자 했던 여러 저자와 출판업자들에게도 자신감을 불어넣어주었다. 이들 가운데 거부이자 당시 유럽에서 가장 성공한 출판업자였던 팽쿠크는 1768년에 브르통으로부터《백과사전》의 발행권을 사들였다. 그는《백과사전》이 주제를 너무 많이 빠트렸고, 중복이 너무 많고, 엉성한 전후참조에 전면 삽화와 텍스트의 조화마저 제대로 구성되어 있지 않다고 결론지었다. 1782년, 팽쿠크는 자신의 개정판은《주제별로 정리한 체계적인 백과사전Encyclopédie méthodique, ou par ordre de matières》으로 개칭될 것이라고 선언했다. 오리지널《백과사전》에서처럼 알파벳순으로 배열된 각각의 주제에 따른 표제어들을 수록하는 대신, 이 새로운 사전은 26개 '사전'으로 구성되어 각각의 사전은 과학 혹은 예술에서 참되고 진정한 모든 것을 담아낼 터였다.[66] 또한 사전마다 한편의 체계적이고 교훈적인 논문을 읽듯이 주요 표제어의 읽는 순서를 제시하는 분석표를 첨부할 계획이었다.[67]

끝으로 《일반 어휘Vocabulaire universel》는 프랑스어의 모든 사상과 모든 단어를 집약한 최고의 목록과 또 다른 26권의 항목들에 대한 색인의 결합으로 구성될 터였다.[68] 그 결과물은 42권의 텍스트와 일곱 권의 전면 삽화로 구성되었으며, 디드로의 것보다 텍스트의 분량은 50퍼센트 이상 늘어났지만 가격은 더 저렴했다.

팽쿠크는 출판업자들이 당대로서는 생각하지 못한 출판시장에 대한 선견지명이 있었다. 다시 말해 과학적·철학적 발견들에 대한 정보를 이미 훤히 꿰뚫고 있던 엘리트층이 아니라, 아직은 근대적 교육 수준을 제대로 갖추지는 못했지만 지적 욕구는 왕성한 부르주아 계층을 중심으로 형성되던 여론을 집중 공략 대상으로 삼았던 것이다.[69]

1787년에 그는 예약 주문자들에게 보낸 서신에서 "우리의 계획이 차질 없이 진행되기만 한다면, 귀하께서는 글쓰기가 고안된 이래 인간이 생각하고 상상하고 창조해낸 모든 것과 만나게 될 것입니다. 인류의 지식을 세밀히 다루는 데 귀하를 만족시키지 못하는 단어나 대상은 존재하지 않을 것입니다"라고 단언했다.[70] 말하자면 그는 자신의 사전이 '인간의 모든 지식을 담은 완벽하고 일반적인 도서관', '문자, 과학 그리고 예술을 찬미하기 위해 이제껏 인간이 세운 가장 아름다운 기념물들 가운데 하나', '우리가 바라는 것 중 가장 풍성하고, 가장 크고, 가장 흥미롭고, 가장 정확하고,

가장 완벽하고, 가장 체계적인 문집' 그리고 '책이 인쇄된 이래 이루어진 가장 거대하고 가장 유용한 사업'이 될 것이라고 확신했던 것이다.[71]

호언장담한 결과를 성취하기 위해 팽쿠크는 부하 직원들로 하여금《백과사전》의 사본 두 권을 해체하여 자신이 정한 26개의 제명에 따라 항목들을 다시 정리하게 했다. 그런 다음 그는 최고의 아카데미 전문가들을 모집하여 각자에게 일정 분량을 맡기고 해당 텍스트를 최고의 수준으로 만들어달라고 부탁했다.

하지만 아카데미 회원들은 국가로부터 많은 연봉을 받고 있었던 터라 시간과 장소에 구속받을 이유가 없었다.[72] 몇몇 사람은 수년 동안이나 미적거리다가 아무런 결과물도 내놓지 못했다. 나머지 사람들은 한층 업그레이드된 완벽하고 방대한 작품들을 내놓았다. 식물학에 관한 두 권의 집필을 의뢰받은 장 바티스트 라마르크는 여덟 권의 텍스트와 다섯 권의 보유편 그리고 다섯 권 분량의 전면 삽화를 완성했다. 가스파르 몽주가 맡은 물리학에 관한 항목은 원래의 한 권에서 다섯 권으로 늘어났다. 기통 드 모르보의 화학사전도 원래의 한 권에서 다섯 권으로 그 분량이 늘어났다.

수학놀이, 원예, '아카데미 예술(승마, 펜싱, 댄스, 수영)', 사냥, 낚시, 수목과 임학, 포병, 음악, 정치와 지방자치제 등과 관련된 사전은 물론 심지어는 여성, 거미류, 식충류에 관한 별개의 사전까지 추가하는 네 팽쿠크도 힘을 보탰다.[73]

1788년 무렵,《주제별로 정리한 체계적인 백과사전》의 분량은 앞으로도 계속 늘어날 것이고, 따라서 사전이 완성되기까지는 예상보다 훨씬 더 많은 시간이 필요하리라는 점은 불을 보듯 뻔했다.

작품은 점점 더 방대해져 처음에는 60여 권의 36개 사전이 나중에는 124권의 51개 사전으로 늘어났다. 자금난에 시달리던 팽쿠크는 5000명의 예약 주문자들에게 다음과 같이 호소했다.

> 만약 우리가 예약 설명서에서 추정한대로 57∼60권으로만 제한했다면, 《백과사전》은 또다시 쓰라린 실패를 경험했을 것입니다. …… 이 위대한 작품을 위해 저자들이 반드시 필요하다고 판단한 권수를 지금에 와서 줄인다는 것은 작품의 훼손을 의미할 따름입니다. 《백과사전》은 하나의 괴물로 변할 것이며, 우리는 두고두고 그런 괴물을 만든 사실을 후회할 것입니다.[74]

그리고 곧 프랑스혁명이 일어났다. 매년 10권씩 찍어냈던 팽쿠크의 인쇄소는 소책자와 광고지 인쇄라는 좀 더 고수익의 작업으로 방향을 틀었다. 급변하는 정치적 상황 속에서 저자들의 집중력을 기대한다는 것은 무리였다. 예약 주문도 하나둘씩 줄어들었다. 팽쿠크는 제헌의회와 관련된 항목을 추가함으로써 돌파구를 모색했다. 하지만 1794년, 나이와 코앞에 닥친 재정파탄으로 그는 자신의 사위에게 사업을 넘겨줄 수밖에 없었다. 그런 우여곡절을 겪으며 팽쿠크와 동고동락했던 원저자와 예약 주문자들이 사망하고 나서도 한참 후인 1832년까지 출간은 계속 이어졌다.

《주제별로 정리한 체계적인 백과사전》은 83권의 텍스트에 다수의 보유편, 지도첩 그리고 전면 삽화가 보태지면서 총 200여 권으로 마무리되었다. 그 가운데 절반가량이 과학에 할애되었는데, 그것은 프랑스의 독자 대중의 관심사를 반영한 결과였다. 과학 부문은 그것이 쓰인 당대의 과학을 요약했지만, 새로운 발견들로 곧 구식 취급을 받으며 밀려나고 말았다. 철학, 법학 그리고 심지어는 예술 부문도 비슷한 경로를 밟았다.

학술 저서들과 마찬가지로 백과사전 또한 시간의 파괴력으로부터 결코 자유로울 수 없었다. 브리태니커백과사전과 브로크하우스의 출판업자들도 그 점을 잘 알고 있었다. 하지만 팽쿠크는 분량만 충분하다면 모든 지식을 한 작품에 담아낼 수 있다고 믿었다. 불행하게도 《주제별로 정리한 체계적인 백과사전》에는 디드로의 《백과사전》이 가진 보완적 장점이 없었다. 다시 말해 논쟁적이지도 급진적이지도 못했으며, 그렇다고 디드로의 작품에 비견될 만한 삽화도 갖추지 못했다. 《주제별로 정리한 체계적인 백과사전》은 오늘날에도 도서관들의 서가를 칸칸이 꿰차고 있다. 하지만 학자들로부터 외면당해온 지 이미 오래다.

백과사전의 성공과 정보의 홍수에 독일의 지식사업가들도 크게 고무되었다. 그들 역시 인간의 모든 지식을 포착하여 한 권의 작품 속에 담아낼 수 있다는 달콤한 환상에 사로잡혀 있었던 것이다. 그 결과물은 팽쿠크의 경우와 더불어 출판 역사상 가장 방대한 작품들에 속한다.[75]

1773년에 요한 게오르크 크뤼니츠Johann Georg Krünitz가 《경제·기술 백과사전Oeconomisch-technologische Encyclopädie》을 출간했을 때,[76] 철자 A는 2.5권 혹은 1500~2000쪽 분량이었다. 하지만 집필이 진행되는 동안 크뤼니츠가 입수한 경제·기술·과학 관련 정보의 양이 기하급수적으로 증가했다. 그 결과 철자 K는 26권으로 완성되기까지 꼬박 9년을, 철자 L은 24.5권으로 16년을 잡아먹었다. 크뤼니츠는 76권(51만 쪽)을 마무리 짓고 사망했는데, 그것은 완성 작품의 절반에 해당하는 분량이었다. 크뤼니츠의 작업을 이어받은 사람들은 21년 동안의 각고 끝에 철자 S를 다룬 50권을 집필했다. 242번째로 기록되는 마지막 권이 완성된 것은 첫 권이 나온 지 85년이 흐른 1858년이었다.

1818년에 자무엘 에르쉬Samuel Ersch와 요한 고트프리트 그루버Johann Gottfried Gruber는 《과학·예술 일반사전Allgemeine Enzyklopädie der Wissenschaften und Küste》의 첫 권을 발간했다. 당시 그들은 철자 G까지 완성했는데, 그 분량은 99권에 달했다. 항목 'Griechenland(그리스)'에만 여덟 권(3668쪽)이 할애되었다. 출판업자 브로크하우스는 원저자들이 사망한 지 한참이 지난 후까지도 계속 매달렸지만, 결국에는 167권을 마지막으로 미완의 상태에서 작업을 접어야 했다. 1889년의 일이었다.[77]

알파벳 순서 대 주제별 순서

참고도서에서 정보가 배열되는 방법은—표제어가 짧은가 혹은 긴가, 주제별 순서인가 혹은 알파벳 순서인가, 전후참조 혹은 색인을 갖추었는가—저자가 의도한 그 용도에 대해 알려준다. 이성의 시대는 "백과사전이 독자에게 특정한 정보를 효과적으로 찾아보는 데 도움이 되는 참고도서로 볼 것인가, 아니면 독자를 교육시키기 위한 학술서로 볼 것인가"라는 두 가지 시각이 팽팽하게 맞선 시기였다.

이러한 시각적 갈등은 정보를 대하는 시각차(지식인가 아니면 데이터인가)와 독자를 대하는 시각차(일반적 지식을 추구하며 즐기는 사람인가 아니면 특수한 정보가 급하게 필요한 사람인가)에 기인한다. 알파벳 순서는 효율적인 정보검색을 위해 고안된 반면, 주제별 순서는 교육 혹은 교화가 주된 목적이었다. 이 두 가지 시각의 갈등은 이성과 혁명의 시대는 물론 그 후 2세기 동안까지도 해소되지 않았다.

알파벳의 기원은 수천 년 전으로 거슬러 올라간다. 문자는 처음부터 줄곧 '알파벳' 순서로 배열되었다. 그런데도 17, 18세기 작품들의 표제에 '알파벳alphabet'이라는 단어가 수없이 등장했다는 사실에 고개를 갸웃거리게 한다. 코드리의《알파벳순에 의거한 단어표Table Alphabeticall》, 코로넬리의《일반 도서관Biblioteca universale》(알파벳순con ordine alfabetico), 《브리태니커백과사전Encyclopaedia Britannica》(알파벳순in the order of the alphabet), 에르쉬와 그루버의《과학·예술 일반사전Allgemeine Enzyklopädie der Wissenschaften und Küste》(알파벳순 in alphabetischer Folge), 리스의《리스 백과사전Rees's Cyclopædia》(알파벳순in one Alphabet), 크뤼니츠의《경제·기술 백과사전Oeconomisch-technologische Encyclopädie》(알파벳순in alphabetischer Ordnung), 로스의《상용사전Gemeinnütziges Lexicon》(알파벳순in alphabetischer Ordnung) 등등.

(철자가 아니라) 단어를 알파벳순으로 배열하려는 시도는 역사적으로 그 유례가 깊다. 로마인과 마찬가지로 고대 그리스인도 간간이 알파벳 순서를 사용했다. 하지만 언어학자 로이드 데일리Lloyd Daly가 지적했듯이, "인용된 각각의 예에서 그러한 원칙이 적용될 법한데도 적용되지 않은 문서들이 수백 개에 달한다."[78] 플리니우스는《박물지》에서 식물학적으로 분류가 불가능한 식물들만 알파벳

순으로 목록화했다.[79]

중세시대에는 인간 과학human science이 신의 과학God's science에 대한 하나의 시도로 여겼다. 중세의 몇몇 백과사전파 학자들은 창세기에 기록된 창조의 패턴에 따라, 또 다른 학자들은 성직자들의 설교에 도움을 주고자 성서와 교부들을 모델 삼아 자신들의 작품을 구성했다. 단어의 의미와 쓰임새를 설명하고 논한 세비야의 이시도루스Isidorus Seville의 《어원학Etymologiae》(636) 20권 가운데 단 한 권—사전a dictionary—만 알파벳순으로 배열되었을 뿐이다.[80] 중세의 용어사전들에 종종 단어의 첫 글자 혹은 두 번째 글자에서 알파벳 순서가 사용되기도 했으나, 적용 범위가 그 이상으로 확대된 경우는 거의 없었다.[81] 파피아스*는 그의 용어해설집 《엘레멘타리움 독토리나에 에루디멘툼Elementarium doctrinae erudimentum》(1053년경)에서 다음과 같이 설명한다.

> 무엇인가를 빨리 찾고 싶은 사람이라면, 이 책 전체가 단어의 첫 글자뿐만 아니라 두 번째 글자, 세 번째 글자, 어떤 경우에는 그보다도 몇 단계 더 나아간 글자에 따라 알파벳순으로 구성된 점 또한 반드시 알아야 한다.[82]

하지만 파피아스의 방식은 곧 잊혀졌다. 그로부터 146년이 지난 후 콘월의 피터**는 성서에 등장하는 순서에 따라 엮은 성서용어

• Papias, 2세기 초에 활동한 히에라폴리스의 주교이자 사전편찬자.
•• Peter of Cornwall(1139/1140~1220). 중세 학자이자 잉글랜드 앨드게이트의 홀리 트리니티 교회 수장.

집에 알파벳 색인을 달았다. 그리고 독자들이 "새로운 방법인 알파벳 순서에 따라 찾고자 하는 용어를 아주 쉽게 찾을 수 있다"[83]는 설명을 덧붙였다.

13세기 무렵, 성서의 용어 색인, 히브리어 명칭의 번역, 법전의 색인, 아리스토텔레스나 교부들의 저서 색인이나 드물게는 도서관 목록 같은 스콜라철학의 실현을 위한 수단들에서는 첫 글자 알파벳 순서의 사용이 보편화되었다. 하지만 방언이나 대중적인 용법 혹은 세금 명부나 임차인 목록과 같은 행정적인 목적으로는 결코 사용되지 않았다.[84]

1286년, 조반니 디 제노아Giovanni di Genoa는 그의 《카톨리콘Catolicon》 독자들에게 알파벳 순서 방식에 대해 설명할 필요성을 다시 느꼈다.

> 여러분은 알파벳에 따라 어느 방향으로든 나아갈 수 있습니다. 다시 말해 정해진 순서대로 따라가기만 하면 여러분은 이 책에 수록된 그 어떤 단어의 철자도 쉽게 찾을 것입니다. amo와 bibo의 경우를 예로 들어봅시다. bibo에 앞서 amo부터 언급하고자 합니다. amo의 첫 글자는 a이고 bibo의 첫 글자는 b이며, 알파벳 순서상 a가 b보다 앞서는 이유에서입니다. …… 이 순서를 고안하기 위해 엄청난 노력과 불굴의 투혼을 바쳐야 했습니다. 하지만 실질적 주체는 제가 아니라, 저와 함께 작업한 하느님의 은총이었습니다. 존경하는 독자 분들께 바라건대, 제가 기울인 노력의 성과물인 이 순서를 가치 없는 것이라고 비웃지는 말아주십시오.[85]

조반니의 '불굴의 투혼'이 있었음에도 용어사전이나 일반사전의 저자들은 주제에 의하거나—이를테면 조류 한 페이지, 그 다음 페이지는 네발 동물 식의—성서처럼 잘 알려진 텍스트에 등장하는 순서에 따라 단어를 배열하는 것을 선호했다.

알려지고 이해되었음에도 알파벳 순서는 쉽게 받아들여지지 않았다. 그 이유는 너무나 간단하다. 특정한 길이의 알파벳 목록을 작성하려면 많은 시간과 노력 그리고 값비싼 양피지가 필요했다. 더군다나 대다수의 학자들은 친숙하게 알려졌거나 심지어는 기억되기까지 하는 텍스트들을 대상으로 그러한 노력을 기울이는 것은 전혀 가치 없는 일이라고 판단했던 것이다. 값싼 종이 및 특히 인쇄술의 등장을 통해 독자의 수가 급증하면서부터 비로소 그러한 노력이 정당화되었다.[86]

주요 참고도서들 가운데 알파벳 순서로 편찬된 최초의 작품은 로버트 코드리의 《알파벳순에 의거한 단어표》였다. 독자들을 일깨워야 한다고 느낀 저자는 서문에서 다음과 같이 설명한다.

이 표를 큰 어려움 없이 제대로 이해하고 이 표에서 뭔가를 얻고 싶다면, 여러분은 반드시 알파벳을, 더 정확히 말해 철자들이 배열된 순서를 달달 외워야 합니다. 그런 다음 여러분이 원하는 철자의 위치를—이를테면 (b)는 시작 부분, (n)은 중간 부분 그리고 (t)는 거의 마지막 부분이라는 식으로—하나씩 익혀 나가야 합니다. 그럼 이제 다음 단계로 나가볼까요. 여러분이 원하는 단어가 (a)로 시작되면 이 표의 시작 부분을, (v)로 시작되면 이 표의 끝 부분을 찾아보십시오. 같은 맥락에서 (ca)로 시작되면 철자 (c)의

앞부분을, 그리고 (cu)로 시작되면 철자 (c)의 뒷부분을 찾아보십시오. 철자들이 하나씩 더해질 때마다 같은 방법으로 적용하면 됩니다.[87]

17세기에 알파벳 순서는 규범화되었다. 1677년과 1683년에 각각 두 권과 세 권으로 출간된 요한 호프만의 《역사·지리·연대기·시학·서지학 일반사전》과 《콘티누아티오Continuatio》는 알파벳 순서로 배열되었으나 라틴어 사전이었다.[88] 1674년에 나온 모레리의 《역사대사전》과 1680년에 나온 리슐레의 《프랑스어 사전》, 그리고 1690년에 나온 퓌르티에르의 《일반사전》은 모두 알파벳 순서로 구성되었다.

이러한 사전들의 가장 큰 경쟁자는 어원에 따라 단어들을 배열한 아카데미 프랑세즈의 사전이었다. 이를테면 표제어 faire에서 facile과 façon뿐만 아니라 affaire, défectueux, efficace도 다루어진 반면, s'acheminer는 표제어 chemin 아래에 배치되었다. 아카데미의 설명을 들어보자.

> 프랑스어는 파생어와 합성어뿐 아니라 원시어primitive word까지 포함하기 때문에, 우리는 어원에 의거한 사전의 구성이 즐겁고 유익할 것이라고 판단했다. 다시 말해 어떤 단어가 순수하게 프랑스어에 뿌리를 두었는지 혹은 라틴어나 여타 다른 언어에서 온 것인지는 따지지 말고, 무조건 원시어를 중심에 두고 그 밑에 파생어를 배치하는 것이다.[89]

하지만 그 결과물이 식자층에게는 '즐겁고 유익한' 것이었지만, 나머지 사람들에게는 난해하기만 했다. 알파벳 순서가 즐겨 사용되지 못한 한 가지 이유는 정해진 철자법이 없었다는 점이다. 사실 그것은 권위 있는 사전들이 등장해야만 가능한 일이었다. 18세기에 이르기까지 독일인은 i와 j 및 u와 v를 구별하지 않았으며, 그 때문에 표제어 순서에서 'Verstand'가 'Urteil'보다 앞자리에 위치했다. 마찬가지로 아카데미 프랑세즈도 1740년 이전까지는 그러한 철자들을 구별하지 않았다. 하지만 또 다른 철자법 문제가 알파벳 순서의 논쟁을 불러왔다. 이를테면 'advocat'와 'avocat' 혹은 'blasmer'와 'blâmer'의 경우에서처럼, 묵음은 종종 포함되기도 하고 생략되기도 했다. 'françois'가 'français'로 바뀌는 경우, 발음이 변화하면 철자법도 거기에 맞춰 달라질 수밖에 없었다. 이러한 문제들은 1830년대에야 비로소 해결되었다.[90]

게다가 오류도 많았다. 코드리의 사전에서 무작위로 추출한 218개 표제어 가운데 무려 12퍼센트가 알파벳 순서에 어긋났다. 저자가 선호하는 철자법과 출판사가 선호하는 철자법이 상충하는 경우도 왕왕 발생했는데, 그런 경우 단어들의 위치를 재조정하지 않고 바꾼 철자를 그 위치에 그대로 넣어 순서상의 오류를 야기했다(tiranize가 turbulent와 type 사이에 위치한 경우). 또 다른 곳에서는 원시어를 파생어의 앞에 두는 과정에서 오류가 발생했다(captiue가 captiuate의 앞에 등장하는 경우). 이런 오류는 토머스 블런트의 《용어해설집》(1656)에서도 자주 발견된다(epidemy를 epidemical의 앞에, 혹은 nugatory를 nugation의 앞에 놓는 경우). 엄격한 알파벳순이 확립되기까지 이러한 오류는 17세기와 18세기 동안 계속 이어졌으며, 대부분의 사전에서 그 비율

은 6~8퍼센트에 달했다.[91]

그 후 알파벳 순서를 전혀 이해하지 못한 저자들의 작품들이 등장했다. 그 대표적인 경우가 자크 베르나르 뒤레 드 누앵빌Ja-cques Beranrd Durey de Noinville의 《알파벳순 사전Table alphabétique des dictionnaires》(1758)이었다.[92] 표제에 알파벳이라는 단어가 등장하지만, 사전들의 전기라고 할 수 있는 이 작품은 사실 주제별 순서와 알파벳 순서를 오락가락한다. 가장 쉬운 예로 이 작품은 'Dictionarium abstrusorum vocabulorum'이라는 표제어로 시작하여 (아마도 abstrusorum이 a로 시작되기 때문일 것이다) 'Nouveau Dictionnaire du Voyageur'라는 표제어로 끝맺는다(voyageur는 v로 시작된다). 그리고 Anglois(영어)라는 단어 때문에 영어사전은 모두 a에 속했지만 알파벳순으로 배열되지는 않았다.

백과사전의 경우, 알파벳 순서는 앞서 언급한 기술적인 문제보다 더욱 까다로운 문제와 직면했다. 기존의 주제별 순서에 정면으로 도전장을 던진 것이다. 주제별 순서는 당연히 미리 짠 각본에 따라 개념들을 배열한다. 그러므로 개념들을 알파벳순으로 배열한다는 것은 곧 개념들의 순서가 각 개념의 중요도와는 무관함을 의미한다.《일반 도서관》을 연구한 제임스 푹스는 코로넬리가 바로 그 점에 착안하여 알파벳 순서를 선택했다고 주장한다.

> 그에게 주제별 순서에 따른 백과사전은 그가 반대해오던 지구 상의 모든 계급제도에 대한 하나의 상징이 되었다. 다시 말해 그는 자신의 사전에 알파벳 순서를 도입함으로써 그러한 계급제도들에 대해 상징적인 일격을 가한다고 생각했던 것이다. 알파벳

은 위대한 평등주의의 표본이었다. 종교적인 것이 세속적인 것 위에 군림할 수 없었고, 기계적 기술이 지적 기술보다 하위에 위치할 필요도 없었으며, 왕자에 관한 항목과 농부에 관한 항목이 나란히 등장할 수도 있었다. …… 뿐만 아니라 프로테스탄트와 이단자도 가톨릭과 구분하지 않았다. 이러한 수사학적 세계교회주의 ecumenicalism*는 코로넬리의 특징을 말해주는 동시에 라이프니츠 및 17세기의 세계교회주의자를 하나로 묶어준 '세계교회주의의 정신'을 반영한 것이다. 알파벳 백과사전을 이런 식으로 정당화하다니! 그저 놀라울 따름이다.[93]

코로넬리의 평등사상과 세계교회주의적 시각이 중요한 요인으로 작용한 것은 분명하지만, 그가 알파벳 순서를 선택한 데에는 좀 더 현실적인 이유가 있었다. 기고자들로부터 쏟아져 들어오는 텍스트들을 서둘러 출간하느라 주제별로 다시 분류하고 정리할 시간이 없었던 것이다. 텍스트가 입수되면 인쇄될 부문별 제목부터 찾았으며, 이탈리아어에 그것과 부합되는 단어가 없을 경우에는 무조건 외래 단어에서 뽑아왔다. 예를 들어 aakrab(전갈)와 aar(년, 해)는 아랍어에서, aalma(처녀)는 히브리어에서, aantha(귀걸이)는 그리스어에서 abalienare(이간하다, 양도하다)는 라틴어에서 빌려 쓴 단어들이었다.[94] 그 결과 그의 작품은 논리정연하게 배열되지 못했으며, 독자들에게 편의도 제공하지 못했다.

• 기독교 신학을 교파의 이해관계 없이 인문학의 자유·보편적 관점에서 탐구하고자 하는 선교신학의 한 흐름을 말한다. 교회일치운동 또는 교회연합운동이라고도 부른다.

코로넬리는 자신의 편의를 위해 알파벳 순서를 채택한 반면, 그의 계승자들은 독자들의 편의에 초점을 맞췄다.《사이클로피디아》의 서문에서 이프리엄 체임버스는 "만약 이 시스템이 사전을 개선시킨다면, 반대로 사전이 이 시스템의 발전에 기여하는 셈이다. 아마도 이 시스템(알파벳 순서)이 부분을 이루거나 종속된 모든 것을 포함하는 완전한 지식체계를 효과적으로 전달할 수 있는 유일한 방법일 것이다"[95]라고 말했다. 알파벳 순서가 '지식의 효과적인 전달'을 가능하게 한다는 생각은 그 후로도 사전학 문헌들에서 되풀이하여 등장한다.

18세기 중반에 들어서면서 알파벳 순서는 하나의 규범으로 자리 잡게 되었다. 그 점과 관련하여 역사가 조르주 마토레Georges Matoré는 "사전과 백과사전은 알파벳순으로 제시되는데, 이것은 분명 편익을 선호하고, 광범위한 지식을 축적하기보다는 빠르고 효과적으로 알고 싶어 하는 사회와 잘 어울리는 시스템이다"[96]라고 역설했다.

이성의 시대를 풍미한 역사가들은 그러한 시스템에 결코 만족할 수 없었다. 볼테르는 'alphabet'이라는 단어란 그저 'AB'를 의미할 뿐이라며 불편한 심기를 드러냈다.《백과사전》의 'Alphabet' 항목을 맡아 집필한 뒤마르세는 c, k 혹은 q와 같은 몇몇 철자들의 경우 발음과의 연계성이 결여된 점을 지적하며, 음성학적 측면을 고려한 새로운 철자법을 제안했다.[97]

이 시스템의 또 다른 걸림돌은 논리와 현실성 간의 괴리였다.《백과사전》을 기획하면서 디드로와 달랑베르는 광범위한 지식을 담아내면서도 효과적인 정보검색 기능까지 갖추어야 한다는 까다로운 문제와 씨름했다. 애초의 계획은 하나의 일관된 시스템으로 구성된 지식을 제공한다는 것이었다. 그 모델은 기억과 역사, 이성과 철학 그리고 상상력과 시학으로 나눈 프랜시스 베이컨의 방식이었다. 첫 권은 접어 넣은 페이지로 시작되는데, '인간 지식의 표상 체계Système figuré des connoissances humaines'라는 제목이 달린 이 대형 도표는 역사, 철학, 시학에 각각 한 단씩을 할애하여 지식의 여러 형태와 인간의 정신 능력을 제시했다. 각각의 영역별 주제는 저자들의 선호도에 따라 배열되었다. 한마디로 그 도표는 저자들의 세속적 휴머니즘 철학을 도식적으로 표현한 것이었다. 항목 배열에는 알파벳 순서가 채택되었다. 그들은 안내서에서 "우리가 이 작품에서 알파벳 순서를 따른 데에는 다음과 같은 이유가 있다. 어떤 단어의 의미를 알고자 할 경우, 알파벳순으로 배열된 사전이 더 쉽고 편리하게 찾을 수 있다. 이러한 방식은 독자들에게 편의를 제공할 것"이라고 설명했다.

그들은 새로운 유형의 독자를 염두에 두고 있었다. 다시 말해 성직자든 평신도든 할 것 없이 세상의 소요와는 완전히 담을 쌓은 채 오로지 연구와 명상으로 학자연하는 구닥다리 사람들이 아니라, 독서보다는 구체적 의문에 대한 즉각적인 해답을 찾느라 분주한 사람들을 겨냥한 것이었다.[98] 그렇다면 '구체적 의문에 대한 즉각적인 해답'을 인간의 지식을 다룬 그들의 체계적인 도표에 어떤 식으로 연결했을까? '예비 논의Preliminary Discourse'에서 그들은 다음과 같이 설명했다.

끝으로 이 사전에서 백과사전적 순서와 알파벳 순서를 조화시키기 위해 어떤 노력을 기울였는지 밝히고자 한다. 우리는 이 작품의 시작 부분에 수록한 체계도, 각 항목에 해당하는 학문 분야 그리고 각 항목의 구성 방식이라는 세 가지 방법을 이용했다. 각 항목의 주제를 이루는 단어 뒤에는 각 항목이 속한 학문 분야의 명칭을 제시했다. 따라서 체계도상에서 특정 학문이 차지하는 등위만 확인하면 찾고자 하는 항목의 위치도 자연스럽게 알 수 있다.[99]

역사학자 피에르 레타Pierre Rétat가 "알파벳 순서의 저주"라고 일컬은 지식의 파편화를 막기 위해 디드로와 달랑베르는 1728년에 체임버스가 처음으로 《사이클로피디아》에 도입한 전후참조를 사용했다. 하지만 방법이 서툴렀다. 많은 항목에 전후참조가 누락되었으며, 존재하지도 않는 항목을 가리키는 경우도 많았다.[100]

그러한 노력에도 아주 긴 '백과사전적' 항목들을 쓰고 싶은 저자들의 의욕과 '즉각적인 해답을 찾느라 분주한 사람들'의 욕구 사이의 갈등은 여전히 해소되지 않았다. 이 난제를 해결하기 위해 팽쿠크는 디드로의 동의도 구하지 않고 피에르 무송Pierre Mouchon에게 의뢰하여 백과사전의 색인에 해당하는 두 권의 《분석표Table analytique》를 만들어 출간했다.[101] 그런 우여곡절 끝에 방대한 분량의 참고도서를 검색하는 데 필수적인 전후참조와 색인이 탄생한 것이다.[102]

알파벳 순서에 대한 반발은 《백과사전》이 등장하는 순간부터 시작되었다. 앞서 언급했듯이, 팽쿠크는 자신의 《주제별로 정리한 체계적인 백과사전》이 디드로의 오리지널판보다도 더 실용적으로 배열되었다고 자부했다. 영국 시인 새뮤얼 테일러 콜리지Samuel

Taylor Coleridge가 《브리태니커백과사전》에 대한 대안으로 《메트로 폴리타나 백과사전Encyclopaedia Metropolitana》을 펴낸 것도 같은 맥락에서였다.[103] 〈방법의 과학에 관하여On the Science of Method〉라는 소논문에서 콜리지는 작품의 통일성 혹은 일관성을 강조했다.

> 유사한 종류의 다른 여러 작품에서 구성과 설명의 일관성이 결여된 점을 몹시 유감스럽게 생각해왔다. 말하자면 찾고자 하는 정보가 여러 권에 흩어지면서 무수한 조각들로 나뉜 것이다. 이는 마치 바닥에 떨어져서 깨진 거울처럼, 유리 파편들은 하나가 아닌 수많은 상을 보여주지만 결코 완전한 상은 만들지 못한다.[104]

그는 브리태니커를 겨냥하여 "첫 글자의 우연성에 따라 배열된 '알 수 있는 모든 것omni scibile'의 거대한 잡탕"이라고 직격탄을 날리며, "장로파 책장사들의 파렴치한 무지"에 그 책임을 돌렸다.

콜리지는 알파벳 순서를 선택한 편집자들을 비난한 반면, 몇몇 사람들은 독자들을 주범으로 지목했다. 스웨덴의 고전주의자 아돌프 퇴르네로스Adolf Törneros는 "사전, 이를테면 대화사전은 2페니짜리 코담배를 집어 드는 경우처럼, 누구나 즉흥적이고 순간적인 욕구를 충족시킬 수 있는 식료품 가게와 같다"[105]며 불만을 터뜨렸다. 《아카데미 프랑세즈 사전Dictionnaire de l'Académie française》의 제7판(1878)을 발간할 무렵까지도 여전히 아카데미 프랑세즈는 160여 년 전에 포기했던 어원에 따른 배열을 그리워하고 있었다.

지금의 시대까지 이어져 내려온 단어들의 계보학적 역사를 알고 싶어 하고, 또 그것을 추적해보려는 독자들에게 더 많은 즐거움을 선사하는 과학적 배열. 사전들이 제대로 된 독자만 만났다면 아마도 그것은 유지되었을 것이다. 하지만 불행히도 천박한 대중과 만나면서 너무나 많은 어려움을 겪어야만 했다. 사전을 펼칠 때 찾는 단어가 즉시 눈에 띄지 않으면 짜증부터 내니 더 이상 무엇을 기대할 수 있으랴.[106]

주제별 순서에 따라 구성된 지식의 요약이라는 대안은 이론적으로 매력적이었지만 그 실천에는 더 큰 문제를 안고 있었다. 콜리지도 팽쿠크가 씨름했던 것과 동일한 문제 속으로 발을 내딛었다. 미국의 언어학자 로버트 콜리슨Robert Collison의 말을 들어보자.

콜리지는 하나의 체계적인 교본으로서 백과사전을 마음속에 그리고 있었다. 다시 말해 지적인 사람이 자연적 무지의 상태에서 첫 권의 첫 페이지에서 출발할 경우, 마지막 권의 마지막 페이지를 덮는 순간, 이 세계와 이 세계가 이루어낸 성취들에 대한 균형 잡힌 이해를 갖춘 상태로 거듭날 수 있어야 한다는 것이다. 참고도서로서 백과사전이 완전히 도외시된 것은 아니지만, 그에게 그러한 목적은 단지 부차적인 것에 지나지 않았다. 콜리지의 마음은 온통 독학에만 쏠려 있었는데, 그러한 과정을 제공하는 것이 백과사전의 주된 의무라고 생각했던 것이다.[107]

오래지 않아 출판업계의 치열한 경쟁 앞에서, 콜리지처럼 고상하지만 비현실적인 생각들은 설 자리를 잃었다. 최초의 출판업자는 도산했으며, 초판의 앞선 몇 권이 팔리지 않자, 콜리지도 그 작업에서 손을 뗐다. 1848년과 1858년 사이에 발간된 제2판은 총 45권으로 '오스만 제국의 역사', '전기야금 설명서', '일반 문법' 등 각 권마다 각각 다른 주제를 다루었다. 자연적 무지의 상태에 있는 지적인 사람에게 하나의 체계적 교육을 제공하기는커녕, 《주제별로 정리한 체계적인 백과사전》과 마찬가지로 《메트로폴리타나 백과사전》도 상호연관성이 결여된 일련의 텍스트북으로 끝나고 말았다.[108]

통합적인 지식과 효율적인 정보검색 사이의 갈등은 오늘날까지도 남아 있다. 주제별로 지식을 조합하려는 시도인 《지식의 개요 Propaedia》, 편리한 참조를 위해 수만 개의 짤막한 표제어를 수록한 《소항목사전 Micropaedia》 그리고 수천 개의 항목들을 상세하게 설명한 《대항목사전 Macropaedia》으로 구성된 《브리태니커백과사전》(1987) 제15판은 이러한 갈등을 해소해보려는 가장 최근의 시도다. 아마도 머지않아 하이퍼링크를 갖춘 컴퓨터가 디드로와 달랑베르 그리고 그들의 뒤를 이은 수많은 사람이 200여 년 넘게 씨름해왔던 이 문제를 해결할 것이다.

참고도서의 계량화

2세기도 훨씬 지난 시점에서 당대의 명성을 기준으로 특정한 참고도서의 가치를 가늠하는 것은 무의미하다. 한 작품이 지식층에게 얼마나 좋은 이미지로 기억되는가를 나타내는 문학적 정전(literary canon, 正典)은 당대의 독자들에 대한 그 작품의 가치가 아니라, 그것의 지속적인 영향력으로 평가된다. 이 점을 고려하면 또 다른 몇 가지 기준을 설정해야 할 필요성이 제기된다. 단언할 수는 없지만 수치도 그러한 기준의 하나일 수 있다.

영국의 서지학자 윌리엄 마스던William Marsden은 수년 동안 자신의 도서관을 비롯한 런던대학도서관, 옥스퍼드대학도서관 그리고 케임브리지대학도서관에서 각종 언어로 쓰인 언어 저서들을 찾았다. 1796년, 그는 그것들을 목록화하여 《사전·어휘·문법·알파벳 목록Catalogue of Dictionaries, Vocabularies, Grammars, and Alphabets》을 펴냈다. 그의 책에서 언어 관련 저서들의 발행 숫자를 10년 단위로 묶어 나타냈다(표 1 참조).

최근에는 사전편찬자 베르나르 쿼마다Bernard Quemada가 16세기에서부터 19세기 중반에 이르기까지 출간된 모든 프랑스어 참고 도서들을 분석했는데, 유명한 저서들의 후속판, 용어사전 그리고 전문 어휘목록까지 그 대상에 포함되었다(표 2 참조).

마스던과 쿼마다가 인용한 저서들의 시기별 숫자그래프는 거의 평행선을 달린다(그림 13 참조). 두 경우 모두 17세기와 18세기 초에는 그 수치가 일정한 수준에 머물다가 18세기 후반부로 넘어가면서 갑자기 가파르게 치솟는다. 쿼마다의 프랑스어 사전들의 경우, 프랑스혁명의 영향으로 1780년대와 1790년대에 수치가 떨어졌다가, 19세기 초반에 다시 급상승하면서 1830년대에는 300권까지 육박한다. 물론 이 수치들이 절대적이라고 말할 수는 없지만, 언어적 도구들의 공급이 절정에 달했다는 사실을 입증하기에는 충분하다.[109]

백과사전의 분량은 편집자들이 출판할 가치가 있다고 판단한 정보의 양을 반영한다고 할 수 있다. 하지만 그것이 독서 대중에게

표 1 1500~1789년까지 출간된 사전, 어휘, 문법, 알파벳과 관련된 어학 저서들의 발행 숫자.

표 2 1540~1849년까지 출간된 프랑스어 사전 숫자.

연도	사전
1500~1509	1
1510~1519	4
1520~1529	2
1530~1539	12
1540~1549	5
1550~1559	16
1560~1569	10
1570~1579	9
1580~1589	14
1590~1599	36
1600~1609	36
1610~1619	43
1620~1629	33
1630~1639	55
1640~1649	41
1650~1659	49
1660~1669	44
1670~1679	45
1680~1689	49
1690~1699	41
1700~1709	50
1710~1719	42
1720~1729	43
1730~1739	43
1740~1749	57
1750~1759	57
1760~1769	63
1770~1779	104
1780~1789	148

출처 : 윌리엄 마스던, 《사전·어휘·문법·알파벳 목록》(런던, 1796)

연도	사전
1540~1549	20
1550~1559	24
1560~1569	24
1570~1579	30
1580~1589	27
1590~1599	19
1600~1609	28
1610~1619	20
1620~1629	14
1630~1639	15
1640~1649	33
1650~1659	24
1660~1669	41
1670~1679	21
1680~1689	28
1690~1699	27
1700~1709	33
1710~1719	34
1720~1729	23
1730~1739	24
1740~1749	36
1750~1759	77
1760~1769	121
1770~1779	122
1780~1789	82
1790~1799	95
1800~1809	130
1810~1819	113
1820~1829	268
1830~1839	291
1840~1849	265

출처 : 베르나르 케마다, 《근대 프랑스어 사전 1539~1863 : 사전의 역사와 유형, 제작 방법에 관한 연구Les dictionnaires du français moderne 1539~1863 : Etude sur leurs histoire, leurs types et leurs méthodes》(파리 : 디디에, 1967), 567~634쪽.

도달된 정보의 양을 의미하지는 않는다. 따라서 분량보다는 오히려 발행된 판본의 숫자로 측정되는 인기도를 정보의 수요를 나타내는 잣대로 삼는 것이 더 합리적일 것이다.

18세기와 19세기 초에 엄청난 인기를 누렸던 작품은 연감이나 텍스트북과 같은 일회용 도서들이었다.[110] 하지만 참고도서도 상당한 인기 품목이었다.《아카데미 프랑세즈 사전》(1694),《브리태니커백과사전》(1771), 1809~1811년《콘베르자치온스렉시콘》으로 출발하여 독일에서 가장 유명한 사전 및 백과사전 시리즈로 성장한《브로크하우스》, 노어 웹스터Noah Webster의《미국 영어사전American Dictionary of the English Language》(1828)을 원조로 탄생한 미국의 무수한 '웹스터사전'은 이 시기에 처음으로 등장하여 지금까지도 그 생명력을 과시한다.

아카데미 프랑세즈가 출간한 최초의 사전《크루스카 아카데미

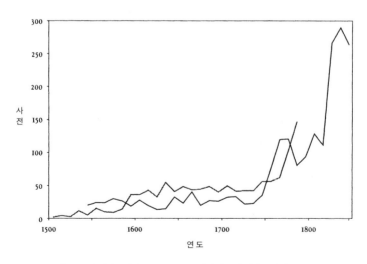

그림 13 10년 단위로 살펴본 1500~1864년의 사전 및 여타 언어 서적들의 숫자.

사전》은 1612년부터 1883년까지 20차례나 판을 거듭했다. 1674년에 처음으로 출간된 모레리의《역사대사전》의 경우, 독일어판 여덟 개와 영어판 여섯 개 그리고 에스파냐어판과 네덜란드어판 한 개씩을 차치하더라도 1759년의 마지막 판이 24판에 해당되었다. 앙투안 퓌르티에르의《일반사전》은 1690년과 1727년에 아홉 차례나 판을 거듭했다. 피에르 벨의《역사·비평사전》은 1820년에 마지막 11판이 나올 때까지 18세기를 가로지르며 지속적인 인기를 누렸다(독일어 번역본 하나와 영어 번역본 네 개도 그 시기에 나왔다). 독일에서는 백과사전적 사전이 인기를 누렸다. 그중 가장 성공적인 사례로 꼽히는 휘브너의《정치·시사 실용사전》은 1704년과 1828년에 31차례나 출간되었다.[111]

판이나 재판의 숫자만으로 평가할 경우, 영국에서는 세 작품이 베스트셀러에 속했다. 1755년에 처음으로 출간된 네이선 베일리의《신일반어원사전New Universal Etymological English Dictionary》은 1802년 무렵 30판에 도달했다.[112] 또 다른 인기작품인 이프리엄 체임버스의《사이클로피디아》는 1728년과 1795년에 23차례나 판 혹은 재판을 거듭했으며, 거기에 이탈리아판 네 개까지 더해졌다. 다이크와 파든의《신일반영어사전》의 경우, 1735년과 1794년 사이에 21개 영어판과 프랑스어 번역판 네 개가 출간되었다.

끝으로 디드로와 달랑베르의《백과사전》을 살펴보자. 이 작품은 당시까지 출간된 사전들 가운데 분량이 가장 방대하고 아주 고가였음에도 엄청난 판매고를 기록했다. 오리지널판과 무수한 해적판은 물론《도이치백과사전Deutsche Encyclopädie》(1778),《에든버러 백과사전Edinburgh Encyclopedia》(1808~1830),《브리티시백과사전British

Encyclopaedia》(1809)과 같은 모방판까지도 출간되자마자 날개 돋친 듯 팔려나갔다.[113]

오리지널판과 후속판들의 분량 차이 또한 정보의 수요를 평가하는 잣대가 될 수 있다. 방대한 분량으로 출발했다가 초판으로 마감되는(혹은 심지어 미완으로 끝나는) 경우도 왕왕 있었지만, 인기작들은 지식의 증가와 정보에 대한 대중적 수요를 따라가면서 그 명성을 더해갔다. 모레리의 《역사대사전》은 단 한 권으로 출발했지만, 제2판(1681)은 그 분량이 두 배로 늘어났다. 1692년에 다시 두 배로 늘어났으며, 1759년의 마지막 24판은 10권으로 구성되었다. 《역사대사전》과 경쟁관계에 있었던 벨의 《역사·비평사전》은 두 권으로 출발했다. 하지만 판을 거듭하면서 네 권으로 늘어났고, 1820년에 16권 분량으로 재발간되었다(좀 더 정확히 말해 동일한 표제가 사용되었다). 《브리태니커백과사전》의 초판(1771)은 세 권(2695쪽) 분량이었다. 초판의 성공에 용기를 얻은 출판업자들은 제2판(1778~1784)에서 10권(8595쪽)으로 분량을 늘렸다. 제3판(1797)은 18권(1만 4579쪽)으로, 다시 제4판(1801~1810)은 20권(1만 6033쪽)으로 늘어났으며, 그런 추세는 그 뒤에도 계속 이어졌다. 분량의 증가 속도는 에이브러햄 리스의 《리스 백과사전》이 가장 빨랐는데, 1778~1788년에 다섯 권으로 출발하여 1819~1820년에 45권으로 늘어났다.[114]

판매 부수를 정확히 판단하기란 여간 까다롭지 않다. 분량이 큰 백과사전들은 대개 예약 주문으로 팔았는데, 예약 주문자의 숫자는 출판업계의 동향에 따라 들쑥날쑥할 수밖에 없었다. 게다가 강력한 저작권법이 없던 터라 '공식official'판들은 해적판들과 경쟁해야 했다. 네덜란드, 스위스 그리고 북이탈리아의 출판업자들이 프랑스의 작품들을 베끼는 데 탁월한 능력을 발휘했다면, 미국의 출판업자들은 갓 독립한 자신들의 나라를 영국의 작품들을 모델로 삼은 해적판들로 넘쳐나게 했다. 그럼에도 그러한 추정치들을 통해 우리는 참고도서의 대중화 현상을 확인할 수 있다.

18세기 초에는 소수의 구매자만 있어도 유명세를 탈 수 있었다. 해리스의 《기술사전》의 경우, 초판(1704)의 예약 주문자가 900명 그리고 그 보유편(1710)의 예약 주문자가 1200명에 불과했으나 '상업적인 성공'으로 간주되었다.[115] 마찬가지로 체임버스의 《사이클로피디아》 초판은 예약 주문자가 400명도 미치지 못했지만, 그 숫자만으로도 수많은 후속판과 번역판이 나오는 계기가 되었다.[116] 벨의 《역사·비평사전》(1697)은 2000부를 인쇄하며 이들 사전보다 더 큰 인기를 누렸다.[117]

18세기 중반에 접어들면서 참고도서의 발행부수가 대폭 늘어났다. 체들러의 《일반대사전》은 1500명의 예약 주문자를 확보한 상태에서 출발했다. 5500부가 인쇄되었으나 추가 판매는 거의 이루어지지 않았다. 해당 출판사가 도산한 이유도 아마 그 때문이었을 것이다.[118] 그와는 대조적으로 디드로의 파리 폴리오판은 4000명의 예약 주문자를 확보했으며, 그 후 해적판은 대략 2만 5000부가 팔려나갔다.[119]

또 하나의 경향이 중산층 사이에서 참고도서의 인기도를 반영했는데, 그것은 다름 아닌 '휴대용' 저서들의 증가였다. 존슨의 《영어사전》이나 디드로의 《백과사전》과 같은 대형 폴리오판 대신 4절판(약 7×10인치)과 8절판(약 5×8인치), 혹은 그보다 작은 소형판에 대한 수요가 폭발적으로 늘어났다.[120]

참고도서의 인기는 18세기 동안 계속 이어졌다. 《브리태니커백과사전》의 초판(1771)은 3000세트 이상 팔려나갔다. 세트당 가격은 12파운드로, 한 세트에 세 권 가격으로는 상당히 비싼 편이었다. 10권으로 구성된 제2판(1778~1783)은 4500세트, 그리고 18권으로 구성된 제3판(1787~1797)은 1만 3000세트가 팔려나갔다. 반면 제4판은 4000세트밖에 판매되지 않았는데, 그것은 두 권의 보유편만 더해졌을 뿐 실제로는 제3판의 재판에 불과했기 때문일 것이다.[121]

에르쉬, 그루버, 크뤼니츠, 체들러 등이 펴낸 독일의 거대 판본들은 고전을 면치 못했다. 하지만 19세기 초에 들어서면서 최신 정보에 가격이 그리 비싸지 않은 백과사전을 찾는 독서 대중이 급격히 늘어났다. 그리고 그러한 대중적 욕구를 만족시킬 방법을 개척한 인물이 바로 프리드리히 브로크하우스였다. 본판 여섯 권과 보유편 두 권(1808~1811)으로 구성된 《대화사전》의 초판은 2000부, 제2판(1812~1819)은 3000부가 팔려나갔다. 《일반실용사전Allgemeine deutsche Real-Encyclopädie》이라는 표제 아래 10권으로 묶인 제5판은 출간되던 해에 1만 2000부, 그 다음 3년 동안 2만 부가 판매되었다. 1830년대에 브로크하우스는 새로운 판을 찍어낼 때마다 3만 부씩의 판매고를 올렸으며, 어떤 경우에는 여러 판을 동시에 펴내기도 했다. 그런 과정을 거쳐 마침내 백과사전은 부르주아 가정의 붙박이 세간으로까지 도약하기에 이르렀다.[122]

이성의 시대에 등장하는 참고도서들에 대한 이러한 연구는 문헌학적 비평 차원의 접근이 아니라, 당대의 식자층이 어떻게 정보를 찾고 이용했는지를 밝히려는 하나의 시도다. 여기에서 우리는 세

가지 결론을 이끌어냈다.

첫째, 출간된 작품들의 숫자, 분량, 발전 과정 및 속도 혹은 고객들의 숫자 등 그 어떤 잣대로 평가하든 참고도서 시장이 크게 확장된 것은 분명한 사실이다. 둘째, 독서 대중의 관심은 점차 신학 대신 세속적인 것, 그중에서도 특히 과학과 기술 쪽으로 기울어갔다. 셋째, 독서 대중은 주제별 순서로 배열된 교훈서 혹은 교양서보다는 신속한 참조를 목적으로 삼는 알파벳 순서의 저서들을 선호했다. 다시 말해 효율적인 정보의 저장과 검색 기능이 체계적인 교육과 교화 기능을 대신하게 된 것이다.

지금은 컴퓨터가 정보의 검색을 훨씬 쉽고 편리하게 만들면서 디지털화된 참고도서들이 크게 주목받고 있다. 전통적인 백과사전들은 전자색인을 갖춘 CD-ROM이나 온라인상에 제공된다. 사전들은 맞춤법 검색기나 유의어사전과 같은 소프트웨어로 재등장한다. 데이터베이스, 정기간행물 기사 색인, 도서관 목록 등은 순서에 상관없이 언제 어디서나 접속이 가능하다.

전통적인 참고도서들이 디지털화되는 순간, 엄청난 지각변동이 일어났다. 인터넷은 무한한 표현과 손쉬운 접근 가능성을 앞세워 모든 대중 정보를 장악해나간다. 검색엔진, 키워드 그리고 하이퍼텍스트 링크를 이용하면 거의 모든 것을 찾을 수 있다. 월드와이드웹은 극단으로 치달은 보편사전의 한 형태라고 할 수 있다. 다시 말해 어떠한 조직 원칙도 없이 전 세계의 모든 정보를 다루며, 사용자 모두가 백과사전편찬자가 되는 것이다.

이처럼 숨 쉴 틈 없는 변화에 직면한다면 코로넬리나 체들러 같은 사람조차도 가쁜 숨을 몰아쉴 게 분명하다.

우편제도와 통신시스템

정보의 소통

애들아 쉿! 무슨 소리 들리지 않니?

폴 리비어가 한밤중에 말을 달리는 소리란다.

1775년 4월 18일이었지.

저 유명한 날을 기억하는 사람은 지금은 거의 다 죽고 없단다.

친구에게 이렇게 말했다지.

"오늘밤 만약 영국군이 육로나 해로로 접근해오면,

불빛 신호로 노스 교회 종탑 아치에 등불을 내걸게.

땅으로 오면 한 개를, 그리고 바다로 오면 두 개를.

나는 건너편 해안에 대기하고 있다가

신호가 오는 즉시 말을 몰아, 미들섹스의

모든 농장과 마을에 경보를 울리겠네.

주민들이 일어나 싸울 준비를 할 수 있도록.

— 헨리 워즈워스 롱펠로, 〈폴 리비어의 한밤중 말 달리기〉

미국혁명의 전령 폴 리비어*는 1775년 4월 18일을 이렇게 기억했다. "코넌트 대령과 몇 명의 신사들과 미리 말을 맞췄죠. 영국군이 바다로 나오면 노스 교회 첨탑에 등불 두 개를, 그리고 육로로 접근해오면 등불 한 개를 내걸기로 말입니다. 찰스 강을 건너거나 보스턴 해협을 통과하기는 어렵다고 판단했기 때문이죠."[1]

그로부터 18년 후인 1793년 7월 12일, 클로드 샤프Claude Chappe (1763~1805)는 자신이 고안한 시각통신기semaphore telegraph를 프랑스 국민공회의 교육위원회에 제출했다. 파리 근교의 생파르고에서 피에르 도누 의원은 그곳에서 35킬로미터 떨어진 생 마르탱 뒤 테르트르에 있던 조제프 라카날 의원에게 "도누는 이곳에 도착했음. 조금 전에 국민공회가 공안위원회로 하여금 국민대표들의 서류에 서명 날인할 것을 재가했음"이라는 메시지를 보냈다. 그로부터

---

* Paul Revere(1735~1818). 미국독립전쟁이 발발한 1755년 4월 18일 새벽, 영국군의 침공 소식을 알린 인물. 그의 활약으로 미국은 독립전쟁의 첫 시발점인 렉싱턴과 콩코드 전투에서 대승을 거두며 독립전쟁의 교두보를 마련했다.

9분 후, 라카날은 "이 아름다운 나라의 거주자들은 자유를 누릴 자격이 있음. 자유에 대한 그들의 사랑과 국민공회 및 국민공회가 제정한 법에 대한 그들의 존중 때문임"[2]이라고 답신을 보내왔다.

위의 두 날짜 사이에 커뮤니케이션의 일대 혁명이 일어났다. 리비어는 '육로', '해로' 그리고 '무소식'이라는 단 세 단어의 잠재적 메시지만으로 미리 약속된, 간단한 일회성 신호를 사용했다. 반면 샤프는 메시지의 종류에 상관없이 양방향으로, 그것도 질주하는 말보다 더 빠른 속도로 의사소통을 할 수 있었다. 하지만 이것은 혁명과 전쟁의 소용돌이 속에서 18세기 말과 19세기 초에 이루어진 커뮤니케이션의 다양한 대변화들 가운데 단지 한 사례에 불과할 뿐이다.

커뮤니케이션시스템

그것이 자연적이든 문화적이든, 인간은 직접적인 의사소통에 탁월한 재능을 지녔다. 하지만 원거리 소통은 정보를 목적지까지 적시에 보내야 하는 까닭에 정교한 시스템을 요구한다. 거리의 극복은 커뮤니케이션 시스템의 여러 기능 가운데 하나에 불과하다. 우리는 먼저 말, 문자, 전화, 전보, 이메일 등의 개인 사이의 정보 전달과 신문, 책, 팸플릿, 광고지, 포스터, 라디오 및 텔레비전 방송, 월드와이드웹 등의 한 지점에서 여러 지점으로 전달되는 정보 전파를 구별해야 한다.

커뮤니케이션시스템의 첫 번째 특징은 소통의 범위다. 가장 단순한 형태의 커뮤니케이션시스템은 메시지의 전달이 필요할 때마다 메신저를 보내는 방법이었다. 그보다 복잡한 형태는 미리 약속된 경로를 따라 약속된 일정한 양의 메시지를 보내는 방법인데, 대부분의 경우 오직 한 방향으로만 소통이 이루어졌다. 그보다 더 복잡하고 정교한 형태는 영구적인 소통 방식이다. 이 경우 메시지의 종류에 상관없이 양방향으로 두 지점 사이의 소통이 가능하며, 때로는 정해진 스케줄에 따라 소통이 이루어지기도 했다. 가장 정교한 시스템은 완벽한 네트워크로 왕국과 같은 넓은 지역을 대상으로 연달아 소통이 이루어지는 형태였다.

영구적 시스템의 한 가지 중요한 특징은 그것의 소유권, 운영, 통제 그리고 자금 마련이었다. 역사적으로 국영 커뮤니케이션시스템과 민간 커뮤니케이션시스템은 서로 경쟁하며 공존해왔다. 민간 시스템은 개인회사는 물론 기업조직, 종교단체 혹은 대학에서 운영해왔다. 정부, 개인회사 혹은 각종 단체는 역마차의 계약에서부터 전 지역을 아우르는 '개척'에 이르기까지 만반의 준비를 갖춰야 했다. 하지만 민영과 국영의 경계선이 모호한 경우도 왕왕 있었다. 개인회사는 당연히 이익을 추구했다. 정부의 네트워크는 보조금으로 운영되는 것이 일반적이지만, 때로는 수입원이 되기도 했다. 아주 드물긴 했지만 심지어 파산하는 경우까지 있었다.

17세기에는 개인 고객에게도 허용되었으나, 최초의 국영 네트워크는 공식적인 메시지로 한정되었다. 민영 네트워크는 대부분 고정비용(릴레이 우편, 말, 배달원)을 충당하기 위해 많은 이용자를 확보해야 했다. 하지만 비싼 요금 때문에 주요 고객은 엘리트층이었다. 오늘날 같은 일반 대중의 무한한 접속가능성은 극히 최근에 발전된 형태다.

마지막 특징은 프라이버시권과 검열이다. 메시지의 소통은 늘 권력행사와 밀접한 관계를 맺어왔다. 엄청난 비용에도 왕국이나 제국들이 네트워크의 구축과 유지에 공을 들인 것도 바로 그 이유에서다. 권력과의 유착관계는 체제 전복이나 첩보행위를 두려워한 각국 정부들이—어떤 정부가 그것으로부터 자유로울 수 있겠는가—네트워크의 접속을 통제하기 위해 갖가지 수단을 강구한 이유를 말해준다. 설령 일반 대중의 접속을 허용한다 해도 도중에 개입하여 메시지를 읽을 권리만은 결코 포기하지 않았다. 그리고 그런 식의 감시는 대개 비밀리에 행해졌다.

이 장은 우편제도, 시각 신호체계 그리고 해상 깃발 신호체계라는 세 가지 장거리 의사소통체계를 다룬다. 특히 범위와 조직, 소유권, 관리, 자금 마련, 접속, 감시 등의 특징 및 정보 전달이 혁명과 전쟁에 어떤 영향을 주었는지에 대해 초점을 맞췄다.

18세기 이전의 우편제도

먼 거리로 정보를 전달한 최초의 수단은 전령이었다. 그리스의 역사가 헤로도토스가 말하길, 마라톤전투(기원전 490년)가 시작되기 전에 '전문적 훈련을 받은 전령' 필리피데스는 쉴 새 없이 달려서 '아테네를 출발한 바로 그 다음 날에'[3] 120마일이나 떨어진 스파르타에 도착했다고 한다.

도시국가나 외떨어진 공동체에서는 전령이나 가끔씩 들르는 여행자만으로도 충분했지만, 국왕들은 정기적인 소통이 필요했다. 광

대한 땅을 통치하기 위해 페르시아인들은 서부 이란의 수사에서 부터 에게 해의 에페수스에 이르는 1677마일의 '왕의 길Royal Road' 을 따라서 영구적인 우편체계를 구축했다. 크세르크세스 1세의 전령들을 위해 새로운 말들을 항상 대기시켜놓은 페르시아의 우편체계에 헤로도토스 또한 혀를 내둘렀다.

"첫 번째 파발꾼이 두 번째 파발꾼에게 급보를 전달하면, 두 번째 파발꾼은 다시 세 번째 파발꾼에게 그것을 전달한다. 마치 횃불 계주처럼 그런 과정이 반복적으로 이어지면서 그 소식은 목적지에 도달한다."[4]

로마인들도 그와 유사한 우편체계를 구축하여, 공적인 길이었던 '쿠르수스 푸블리쿠스cursus publicus'를 따라 릴레이식으로 우편물을 전달했다. 중국, 잉카제국, 몽골제국 그리고 여러 제국의 경우도 마찬가지였다. 이들 초기 제국 네트워크의 공통된 특징은 공식적인 메시지로 국한되었다는 점이다. 일반인이 메시지를 보내려면 목적지와 같은 방향으로 가는 여행자를 찾아서 부탁하는 수밖에 없었다.

중세시대에 고대의 행정기구들이 사라지면서 수많은 비공식적 소통 채널이 그 자리를 대신했다. 클뤼니의 베네딕투스수도회 수사들은 순례의 길에 에스파냐에서 폴란드에 이르는 광활한 지역에 흩어진 수도원들과 메시지를 교환했다. 한자동맹*을 맺은 상업 도시들은 물품과 함께 문서와 메시지도 배에 실어 보냈다. 이곳저

---

* 13~15세기 북해 및 발트 해 연안의 여러 도시가 북부 독일의 상업도시 뤼베크를 중심으로 결성한 상업 집단 연맹.

곳을 돌아다니던 도축업자들도 메신저 역할을 맡았다.

이러한 민간 네트워크들 가운데 가장 조직적인 형태는 파리대학에 거점을 둔 네트워크였다. 당시 파리 대학생들은 유럽 전역에 흩어져 있던 각자의 고향과 파리를 오가며 주로 대학 당국과 관련된 문서들을 운반하는 전달자 역할을 했으며 일반인들의 우편도 전달했다.[5] 이러한 비공식적 네트워크는 일정에 따라 운영되지 않았으며, 말을 통한 릴레이식 전달 방식도 취하지 않았다. 당연히 전달 속도는 느리고 신뢰도는 떨어질 수밖에 없었다.

고대의 제국 네트워크와 유사하게 영구적인 릴레이식 전달 방식을 취하면서도 일반 대중을 겨냥한 최초의 우편제도는 신성로마제국의 황제 막시밀리안 1세의 우편 총괄 책임자였던 프란츠 폰 탁시스Franz von Taxis가 만들었다. 1489년부터 1867년까지 탁시스(훗날 투른·탁시스Turn und Taxis) 가문은 합스부르크 왕가의 통치 영역은 물론 유럽 대부분의 지역을 무대로 정기적인 우편배달을 제공했다. 릴레이식 전달을 위해 모든 주요 도로마다 말들을 비치하고, 2만 명이 넘는 배달원을 고용한 투른·탁시스 우편은 신뢰도가 높았을 뿐만 아니라, 당시의 기준으로는 상당히 빨랐다. 이를테면 브뤼셀을 출발점으로 할 경우 파리까지 44시간, 인스브루크까지 6일 그리고 톨레도까지 12일이 걸렸다. 하지만 요금은 매우 비쌌다.[6]

합스부르크 왕가를 제외한 영국 및 프랑스의 신흥 군주국들은 투른·탁시스 가문은 물론 민간인이 운영하는 그 어떤 형태의 우편 업무도 믿지 않았다. 구체제가 무너지기 전까지 우편 역사는 한마디로 왕가의 독점권과 민간사업이 대치하는 상황에서 이루어진 끊임없는 갈등의 연속이었다.

1464년에 설립된 프랑스 최초의 국영 우편제도는 비록 배달원들이 뇌물을 받고 몰래 사적 우편물을 운반하기도 했지만, 원칙적으로는 공적 우편물로 국한되었다. 그러다 루이 13세의 막후 실세였던 리슐리외Richelieu 추기경이 전권을 휘두르던 17세기 초에 비로소 사적 우편물도 취급했다. 1622년에는 정해진 일정에 따라 움직이는 배달원들이 파리를 리옹, 디종, 보르도, 툴루즈와 연결했다. 그로부터 5년 후 사적 편지들에 대한 요금체계가 발표되었는데, 공적 우편물을 위한 보조금을 확충하려는 의도에서 매우 높게 책정되었다. 국영 우편제도가 일반인에게 개방되는 순간부터 정부 당국은 사적 메신저들을 압박하는 방법을 모색했다. 체제 전복과 관련될 수도 있는 서신들을 좀 더 손쉽게 검열하기 위해서였다. 1791년에 파리대학의 네트워크가 문을 닫으면서 민간 우편제도의 역사도 막을 내렸다.[7]

영국에서도 프랑스와 비슷한 속도로 우편제도가 진화되었다. 오랫동안 왕가의 메신저들이 존재해왔지만, 최초로 영구적 우편제도가 확립된 것은 헨리 8세가 브라이언 투크Brian Tuke 경을 체신 업무 책임자로 임명한 1512년이었다. 투크는 영국의 주요 도로를 따라 10~12마일마다 말들을 배치했다. 왕궁으로 향하는 서한들은 모두 그가 받아서 전령을 통해 다시 전달했다. 외국을 오가는 공식 서한은 특별히 고용한 배달원들을 통해 직접 전달되었다.

그 사이 상인들도 자신들만의 네트워크를 구축해나갔다. 외국무역에 종사하는 상인들을 위한 모험상인조합 우편Merchant Adventures' Post과 영국에서 활동하는 외국 상인들을 위한 우편Foreigners' Post이 대표적이었다.

찰스 2세가 통치하던 1635년에 국영 우편제도는 일반인에게도 개방되었다. 그리고 2년 후에는 외국 우편물도 취급했다. 하지만 프랑스에서처럼 '공공서비스public service'란 미사여구에 불과했다. 왕실 금고를 채우고 왕의 기호품들을 사들이기 위한 주요 수입원으로서 엄청난 요금이 부과되었을 뿐만 아니라, 관료들에게 사적인 편지들을 열어볼 수 있는 권한이 주어졌기 때문이다. 그런 까닭에 대다수의 일반인은 친구, 하인, 개인적으로 고용한 배달원 혹은 여행자를 통해 서신을 교환했다.[8]

17세기 중반의 국영 대중 네트워크는 두 가지 목적으로 운영되었다. 크롬웰Cromwell이 실권을 쥐고 있던 1657년의 의회제정법에는 다음과 같이 명시되었다.

> 언급된 모든 지역 간의 상거래를 활성화하여 국민들에게 큰 이익을 보장함은 물론…… 평화와 공공복리를 위협하려는 자들의 위험하고 사악한 각종 음모들을 미리 찾아내어 방지하기 위함이다.[9]

1680년대에 런던 페니 우편London Penny Post을 받아들일 수밖에 없었던 어처구니없는 상황에서 국영 우편제도가 내세운 이중 목적의 참모습이 극명하게 드러났다. 1680년에 이르기까지 영국에서 런던 시내는 물론 그 어떤 도시와도 공식적인 일반 우편물 배달이 전혀 이루어지지 않았다. 1680년에 윌리엄 덕러William Dockwra라는 한 사업가가 런던 페니 우편을 설립하면서, 무게가 1파운드 이하인 편지나 여타 우편물일 경우 목적지가 런던 시내면 1페니를, 시내를 벗어나면 2펜스를 받겠다고 공언했다. 우편물의 도착지 179

곳을 설정한 다음, 일반지역은 매일 네 차례씩, 상업지역은 매일 여덟 차례씩 배달하겠다고 약속했다. 약속을 이행하기 위해 그는 배달원 100명을 고용했다. 당시 중앙우체국에서 국내 담당 배달원 45명과 외국 담당 배달원 12명을 고용한 것과 비교하면 대단한 숫자였다.

그로부터 2년 후, 1페니 우편시스템의 수익이 올라가기 시작하는 순간, 정부 당국은 국가의 우편독점권을 침해했다는 혐의를 씌어 문을 닫게 만들었다. 그러고 나서 얼마 후 중앙우체국 지점으로 다시 문을 열었다.[10]

1840년까지의 유럽 우편제도

1700년부터 1780년대까지 우편제도의 발전은 거의 답보 상태에 머물렀다. 그러다 서서히 우편물이 도착하는 도시들의 숫자가 하나둘씩 늘어갔다. 특히 1780년대 이후부터 새로운 도로들이 건설되면서 전송속도가 빨라지고 신뢰도 또한 높아졌다.

하지만 우편체계의 발전은 예상보다 훨씬 더뎠다. 우편물 배달을 주요 수입원으로 인식한 각국 정부들이 요금 인하나 서비스 개선 투자에 인색했기 때문이다. 또 다른 이유는 정치적인 것으로, 모든 사적인 서신들은 사악한 음모의 일부분으로 간주되었다. 세 번째 이유는 우편체계 조직상의 복잡성과 비효율성이었다. 전송거리도 다르고 편지지의 매수도 제각각일 수밖에 없었기 때문에, 출발지에서 우편 비용이 정해지고 배달원이 들르는 중간 기점마다 그 비용이 반복적으로 기록되어야 했다. 당시의 우편물은 보통 후불제였다. 우편요금의 일정 부분이 배달원의 노임이었으며, 선불된 편지를 전달할 경우에는 따로 수고비가 지급되지 않았다. 수취인을 일일이 찾아 우편물을 인계하고 요금까지 직접 받아야 했으므로, 배달 속도는 당연히 느릴 수밖에 없었다.

1711년에 영국의회는 '여왕 폐하의 통치를 위한 중앙우체국의 설립과 전쟁 수행 및 여타 여왕 폐하가 주관하는 각종 행사의 원활한 진행을 위한 주당 수익금의 액수 산정'에 관한 법안을 통과시켰다. 중앙우체국은 매주 700파운드를 재무부에 헌납해야 했다. 그러다 보니 수익 창출을 위해 우편요금을 50퍼센트나 올렸으며, 런던 페니 우편의 적용 범위도 12마일에서 10마일로 축소했다. 하지만 모든 사람이 요금을 지급한 것은 아니었다. 1736년 이후부터 관료와 의회의원들은 공무에서뿐만 아니라 자신들이나 심지어는 지인들의 개인 용도로도 무료 송달 특권을 누렸다. 그와 같은 특권 남용 때문에 우편제도는 보이지 않는 조세 혹은 경제적 부담으로 변질되었다.[11]

1711년의 법안에 따르면 장관의 승인 없이는 어떠한 서신도 압류하거나 개봉할 수 없었다. 이때부터 1798년까지 장관의 승인장이 발부된 경우는 100여 차례에 불과했다. 하지만 우편물을 비밀리에 검열하기 위해 만들어진 비밀위원회Committee of Secrecy가 얼마나 악명을 떨쳤던지, 1735년에 하원은 '우체국 남용' 사례를 거론하면서 비밀위원회의 활동까지 싸잡아 공박했다.

프랑스에서도 그와 유사한 형태의 정부첩보기관인 '창문 없는 방cabinet noir'이 18세기 내내 활동했다.[12] 가장 효율적인 우편물 검열기관은 오스트리아의 비밀정보국Geheime Kabinets-Kanzlei으로, 소속 요원들은 당시 빈에 있는 외국대사관에 들어가는 모든 우편물을 매일 아침 7시와 9시 반 사이에 개봉하고, 읽어보고, 해독하고, 번역하고 다시 봉할 수 있었다.[13]

1700년에서 1775년 동안에 우편제도의 영향력은 크게 신장되었다. 특히 바이웨이 포스트byway post(샛길우편)와 크로스-포스트cross-post(교차우편)의 확산이 두드러졌다. 1720년까지 영국의 모든 우편물은 반드시 런던을 경유했다. 이를테면 브리스틀과 엑서터처럼 인접한 두 도시 사이를 오가는 편지라도 런던을 거치면서 이중요금을 지불해야 했던 것이다.

1720년에 우편업 종사자 랠프 앨런Ralph Allen이 정부로부터 런던을 제외한 나머지 도시들을 이어주는 우편물(크로스-포스트) 및 주요 우편도로와 이전에는 우편서비스의 사각지대였던 소도시 혹은 작은 마을을 이어주는 우편물(바이웨이 포스트)을 배달하는 권리를 사들였다. 앨런이 사망한 1764년 무렵에는 영국과 웨일스의 거의 모든 지역에서 매일 우편물을 받을 수가 있었다.[14] 하지만 혁명 이전의 프랑스에서는 정부 당국이 통제력 약화를 우려한 나머지 크로스-포스트가 허용되지 않았다. 예컨대 툴루즈에서 마르세유로 가는 편지도 반드시 파리를 경유해야만 했다.[15]

프랑스혁명과 나폴레옹전쟁이 유럽의 우편제도에 미친 영향은 이중적 성격을 띠고 있었다. 다시 말해 어떤 영역에서는 발전을, 또 다른 영역에서는 퇴보를 의미했다. 발전은 주로 운송기술 영역에서 이루어졌다. 산업과 정치가 빠르게 진화하면서 도로건설이 봇물처럼 이어졌다. 18세기 중반 이래 프랑스는 유럽 최고의 도로 망을 자랑해왔다. 대부분의 도로는 토목전문가 트레사게P. M. J. Trésaguet(1711~1796)의 근대적 포장기술로 무장한 국립교량도로학교 출신자들이 건설했다. 1776년에는 정부가 관리하는 2만 5000마일의 전천후 고속도로를 보유하게 되었다. 나폴레옹은 자국의 선례를 저지대국가, 독일 그리고 이탈리아에도 적용시켰다.

영국의 도로들은 중앙정부가 아니라 지방교구들이 맡아 운영했다. 도로 사정이 열악했기 때문에 마차들은 한 시간에 겨우 2~3마일밖에 달릴 수 없었다. 예를 들어 런던에서 옥스퍼드까지 가는 데 꼬박 이틀이 걸렸다. 1773년 일반 유료도로법은 유료도로 건설업체들에게 보조금까지 지급하면서 도로의 건설과 유지를 독려했다. 새로운 도로들의 건설에는 트레사게의 공법을 개선한 토머스 텔퍼드Thomas Telford와 존 매캐덤John McAdam의 신공법에 따라 쇄석 碎石이 사용되었다.

도로 사정이 획기적으로 개선되면서 걷거나 말을 이용하던 이전의 배달원들을 밀어내고 그 자리를 우편마차가 대신하게 된다. 우편마차를 최초로 도입한 곳은 프랑스였다. 당시의 우편마차는 빨라진 속도 때문에 딜리장스diligences(신속), 혹은 이 새로운 제도의 출범(1776)에 일등공신이라 할 수 있는 재정총감 로베르 튀르고의 이름을 따서 튀르고틴turgotines이라고도 불렸다.

영국에서는 우편감사관 존 팔머John Palmer가 1784년에 이 제도를 도입했다. 우편마차들은 노상강도에 대비해 무장한 호위병을 대동한 채 밤낮을 가리지 않고 달렸기 때문에, 배달원 때와는 비교조차 할 수 없을 정도로 신뢰도가 높았다. 영국이 보유한 우편마차는 1797년에 42대, 1830년에는 59대에 달했다.

도로가 개선되면서 우편마차의 속도도 빨라졌다. 18세기 초에는 시속 3~4마일에 불과했던 것이 1780년대에 시속 6마일, 1800년에 시속 8~9마일 그리고 1830년대에 시속 10마일로 점점 더 빨라졌다. 장거리일 경우, 이를테면 런던에서 에든버러, 혹은 파리에서 리옹까지 여행시간이 대폭 단축되었다.[16] 마침내 유럽의 우편제도가 고대 페르시아인과 로마인이 향유하던 속도를 따라잡은 것이다.

하지만 속도의 증가에 대한 반대의 목소리도 만만치 않았다. 우편마차의 운영비를 충당하기 위해 팔머는 도시 간의 우편배달 요금을 두 배로 인상했다. 1794년, 런던 페니 우편도 외부에서 런던으로 전송되는 편지에 1페니를 추가로 부과했다. 1801년에는 런던 시내를 오가는 편지에 2펜스를 부과했으며, 1805년에 런던 외곽으로 보내는 편지에 추가로 1페니를, 1812년에 다시 1페니를 더 부과했다. 우편요금의 인상은 전쟁 시기의 인플레이션을 반영한 것이지만, 그 폭이 임금상승률을 훌쩍 뛰어넘었다. 편지 한 통을 보내는 요금이 노동자의 일당과 맞먹을 정도였다.

강을 건너거나 체계가 다른 지역의 우편물 배달일 경우에 추가요금이 부과되면서 우편요금체계도 점점 더 복잡해졌다. 한편 권력층이나 그 지인들은 무료 송달 특권을 남용했다. 권력층과 끈이 닿지 않은 일반인은 불법적으로 우편마차제도에 편승했다. 다시 말해 우편도로를 사용하긴 했지만 우편물은 실을 수 없게 규정된 승객 운송 수단을 이용했던 것이다.[17]

구체제의 마지막 시기에 상당한 수준의 우편체계를 갖추었던 프랑스의 우편제도는 혁명의 와중에 우편업무 담당자들이 징집되거나, 살기 위해 도망가거나, 혹은 감옥에 갇히거나 처형되는 바람에 온통 뒤죽박죽되고 말았다. 1790년대 초에 도로는 망가지고 강도질과 약탈행위가 난무했으며, 반란군들이 우편물을 훼손하는 일도 비일비재했다. 총재정부(1795~1799)가 들어서면서 비로소 우편제도가 되살아났다. 재정비된 우편제도를 통해 당시 파리에서 발행되던 신문들의 사본 수천 부가 각 지역에 배달되었다.[18]

프랑스혁명 시기에 우편 검열이 논란의 대상으로 떠올랐다. 1789년에 삼부회에 제출된 '청원서'에 등장하는 국영 우편제도에 대한 주요 불만은 개인 서신의 보호 문제였다. 1789년 7월 25일에 열린 국민의회에서 우편제도를 놓고 열띤 토의를 하는 과정에서, 미라보를 주축으로 한 여러 명의 대표자들은 우편물의 불가침권은 시민의 신성한 권리라고 주장했다. 프랑스 인권선언 제11조는 사상과 견해의 자유로운 소통을 천명했으며, 1791년의 형법전도 서신 불가침권을 보장했다.

프랑스혁명은 자체에서 만든 법들을 스스로 파기할 수밖에 없는 상황으로 치달았다. 1791년 프랑스에서는 온갖 음모가 난무했다. 그 다음 해에 프랑스는 최초의 혁명전쟁에 말려들게 된다. 1793년 4월, 로베스피에르가 관장하던 공안위원회는 다음과 같은 칙령을 발표했다.

> 내외적인 반역과 배신으로 공화국이 공격을 받고 있으며, 적들이 끊임없이 반역자들과 내통하고 있음을 본위원회는 직시하고 있다. …… 이런 비상시국에서는 어떤 시민도 자신이 보낸 서신의

비밀을 기대할 수 없다.[19]

　로베스피에르가 권좌에서 물러나고 정국이 안정되자, 총재정부
와 뒤이은 여러 정권은 대부분의 정부에서 추구해온 합리적인 정
책으로 되돌아갔다. 비밀첩보기관의 개입을 차단하여 최대한의
비밀을 보장한다는 취지에서, 서신 왕래에 엄격한 프라이버시권
보호법이 재가동된 것이다.[20]

두 가지 우편 혁명

피상적으로 보면, 영국령 북아메리카와 미국의 우편제도는 유럽
의 우편제도를 그대로 모방했다. 하지만 경제학자 리처드 존슨
Richard R. Johnson이 지적했듯이, 미국 혁명기에 출현한 우편제도는
정치적으로나 구조적으로 그 자체가 곧 하나의 혁명이었다.[21]

　식민지에서 우편제도를 구축하려는 최초의 시도는 그 역사가 17
세기까지 거슬러 올라가지만, 사실 그 당시는 동부 해안의 몇몇 주
요 항구도시에 개설된 사무소를 통해 영국 본토와 서신을 주고받
는 게 전부였다. 1690년대에 델라웨어와 뉴햄프셔 간에 우편물이
오간 것을 시작으로, 식민지를 연결하는 시스템이 본격 가동되었
다. 17세기 중반 이후에는 우편물을 실은 화물선이 매달 영국과 동
부 해안의 항구들을 오갔다. 1765년에 영국령 북아메리카는 캐나
다와 버지니아 지역에 77개 우체국을 보유하고 있었다. 다시 말해
인구 2만 2000명당 우체국 하나가 배치되었고, 이는 잉글랜드 및

웨일스와 비슷한 수준이었다.[22]

영국의 우편제도는 식민지 주민들의 거센 반발을 불러왔다. 과중한 세금으로 인식될 만큼 요금이 비쌌을 뿐만 아니라, 본국에서 파견된 우체국 직원들이 무시로 우편물을 열어보았기 때문이다. 1774년에 식민지 주민들은 영국의 간섭을 피하기 위해 '합헌우편constitutional post'을 설립했다. 그 다음 해에 제2차 대륙회의Continental Congress*에서 그것을 인수했다.

매일 카페나 여관으로 많은 이들이 모여들던 동부 해안의 항구 도시들에서는 뉴스가 빠르게 전파되었다. 페르시아의 크세르크세스 1세가 통치하던 시기의 통신망에 버금가는 속도로, 말을 탄 파발꾼이나 배를 통해 온갖 정보가 각 도시로 신속하게 전달되었다. 렉싱턴과 콩코드전투(1775년 4월 19일)** 뉴스는 바로 그 다음 날 코네티컷으로 전달되었다. 나흘 후에는 뉴욕시티에, 닷새 후에는 필라델피아에, 12일 후에는 찰스턴에 그리고 41일 후에는 서배너에 도착했다.[23]

미국독립전쟁(1775~1783) 시기에 우편제도는 오히려 뒷걸음질을 쳤다. 일주일에 세 차례 배달되던 서비스는 한 차례로 축소되었다. 우편제도가 의회의원과 대륙군 장교들의 무료 송달 특권으로 거의 독점되다시피 하자, 일반 고객에게 비싼 요금을 부과했음에도 엄청난 액수의 보조금이 요구되었다. 필라델피아에서 피츠버그로 연결된 서부 노선 단 한 곳만 예외였을 뿐, '합헌우편'은 동부 해안

• 미국독립전쟁 때 북아메리카 13개 식민지의 군사·외교·재정을 통괄한 기관.
•• 미국독립전쟁 때 아메리카 식민지의 민병대가 영국군에 맞서 벌인 최초의 전투.

의 주요 항구도시들에만 배달 서비스를 제공했다.

1788년에는 우체국의 숫자도 1765년의 수준으로 되돌아갔다. 여관 주인이나 배달원은 물론 우체국 관리들도 우편물을 열어본다는 사실을 잘 알고 있었던 터라, 토머스 제퍼슨과 제임스 매디슨은 중요한 문서일 경우, 암호문으로 작성하여 보냈다고 한다.[24]

1792년, 수년간의 논쟁 끝에 미국의회는 국영 우편제도 구축의 토대가 된 우체국법Post Office Act을 통과시켰다. 이에 따라 법률에 의거해 우체국을 설립하고 노선 및 요금을 결정하는 권한을 의회에 부여했다. 무엇보다 중요한 점은 우편제도에 있어 당시로서는 가히 혁신적이라 할 만한 하나의 새로운 목표를 세웠다는 사실이다. 공적 메시지의 전달이나 수익 창출이 아니라, 정치가 벤저민 러시Benjamin Rush가 말했듯이, "미국 전역에…… 모든 종류의 지식"[25]을 전파하는 데 초점을 맞춘 것이다. 정치적인 정보가 공유되면 국가의 힘이 강화됨은 물론 유권자들과 그들이 선택한 공직자들 사이의 결속력도 더욱 공고해질 것이라는 판단 아래, 의회의원들은 정보, 그중에서도 의회에서 중점적으로 토의된 주요 사안들을 시민에게 공개해야 한다고 주장했다. 그 같은 혁신적 목표 설정은 우편망 확장과 전국으로 신문을 전송하기 위한 네트워크의 이용이라는 두 가지 긍정적 결과를 가져왔다.

새로운 우편도로를 개설할 수 있는 권한이 주어지자, 의회도 적극 나섰다. 남부와 애팔래치아산맥 서부의 오지에 흩어진 마을 거주민들은 바깥세상의 소식을 전해줄 우체국과 우편도로의 건설을 간절히 바라고 있었다. 그 지역구 출신 의원들은 그들의 청원을 흔

쾌히 수락했다. 전체 우편시스템, 그중에서도 특히 우편서비스가 활발하게 진행되던 북동부지역에서 그 비용을 충당할 수 있다고 믿었기 때문이다. 1792년과 1828년 사이에 의회는 우편도로 2476 곳을 신설하면서 우체국 181곳을 폐쇄했다.[26]

그 결과 우체국들이 우후죽순으로 생겨났다. 1790년에 우체국은 75개였는데, 그것은 인구 4만 3084명당 혹은 면적 9081제곱킬로미터마다 우체국이 하나씩 있었다는 의미이다.[27] 1830년대에 미국이 보유한 우체국은 대영제국의 두 배에 달했으며, 프랑스보다는 다섯 배 이상 많았다. 직원 중 5분의 4가 연방공무원이었던 까닭에, 우체국은 일반인이 연방정부와 소통할 수 있는 유일한 창구였던 셈이다.

그처럼 방대한 시스템을 만들어낸 일차적 동인은 신문 보급이었다. 1792년 이전까지만 해도 배달되는 신문은 단 두 종류뿐이었다. 의회의원들이 자신들의 선거구민들에게 보내거나 신문사 운영자들 간에 오간 신문이 바로 그것이다. 당시로서는 뉴스가 소통의 거의 유일한 방법이었다. 그 밖의 신문들은 정기적 우편을 통해서가 아니라 우체국장이나 배달원이 임의대로 배달했다. 1739년에 필라델피아의 우체국장으로 선임된 인쇄업자 벤저민 프랭클린은 자신이 발행하는 신문을 보급하고 경쟁자들을 견제하는 수단으로 우체국을 이용했다.[28]

1792년 우체국법이 가결되자, 이 법안을 둘러싸고 격렬한 논쟁이 벌어졌다. 그 와중에 처음에는 의회가 몇몇 특정 신문의 배달만 허용했으나, 오래지 않아 우편업무를 모든 신문에 개방하기로 결정했다. 이 같은 목표를 현실화하기 위해 우편요금을 대폭 인하했

다. 100마일 이내의 거리에는 1센트, 100마일이 넘는 거리에는 1.5
센트가 부과되었으며, 신문사끼리 주고받는 경우는 무료였다.[29]

이처럼 관대한 정책에 힘입어 신문업은 미국 전역을 무대로 호
황을 누렸다. 먼 거리에 위치한 경우라도 신문사들은 무료로 뉴스
를 주고받을 수 있었으며, 담당 지역을 벗어나는 곳까지 배달 서비
스를 할 경우에는 보조금까지 챙길 수 있었다. 그 결과 우편으로
배달된 신문 부수는 1790년에 50만 부(5명당 1부)에 불과하던 것이,
1840년에는 3900만 부(2.7명당 1부)를 기록하며 무려 14배나 증가했
다. 우편시스템은 주로 신문배달업에 할애되었다. 1832년에 신문
이 우편물 무게의 95퍼센트를 차지했지만, 그 수익률은 전체 우편
물 수입의 15퍼센트에 지나지 않았다.[30] 한마디로 우편제도는 선
출된 정치가들과 언론이 정부 제도를 만들어가는 이른바 미국식
민주주의의 근간이었다.

우편제도는 신문배달 이외에도 또 다른 두 가지 역할을 맡았다.
당시까지도 미국의 은행과 금융시장은 아주 초보적 수준이었기
때문에, 상인들이 수표나 은행권으로 돈을 전달할 때 이용한 주요
수단은 우편이었다.[31] 철로가 등장하기 이전에는 대중교통의 발전
에도 우편제도가 크게 기여했다. 정해진 일정에 따라 우편물을 배
달하기 위해 우체국은 역마차 소유주들과 계약을 맺었다. 당시의
역마차는 일반 승객도 이용할 수 있었는데, 그러한 운영방식은 일
반 대중은 물론 특히 워싱턴과 지역구 사이를 수시로 오가야 했던
의회의원들로부터 환영을 받았다. 인구밀도가 상대적으로 낮았던
대부분의 남부지역과 서부지역에서는 연방정부의 보호와 지원을
받던 역마차가 가장 안전한 여행 수단이었다.[32] 역마차제도는 도

로건설을 유도했고, 도로 개선으로 역마차의 속도도 빨라졌다. 예를 들어 필라델피아에서 켄터키의 렉싱턴에 이르는 약 600마일을 달리는데 1789년에는 16일이 걸린 반면, 1810년에는 8일 그리고 1839년에는 4일로 소요 시간은 갈수록 단축되었다.[33]

우편서비스의 확장을 염원한 것은 분명했지만, 우편시스템이 국고를 채워주거나 아니면 적어도 자립적으로 운영되기를 의회는 기대하고 있었다. 결국 정기우편물에 높은 요금을 부과하는 것이 유일한 대안이었다. 뉴욕시티에서 140마일가량 떨어진 뉴욕의 트로이로 편지 한 장을 보내는데 18.5센트의 요금이 부과되었다. 같은 거리를 운송하는 데 밀가루 1배럴에 12.5센트, 신문 한 부에 1.5센트가 부과되었던 것과 비교하면 실로 엄청난 금액이었다. 당시 노동자의 일당은 1달러였다.[34] 그처럼 비싼 요금을 피하기 위해 인구가 밀집한 북동부지역의 거주자들은 대부분 개인 배달 서비스를 이용했는데, 그러한 현상은 우편제도의 발전을 저해했음은 물론 개인 간의 소통에서도 부정적으로 작용했다. 1840년대에 들어서면서 유럽인들은 물론 미국인들도 우편제도의 또 다른 혁명을 준비했다.

우편 역사에서 1830년대와 1840년대는 전기통신의 출현과 비견되는 일대 전환점을 맞이하는데, 거기에는 철도와 저렴한 우편요금이라는 두 가지 요인이 작용했다. 철도는 반세기 전의 우편마차보다도 월등히 빠른 속도를 제공했다. 1838년에 런던이 버밍햄, 맨체스터 그리고 리버풀과 연결되자, 인구, 상거래 그리고 공업의 중심지였던 이들 도시 간의 우편물 운송을 담당하던 역마차를 밀어내고 그 자리를 철도가 대신하게 되었다. 같은 해에는 운행 중에 우편물 분류 작업이 이루어지는 최초의 철도우편차량이 도입되었다. 1850년대에는 영국 전역이 철도망으로 연결되면서, 거의 모든 우편마차는 역사의 무대에서 사라졌다.[35]

그러나 무엇보다 중요한 요인은 19세기 중반에 이루어진 저렴한 우편요금의 도입이었다. 변화를 주도한 사람은 로울랜드 힐Rowland Hill이었다. 그는 1837년에 발간한《우편제도 개혁 : 그 중요성과 실효성Post Office Reform : Its Importance and Practicability》이라는 소책자를 통해 방대하고 비효율적인 관료제가 비싼 우편요금의 일차적 원인이라고 주장했다. 모든 편지가 일일이 기록되고, 배달지에서 요금이 계산되고, 수금한 돈은 다시 중앙우체국으로 보내지고, 그곳에서 그 모든 과정이 재점검되어야 하는 복잡하고도 번거로운 비효율성을 지적했다. 그런 불필요한 과정만 생략된다면, 한 도시에서 다른 도시로 편지 한 통을 전달하는 데 그렇게 많은 비용을 지불해야 할 이유가 없었다.

인구가 계속 늘어나면서 상공업이 비약적으로 발전하고 더불어 공공서비스 분야는 거의 두 배로 성장하는 상황에서, 유독 우편제도만 과도한 요금에 발목이 잡힌 채 나폴레옹전쟁이 끝난 직후부터 줄곧 정체 상태를 벗어나지 못하고 있었다. 그러는 동안 개인 배달 서비스는 정부의 특권을 잠식해 들어갔다. 불법이었지만 그만큼 효율적이었기에 가능했다.

힐이 제시한 해결책은 수입인지를 붙인 서류 혹은 우표를 사용하여 영국 전역에 단일화된 선불 우편요금체계를 적용하자는 것이었다. 제대로만 시행될 경우 번거로운 절차의 대부분이 생략될 터였다. 편지지의 매수를 일일이 확인하는 대신 무게에 따라 요금을 산정하면, 고객들은 프라이버시권을 침해당할 염려 없이 안심하고 봉투 속에 서신을 넣고 봉할 수 있을 뿐만 아니라, 우편요금도 대폭 낮아질 수밖에 없다는 것이다. 1온스 이하의 편지는 1페니로 제국의 어느 곳이나 배달이 가능해지는 동시에, 우체국이 세금을 징수하는 기관에서 진정한 대중 소통의 수단으로 다시 태어나는 셈이었다. 힐은 노동자 계층에게도 우편제도를 완전히 개방하면 국가의 경제 및 교육도 크게 발전할 것이라고 전망했다. 그의 말을 빌리자면, "서신을 비롯한 저렴하면서도 우수한 각종 출판물들의 자유로운 왕래로 국민의 종교적·도덕적·지적 진보는 가속화될"[36] 터였다.

우편 물량의 증가가 급격한 수입의 감소를 막아주지는 못할 것이라고 생각한 우편 당국은 힐의 제안을 단호히 거부했다. 하지만 일반인은 대중집회를 열고, 무려 400만 명이 서명한 탄원서로 환영 의사를 분명히 밝혔다. 여론의 압박에 떠밀려, 1839년에 의회는 1840년 1월 1일부터 국내에 한정하여 1페니 우편제도를 시행한다는 내용을 골자로 한 우편개혁안을 통과시켰다. 1페니 우편이 시작된 해에 우편 물량은 그 전 해보다 두 배로, 1850년에는 또다시 두 배로 증가했다.[37]

영국의 우편개혁은 다른 국가들에서도 큰 반향을 불러왔다. 미국의 경우 그 같은 개혁이 가장 절실히 요구된 곳은 개인회사와 공적 우편제도가 경쟁하던 북부지역과 동부지역이었다. 남부지역 및 서부지역 출신의 의원들은 개혁을 반대했다. 수입이 감소되어 자신들의 지역구에 우편서비스가 감소하지나 않을까 우려했던 것이다. 그럼에도 1845년과 1851년 사이에 무게 2분의 1온스의 우편 요금은 선불일 경우 3센트, 후불일 경우 5센트로 내렸다. 1854년부터 의무적인 선불제도가 시행되었다. 그러한 우편개혁은 우체국의 자립적 운영이라는 발상을 정부의 보조를 받는 공공서비스라는 개념으로 바꾸어놓았다.[38]

프랑스에서는 단일화된 20상팀(1상팀centime은 100분의 1프랑) 요금체계를 도입하는 법안이 1844년에 간발의 차이로 부결되었으나, 결국 1848년에 채택되었다. 프랑스에서도 그러한 변화가 서신 왕래의 비약적인 증가를 불러왔다. 선불 배달이었기 때문에 편지가 일일이 기록되거나 반송될 필요가 없었다.

1840년대부터 제1차 세계대전에 이르는 동안 첩보기관에서 행한 우편물 검열은 상당히 완화되었다. 암호연구자 데이비드 칸 David Kahn이 지적했듯이, 프랑스와 오스트리아의 경우와 마찬가지로 영국 정부도 1844년을 기점으로 외교문서에 대한 감시를 중단했다. 칸은 그러한 변화를 "당시 유럽 전역에 잔존해 있던 절대주의와 그것을 지탱해온 전체주의기관들을 휩쓸고 지나간 1840년대의 정치적 강풍의 결과"[39]라고 보았다. 하지만 우편사학자 이브 다낭Yves Danan은 이와 다른 견해를 밝혔다. 19세기 중반에 우편 검열이 퇴조한 것은 윤리적 수준이 그만큼 높아진 결과가 아니라, 검열 자체가 불가능할 정도로 우편 물량이 급격히 증가했기 때문이다.[40]

샤프통신기

대부분의 학자들은 현대적 장거리 소통은 전기통신기의 출현으로 시작되었다고 주장한다. 1869년 통신에 관한 최초의 저술들 가운데 하나인 조르주 소어George Sauer의 《유럽 통신Telegraph in Europe》은 오로지 전기통신기만 다루었다. 그로부터 1세기 후, 프랑스의 역사학자 카트린느 베토Catherine Bertho는 "샤프통신기는…… 진정한 의미에서 현대적 장거리 소통의 수단에 속하지 않는다. 우리는 전기통신을 새로운 정보시대의 출발점으로 보아야 한다"[41]고 적었다. 최근에는 전기공학역사연구센터Center for the History of Electrical Engineering가 다시 이 문제를 거론하며, "1840년대에 이르기까지 대략 2000년 동안 장거리 메시지의 전달 속도는 질주하는 말 혹은 가장 빠른 범선의 속도를 넘어서지 못했다. 전기가 이 모든 것을 단번에 바꿔놓았다"[42]고 못을 박았다.

기술적으로 볼 때, 전기의 출현은 분명 혁명적이었다. 하지만 정보로 관점을 옮기면, 그보다 반세기 이전에 혁명은 이미 시작되었다. 다시 말해 클로드 샤프가 모든 종류의 메시지를 양방향으로, 그것도 그 어떤 말보다도 빠른 속도로 전달할 수 있는 방법을 고안해낸 시점으로 거슬러 올라간다. 그리고 전기, 라디오파, 광섬유 등의 기술적 수단이 아니라 바로 이 점이 장거리 소통의 핵심이다.

신속한 의사소통에 대한 수요는 장거리 통신시스템을 탄생시킨 주체였다. 샤프통신기가 등장하기 이전에는 미리 약속된 신호방식에 따라 불빛을 보내는 폴 리비어의 방식을 이용했다. 불빛 신호 혹은 봉화는 고대 그리스 작가인 호메로스의 《일리아스Ilias》, 아이스

킬로스의 〈아가멤논Agamemnon〉 그리고 투키디데스와 헤로도토스의 작품들에서도 언급된다.[43] 성서에도 "벤야민의 자손들아…… 벳 케렘 위에 봉화를 올려라. 북쪽에서 재앙이, 엄청난 파괴의 조짐이 보인다."(〈예레미야서〉 6장 1절)[44]와 같은 구절이 등장한다. 좀 더 체계적인 행정시스템을 갖춘 로마인들은 지중해와 대서양 연안을 따라 3197개 망루를 설치하여, 불빛 신호나 연기 신호로 해적이나 적선의 출몰을 알렸다.[45]

그러한 전통은 프랑스혁명 직전까지 유지되었다. 스코틀랜드의 정치가 제프리 윌슨Geoffrey Wilson의 기록에 의하면, "1455년에 의회를 통과한 한 법안에는 영국 침략군이 접근해올 경우, 건초 혹은 나무 한 단을 태운다고 명시되었다. 두 단을 태우면 '실제 상황'임을, 넉 단을 태우면 '대규모'임을 의미했다."[46] 1588년에 에스파냐의 무적함대*가 콘월 연안에 나타났을 때, 그 소식은 횃불 계주를 통해 플리머스의 영국함대는 물론 영국 전역으로 전달되었다.[47] 프랑스에도 해안 망루와 미리 약속된 불빛 신호가 있었다.[48] 미국독립전쟁에서는 라파예트** 장군이 발포, 불빛, 신호탄 등 미리 약속된 다양한 신호를 이용했다. 심지어는 태양광선까지 동원되었지만, 메시지 전송을 위한 확고한 암호체계가 가동되지는 못했다.[49]

미리 약속된 일방적 신호체계가 그토록 오랫동안 존속한 것은

- 당시 해상무역에서 전성기를 구가하던 에스파냐의 펠리페 2세가 경쟁자로 떠오른 영국을 견제하기 위해 편성한 대규모 함대.
- ●● Marquis de Lafayette(1757~1834). 프랑스의 정치가이자 군인으로 미국독립전쟁 때 독립군에 참가했다.

결코 아이디어의 부재 때문은 아니었다. 기원전 2세기에 그리스의 역사가 폴리비오스Polybios는 멀리서도 볼 수 있는 알파벳 철자를 이용한 신호체계*를 제안했지만, 결국 무위로 끝나고 말았다.[50] 1684년 5월, 철학자이자 물리학자 로버트 훅Robert Hooke은 영국왕립학회에 먼 거리에서, 글을 쓰는 속도에 버금가는 짧은 시간에 사람들의 마음을 전달할 수 있는 방법을 제시했다.[51] 그는 자신의 실험 결과를 발표하면서, 망원경을 통해 멀리서도 확인할 수 있도록 언덕 위에 다양한 형태의 나무판으로 구성된 알파벳 철자를 선보였다. 그로부터 4년 후에는 물리학자 기욤 아몽통Guillaume Amontons이 파리의 뤽상부르 공원에서 그와 비슷한 연구물을 발표했다.[52] 18세기에는 많은 발명가들이 갖가지 형태의 장거리 통신법을 제시했지만, 그 어느 것도 실용화 단계에까지는 이르지 못했다.[53]

결국 무위로 끝나고만 이러한 시도들에서 우리는 과연 어떤 결론을 도출해낼 수 있을까? 17세기 후반에 양방향으로 열린 장거리 통신시스템이 태동했지만 실험에 필요한 막대한 재원을 감당할 만큼 수요가 충분하지 못했다. 1790년대에 이르기까지 사적 배달원과 우편제도가 정부나 상인들의 일상적인 요구를 그럭저럭 만족시켰으며, 비상 상황에는 불빛 신호가 가동되었다.

클로드 샤프는 끈질긴 사람이었다.[54] 1790년부터 그는 장거리에서

---

* 폴리비오스는 알파벳 철자들을 상하 좌우로 다섯 개씩 배열한(오늘날 26개 알파벳 철자 가운데 'I'와 'J'를 하나로 간주하면 5×5라는 숫자가 나온다) 암호체계 '폴리비오스 사각형'을 개발하여, 그것을 횃불 신호와 연계하고자 했다. 그의 신호체계는 미리 약속된 코드에만 의존한 기존의 횃불 신호에서 진일보한 것이다.

클로드 샤프의 시각통신기 삽화.

통신할 수 있는 갖가지 방법들을 탐구했다. 전기는 물론 징과 숫자를 가리키는 '손'이 달린 동조同調시계synchronized clock도 실험했다. 또한 셔터shutter의 한 면에는 검은 색을, 반대 면에는 흰색을 입혀 보기도 했다. 최종적으로 그는 'T'자 모양을 선택했다. 다시 말해, 나무 기둥에 레기라퇴르régulateu라 불리는 13피트 길이의 나무판을 붙이고, 그 양 끝에 앵디카퇴르indicateur라 불리는 6피트 길이의 나무판 두 개를 장착했다. 이 세 개의 나무판은 로프나 도르래로 이동했다. 레기라퇴르는 수평, 수직, 우측 혹은 왼쪽으로 기울어진 형태로 위치 변경이 가능했다. 하지만 그 가운데 수평적 위치와 수직적 위치만 신호로 사용되었다. 두 개의 앵디카퇴르는 각각 7번씩 위치 변경이 가능했다. 따라서 총 98가지(2×2×7)의 위치가 신호로 사용되는 셈이다. 검게 칠해진 '팔'들이 망루나 첨탑 혹은 높은 건물 위에서 하늘을 배경으로 검은 윤곽을 드러내며 움직였기 때문에, 아주 먼 거리에서도 식별이 가능했다. 그러나 최초로 파리에 설치된 샤프의 고안물은 왕당파의 음모를 두려워한 군중들로 인해 파괴되고 말았다.

1792년 3월에 샤프는 입법의회의 문을 두드렸다. 당시 그의 형 이냐스가 의회의원으로 활동하고 있었으나 샤프의 제안은 받아들여지지 않았다. 1년 후에 다시 도전했다. 이번에는 조제프 라카날 의원과 샤를 질베르 롬의 지지를 받으며, 생파르고에서 생 마르탱 뒤 테르트르에 이르는 하나의 시험 통신선을 개설할 자금을 확보했다.[55]

앞서 말했듯이, 그 실험은 기술적 성공이었다. 하지만 더 중요한 사실은 라카날의 도움에 힘입어 정치적으로도 성공했다는 점이다. 당시 프랑스 정계는 혁명의 열기가 최고조에 달해 있었다. 1793년 1월에 루이 14세가 처형되었으며, 프랑스는 나머지 유럽 국가들과 전쟁 중이었다. 방데는 폭동*에 휩싸여 있었고, 적대적인 당파들로 분열되면서 의회는 공포정치로 치닫고 있었다. 그런 광란의 분위기 속에서, 1793년 8월에 의회는 파리와 프랑스 북부의 릴을 잇는 구간 15곳에 전신국 건설을 지시했다. 클로드 샤프가 전쟁부 소속의 통신기사로 선임되었고, 아브람, 이냐스 그리고 피에르 프랑수아가 그의 보좌역을 맡았다. 1794년 8월에 릴로 이어지는 첫 번째 노선이 가동되면서, 9월 1일 자로 "공화국이 콩데를 수복했음. 오늘 아침 6시에 투항함"[56]이라는 최초의 공식 전문이

* 1793~1795년 프랑스혁명 중에 왕당파 농민들이 일으킨 반혁명운동.

발송되었다.

샤프의 시각통신기는 나무, 쇠, 로프 그리고 돌로 구성되었으며, 고대 그리스, 페르시아 혹은 중국과 마찬가지로 전기나 여타 과학적 발명품들은 전혀 이용하지 않았다. 최근에 알렉산더 필드 Alexander Field가 지적했듯이, 샤프의 시각통신기가 기술적으로 성공할 수 있었던 것은 하드웨어가 아니라 소프트웨어였다. 앵디 카퇴르의 위치가 숫자들을 가리키면, 그 숫자들은 다시 코드북 codebook*상의 단어들이나 구로 대체되었다. 98가지의 위치 가운데 여섯 가지는 교육용이었고, 나머지 92가지만 메시지 전달에 이용되었다.

샤프는 다양한 코드들을 시험했다. 최초의 코드북은 9999개의 표제어를 담고 있었다. 하지만 각각의 신호에 네 가지의 위치가 요구되었기 때문에, 전송속도가 느릴 수밖에 없었다. 1795년에 선보인 두 번째 코드에서는 각각의 신호가 두 가지 위치로 구성되었다. 그중 첫 번째 위치는 코드북의 92쪽 분량과, 두 번째 위치는 각 페이지에 수록된 92개 단어 혹은 구와 상응했다. 따라서 그 장치는 8464(92×92)개의 단어 혹은 구를 전송할 수 있었다. 1799년에 지명 地名-코드북 한 권이 더해져 신호의 숫자도 2만 5392개로 늘어났다. 하지만 1830년에 등장한 또 다른 코드는 4만 5050개의 단어 혹은 구를 담았다.

각 위치의 사용 빈도를 평준화하기 위해 방대한 분량의 코드북

* '비밀을 유지하기 위해 당사자끼리만 알 수 있도록 만든 약속 기호'인 암호를 수록한 책. 암호서라고도 불린다.

을 활용하여 단어나 구를 선택하는 데 세심한 주의를 기울인 결과, 샤프는 하드웨어의 약점인 느린 전송속도를 보완할 수 있었다.[57] 그의 형 이냐스가 나중에 밝혔듯이, "코드북의 목적은 사전에 기대지 않고 언어를 쉽게 배우는 방법을 모색하는 것이 아니라…… 많은 사항을 최소한의 기호로 표현하는 수단을 강구하는 데 있었다."[58]

수많은 중계소에서 복잡한 코드를 이용한 시스템을 제대로 가동하려면 고도의 숙련을 요하는 효율적인 관리가 필요했다. 각 중계소에는 상시 근무자 두 사람이 배치되었다. 그중 한 사람은 보내오는 신호를 확인하여 그것을 특수 어휘로 바꾸는 임무를, 나머지 사람은 다음 중계소에서 볼 수 있도록 동일한 위치로 '팔'들을 조작하는 임무를 맡았다.

대부분의 상시 근무자는 베테랑이었으나, 자신들이 전송하는 신호를 이해하지는 못했다. 때문에 메시지가 왜곡되는 일이 없도록 정확성은 물론 성실성이 요구되었다. 각 통신선의 종착지점에서는 디렉퇴르directeur라 불리는 조작수 한 명이 상주하며, 전송할 메시지를 전신의 형태로 전환하여 그 전문을 다시 암호화하거나 도착하는 암호문을 메시지로 전환하는 업무를 맡았다. 뿐만 아니라 각 통신선마다 앵스펙퇴르inspecteur라 불리는 감독관 두 사람이 파견되어, 통신선의 운용과 근무 상황을 수시로 점검하고 감독했다. 그러한 관리체계를 만들고 관장한 주체는 다름 아닌 샤프의 형제들이었다. 1830년대에 이 통신선은 상시 근무자 1000명, 조작수 20명 그리고 감독관 34명을 거느린 거대 조직으로 성장했다.[59]

하지만 시각통신기는 두 가지 약점이 있었다. 하나는 인간적인 문제로서, 모든 구성원의 성실한 임무수행이 선행되지 않으면 시스템의 작동 자체가 불가능했다. 효율성을 높이기 위해 당시의 나폴레옹 정권이나 복고왕정에서 만연하던 이른바 군대식 규율이 요구되었다. 또 다른 약점은 자연환경 문제였다. 야간이거나 비가 오거나 또는 안개가 끼면 시스템이 작동할 수 없었다. 평균적으로 여름에는 하루에 6시간, 겨울에는 3시간가량 가동되었다. 1840년대 초에 실시된 한 연구조사에 의하면, 평상시에 급보의 64퍼센트가 전송 당일에 도착한 반면, 겨울에는 그 비율이 33퍼센트로 낮았다.[60]

날씨가 좋을 경우 시각통신기는 아주 효율적이었다. 보통 한 노선에서 1분당 세 개 신호(코드북상의 숫자 하나 혹은 알파벳 철자 하나)가, 장거리 통신선일 경우에는 평균적으로 1분당 한 개 신호가 전달될 수 있었다. 신호 하나가 파리와 릴까지 225킬로미터를 통과하는 데 1~2분, 파리와 툴롱까지 760킬로미터 혹은 120개 중계소를 통과하는 데 12분이 소요되었다. 1820년에 100개 신호로 구성된 전문 하나를 전송할 경우 릴까지 56분, 스트라스부르까지 76분 그리고 보르도까지 95분이 소요되었다. 근무자들의 작업 능력이 향상되고 시스템 개선이 이루어지면서 1840년대에는 그 속도가 두 배로 빨라졌다. 뿐만 아니라 각 통신선의 종착지점에서 이루어진 메시지의 암호화 속도 및 해독 속도는 15~30분으로 단축되었다. 보통의 맑은 날씨일 경우 통신선 하나가 하루에 400~600개 신호로 구성된 전문들을 취급한 셈이었다.

21세기를 살아가는 우리에게 이 같은 속도는 아주 느리다고 인식되겠지만, 샤프시스템을 그 전의 상황과 비교해보면 가히 혁명적인 속도였다. 샤프의 텔레그래프가 등장하기 이전만 하더라도, 파리에서 툴롱까지 메시지 하나를 전달하는 데 파발마를 이용하면 꼬박 사흘이 걸렸고, 역마차를 이용하면 일주일도 모자랐다. 발전이라는 측면에서 볼 때, 샤프시스템이 훗날 전기통신의 경우보다 훨씬 더 극적이었다.

1815년까지의 시각통신 네트워크

정치와 이데올로기의 급격한 변화에도 프랑스 정부는 통신망을 확장하고 그것을 운영한 샤프 가문을 후원했다. 총재정부 시기에 샤프 형제들은 동쪽으로 스트라스부르까지, 서쪽으로 브레스트까지, 그리고 북쪽으로 뎅케르크와 브뤼셀까지 이어지는 통신선들을 개척했다. 한편 나폴레옹은 남쪽으로 리옹과 마르세유까지 네트워크를 확장했다. 제국의 영토가 점점 커지면서 토리노, 밀라노, 베네치아, 안트베르펜, 암스테르담 그리고 마인츠까지 통신선들이 뻗어나갔다.[61]

정교한 샤프통신망이 운용되고 있었지만, 나폴레옹 정부는 그에 만족하지 못하고 적함의 출현에 대비한 해안 신호망을 구축했다. 처음에는 깃발과 페넌트(가늘고 긴 삼각기)가 이용되었지만, 나중에는 '세마포어sémaphore'*라고 불리는 간편한 장치와 한 권의 코드북으로 대체되었다. 나폴레옹의 통치가 막을 내릴 무렵, 프랑스는 이러한 통신 중계소를 수백 개 보유했다.[62]

---

* 고대 그리스어sema(신호)와 phoros(운반 혹은 전달자)의 합성어. 원래는 철로 및 해상에서 수기 신호와 샤프의 통신기로 대표되는 원거리 시각신호를 총칭한다.

하드웨어나 소프트웨어만으로는 시각통신시스템의 성공을 제대로 설명할 수 없다. 너무나 복잡하고 엄청난 비용이 필요했을 뿐만 아니라, 정부와도 밀접하게 연관된 까닭에 그 시스템은 다름 아닌 권력과 문화의 표현이었다. 19세기 말, 철도와 전력 혹은 현시대의 텔레비전 네트워크와 항공노선과 마찬가지로 그것은 하나의 사회적 구조물이었다.[63] 그렇다면 과연 시각통신의 성공에는 어떤 사회적 힘이 작용했을까?

최초의 명백한 사회적 힘은 군의 필요성이었다. 입법의회에 보낸 청원서에서 샤프는 "입법부는 우리나라의 국경선에 이르기까지 그 명령권을 행사하여, 한 회기 동안에 답신을 받게 될 것입니다"[64]라고 장담했다. 샤프의 시스템은 프랑스혁명의 열기가 최고조에 달한 시점에서 출발했다. 당시의 국민공회로서는 국가의 운명과 혁명의 성패가 걸린 전쟁 상황에 대한 실시간 정보가 절실히 요구되었을 뿐만 아니라, 전적으로 믿고 맡기기 힘든 군대 지휘관들도 감시하고 싶었을 것이다. 그 어떤 작전보다도 군대의 신속한 이동 배치로 연전연승을 거두고 있던 나폴레옹 또한 그의 선배 혁명가들 못지않게 실시간 정보를 간절히 바랐다.

하지만 시각통신은 군대의 필요성 그 이상의 의미가 있었다. 출발 시점부터 그것은 정치적, 심지어는 이데올로기적 의미를 띠었다. 1793년 라카날에게 보낸 샤프의 서신에서 그는 "이러한 통신체계의 구축은…… 프랑스의 영토가 너무 넓어서 하나의 공화국으로 만들기 어렵다고 생각하는 공화주의자들에게 보내는 가장 좋은 답변입니다. 저의 통신기는 거리 단축은 물론 거대한 인구를 하나로 묶는 역할도 할 것입니다"[65]라고 밝혔다.

루이 16세를 기소한 검사이자 공안위원회의 일원이었던 베르트랑 바레르Bertrand Barère는 "이 발명품은 거리의 개념을 사라지게 할 것입니다. 이것은 공화국의 결속을 더욱 공고하게 만드는 하나의 수단입니다"[66]라고 직설적으로 표현했다. 말하자면 샤프의 통신기가 프랑스 국민국가의 형성에 그만큼 중요했던 것이다.

국가를 방어하고 국가의 통합을 이루는 수단임을 잘 알고 있던 프랑스 정부는 샤프의 통신시스템을 처음에는 전쟁부 산하에 두었다가, 나중에 내무부(경찰) 산하로 옮겼다. 통신망은 정부의 소유로서 정부가 운영했으며, 공식 메시지로 그 이용이 제한되었다. 예산 삭감으로 여러 통신선이 폐쇄될 위기에 놓이자, 클로드 샤프는 급보, 선박의 출발과 도착, 주식과 외국환 시세 등의 뉴스 및 대중정보를 통신망에 올려 수입을 늘리자고 건의했다. 하지만 나폴레옹은 그의 제안들 가운데 단 한 가지만 수용하고 나머지는 모조리 거부했다. 투기를 막는다는 목적으로 국민복권의 추첨 결과만 통신 이용이 허용되었다. 그 외에는 군의 명령과 보고서, 혹은 1811년 3월에 황제의 아들 출생 발표 등의 공식적인 성명에만 국한하여 통신망이 운용되었다.[67]

정치와 전쟁만으로 프랑스에서 시각통신이 성공한 이유를 설명하기에는 부족하다. 물론 전쟁과 봉기는 늘 있어왔다. 하지만 1794년 이전의 정부들은 엄청난 비용을 감수하면서까지 복잡한 장거리 통신망을 구축하고 유지할 필요성을 느끼지 못했다. 최근에 사회학자 패트리스 플리치는 변화의 동인이 이성을 이용하여 시간과 공간을 인식할 수 있다는 발상의 전환에서 비롯되었다고 주장한 바 있다.[68]

혁명주의자들이 프랑스 전역을 데파르트망으로 재편성한 후, 단일한 도량형시스템을 강요하고 새로운 달력을 통해 시간 자체를 재구성한 것과 시기를 같이하여 샤프의 통신기가 등장했다. 장거리 소통의 문제에 대한 합리적인 해결 모색으로 이끈 주체는 다름 아닌 혁명 정신이었다. 한마디로 말해, 시각통신기는 전쟁에 대한 응답이자 이성의 시대가 낳은 산물이었다. 1794년 이후 혁명의 열기는 가라앉았다. 하지만 이성에 대한 경배는 전혀 흔들리지 않았다.

시각통신이 개인이나 한 국가의 천재성의 산물이 아니라 진정으로 이성과 전쟁이 낳은 결과물이라면, 전쟁이라는 비상사태와 계몽주의의 정신을 연결시킨 다른 나라들에서도 그 같은 시스템이 당연히 등장했어야 한다. 그리고 실제로 그랬다.

영국에서는 전쟁의 발발과 샤프통신기에 대한 소식이 아마추어 연구자들로 하여금 자신들의 시스템을 개발하도록 자극했다. 1794년에 아일랜드의 대지주 리처드 에지워스Richard Edgeworth는 15～20마일 간격으로 언덕 위에 14피트 높이의 구조물들을 세우고, 각 중계소마다 두세 명을 배치하여 그들에게 망원경과 0에서 7까지의 숫자를 의미하는 여덟 방향에 놓일 삼각보드를 지급하자고 제의했다. 하지만 해군본부는 에지워스가 제출한 계획안을 받아들이지 않았다.[69]

1년 후에 또 다른 발명가 두 사람이 개폐식 셔터로 구성된 발명품을 해군본부에 제출했다. 존 갬블John Gamble의 시스템은 알파벳 철자를 가리키는 다섯 개의 셔터로 구성되었다. 반면 해군 장교였던 조지 머리George Murray 경의 시스템에서는 두 기둥에 여섯 개의 셔터가 장착되어, 문자와 숫자 혹은 간단한 암호문을 가리키는 63개 조합을 만들어냈다. 해군본부는 머리의 방법을 채택하여, 프랑스의 혁명전쟁이 절정에 달했던 1796년에 런던과 시어니스, 딜 그리고 포츠머스를 연결하는 중계소들을 건설했다. 1804년에 나폴레옹전쟁이 시작되자, 해군본부는 1806년에 런던과 플리머스를, 1808년에는 런던과 야머스를 연결하는 통신선을 추가로 건설했다. 머리의 시스템은 평화를 찾은 1814년에 해체되었다.[70]

스웨덴도 그 대열에 동참했다. 스웨덴 최초의 시각통신기는 스웨덴 아카데미의 회원이자 국왕 구스타브스 4세(재위 1792~1809)의 개인비서였던 아브라함 클레브베리 에델크란트스Abraham Clewberg-Edelcrantz의 작품이다. 그는 1794년 9월에 발행된 영국 잡지《젠틀맨스 매거진Gentleman's Magazine》에서 샤프시스템에 관한 글을 읽고 영감을 얻었다고 한다. 에델크란트스는 국왕의 탄생기념일에 맞춰 1월 11일에 자신의 첫 번째 통신선을 선보였다. 그리고 얼마 지나지 않아 스톡홀름의 왕궁과 인근의 요새 및 섬들을 연결하는 단거리 통신선 세 개가 완성되었다. 영국의 공격에 대비하여 1801년에 한 개 통신선이 덴마크까지 확장되었다.

1809년 무렵, 스웨덴의 시각통신망은 주로 스톡홀름의 북부 해안과 남부 해안을 따라 이어진 200킬로미터 구간에 중계소 50개를 보유하고 있었다. 그 중계소는 왕실의 지원을 받으며 지역 방위에 이용된 듯하다. 그러나 상업용이나 해군용으로 사용되지 않았던 까닭에, 1815년 이후에는 대부분 작동을 멈추고 말았다.[71]

에스파냐에서도 19세기 초에 마드리드와 아랑후에스 궁전 및 카디스 요새와 인근 도시를 연결하는 몇 개의 지방 노선이 개설되

었지만, 나폴레옹의 침공과 그로 인한 혼란의 와중에 모두 파괴되고 말았다.[72]

1815년 이후의 시각통신

1815년에 프랑스는 이탈리아, 독일 그리고 저지대국가들에 설치했던 통신선을 잃었다. 하지만 복고왕정은 국내의 통신망을 포기하기는커녕, 기존의 통신선들을 유지해나가며 파리와 툴롱(1821), 보르도와 바욘(1823), 아비뇽과 몽펠리에(1832) 그리고 디종과 브장송(1842)을 연결하는 통신선들을 추가로 개설했다. 그리하여 1840년대에는 프랑스의 시각통신망이 5000킬로미터의 구간에 530개가 넘는 중계소를 보유했다.[73]

물론 그 형태는 달랐지만, 샤프의 시각통신은 나폴레옹과 앞선 혁명가들에게 그랬듯이, 나폴레옹의 후계자들에게도 요긴하게 이용되었다. 체제 전복과 봉기를 두려워한 왕정복고 정부(1815~1830)와 7월 왕정(1830~1848)은 통신시스템을 정치적 통제 수단으로 이용했다. 1832년에 아브람 샤프는 "정부가 반대파들의 공격에 스스로를 방어할 만반의 준비 태세를 갖춰야 할 경우……바로 이러한 수단들이 가장 강력하고 유용한 통치도구들 중 하나로 간주될 수 있다. 통신은 힘과 질서의 구성 요소다"[74]라고 역설했다.

정치가들과 군부뿐만 아니라 기업가들, 그중에서도 특히 은행가와 자본가 또한 효율적인 의사소통 수단을 원했다. 그들에게는 시간이, 1분 1초가 금전적 가치와 직결되었기 때문이다. 장거리 통신에 대한 그들의 수요는 두 가지 상반된 결과를 낳았다. 다시 말해 영국은 자유방임주의로 일관한 반면 프랑스에서는 억압이라는 강경정책이 동원된 것이다.

1815년부터 주식시장, 사채발행, 외환시세 등에 대한 관심이 고조되면서, 금융활동이 유럽 전역으로 빠르게 확산되었다. 비둘기 통신과 사적 우편 수단을 갖춘 로스차일드 가문의 경영방식은 신속한 정보 수집이 어떻게 이익으로 환원되는지를 보여주는 대표적 사례로 꼽힌다. 오래지 않아 통신망을 이용하여 사업 뉴스들을 전송하는 방법이 모색되었다.

1831년에 통신기사 알렉상드르 페리에Alexandre Ferrier는 런던과 파리를 시발점으로, 점차 다른 도시들까지 하나로 묶어나가는 산업통신망의 구축을 제안했다. 다음 해에 페리에는 재정총감 카지미르 페리에Casimir-Perier, 은행가 라피트 그리고 그 외 영향력 있는 인물들의 후원으로 시각통신망을 통해 상업 뉴스를 전송하는 회사를 설립했다. 파리에서 루앙으로 연결된 최초의 통신선이 1831년에 개통되었지만, 재정난에 허덕이다가 몇 개월 후에 회사는 문을 닫고 말았다.[75]

그 외에도 여러 개의 상업 통신선이 개설되었지만, 대부분 불법으로 운영되었다. 금리와 관련된 주요 정보들은 언덕 꼭대기마다 배치된 사람들이 흔드는 흰색 천을 통해 하루에 한 차례씩 파리에서 리옹으로 전달되었다. 앙굴렘과 보르도 사이에서는 풍차 통신선이 개설되어, 날개의 위치를 통해 주식 장세가 오갔다.

보르도 출신의 은행가인 조제프 블랑과 프랑수아 블랑은 통신 공무원들과 공모하여 공적 전문의 말미에 파리증권거래소의 시세

등락을 암시하는 신호들을 불법적으로 끼워 넣었다. 그러한 정보들은 정부의 통신망에서 허용하지 않은데다 파리를 출발한 우편물이 보르도에 도착하는 데 꼬박 닷새가 걸리는 시절이었다. 두 사람은 곧 엄청난 부자가 되었다. 그들은 체포되어 1837년 3월에 법정에 섰지만, 당시에는 통신시스템의 사적인 이용을 금지하는 법이 없던 까닭에 무죄선고를 받았다. 또 다른 예로 한 벨기에 회사가 검은색 직사각형과 망원경을 갖춘 통신사들을 이용하여 주식시세를 전송하는 방식을 제안하자, 당시의 내무장관은 각 지방 지사들에게 감시는 하되 직접 개입하지는 말라고 충고했다. 그럼에도 지자체 당국은 끊임없이 통신사들을 괴롭혔다. 일 년 후, 강압을 견디지 못한 그 통신선은 결국 폐쇄되고 말았다.

그러는 동안 불법적인 통신에 대한 반대의 목소리가 점점 커졌다. 특히 음모나 체제 전복의 냄새를 맡는 데 혈안이 된 치안 책임자들과 지사들의 불만이 컸다. 그 때문에 그러한 종류의 '통신'을 운용하는 사람들이 지방경찰에 체포되어, 갖은 고초를 겪다가 파리에서 내려온 명령에 겨우 풀려나는 사례가 비일비재했다.[76] 1836년 8월에 내무장관 가스파랭Gasparin은 불법적인 통신업자들을 체포한 앙굴렘의 지사를 다음과 같이 질책했다.

불법적인 통신 이용과 관련하여 귀하께서 무엇을 걱정하고 있는지 충분히 이해합니다. …… 다른 곳에서도 유사한 형태의 기업들이 본인의 주의를 끌었습니다. 하지만 본인이 확인한 바로는 적어도 지금까지는 주식시세만 취급되었습니다. 그것을 금지하는 법이 아직 마련되지 않았기 때문에, 우리는 강제권이나 압수 명령의 발동은 피해야 합니다. 재판에 회부되더라도 판결이 뒤집힐 수밖에 없는 상황입니다. 계속 감시하면서 회사의 중역들에게 경고만 하십시오. …… 당파적 이해관계가 포착되는 순간, 그들은 가혹한 처벌을 면치 못할 것입니다.[77]

역사적으로 언제나 그래왔듯 1830년대에도 프랑스는 자본주의와 불편한 관계에 있었다. 대부분의 의회의원들은 통신망이 대중에게 개방되면 극빈자들이 희생한 대가로 부유한 투기꾼들만 이익을 챙기게 된다고 믿었다. 한 예로 풀시롱 의원은 "여태껏 좋은 의도로 통신선을 개설하는 사람은 본 적이 없다. …… (그것은) 파리 증시에 관한 뉴스를 알지 못하는 사람들을 등쳐먹기 위해 고안한 강도행위와 다를 바 없다"[78]라고 불만을 토로했다.

정치적·경제적 자유에 내재된 위험을 두려워한 나머지, 국민의회는 1837년 5월에 정부를 제외한 그 어떤 개인도 정보를 소통할 수 없다는 법안을 가결했다. 물론 우편제도는 일반인에게도 개방되었다. 하지만 시각통신시스템의 이용 권한은 오직 정부에게만 있었다.

워털루전투에서 영국은 프랑스에 결정타를 날렸음에도 영국 해군 본부는 여전히 마음을 놓을 수가 없었다. 이전의 통신선을 복구하는 데 만족하지 못하고 새로운 통신선 개척에 나선 것도 바로 그 때문이었다. 1816년에 런던에서 템스 강 어귀의 시어니스에 이르는 통신선이, 1824년에는 런던과 영국해협의 포츠머스를 연결하는 노선이 개설되었다.

이 시스템은 샤프통신기를 모방하여 영국 해군 소장 홈 폽햄Home Popham 경이 고안한 시각신호기로, 언덕 위 설치물보다 전송속도가 빨랐으며 읽기도 훨씬 쉬웠다. 심지어는 망원경도 필요 없을 정도였다. 하지만 비용이 많이 든다는 게 단점이었다. 5~10마일 간격으로 중계소를 세우고, 각 중계소마다 장교 한 명과 사병 두 명이 상주해야만 했다. 영국 해군본부의 제도적 타성에 힘입어 전기통신기의 우수성이 입증되고 한참이 지난 1847년까지도 그 시스템은 계속 유지될 수 있었다.[79]

그 외에도 영국에서는 선박 소유주와 상인들을 위한 여러 종류의 상업 통신선이 운용되었다. 1827년에 왓슨B. L. Watson이 개설한 홀리헤드-리버풀 통신선은 주로 선박들의 도착을 알려주는 데 이용되었다. 그의 신호기는 40~50피트 높이의 깃대와 세 쌍의 '팔'로 구성되었다. 가장 위쪽에 위치한 한 쌍의 '팔'은 그가 만든 '신호코드Code of Signal'의 한 장chapter과 상응하여 알파벳 철자, 방위, 선박의 현재 위치, 지명, 일반적인 단어 혹은 문장을 가리켰고, 세 쌍의 '팔'들이 조합되어 그 장의 한 항목을 가리켰다. 왓슨의 시스템도 샤프시스템에서 나온 게 분명하다. 1839년에 리버풀-홀리헤드 통신선을 영국 해군 소속의 윌리엄 로드William Lord 중위에게 넘겨주는 대신에 왓슨은 헐, 사우샘프턴, 다트머스 등의 몇몇 항구도시 인근에 새로운 통신선들을 개척해나갔다.[80]

영국의 시각통신은 몇 가지 중요한 변에서 프랑스와 차이를 보였다. 첫째, 해군본부를 제외한 그 어떤 정부기관도 통신에는 별다른 관심을 보이지 않았다. 통신망이 정치에 긍정적으로 작용하여, 국가의 기반을 공고히 해주거나 봉기와 체제 전복을 막아줄 것이라고 믿는 사람은 거의 없었다. 둘째, 개인 소유의 상업 통신선에 대한 제재가 없었다. 영국에서는 운하나 유로 고속도로도 사유화할 수 있었기에 그것은 그리 놀랄 만한 일이 아니었다.[81] 끝으로 영국의 시각통신은 통신망을 형성하지 못하고 개별 통신선으로만 존재했다.

1790년대에 일시적으로 유럽 전역에서 시각통신에 관한 관심이 고조된 건 사실이지만, 영국과 나폴레옹제국을 제외하고는 불과 몇 개의 단거리 통신선만 개설되었을 뿐이다. 그리고 약 40년 동안의 소강상태를 지나 1830년대에 꺼져가던 불씨가 되살아났다.

함부르크에서 한 개인 사업가가 그 지역의 선주와 상인들을 위한 통신선을 개설했다. 스웨덴에서는 1834년에 카를 프레드리크 아크렐Carl Fredrik Akrell이 칼스크로나에서 드로트닝그셰르에 이르는 통신선을 개척했다. 비용을 충당하기 위해 그 통신선은 처음으로 사적 메시지도 허용했다. 1832~1834년에 프로이센 정부는 베를린에서 쾰른과 코프렌츠에 이르는 550킬로미터 구간에 통신선을 개설하여, 왕국의 두 지역을 하나로 묶었다. 이미 1820년대와 1830년대에 상트페테르부르크를 중심으로 한 인근 지역에 지방 통신선들을 개설한 바 있는 러시아 정부는, 1839년에 상트페테르부르크와 바르샤바를 잇는 830킬로미터의 구간에 새로운 통신선을 추가로 개척했다. 프로이센이나 러시아의 경우, 국가의 결속이란 다름 아닌 먼 지역들의 통제를 의미했던 것이다.[82]

루이스 엔리케 오테로 카르바잘의 설명에 의하면, 에스파냐에서는 "통신의 발달과 자유주의 국가의 안정 사이에 분명한 연결고리가 있었다."[83] 통신이 이용된 사례들만 되짚어보아도 그 당시 자유주의 국가(프랑스를 모델로 한 국가라는 의미)의 통합이 얼마나 어려운 일인지 고스란히 드러난다. 왕가만이 사용할 권리를 가진 최초의 단거리 노선들이 마드리드와 인근의 궁성들을 하나로 묶었다. 그러다 1844년에야 비로소 정부는 수도를 북쪽으로는 산세바스티안, 서쪽으로는 발렌시아 및 바르셀로나, 남쪽으로는 카디스와 연결하는 전국 통신망을 구축하기로 결정했다. 하지만 코드북은 정부의 고위 관료나 군대의 지휘관만이 이용할 수 있었으며, 당시 전송된 암호문들 가운데 75퍼센트가 군대 관련 사항이거나 공식적인 명령이었다. 1850년대 중반에 완성된 시각통신망은 5년도 못가 전기통신망으로 대체되었다.[84]

그 같은 정부 소유의 시스템들은 거의 예외 없이 공식적 혹은 군사적 소통 수단으로 국한되었다. 주로 개별적인 단거리 통신선들로서, 제각각 다양한 형태의 구조와 코드를 이용했다. 그 때문에 프랑스와 에스파냐 국경에서처럼, 서로 다른 두 시스템이 만날 경우에는 메시지 전달을 위해 암호를 해독하고, 번역하고, 암호화하는 번거로운 절차를 다시 반복할 수밖에 없었다. 대중적인 장거리 소통은 전기통신이 도입될 때까지 기다려야만 했다.[85]

유럽의 영향력이 확대되면서 시각통신기 또한 해외로 퍼져 나갔다. 서구화의 영향을 받은 오스만투르크제국의 이집트 총독 무함마드 알리가 비유럽 세계에서는 처음으로 1820년대 카이로와 알렉산드리아를 연결하는 통신선을 유포했다. 전기통신기가 출현하기 전까지 통신기를 거의 쓰지 않았던 남아프리카 및 인도와 달리 알제리와 오스트레일리아에서도 통신시스템을 적극 받아

들였다.[86]

미국에서는 연방정부와 주정부들이 개인 기업들에게 통신사업을 일임했다. 최초의 통신선들은 항만 통신이었다. 1801년에 조너선 그라우트Jonathan Grout가 보스턴과 마서즈비니어드*를 연결하는 72마일의 통신선을 개설하여 선박들의 도착을 알려주었다. 하지만 1807년에 폐쇄된 점으로 미루어볼 때, 그의 통신선은 제대로 운영되지 못했던 것 같다. 1812년 전쟁**와중에 개설된 두 번째 항만 통신선은 브루클린과 뉴욕의 스테이튼 아일랜드를 하나로 묶었다.

그 가운데 가장 성공적인 사례는 1820년에 익스체인지 커피하우스의 경영자 새뮤얼 토플리프Samuel Topliff가 보스턴에 설립한 시각통신회사였다. 1822년에 통신기사 로 파커Rowe Parker가 그 회사를 인수하여 통신선을 확장해나갔다. 그는 몇 년 전에 개설된 리버풀-홀리헤드 항만 통신선에서 이용된 것과 거의 비슷한 코드를 들여왔다. 당시 보스턴과 리버풀은 상업적으로 밀접히 연계되어 있었으니 그것은 결코 우연의 일치가 아니었다.

1820년대에 투기꾼들은 우편마차의 속도를 뛰어넘는 파발마를 이용하여 일반인보다 한 발 앞서 주식 정보를 입수했다. 우정공사 총재 존 맥린John McLean은 상업 정보를 위한 시각통신망의 구축에 발 벗고 나섰다. 비록 당시에는 그의 프로젝트가 의회의 승인을 받지 못했지만, 몇 년 후에 모스의 전기통신기가 등장하면서 국가적

• 미국 매사추세츠 주 남동부 연안의 섬.
•• 프랑스혁명 이후 영국-프랑스 간의 알력에 휘말린 미국이 영국을 상대로 벌인 전쟁.

통신시스템의 확충이라는 맥린의 기본 발상이 다시 탄력을 받게 된다.[87]

1840년대에 뉴욕과 필라델피아를 연결하는 시각통신선이 개설되어 주식시세와 당첨 복권번호가 전송되었다. 필라델피아의 주식중계인 윌리엄 브리그스William Briggs가 개설한 그 통신선도 5년 후에는 전기통신으로 대체되고 말았다.[88]

미국의 몇 가지 사례들을 통해 실시간 정보에 대한 수요가 존재했지만 시각통신의 운영에 소요되는 막대한 비용은 선주나 주식중계인들만이 감당할 수 있었음을 확인했다. 미국인들이 좀 더 저렴한 시각통신에 그처럼 열광한 배경에는 분명 그러한 이유도 있었을 것이다.

시각통신에서 전기통신으로

대부분의 학자들은 전기통신의 발명을 새로운 시대의 출발점으로 묘사한다. 역사가 브룩 힌들Brooke Hindle의 저서 《경쟁과 발명 Emulation and Invention》에는 다음과 같은 구절이 나온다.

> 증기선과 마찬가지로 전자기통신 또한 아주 새로운 것이었다. 그것은 기존의 과학기술을 바탕으로 한 발전도 아니었고, 어떤 사회적 필요성에 부응하기 위해 현존하는 역량을 모아놓은 조합도 아니었다. 그것은 불가능을 딛고, 어느 한순간 갑자기 등장했다. 앙페르와 외르스테드*가 개발한 새로운 전기기술과 스터전과 헨

리[••]가 발견한 전기로 새로운 문이 열린 것이다. 그러한 지식은 전신의 전제 조건이었으며, 과학에 토대를 둔 최초의 발명품이라는 꼬리표가 붙은 것도 바로 그 때문이다.[89]

기술과 학문이라는 관점에서 전기통신을 바라보면, 원거리 통신과 전기통신을 동일시하는 것도 이해는 간다. 하지만 의사소통 수단으로 관점을 옮겨보면 문제는 달라진다. 전기통신은 의심의 여지없이 '기존의 과학기술을 바탕으로 한 발전'인 것이다. 그렇다면 발명가들의 마음을 그러한 발전으로 이끈 것은 과연 무엇이었을까?[90]

1830년대에 실링Schilling, 가우스Gauss와 베버Weber, 슈타인하일Steinheil 그리고 휘트스톤Wheatstone및 쿡Cooke 등의 발명가들이 전기가 메시지 전송에도 이용될 수 있음을 입증했다. 그들은 하나 같이 알파벳 철자를 수신자에게 직접 전달할 수 있는 통신기의 개발에 매달렸다. 새뮤얼 모스Samuel Morse의 가장 큰 업적은 전기통신기의 개발이 아니라, 단선만으로도 가동되는 부호를 만들어 지구 환경을 가능한 한 덜 훼손시켰다는 점이다. 모스 전신기를 통한 비용절감 효과는 훈련받은 전문 인력의 필요성을 상쇄하고도 남았다.

• 앙드레 앙페르와 한스 크리스티안 외르스테드 모두 전자기학 발전에 공헌한 인물이다. 전류 세기의 단위인 암페어(A)는 앙페르의 이름에서 온 것이고, 자기장 세기의 단위인 에르스텟(Oe)은 외르스테드에서 딴 것이다.

•• 윌리엄 스터전은 전자석을 만들어 전기의 실용화를 가져왔고, 조지프 헨리는 전자 유도와 전류의 자기 유도 현상을 발견하여 전자기학 발전에 공헌했다.

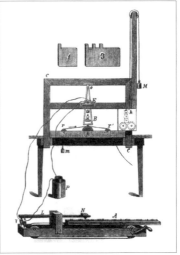

새뮤얼 모스의 1865~1880년 사이의 사진.
새뮤얼 모스의 전신기.

　모스는 존경받아 마땅하다. 하지만 그의 발명이 결코 맨땅에서 이루어진 것은 아니다. 정기여객선 설리호를 타고 프랑스에서 뉴욕으로 돌아가던 중, 선상에서 친구와 나눈 대화를 떠올리며 전자기통신에 관해 생각했다. 모스는 파리를 떠나면서 친구 리처드 하버샴에게 "우리나라의 우편은 너무 느려. 그에 비하면 프랑스의 통신기가 훨씬 낫지. 안개가 무시로 하늘을 가리는 파리가 아니라 날씨가 좋은 우리나라에 설치하면 금상첨화일 텐데……. 여전히 더딘 속도는 문제지만 말이야. 번개를 이용하면 한결 빨라지지 않을까?"[91]라고 말했다.

　전기통신이 국제적 관심을 불러일으킨 데는 몇 가지 원인이 작용했다. 공급이라는 측면에서 볼 때, 물리학의 발전이 전기통신을 가능하게 만들었다. 외르스테드, 앙페르 그리고 패러데이*가 전기와 자기의 관계를 밝히는 데 필요했던 이론을 과학이 제공했다. 현실적으로는 실험들을 통해 축전지를 얻을 수 있었다. 1838년으로 접어들어 발명의 초점이 실험에서 특허권 경쟁으로 옮아갔는데, 휘트스톤과 쿡, 에드워드 데이비Edward Davy, 윌리엄 알렉산더 William Alexander, 새뮤얼 모스 등이 그 중심에 서 있었다.

시각통신과는 비교조차 할 수 없을 정도로 전기통신은 더 많은 정보를 더욱 빨리 처리할 수 있었다. 시각통신선 하나는 1분당 평균 한두 개의 신호를 전송했다. 한 개의 신호가 가리키는 코드북상의 단어 혹은 구의 평균치는 10개였으므로, 1분당 10~20개의 단어 혹은 구의 전송이 가능한 셈이었다. 반면 1837년에 등장한 쿡과 휘트스톤의 지침전신기needle telegraph는 1분당 25개, 그리고 모스 전신기는 1분당 60개의 단어 혹은 구를 전송할 수 있었다.

무엇보다 전기통신은 어둠이나 나쁜 날씨에도 전혀 영향을 받지 않았다. 프랑스의 시각통신선이 하루 평균 6시간 (겨울에는 3시간) 동안 가동된 반면, 전기통신선은 필요할 경우 밤낮없이 가동될 수 있었다. 다시 말해 전기통신은 등장하는 순간부터 반세기 동안의 발전과 개량 과정을 거친 후에야 가능했던 시각통신보다 적어도 10배 이상의 정보를 취급할 수 있었던 셈이다.[92]

수요라는 측면에서도 전기통신은 아주 매력적이었다. 앞서 살펴보았듯이, 1830년대에 각국의 정부와 기업들은 경쟁적으로 유

• Michael Faraday(1791~1867). 영국의 화학자이자 물리학자. 외부의 전기장을 차단하는 장치인 '패러데이 상자'를 고안했다.

럽의 대부분과 미국 그리고 여러 지역에 시각통신선을 개척해나
갔다. 독립국가의 건설, 공공질서의 유지, 혁명의 예방 그리고 상
업 정보의 소통에 시각통신이 유용했기 때문이다.

모스와 같은 발명가들은 당연히 정부로부터 지원을 받았다. 미
국 최초의 전기통신인 볼티모어-워싱턴 라인은 1845년부터 1847
년까지 중앙우체국이 운영했다. 하지만 기술적으로는 모든 정부
가 보수적 성향을 띠었다. 수요는 제한적이었으며, 전기통신망에
투자할 정도의 적극성도 보이지 않았다. 의회의 관심권에서 멀어
지자, 미국의 전기통신은 채무불이행으로 민간기업으로 넘어가고
말았다.

영국에서는 윌리엄 쿡이 이 새로운 발명품의 속도와 능력은 새
로운 고객을 요구한다는 사실을 인식했다. 이미 오래전부터 통신
시스템은 해운회사와 선주들을 위해 선박의 도착을 알려주는 메
신저로서 중요한 역할을 해왔다. 뉴스 전송과 비둘기 통신 그리고
대안적인 시각통신시스템을 구축하려는 프랑스인들의 다양한 시
도에서 금융업자와 주식중계인들 사이에 신속한 정보에 대한 수
요가 있었다는 사실이 확인된다. 새로 건설된 철로들 위에서는 충
돌을 방지하기 위해 기차에 관한 정보가 달리는 기차보다 앞서 달
렸다. 최초로 가동된 쿡과 휘트스톤의 전기통신망이 영국의 대서
부철도를 따라 길게 이어졌다. 민간기업체의 전기통신 운용이 허
용된 나라들에서는 실로 엄청난 결과물들이 양산되었다. 1848년
에 전신선들이 영국제도를 종횡으로 가로질렀으며, 플로리다를
제외한 미국 전역을 하나로 묶었다.

시각통신의 발상지이자 메카였던 프랑스는 정치적 이유에서 전

기통신을 거부했다. 샤프시스템은 이미 시대에 뒤떨어졌다고 주장한 물리학자 프랑수아 아라고François Arago의 반대에도 아랑곳하지 않고, 1842년에 국민의회는 시각통신선의 야간운행 시험에 보조금을 지원하기로 결정했다. 그로부터 2년 후 영국과 미국 그리고 독일의 공국들은 이미 전기통신을 도입하여 운용하고 있음을 한 위원회가 지적했다.

시각통신망의 운영 책임자들인 전기기술자 루이 브레게Louis Breguet와 알퐁스 푸아Alphonse Foy는 샤프의 시각통신기를 개량하여 축소시킨 복지침전신기two-needle telegraph를 고안했다. 그것은 기술적 보수주의의 한 사례라기보다는 기존 통신전문가들의 기술을 계속 활용하려는 합리적 발상에 가까웠다. 이웃 국가보다는 그 속도가 느리긴 했지만, 프랑스도 하나둘씩 전기통신선을 개설해나갔다. 오래지 않아 시각통신선과 달리 전기통신선은 10분의 1만 가동시켜도 모든 종류의 공적 메시지를 처리할 수 있다는 사실이 입증되었다. 마침내 1850년, 진보 성향의 생시몽주의자*와 기업가 그리고 머지않아 나폴레옹 3세로 등극하는 루이 나폴레옹 보나파르트의 압력에 떠밀려 국민공회는 마지못해 일반인의 전기통신선 접속을 허용했다.[93]

전기통신이 혁명적이었다면, 그것은 전기통신이 '과학에 토대를 둔 최초의 발명품'인 전기의 산물이라는 사실 때문만은 아니었다. 그보다는 오히려 전기통신이 가져온 용량과 실용성의 비약적

• 프랑스의 공상적 사회주의자 클로르 생시몽의 인간해방사상을 이어받아 완성·실천한 사회 개혁자들의 총칭.

인 발전과 앞선 시각통신과 비교조차 할 수 없을 정도의 값싼 비용에서 그 이유를 찾아야 할 것이다. 전기통신을 계기로 비로소 철도회사, 주식중계인, 자본가, 상인, 신문사는 물론 일반 대중까지 실시간 정보를 입수할 길이 열리게 되었다.

해군 신호

샤프통신을 낳은 이성과 전쟁의 결합은 또 다른 형태의 소통 수단인 해군 신호에서도 혁명을 불러왔다. 18세기 이전만 하더라도 선박들 간의 의사소통은 단향성의 초보적 수준을 벗어나지 못했으며, 그마저도 오류투성이였다. 14세기의 〈영국 해군본부 블랙북Black Book of the Admiralty〉에 의하면, 제독 혹은 함장이 탑승한 배의 식별, 적함 출현의 고지, 작전회의 소집 등을 위해 특정한 신호들이 사용되었다. 1578년에 만들어진 탐험가 마틴 프로비셔Martin Frobisher의 해전 수칙에는 "(한 발의 총성과 함께) 제독의 마스트에 깃발이 올라가면, 고위 장성이 주재하는 작전회의가 열린다는 신호이며 전 함대는 즉시 그 배의 주위로 모여야 한다"고 명시되어 있다. 그 외 메시지들은 '확성기'를 이용하거나 보트를 보내 구두로 전달했다.[94]

1649년에 요크 공작(훗날 제임스 2세)은 《해전지침Fighting Instructions》을 발간했다. 이 소책자에는 삭구*위의 다섯 곳에 각각 다른 다섯 종류의 깃발을 내걸며 만들어지는 25개 신호가 실려 있다. 프랑

•   배에서 쓰는 밧줄이나 쇠사슬 따위의 총칭.

스-네덜란드전쟁(1652~1654) 시기에 발간된 개정판《해전지침》에서는 깃발 수가 몇 배로 늘어났을 뿐만 아니라, 다양한 물건들도 함께 쓰였다. 이를테면 가로 돛대에 매달린 오크통은 '물이 필요함', 손도끼는 '나무가 필요함' 그리고 식탁보는 '식사 초대'를 의미했다. 《항해·해전지침Sailing and Fighting Instructions》이 처음으로 인쇄된 1673년에는 깃발의 숫자가 15개로, 물건들의 위치도 18가지로 늘어났다. 판이 거듭될수록 점점 더 많은 깃발이 요구되었다. 최종적으로 1782년에는 그 숫자가 55개에 달했고, 위치에 따라 각각 여러 의미를 담아냈다.[95]

점점 복잡해진 신호체계는 오히려 전술상의 역효과만 가져왔다. 영국의 군사역사가 존 키건John Keegan의 설명에 의하면, "예하 함대에 탑승한 신호 담당 장교들이 시스템을 정확히 숙지하지 못하면 소통 자체가 아예 불가능했다. 그 때문에 지휘관들은 판독하기 쉬운 깃발 신호만 선호했다."[96] 그 결과 일단 교전이 시작되면 "각 함선의 선장들은 가장 가까이에 위치한 적함을 찾아 그곳에만 집중사격을 할 수밖에 없었다."[97]

리처드 켐펜펠트Richard Kempenfelt 대령(훗날 해군 준장)과 해군 장성 로드 하우Lord Howe 및 홈 폽햄 경은 영국 해군의 소통체계를 완전히 바꿔놓았다. 미국독립전쟁 시기에 치러진 수차례의 해전 경험을 통해 켐펜펠트는 "엄청난 비효율성 때문에 '해전지침'의 시스템 전체가 폐기 처분되어야 한다"고 확신하게 되었다. 그는 1779~1780년에 세 종류의 깃발을 10개 묶음으로 구성한 숫자시스템을 도입했다. 종류가 다른 깃발 세 개는 한 묶음이 되고, 각각의 게양대는 0 ~99에 이르는 숫자 중 하나를 나타냈으며, 그 숫자는 다시 코드북의 한 문장을 의미했다.

미국독립전쟁의 와중에 로드 하우는 새로운 코드북을 실험하여 1790년에 숫자와 문장을 목록화한《전함용 암호표Signal Book for the Ships of War》와《전함의 행동지침서Instructions for the Conduct of Ships of War, Explanatory of, and Relative to the Signals Contained in the Signal Book》를 출간했다. 그가 만든 새로운 방법은 의사소통의 과정을 메시지의 하달, 깃발 신호의 코드화, 발신, 수신,《전함용 암호표》에 의거한 신호의 해독, 그리고 최종적으로 해독된 메시지를《전함의 행동지침서》에서 찾아 확인하는 절차 등 여러 단계로 세분화했다. 프랑스혁명 시기에 로드 하우의 저서들은 판을 거듭했으며, 특히 1799년도 판은 해군본부에서 공식적으로 발행했다.[98]

하지만 켐펜펠트와 하우의 시스템이 독창적인 것은 아니었다. 비록 실제로 사용되지는 않았으나 이미 1738년에 프랑스의 해군 장성 마에 드 라 부르도네Mahé de la Bourdonnais가 숫자신호시스템을 제안한 바 있었다. 1763년에는 또 다른 프랑스의 해군 장교 세바스티앙 프랑시스코 비고Sébastian Francisco Bigot가 펴낸《해군 전술의 진화와 신호체계Tactique navale ou traité des évolutions et des signaux》는 1767년에 영어로 번역되기도 했다.[99] 그들 두 사람의 저서가 빛을 보지 못한 채 그대로 묻히고 만 것은 단지 전쟁의 긴박함이라는 동인을 만나지 못했기 때문이다.

이전의 시스템들보다는 진일보했지만, 하우와 켐펜펠트의 방법 또한 여전히 한계성을 안고 있었다. 예를 들어 1799년도 판에는 겨우 340개 신호만 수록되었으며, 동시에 거기에 포함된 메시지들의 전송으로 국한되었다. 로드 하우의《전함용 암호표》의 보유편 성격을 지닌 《통신 암호 및 해상 어휘Telegraphic Signals or Marine Vocabulary》를 1800년에 출간하면서 폽햄은 그러한 약점을 보완했다. 두세 개의 게양대와 24종류의 깃발을 이용하여 폽햄은 0~9까지의 숫자, 알파벳의 각 철자, 단어 또는 문장을 의미하는 코드 숫자를 전송할 수 있었다. 암호표의 경우와 마찬가지로 그의 《통신 암호 및 해상 어휘》도 여러 차례 출간되었다. 해군본부는 수천 개에 달하는 단어와 문장이 수록된 1803년도 판을 채택하여 시험적으로 운용한 다음, 최종적으로 1813년도 판을 영국 해군의 공식 신호체계로 결정했다.[100]

폽햄의 시스템은 비단 전송속도만 빠른 것이 아니라, 아주 탄력적이었다. 기함에서 예하 함선까지 메시지 전달은 물론 예하 함선끼리의 소통도 가능했다. 키건의 말을 빌리자면, "그 당시에 비로소 함대의 지휘관들은 탄력적이고 종합적이며, 즉각적인 소통이 가능한 신호체계를 자유자재로 운용하게 되었다."[101]

폽햄의 신호체계를 가장 극적으로 이용한 지휘관은 허레이쇼 넬슨Horatio Nelson 제독이었다. 1803년에 그는 이전보다 더 먼 거리에서 더 넓은 지역을 대상으로 툴롱을 봉쇄할 수 있었다. 그로부터 2년 후, 빌뇌브 제독이 지휘하는 카디스의 프랑스-에스파냐 연합함대를 봉쇄하는 동안 넬슨은 예하 함선 선장들에게 폽햄의 책을 복사하여 배부했다. 그리고 그것은 예하 함선과 양방향 소통을 가능케 해주었다.

트라팔가르해전이 시작되기 이틀 전인 1805년 10월 17일에 소형 구축함 에우리알루스호의 선장 블랙우드Blackwood는 "현재 우리는 적군 함대와 4마일 이내에 있다. 비록 거리는 멀지만, 폽햄 경의 신호체계를 이용하여 함선끼리 릴레이식으로 넬슨 경과 '말을 주고받고' 있다"라고 기록했다. 10월 19일 오전 7시에 소형 구축함 시리우스호에서 "적함들이 정박지를 벗어나고 있음"이라는 내용을 담은 '370호'를 깃발 신호로 올렸다. 그 전문은 에우리알루스호, 포이베호, 나이아스호, 디펜스호, 콜로서스호 그리고 마르스호를 릴레이식으로 통과하여, 오전 9시 30분에 시리우스호에서 48마일가량 떨어진 넬슨의 기함 빅토리호에 도착했다. 소형 구축함들을 경유하여 전문이 계속 오르내렸다. 블랙우드가 "적함대가 서쪽으로 압박해올 것으로 여겨짐. 30척"이라는 신호를 보내오자, 넬슨은 "계속 적의 동태를 주시할 것"이라고 응답했다.

프랑스-에스파냐 연합함대가 마침내 가시권으로 진입하자, 넬슨 제독은 253-269-863-261-471-958-220-370-4-21-19-24라는 신호를 예하 함대에 하달했다. 그것은 세계 해전사에서 가장 유명한 메시지로 "조국은 여러분 모두가 각자 맡은 바 의무를 다해줄 것을 기대한다"는 내용이었다.(폽햄의 코드북에는 수록되어 있지 않았기 때문에, 원문에는 duty가 d-u-t-y로 표기되었다.)[102]

영국 해군이 프랑스-에스파냐 연합함대를 격파할 수 있었던 데에는 넬슨이 구사한 전열분쇄작전, 다시 말해 적 함대의 중앙부를 기습적으로 격파해 전열을 끊은 다음 궤멸시키는 전술 덕분이었다. 키건의 말을 들어보자.

해전의 영향력을 판단할 때 '혁명적' 전투라고 할 수 있는 트라팔가르해전은 가히 혁명적 전술들로 일관되었다. 하지만 그 전술들은…… 대부분 홈 폽햄의 혁신적인 통신 신호체계가 가져다준 지휘체계상의 혁명적 변화의 산물이었다. 적시에 어느 곳으로든 예하 함대를 이동시키는 것이 가능했기 때문에, 넬슨이 '바람을 등에 업고 적의 전열을 분쇄하는' 전술을 과감히 시도하여 연합함대를 궤멸시킬 수 있었던 것이다.[103]

1815년 6월 18일 워털루전투에서 나폴레옹이 완패한 이후, 군사적 활동에서 상업적 활동으로 무대가 옮겨갔다. 앞선 2세기 동안 크게 진화해온 해군 신호체계는 상선들 사이의 의사소통에도 그와 비견되는 발전을 불러왔다.

상선들을 위한 새로운 신호체계를 개발한 사람은 해상보험회사 로이드Lloyd의 회장 조지프 매리어트의 아들 프레더릭 매리어트Frederick Marryat(1792~1848)였다. 1817년에 최초로 발간된 그의 《상선용 신호코드Code of Signals for the Use of Vessels Employed in the Merchant Service》는 발간되기 무섭게 영국의 상선들, 로이드사의 대리점들 그리고 해안경비소로 팔려나갔다.

매리어트의 신호체계는 폽햄의 《통신 암호 및 해상 어휘》보다 훨씬 더 복잡했으며, 전함보다 상선은 상대적으로 시간 여유가 있었던 터라 속도 또한 더 느렸다. 숫자를 가리키는 열 가지 종류의 깃발이 이용되었는데, 한 번에 대략 네 종류까지 깃발이 게양되었다. 추가로 내걸린 깃발이 코드북 여섯 권 가운데 한 권을 가리키면, 해당 코드북에서 게양된 깃발들이 가리키는 일련번호를 확인할 수 있었다. 코드북 여섯 권에는 영국 전함, 외국 전함 및 외국 상인, 지리적 위치, 문장, 통용어, 단어, 알파벳이 수록되었다.

잇달아 프랑스의 신호체계와 미국의 신호체계가 등장하면서 얼마 동안 경쟁관계가 형성되었지만, 시간이 흐르면서 프랑스의 상선, 미국 그리고 대부분의 해운국가들도 매리어트의 신호체계를 도입했다. 세계무역에서 차지하는 영국의 영향력이 그만큼 막강했던 것이다. 비슷한 종류의 코드북들 중 가장 성공한 매리어트의 《상선용 신호코드》는 1817년과 1876년 동안 19차례 출간을 거듭했다.[104] 시각통신기와 다르게 전함·상선 깃발 신호는 거의 20세기 초까지 유지되다가, 점차 무선전신으로 대체되었다.[105]

이 장의 시작 부분에서 우리는 조직, 소유권, 자금 마련, 접속 그리고 검열이라는 원거리 통신의 다섯 가지 특징을 이야기했다. 우편시스템의 역사에서는 좀 더 광범위하고 촘촘하고 효율적인 네트워크를 향한 진화, 대중적으로 접속이 가능한 진화, 공식적인 메시지의 제한에서 비싼 우편요금으로의 진화, 끝으로 비싼 우편요금에서 저렴한 우편요금으로의 진화가 이루어졌음을 확인했다.

하지만 나머지 세 가지 특징은 명확한 경계선을 그을 수가 없었다. 심지어 미국에서조차도 공적 소유를 지향하는 경향을 보였지만, 1700~1850년에도 여전히 관 주도의 우편시스템과 민간 소유의 우편시스템은 경쟁관계에 있었다. 마찬가지로 자금 마련 문제 역시 개인회사의 이익과 정부의 보조 혹은 수익 사이를 끊임없이 오갔다. 비록 전쟁과 정치적 격변에 취약했으나, 자유주의적 혁명 이념이 합법적으로 수용되어 의사소통의 프라이버시권은 검열 혹은 감시를 수면 아래로 가라앉혔다.

이러한 변화들을 고려할 때, 1700년부터 1850년까지 확립된 우편시스템과 통신시스템의 진화를 서로 비교해보는 것도 아주 흥미로운 일이다. 구체제가 막을 내리면서 프랑스와 영국의 우편제도는 그 서비스 범위가 더 넓어지고, 일반 고객에게도 개방되었으며, 효율성 또한 상당한 수준에 이르렀다. 하지만 요금이 매우 비쌌기 때문에 대중화와는 여전히 거리가 멀었다. 19세기 초, 미국에 저렴한 우편요금제도가 도입되지만 신문배달로만 국한되었다. 마침내 19세기 중반에 영국이 앞장서서 오늘날 보편적으로 운용되는 것과 유사한 형태의 저렴한 우편제도를 시행했다.

통신시스템은 우편시스템의 진화 과정을 그대로 밟았다. 프랑스의 시각통신은 로마의 '쿠르수스 푸블리쿠스'와 마찬가지로 공적 메시지로만 국한된 관 주도의 네트워크였다. 반면 다른 국가들의 경우에는 주로 단거리 통신선들로만 구성되었다. 전기통신의 경우, 상대적으로 그 용량은 대폭 늘어났지만 그런 만큼 고정비용의 부담이 컸다. 결국 재정적 이유로 각국 정부들은 일반 대중의 접속을 허용할 수밖에 없었다. 따라서 국가 안정이라는 이름 아래, 각국 정부들이 취해온 방식도 강압적인 금지와 검열에서 은밀한 감시로 바뀌어갔다.[106]

그로부터 2세기가 지난 지금, 전방위적인 우편시스템과 전화망을 확보한 대부분의 선진국은 휴대폰과 인터넷의 대중화를 향해 숨 가쁘게 달려간다. 하지만 장거리 통신의 사유화와 그에 대한 저항이 맞물리면서, 소유의 문제는 여전히 평행선을 달리고 있다. 마찬가지로 '인터넷의 운용비용을 정부가 감당해야 하는가, 아니면 고객이 부담하거나 광고수익을 통해 충당해야 하는가?'라는 자금 마련의 문제 또한 현재 진행형이다.

프라이버시권과 검열의 문제도 여전히 표류 상태다. 혁명의 토양에 자유의 씨앗이 뿌려진 지 2세기가 흘렀지만, 헌법이 보장하는 시민의 프라이버시권을 수호하겠다고 호언장담한 위정자들은 악성 댓글, 음란물, 테러리즘 등으로부터 시민을 보호한다는 미명 아래 여전히 개인 의사소통의 감시를 들먹인다. 의사소통의 방법이 획기적으로 진보해왔다는 점은 분명한 사실이다. 하지만 그것이 도덕적 진보였는지는 매우 의심스럽다.

7.

과거와 현재

정보의 시대

이럴 수가! 40년 동안이나 쓸데없는 말만 지껄여오면서도

그런 사실을 의식조차 못하다니…….

— 몰리에르, 《평민 귀족》

정치가들은 대개 건국의 아버지들, 바스티유의 함락, 트라팔가르 해전 혹은 중요한 역사적 사건들을 들먹이며 자신들의 행동을 정당화한다. 그런데 어찌된 노릇인지, 권위를 내세우는 인물들은 정보의 시대란 극히 최근에 개발된 기기들의 산물인 양 바로 엊그제 출현한 것임을 믿으라고 우리에게 강요한다.

인류 역사상 우리의 시대가 결코 최초의 정보화시대는 아니다. 인간은 늘 정보가 필요했으며, 또 그것을 이용해왔기 때문이다. 특정한 시기마다 정보를 다루는 방법이 획기적으로 변화했다. 우리도 그러한 시기들 중 하나를 살아갈 뿐이기에, 굳이 최초라는 수식어를 붙일 필요는 없다. 추측컨대 글말의 등장은 엄청난 사건이었을 것이다. 물론 오늘날 우리는 알파벳, 기하학, 아라비아숫자 등과 마찬가지로 글쓰기 방법에 관해서 우리의 선조보다는 훨씬 더 많은 것을 알고 있다. 하지만 동시에 우리는 고대에도 엄연히 정보기기들(이를테면 해시계와 물시계)이 존재했으며, 중세에는 그러한 기기들이 양적으로 질적으로 크게 향상되었다는 사실(이를테면 기계식 시계와 인쇄기) 또한 잘 알고 있다.

오늘날의 정보혁명은 지금으로부터 대략 3세기 전에 시작되어, 18세기와 19세기 초에 정치혁명과 산업혁명 못지않게 인류문명사에 엄청난 영향을 끼쳤다. 이 글의 목적은 이러한 정보혁명이 거대한 문화적 변화의 산물이라는 점을 밝히는 데 있다. 당대의 인구 변동 및 사회·경제적 변화와 밀접하게 연결된 문화적 변화는 자연, 사건, 비즈니스 그리고 세속적 혹은 현실적 주제 등을 총망라한 그야말로 온갖 종류의 정보들에 대한 끊임없는 관심에서 표출되었다. 공직자나 일반 시민 할 것 없이 모든 사회계층이 더 많은 정보를 요구했으며, 동시에 정보에 좀 더 쉽게 접근하고 이해하고 이용할 수 있기를 바랐다. 이성과 혁명이 가져다준 정보시스템들이 갈수록 정교하게 발전해나갈 수 있었던 배경에는 바로 그러한 수요와 공급의 법칙이 작용했던 것이다. 오늘날의 정보화시대는 그 같은 시스템들을 토대로 성장한 결과물일 따름이다.

끝으로 이 책에서 다룬 시스템들과 현재 사용되는 시스템들의 연관관계를 살펴보자.

분류시스템, 명명시스템 그리고 도량형시스템은 과학에서 출발하여 그 적용 범위가 모든 분야로 확산되어나갔다. 우리가 구매하는 물건은 표준화되어 특정한 등급으로 매겨진다. 식료품, 의류, 가정용품 등에는 컴퓨터만 인식할 수 있는 바코드와 전문가들만 식별할 수 있는 이상한 문자들이 찍혀 있다. (린네의 추종자가 아니면 *Pisum sativum*이 '완두garden pea'라는 사실을 어떻게 알겠는가?) 다시 말해서 사회적 지위, 정치적 견해, 지능 등 거의 모든 종류의 정보가 측정되고, 조직되고, 분류되어 특정한 시스템으로 편입된다.

통계와 수치들은 단순히 우리를 에워싸는 차원을 넘어서 일상적인 담론의 일부가 되었다. 우리는 강수확률, 풍속 냉각지수, 온습지수 등을 통해 날씨를 예측하며, 보유 재산, 내신 성적 혹은 미국대학입학수능시험SAT으로 사람을 평가한다. 아침신문을 펼치는 순간, 우리의 눈은 스포츠 스코어, 다우존스지수, 소비자물가지수 등으로 직행한다. 한마디로 거대한 통계적 움직임에 휩쓸린 채 우리는 점점 더 '계산하는 사람들'로 바뀌어간다.

정보의 통계적 표현보다는 정보의 시각적 디스플레이가 더 보편화되었다. 텔레비전과 컴퓨터의 도움으로 거의 모든 정보가 그래픽의 형태로 표현되자, 그래픽으로 디스플레이 될 수 없는 것은 중요하지 않은 정보로 치부되기에 이르렀다. 자동차의 계기판은 다양한 표시 장치로 운전자가 차를 몰아가는 동안 자동차의 현재 상태를 알려준다. 인공위성을 이용한 위성위치확인시스템GPS은 선박과 미사일은 물론 심지어는 최신형 자동차와 도보 여행자까지도 안내한다.

사전과 백과사전은 여전히 존재하지만, 컴퓨터에 밀려 본래 모습은 알아볼 수 없을 정도로 변형되어가는 추세다. 맞춤법검사기, CD-ROM, 온라인사전 등은 '새 술을 담는 새로운 부대'들이다. 매일 업데이트되는 데이터베이스들이 매년 혹은 수 년 간격으로 발간되는 보유편과 증보판의 존재 의미를 위협한다. 게다가 브라우저와 검색기의 등장으로 알파벳 순서 따위에 상관없이 모든 종류의 정보를 찾고 검색하는 것이 가능해졌다.

변화가 가장 극적이고 철저하게 진행된 분야는 의사소통시스템이었다. 주로 광고 전달에만 이용되지만, 그래도 우편제도는 여전히 존재한다. 신문도 호된 홍역을 치른 뒤 텔레비전과의 경쟁에서 살아남았다. 텔레그래프*가 역사의 무대 뒤로 사라지고, 텔렉스**와 무선호출기 그리고 컴퓨터 네트워크가 그 자리를 대신했다. 확장일로를 걸어온 전화는 이제 모든 사람, 모든 컴퓨터 그리고 모든 자동차를 하나의 시스템으로 묶는 작업에 열중한다. 그 확산 속도를 볼 때 머지않아 인터넷이 이 모든 것을 집어삼킬 듯하다.

18세기와 19세기 초에 유럽인과 북아메리카들인이 정보를 다루는 정교한 시스템들을 개발하고 발전시켰다고 가정하자. 그렇다면 과연 그러한 사실이 그 당시의 시스템들을 정보혁명이라고 부르는 것을 정당화하는가? 혹시 20세기 말의 개념을 우리 선대의 경우에 억지로 대입시키는 것은 아닐까? 역사가의 임무란 과거의 사건들을 당대의 사람들이 경험한 대로 기술하는 것일까, 아니면 후견지명後見之明으로 현재 세계의 기원을 찾는 것일까?

필자는 후견지명의 역사를 선호한다. 그 이유는 현재의 빛에 비추어 과거를 해석하고, 동시에 과거의 빛에 비추어 현재를 해석하는 것이 역사가가 할 일이라고 생각하기 때문이다. 산업혁명은 1840년대에 단지 '발견되었을'(다시 말해 그렇게 명명되었을) 뿐이다. 사회사는 1930년대에, 페미니스트의 역사와 젠더의 역사는 1970년대에, 환경의 역사는 1980년대에 시작되었다.

정보화시대를 살아가는 우리로서는 당연히 그 연원을 되짚어보아야 한다. 몰리에르의 표현처럼, 단지 그러한 사실을 의식하지 못했을 뿐 우리의 선대 또한 정보의 시대를 살았다.

---

* 시각통신과 전기통신을 통틀어 일컫는 말.
** 인쇄 전신기를 이용하여 가입자 간에 통신할 수 있는 전신 시스템. 원래는 미국의 웨스턴유니언사가 제공한 국제 전송사진 통신 서비스를 말한다.

프랑스 구조주의의 열풍에 힘입어 한때 우리나라의 대형서점에서는 별도의 판매대를 마련하여 프랑스 인문학 관련 번역서들을 따로 모아 전시한 적이 있다. 비슷한 맥락에서 1980~1990년대에는 포스트모더니즘이란 말을 모르면 마을 이장도 할 수 없다는 우스갯소리까지 나돌았다.

그런데 20세기 말부터는 포스트모더니즘시대, 후기산업시대, 원자시대, 우주시대 등의 전문용어들을 제치고, 정보화시대라는 말이 우리가 살고 있는 시대를 정의하는 상투어로 급부상했다. 이른바 IT 강국은 물론 많은 나라에서 인터넷과 문자메시지를 통해 누구나 실시간으로 온갖 정보를 주고받을 수 있는 상황으로 변했으니, 이는 어쩌면 당연한 현상일 것이다.

우리는 지금 웹사이트, 데이터베이스, 하이퍼텍스트, 인포머셜 등의 다양한 형태로, 그야말로 '정보의 홍수'와 직면해 있다. 비즈니스 분야에서는 소프트웨어 개발자들이 컴퓨터제조업을 권자에서 밀어냈고, 라디오와 비디오 관련 장비회사들도 서둘러 엔터테

인먼트회사로 업종을 바꾸고 있다.

그렇다면 정보화시대란 2000년대를 전후한 특정 시기를 규정하는 용어라야 옳을 것이다. 과연 그럴까? 이 책은 분명한 어조로 그렇지 않다고 대답한다.

루스벨트대학의 사회과학 및 역사학 교수인 저자 대니얼 헤드릭은 이 책에서 수년에 걸친 치밀한 문헌연구와 특유의 예리한 통찰력을 바탕으로 정보의 역사를 심도 있게 파헤치고 있다. '1700~1850 이성과 혁명의 시대 지식을 다루는 기술'이라는 부제에서도 드러나듯이, 저자는 프랑스혁명을 전후한 시기에 이루어진 정보시스템의 획기적인 발전에 논의의 초점을 맞추고 있다. 여기서 시스템이란 정보 자체의 내용을 말하는 것이 아니라 정보가 조직되고 관리되는 방법과 기술을 의미한다. 정치적·사회적·경제적 대변화에 부응하기 위해 당시 유럽 각국은 정보를 효율적으로 운용하기 위한 시스템들을 경쟁적으로 개발하기 시작했으며, 그것이 계속 발전하여 오늘날 정보화시대로 이어졌다는 것이다. 진정한 의미의 정보화시대란 가히 '정보의 혁명'이라고도 할 수 있는 이 시기에 그 뿌리를 두고 있다고 저자는 역설한다.

정보시스템은 그 작동 목적에 따라 조직, 변형, 디스플레이, 저장, 소통이라는 다섯 개의 범주로 나누고, 각 범주마다 사례연구들을 배치했다.

첫째, 정보의 조직에서는 생명과학에서 린네의 분류법이, 화학에서 라부아지에의 원소와 분자의 명명법이, 그리고 측정과 관련된 학문에서 미터법을 알아본다.

둘째, 정보의 변형에서는 정보를 수치화하는 수단인 통계가 '정치산술'과의 연관관계에서 논의된다.

셋째, 정보의 디스플레이에서는 정보를 시각화하려는 욕구의 산물인 지도와 그래프를 살펴본다.

넷째, 정보의 저장에서는 정보를 저장하고 검색하는 시스템인 사전과 백과사전을 다루는데, 특히 자국어 사용과 알파벳 순서가 핵심 쟁점으로 떠오른다.

다섯째, 정보의 소통에서는 우편제도와 샤프로 대변되는 시각통신기 및 해상 깃발 신호체계가 1800년대를 전후한 시기의 혁명과 무수한 전쟁과의 연관성 아래 조명된다.

솔직히 말해 인문학을 전공한 역자로서는 힘에 부치는 작업이었다. 하지만 생소한 과학용어들과 씨름하는 과정에서 모르는 사실들을 하나하나 깨우쳐가는 재미는 번역의 고통을 상쇄하고도 남음이 있었다. 다른 저서들을 번역하면서는 느껴보지 못한, 또 하나의 소중한 경험이었다.

이 책의 말미에서 저자는 "현재의 빛에 비추어 과거를 해석하고, 동시에 과거의 빛에 비추어 현재를 해석하는 것"이 역사가의 임무라고 역설했다. 비록 인용출처는 밝히지 않았지만 E. H. 카의 《역사란 무엇인가》에 나오는 표현으로 추측된다. 그런데 우연히도 역자 또한 자주 인용해오던 글귀라, 이 대목을 접하는 순간 무척이나 반가웠다. 관심 있는 독자들에게 이 책이 과거를 통해 현재와 미래를 좀 더 깊은 시각으로 바라볼 수 있는 계기가 되기를 바라는 마음이다.

이처럼 귀중한 저서가 우리말로 옮겨질 수 있도록 배려해주신 너머출판사의 이재민 대표님과 난삽한 글을 다듬어 온전한 모습으로 출간할 수 있게 도와주신 이미경님께 지면을 빌려 감사드린다.

친구이자 애정 어린 '감시자'로서, 글이 잘 풀리지 않을 때면 늘 따뜻한 위로와 격려로 힘을 실어준 아내에게 이 역서가 작은 기쁨이 되기를 바란다.

2011년 6월

서순승

1. 정보화 혁명의 기원

1. 정보화시대를 두고 존 나이스빗(*Megatrends*[New York: Warner Books, 1982]), 앨빈 토플
    러(*The Third Wave* [New York: Morrow, 1980]), 월터 리스턴(*The Twilight of Sovereignty:
    How the Information Revolution Is Transforming Our World*[New York: Scribner's,
    1992]) 등의 미래학자들은 찬사를 아끼지 않지만, 시어도어 로잭(*The Cult of Information*,
    2d ed. Berkeley: University of California Press, 1994)을 비롯한 또 다른 학자들은 비판의
    날을 세운다. 그러나 현재와 가까운 미래에 정보화가 가져올 파급효과에 모두 매료된 것만은
    분명한 사실이다.

2. Claude E. Shannon, "A Mathematical Theory of Communication", *Bell System Technical
    Journal* 27 (1948): 379~423쪽, 625~656쪽.

3. Michael Riordan and Lillian Hoddeson, *Crystal Fire: The Birth of the Information
    Age*(New York: Norton, 1997).

4. 인용 출처 *Smithsonian*, August 1996, 25쪽.

5. James Beniger, *The Control Revolution: Technological and Economic Origins of
    the Information Society*(Cambridge, Mass.: Harvard University Press, 1986) 및
    JoAnne Yates, *Control through Communication: The Rise of System in American
    Management*(Baltimore: Johns Hopkins University Press, 1989)를 참조하라.

6. 이를테면 스미소니언협회 소속 국립미국사박물관의 큐레이터 스티븐 루바가 쓴 *InfoCulture:
    The Smithsonian Book of Information Age Inventions*(Boston: Houghton Mifflin, 1993).
    또한 Peter G. Hall and Paschal Preston, *The Carrier Wave: New Information Technology
    and the Geography of Innovation, 1846~2003*(Boston: Unwin Hyman, 1988)를 참조하라.

7. Elizabeth L. Eisenstein, *The Printing Press as an Agent of Change: Communications and
    Cultural Transformations in Early-Modern Europe*(Cambridge: Cambridge University
    Press, 1979); Eisenstein, *The Printing Revolution in Early Modern Europe*(Cambridge:
    Cambridge University Press, 1983); Lucien Fèbvre and Henri-Jean Martin, *L'apparition
    du livre*(Paris: Albin Michel, 1958), translated by David Gerard as *The Coming of the
    Book: The Impact of Printing, 1450~1800*(London: Routledge, 1976).

8. Lubar, *InfoCulture*, 4쪽.

9. 계몽주의 지성사(intellectual history)의 대표적 사례는 Ernst Cassirer, *The Philosophy of
    the Enlightenment*, trans. Fritz Koelin and James Pettegrove(Princeton, N.J.: Princeton
    University Press, 1951); Frank E. Manuel, ed., *The Enlightenment*(Englewood Cliffs, N.J.:
    Prentice-Hall, 1965); Jack Lively, ed., *The Enlightenment*(New York: Barnes and Noble,

1966) 및 Peter Gay, *The Enlightenment: An Interpretation*, 2 vols.(New York: Knopf, 1966~1969)를 꼽을 수 있다. 좀 더 사회적인 관점에서 계몽주의를 폭넓게 다룬 저서로 Norman Hampson, *The Enlightenment*(Harmondsworth: Penguin, 1976); Ulrich Im Hof, *The Enlightenment*, trans. William E. Yuill(Oxford: Blackwell, 1994); Dorinda Outram, *The Enlightenment*(Cambridge: Cambridge University Press, 1995)를 추천한다.

10. E. A. Wrigley, *Population and History*(New York: McGraw-Hill, 1969), 205쪽.

11. 계몽주의 사상에 익숙한 독자라면 달랑베르와 콩디야크의 작품들에 등장하는 '시스템' 이 어떤 의미인지 금세 눈치챌 것이다. 《백과사전Encyclopédie》의 예비논의Preliminary Discourse에서 달랑베르는 "오늘날 주요 작품들에서 시스템의 정신the spirit of system은 거의 폐기 처분되다시피 했다"고 적었다. 그가 말한 시스템의 정신이란 다름 아닌 데카르트의 전형이라 할 지식에 대한 연역적 접근법이었다. 대신 그는 뉴턴의 특징인 경험주의와 합리주의의 결합을 의미하는 '시스템화하는 정신the systematic spirit'을 강조했다. 이러한 표현들은 단지 자연에 관한 지식의 체계적 습득만 다루었을 뿐 정보 취급의 다른 양상들은 대상으로 삼지 않았다. Jean Le Rond d'Alembert, *Discours préliminaire de l'Encyclopédie*(Paris: Courtier, 1966), 33~34쪽, 110쪽. 또한 Erienne Bonnot de Condillac, *Traité des systèmes, où l'on en démèle les inconvénients et les avantages*(The Hague: Neaulme, 1749)를 참조하라.

2. 분류법과 명명법의 발견 : 정보의 조직

1. 린네의 네덜란드 체류는 Wilfrid Blunt, *The Compleat Naturalist: A Life of Linnaeus*(New York: Viking, 1971), 94~123쪽; Norah Gourlie, *The Prince of Botanists: Carl Linnaeus*(London: Witherby, 1953), 120~147쪽; Heinz Goerke, *Linnaeus*, trans. Denver Lindley(New York: Scribner's, 1973), 27~29쪽을 참조하라.

2. Gourlie, *Prince of Botanists*, 147쪽.

3. Frans Antonie Stafleu, *Linnaeus and the Linnaeans: The Spreading of Their Ideas in Systematic Botany*(Utrecht: Oosthoek, 1971), 337쪽.

4. *Oeuvres de Condorcet*(Paris: Fermin Didot, 1847), 2: 153쪽, Pascal Duris, *Linné et la France, 1780~1850*(Geneva: Droz, 1993), 125쪽에서 인용.

5. Goerke, *Linnaeus*, 33쪽.

6. Stafleu, *Linnaeus and the Linnaeans*, 97쪽

7. Jean Le Rond d'Alembert, *Discours préliminaire de l'Encyclopédie*, (Picavet edition, Paris, 1894), 111쪽, Max Fuchs, "La langue des sciences", in *Histoire de la langue française des origines à 1900*, ed. Ferdinand Brunot(Paris: Colin, 1930), 6: 600쪽에서 인용.

8. Fuchs, "La langue des sciences", 6: 526~575쪽.

9. René Antoine Ferchault de Réaumur, *Memoire pour servir à l'histoire des insectes*, 6 vols.(Paris: Imprimerie Royale, 1734~1742); Charles Bonnet, *Traité d'insectologie*, 2

vols.(Paris: Durand, 1745); Guillaume Antoine Olivier, *Entomologie ou histoire naturelle des insectes avec leurs caractères génériques et spécifiques, leur description, leur synonymie et leur figure enluminée,* 6 vols.(Paris: Baudoin, 1789~1808).

10. John Ray, *Historia plantarum,* 3 vols.(London: H. Faithorne, 1686~1704), Ernst Mayr, *The Growth of Biological Thought: Diversity, Evolution, and Inheritance*(Cambridge, Mass.: Belknap Press, 1982), 162쪽에서 인용.

11. W. T. Steam, "The Background of Linnaeus's Contributions to the Nomenclature and Methods of Systematic Biology", *Systematic Zoology* 8(1959): 8쪽; Gunnar Broberg, "The Broken Circle", in *The Quantifying Spirit in the Eighteenth Century,* ed. Tore Frängsmyr, John L. Heilbron, and Robin E. Rider(Berkeley: University of California Press, 1990), 67쪽; Mayr, *Growth of Biological Thought,* 157~162쪽.

12. 식물의 분류와 분류학은 V. H. Heywood, *Plant Taxonomy,* 2d ed.(London: Edward Arnold, 1976) 및 Charles Jeffrey, *Introduction to Plant Taxonomy,* 2d ed.(Cambridge: Cambridge University Press, 1982)를 참조하라.

13. Mayr, *Growth of Biological Thought,* 156~158쪽.

14. Alan G. Morton, *History of Botanical Science: An Account of the Development of Botany from Ancient Times to the Present Day*(London: Academic Press, 1981), 256~257쪽; Henri Daudin, *De Linné à Jussieu, méthodes de la classification et l'idée de série en botanique et en zoologie, 1740~1790*(Paris: Alcan, 1926), 25~35쪽; Julius von Sachs, History of Botany(1530~1860), trans E. F. Garnsey(Oxford: Clarendon, 1890), 68~77쪽.

15. Maurice P. Crosland, *Historical Studies in the Language of Chemistry*(Cambridge, Mass.: Harvard University Press, 1962), 139~140쪽; Fuchs, "La langue des sciences", 6: 614쪽.

16. Mayr, *Growth of Biological Thought,* 187쪽.

17. 애서가들의 경우를 예로 들어보자. 먼저, 미국국회도서관의 시스템에서처럼 도서들을 주제별로 분류해야 하는가, 아니면 책의 높이 혹은 저자명의 알파벳순에 따라 정리해야 하는가를 두고 고민해야 한다. 무엇보다 심각한 문제는 사람들을 어떤 기준으로 판단해야 하느냐는 점이다. 종종 능력(자연적 분류)이 기준이 되기도 하지만, 인종이나 성별(인위적 분류)이 기준이 되는 경우가 더 흔하다.

18. Carl von Linné, *Critica botanica*(Leiden, 1737), aphorism 256쪽.

19. von Sachs, *History of Botany,* 90쪽. 최근에는 존 레쉬가 린네를 18세기 분류학의 창시자로 칭한 바 있다. "Systematics and the Geometrical Spirit", in *The Quantifying Spirit in the Eighteenth Century,* ed. Tore Frängsmyr, J. L. Heilbron, and Robin E. Rider(Berkeley: University of California Press, 1990), 74~79쪽 및 Mayr, *Growth of Biological Thought,* 172쪽을 참조하라.

20. James L. Larson, *Reason and Experience: The Representation of Natural Order in the Work of Carl von Linné*(Berkeley: University of California Press, 1971); William Thomas Stearn, "Introduction", in *Carl von Linné, Species plantarum: A Facsimile of the First*

Edition, 2 vols.(London: The Ray Society, 1957), 22∼26쪽; John Lewis Heller, *Studies in Linnaean Method and Nomenclature*(New York: P. Lang, 1983)를 참조하라.

21. 오늘날에는 분류해야 할 종의 숫자가 수백만 개로 늘어났으며, 그에 따라 종species, 과 family, 아목suborder, 목order, 강class, 아문(亞門, subphylum), 문(門, phylum), 계 kingdom 등 식물학자들에게 필요한 분류 범주 또한 훨씬 더 복잡해졌다.

22. 인용 출처 Stafleu, *Linnaeus and the Linnaeans*, 61∼62쪽.

23. 인용 출처 같은 책, 28쪽.

24. Mayr, *Growth of Biological Thought*, 173∼177쪽.

25. 식물도 성을 가질 수 있다는 생각은 당대의 도덕군자연하던 사람들에게 실로 엄청난 충격이 었다. 1737년에 목사이자 식물학자였던 요한 지게스베크는 신이 그와 같이 "혐오스런 매춘 행위loathsome harlotry"를 허용했을 리가 만무하다고 반박했다. "블루벨, 백합 혹은 양파 가 그런 비도덕성에까지 이를 수 있다고 감히 누가 생각이나 했겠는가?" Blunt, *Compleat Naturalist*, 120∼121쪽; James L. Larson, "Linnaeus and the Natural Method", *Isis* 58(1967): 309∼310쪽을 참조하라. 최근에는 또 다른 이유에서 자웅분류법이 공격의 대상이 되고 있다. 말하자면 린네는 강(상위분류군)을 규정하면서 수술의 숫자를 근거로 삼았으나 목 (하위분류군)을 규정하면서는 암술의 숫자를 근거로 삼았다는 것이다. Londa Schiebinger, "The Loves of Plants", *Scientific American, February* 1966, 110∼115쪽을 참조하라.

26. Stafleu, *Linnaeus and the Linnaeans*, 64, 115∼122쪽; Larson, *Reason and Experience*, 58쪽, 97쪽.

27. Linnaeus, *Philosophia botanica*, aphorism 159쪽, Morton, *History of Botanical Science*, 266∼267쪽에서 인용.

28. Stafleu, *Linnaeus and the Linnaeans*, 28쪽.

29. Linnaeus, *Philosophia botanica*, aphorism 151쪽, Stafleu, *Linnaeus and the Linnaeans*, 57∼58쪽에서 인용.

30. Stafleu, *Linnaeus and the Linnaeans*, 79∼80쪽, 93∼97쪽; Crosland, *Historical Studies in the language of Chemistry*, 140쪽.

31. Larson, *Reason and Experience*, 123∼127쪽.

32. Stafleu, *Linnaeus and the Linnaeans*, 100∼102쪽.

33. Duris, *Linné el la France*, 123∼24쪽.

34. Larson, *Reason and Experience*, 122쪽

35. Stafleu, *Linnaeus and the Linnaeans*, 86∼87쪽; Heller, *Studies in Linnean Method and Nomenclature*, 43쪽, 55∼58쪽.

36. Heller, 43∼49쪽, 55∼58쪽.

37. Stafleu, *Linnaeus and the Linnaeans*, 103∼108쪽; Larson, *Reason and Experience*, 135 ∼137쪽; Heller, *Studies in Linnaean Method and Nomenclature*, 41쪽, 60쪽; Stearn, "Background of Linnaeus's Contributions", 7∼13쪽.

38. Linnaeus, *Critica Botanica*(1737), aphorism 322쪽, Stearn, "Background of Linnaeus's

Contributions", 5쪽에서 인용. Dil과 Dillen은 J. J. Dillenius(독일의 식물학자 요한 딜레니우스)를, elth.는 딜레니우스의 가장 유명한 저서 《엘탐 식물Hortus Elthamensis》(1732)을, gissens.는 (기센에서 대학을 다닌) 딜레니우스의 저서 《기센 근교에 자생하는 식물목록 Catalogus Plantarum sponte circa Gissam nascentium》(1719)을, gener.는 미켈리P. A. Micheli의 저서 《새로운 식물의 속Nova Plantarum Genera》(1719)을 가리킨다.

39. Heller, 62~75쪽, 125쪽. 18세기의 사서들도 꽃을 다루면서 식물학자들이 직면한 것과 동일한 문제와 씨름했다. Broberg, "Broken Circle", 52쪽을 참조하라.

40. Mayr, *Growth of Biological Thought*, 178쪽.

41. 장 자크 루소에 관해서는 "Lettres élémentaires sur la botanique" and "Fragmens pour un Dictionnaire de termes d'usage en botanique", in *Oeuvres complètes*, 4 vols.(Paris: Gallimard, 1959~1969), 4: 1174쪽, 1207~1208쪽을 참조하라. Duris, *Linné et la France*, 103~105쪽에서 인용. 괴테에 관해서는 *Goethe Schriften zur Naturwissenschaft*(Frankfurt: Insel, 1981), 36~63쪽, 230~272쪽 및 James L. Larson, "Goethe and Linnaeus", *Journal of the History of Ideas* 28 (1967): 590~596쪽을 참조하라.

42. Antoine Gouan, *Flora Monspeliaca*(1765)을 참조하라. Stafleu, *Linnaeus and the Linnaeans*, 267~271쪽에서 인용.

43. James L. Larson, *Interpreting Nature: The Science of Living Form from Linnaeus to Kant*(Baltimore: Johns Hopkins University Press, 1994), 17쪽.

44. Miguel Angel Puig-Samper, "Difusión e institucionalización del sistema linneano en España y América", in *Mundialización de la ciencia y cultura nacional: Actas del Congreso Internacional "Ciencia, descubrimiento y mundo colonial"*, ed. Antonio Lafuente, Alberto Elena, and María Luisa Ortega(Madrid: Doce Calles, 1993), 350~352쪽.

45. 같은 책, 358쪽.

46. Eduardo Estrella, "Introducción del sistema linneano en el virreinato del Perú", in Lafuente, Elena, and Ortega, *Mundialización de la ciencia y cultura nacional*, 344~348쪽.

47. Per Kalm, *En Resa till Norra America*, 3 vols.(Stockholm: L. Salvii, 1753~1761), translated as *Travels into North America* by John R. Foster(Barre, Mass.: Imprint Society, 1972).

48. Stafleu, *Linnaeus and the Linnaeans*, 151~153쪽, 199~202쪽, 228~238쪽.

49. Harold B. Carter, *Sir Joseph Banks, 1763~1820*(London: British Museum, 1988); Patrick O'Brian, *Joseph Banks: A Life*(Boston: Godine, 1993); John MacKenzie, ed., *Imperialism and the Natural World*(Manchester: Manchester University Press, 1989)를 참조하라.

50. Stafleu, *Linnaeus and the Linnaeans*, 111~114쪽, 211~238쪽. 뱅크스 경의 식물표본실이 식물학에 미친 영향은 미국국회도서관의 분류시스템이 미국 전역의 학술도서관에 미친 영향에 비견된다.

51. 같은 책, 205쪽.

52. 같은 책, 238쪽.

53. 같은 책, 239쪽.

54. Fuchs, "La langue des sciences", 6: 613~614쪽.

55. Georges-Louis Leclerc, comte de Buffon, "Premier discours de la manière d'étudier & de traiter l'Histoire Naturelle", in *Histoire naturelle, générale et particulière, avec la description du Cabinet du roi* 13 vols.(Paris: Imprimerie royale, 1749~1767).

56. 인용 출처 Daudin, *De Linné à Jussieu*, 26~27쪽.

57. Duris, *Linné et la France*, 33~34쪽.

58. 같은 책, 33~34쪽.

59. Fuchs, "La langue des sciences", 6: 589쪽 ; Duris, *Limé et la France*, 34~35쪽.

60. Duris, *Linné et la France*, 35쪽.

61. Philip R. Sloan, "The Buffon-Linnaeus Controversy", *Isis* 67(September 1976): 356~375 쪽; Duris, *Linné et la France*, 32~36쪽; Fuchs, "La langue des sciences", 6: 590쪽.

62. Charles C. Gillispie, *Science and Polity in France at the End of the Old Regime*(Princeton, N.J.: Princeton University Press, 1980), 143~151쪽.

63. Buffon, "Premier discours", 14b, Sloan, "Buffon-Linnaeus Controversy", 359~360쪽에서 인용.

64. Daudin, *De Limé à Jussieu*, 118~119쪽; Morton, *History of Botanical Science*, 296~300 쪽; Stafleu, *Linnaeus and the Linnaeans*, 267~278쪽; von Sachs, *History of Botany*, 109 ~115쪽.

65. Michel Adanson, *Histoire naturelle du Sénégal: Coquillages. Avec la relation abrégée d'un voyage fait en ce pays, pendant les années 1749, 50, 51, 52 et 53*(Paris: Bauche, 1757), Morton, *History of Botanical Science*, 304쪽에서 인용. 또한 Daudin, *De Linné à Jussieu*, 121~122쪽 및 Stafleu, *Linnaeus and the Linnaeans*, 311~317쪽을 참조하라.

66. Fuchs, "La langue des sciences", 6: 592쪽, 643쪽; Morton, *History of Botanical Science*, 308; Stafleu, *Linnaeus and the Linnaeans*, 320쪽; Lesch, "Systematics and the Geometrical Spirit", 79~82쪽.

67. Stafleu, *Linnaeus and the Linnaeans*, 227쪽.

68. Gillispie, *Science and Polity*, 151~155쪽; Duris, *Linné et la France*, 143~145쪽; Stafleu, *Linnaeus and the Linnaeans*, 320~332쪽.

69. *Encyclopédiie méthodique, ou par ordre de matières*, 199 vols.(Paris: Panckoucke, 1782 ~1832).

70. Daudin, *De Linné à Jussieu*, 190~200쪽; Morton, *History of Botanical Science*, 314쪽, 347쪽, 355쪽; Gillispie, *Science and Polity*, 161~162쪽; Duris, *Limé et la France*, 146~ 147쪽; Stafleu, *Linnaeus and the Linnaeans*, 332~339쪽.

71. Larson, *Interpreting Nature*, 36~40쪽; von Sachs, *History of Botany*, 122~141쪽.

72. Daudin, *De Limé à Jussieu*, 129~141쪽.

73. Buffon, *Histoire naturelle*, 4: 382쪽, Stafleu, *Linnaeus and the Linnaeans*, 307~308쪽에서 인용. 18세기에 퇴화라는 개념이 널리 퍼져 있었다. 대부분의 사람들은 지방어란 원래의 완벽한 언어에서 퇴화한 형태라고 믿었다.

74. Mayr, *Growth of Biological Thought*, 209쪽.

75. Marco Beretta, "The Grammar of Matter: Chemical Nomenclature during the 18th Century", in *Sciences et langues en Europe*, ed. Roger Chartier and Pietro Corsi(Paris: Ecole des hautes études en sciences sociales, 1966), 110~111쪽.

76. 연금술 및 초기의 화학 용어는 Bernadette Bensaude-Vincent, "Une charte fondatrice", in *Méthode de nomenclature chimique, proposée par MM. Morveau, Lavoisier, Berthollet & de Fourcroy. On y a joint un nouveau système de caractères chimiques, adaptés à cette nomenclature, par MM. Hassenfratz & Adet*, new ed.(Paris: Seuil, 1994), 11~20쪽 및 Crosland, *Historical Studies in the Language of Chemistry*, 5~88쪽; Fuchs, "La langue ties sciences", 6: 641~652쪽을 참조하라.

77. Pierre Joseph Macquer, *Elémens de chymie théorique*(Paris: Hérissant, 1749), ix, Fuchs, "La langue des sciences", 6: 642 n. 2쪽에서 인용.

78. François Dagognet, *Tableaux et langages de la chimie*(Paris: Seuil, 1969), 16~17쪽, 165쪽; Bensaude-Vincent, "Charte fondatrice", 17~20쪽; Crosland, *Historical Studies in the Language of Chemistry*, 130쪽; Fuchs, "La langue des sciences", 6: 652쪽.

79. Crosland, *Historical Studies in the Language of Chemistry*, 124~130쪽.

80. Pierre-Joseph Macquer, *Dictionnaire de chymie*(Paris, 1766), 2: 673쪽, W. A. Smeaton, "The Contributions of P. J. Macquer, T. O. Bergman and L. B. Guyton de Morveau to the Reform of Chemical Nomenclature", *Annals of Science* 10(1954): 88쪽에서 인용.

81. Marco Beretta, *The Enlightenment of Matter: The Definition of Chemistry from Agricola to Lavoisier* (Canton, Mass.: Watson, 1993), 136~137쪽; Crosland, *Historical Studies in the Language of Chemistry*, 136~137쪽; Smeaton, "Contributions", 88~89쪽.

82. 린네, 베르그만, 기통 드 모로, 라부아지에의 관계에 관해서는 Smeaton, "Contributions", 86~88쪽 및 Lesch, "Systematics and the Geometrical Spirit", 93~96쪽을 참조하라.

83. 인용 출처 Beretta, "Grammar of Matter", 115쪽.

84. Robert M. Caven and J. A. Cranston, *Symbols and Formulae in Chemistry: An Historical Study* (London: Blackie, 1928), 12~17쪽; Crosland, *Historical Studies in the Language of Chemistry*, 135~151쪽; Beretta, *Enlightenment of Matter*, 138쪽.

85. Torbern Bergman, "Meditationes de systemate fossilium naturali", *Nova Acta Regiae Societatis Scientiarum Upsalensis* 4(1784): 63~128쪽, Smeaton, "Contributions", 97쪽에서 인용.

86. Bensaude-Vincent, "Charte fondatrice", 22~23쪽; Beretta, *Enlightenment of Matter*, 147~148쪽; Crosland, *Historical Studies in the Language of Chemistry*, 148~149쪽; Fuchs, "La langue des sciences", 6: 648쪽.

87. Louis-Bernard Guyton de Morveau, "Hépar", in *Supplément à l'Encyclopédie*, vol. 3(1777), 34쪽, Crosland, *Historical Studies in the Language of Chemistry*, 153~154쪽에서 인용.

88. Louis-Bernard Guyton de Morveau, "Memoire sur les dénominations chymiques, la nécessité d'en perfectionner le système, & les règles pour y parvenir", *Observations sur la Physique, sur l'Histoire Naturelle et sur les Arts* 19, no. 1(1782): 370~382쪽. Wilda Anderson, *Between the Library and the Laboratory: The Language of Chemistry in Eighteenth-Century France*(Baltimore: Johns Hopkins University Press, 1984), 128쪽 및 Smeaton, "Contributions", 92쪽을 참조하라.

89. Bensaude-Vincent, "Charte fondatrice", 24~28쪽; Dagognet, *Tableaux et langages de la chimie*, 18~19쪽, 53~55쪽; Duris, *Linné et la France*, 127쪽; Fuchs, "La langue des sciences", 6: 649~657쪽; Beretta, *Enlightenment of Matter*, 153~157쪽; Crosland, *Historical Studies of the Language of Chemistry*, 154~166쪽.

90. Bensaude-Vincent, "Charte fondatrice", 30~39쪽.

91. Arthur Donovan, *Antoine Lavoisier: Science, Administration and Revolution*(Oxford: Blackwell, 1993), 157~169쪽; Beretta, *Enlightenment of Matter*, 181~184쪽; Smeaton, "Contributions", 102~105쪽.

92. Antoine Laurent Lavoisier and Louis-Bernard Guyton de Morveau, *Méthode de nomenclature chimique* (Paris: Cuchet, 1787).

93. Thomas S. Kuhn, *The Structure of Scientific Revolutions*(Chicago: University of Chicago Press, 1962).

94. Etienne Bonnot de Condillac, *La logique, ou les premiers développemens de l'art de penser*(Paris: L'Esprit, 1780).

95. Antoine Laurent Lavoisier, "Memoire sur la nécessité de réformer & de perfectionner la nomenclature en Chimie", in *Méthode de nomenclature chimique*(1787), 5~7쪽, 13~14쪽, 17쪽.

96. 새로운 명명법을 둘러싼 논의는 Aaron Ihde, *The Development of Modern Chemistry*(New York: Harper and Row, 1964), 77~79쪽; Bensaude-Vincent, "Charte fondatrice", 40~41쪽; Beretta, *Enlightenment of Matter*, 203~211쪽; Crosland, *Historical Studies in the Language of Chemistry*, 180~182쪽; Fuchs, "La langue des sciences", 6: 663~673쪽을 참조하라.

97. Louis-Bernard Guyton de Morveau, "Memoire sur le développement des principes de la nomenclature méthodique", in *Méthode de nomenclature chimique*(1787), 27~74쪽.

98. Bensaude-Vincent, "Charte fondatrice", 41~42쪽.

99. eretta, "Grammar of Matter", 118~122쪽.

100. Jean-Antoine Claude Chaptal de Chanteloup, *Elémens de chimie*, 3 vols.(Montpellier,

1790); Antoine François de Fourcroy, *Elémens d'histoire naturelle et de chimie*, 3d ed., 4 vols.(Paris: Cuchet, 1789); Antoine Laurent Lavoisier, *Traité élémentaire de chimie, présenté dans un ordre nouveau et d'après les découvertes modernes*(Paris: Cuchet, 1789). 또한 Donovan, Antoine Lavoisier, 176~177쪽. 새로운 명명법의 확산은 Bernadette Bensaude-Vincent and Ferdinando Abbri, eds., *Lavoisier in European Context: Negotiating a New Language for Chemistry*(Canton, Mass.: Science History Publications, 1995) 및 Bensaude-Vincent, "Charte Fondatrice", 55쪽을 참조하라.

101. Jean-Claude de la Métherie, "Essai sur la nomenclature chimique", *Observations et mémoires sur la physique* 31(1787): 274쪽, Jan Golinski, "The Chemical Revolution and the Politics of Language", *Eighteenth Century* 33(1992): 244~245쪽에서 인용.

102. Beretta, "Grammar of Matter", 124쪽.

103. 인용 출처 Beretta, *Enlightenment of Matter*, 224쪽.

104. 인용 출처 Crosland, *Historical Studies in the Language of Chemistry*, 212~214쪽.

105. Bensaude-Vincent, "Charte fondatrice", 55~56쪽.

106. Beretta, "Grammar of Matter", 124~125쪽.

107. William H. Brock, *The Norton History of Chemistry*(New York: Norton, 1993), 88쪽. 1787년 이래 기통-라부아지에 명명법은 폭발적으로 증가하는 복잡한 유기물들을 다루기 위해 여러 차례 수정을 거치는 과정에서 점점 더 정교해졌다는 사실은 새삼 거론할 필요가 없다. Bensaude-Vincent, "Charte fondatrice", 59~60쪽을 참조하라.

108. Caven and Cranston, *Symbols and Formulae in Chemistry*, 6~12쪽; Crosland, *Historical Studies in the Language of Chemistry*, 227~234쪽.

109. Crosland, *Historical Studies in the Language of Chemistry*, 257~255쪽; Caven and Cranston, *Symbols and Formulae in Chemistry*, 18~25쪽.

110. Lavoisier, *Traité élémentaire*; Pierre Auguste Adet, *Leçons élémentaires de chimie*(Paris, 1804).

111. Bensaude-Vincent, "Charte fondatrice", 50~51쪽.

112. John Dalton, *A New System of Chemical Philosophy*(Manchester, 1808), 216쪽.

113. Crosland, *Historical Studies in the Language of Chemistry*, 217~219쪽, 256~263쪽; Caven and Cranston, *Symbols and Formulae in Chemistry*, 25~27쪽; Brock, *Norton History of Chemistry*, 138~139쪽.

114. J. J. Berzelius, "Experiments on the Nature of Azote, of Hydrogen and of Ammonia and upon the Degrees of Oxidation of which Azote is Susceptible", *Annals of Philosophy* 2(1813); Berzelius, "On the Chemical Signs and the Method of employing them to express Chemical Proportions", *Annals of Philosophy* 3(1814).

115. Brock, *Norton History of Chemistry*, 154~155쪽; Caven and Cranston, *Symbols and Formulae in Chemistry*, 30~38쪽; Crosland, *Historical Studies in the Language of Chemistry*, 270~274쪽; Ihde, *Development of Modern Chemistry*, 112~114쪽.

116. 인용 출처 Ihde, *Development of Modem Chemistry*, 115쪽.

117. Edward Turner, *Elements of Chemistry*, 4th ed.(London, 1834); Justus von Liebig, "Ueber die Constitution des Aethers und seiner Verbindungen", *Annalen der Pharmacie* 9(1834).

118. Crosland, *Historical Studies in the Language of Chemistry*, 276~280쪽; Brock, *Norton History of Chemistry*, 155~157쪽; Ihde, *Development of Modern Chemistry*, 115~118쪽.

119. Witold Kula, *Les mesures et les hommes*, trans. Joanna Ritt(Paris: Maison des sciences de l'homme, 1984), 254 n. 3쪽.

120. 프랑스와는 대조적으로, 영국에는 비공식적인 지역 측정 단위가 6만 5000여 개에 달했지만 합법적인 측정 단위는 64개에 불과했다. Ronald E. Zupko, *Revolution in Measurement: Western European Weights and Measures since the Age of Science*(Philadelphia: American Philosophical Society, 1990), 113쪽, 176~177쪽을 참조하라.

121. 인용 출처 Ken Alder, "A Revolution to Measure: The Political Economy of the Metric System in France", in *The Values of Precision*, ed. M. Norton Wise(Princeton, N.J.: Princeton University Press, 1995), 43쪽.

122. Zupko, *Revolution in Measurement*, 114쪽.

123. Jean-Claude Hoquet, *La métrologie historique*(Paris: Presses universitaires de France, 1995), 23쪽.

124. J. L. Heilbron, "The Measure of Enlightenment", in *The Quantifying Spirit in the Eighteenth Century*, ed. Tore Frängsmyr, J. L. Heilbron, and Robin E. Rider(Berkeley: University of California Press, 1990), 207쪽.

125. Zupko, *Revolution in Measurement*, 116~117쪽; Alder, "Revolution to Measure", 43쪽.

126. Kula, *Les mesures et les hommes*, 149~153쪽; Hoquet, *La métrologie historique*, 26쪽, 108~109쪽.

127. Kula, *Les mesures et les hommes*, 149~153쪽.

128. 같은 책, 114~116쪽; Alder, "Revolution to Measure", 46쪽; Hoquet, *La métrologie historique*, 24쪽.

129. Zupko, *Revolution in Measurement*, 123~135쪽; Kula, *Les mesures et les hommes*, 163쪽; Heilbron, "Measure of Enlightenment", 208~210쪽; Gillispie, *Science and Polity*, 113쪽.

130. Kula, *Les mesures et les hommes*, 159~160쪽.

131. Ken Aider, *Engineering the Revolution: Arms and Enlightenment in France, 1703~ 1815*(Princeton, N.J.: Princeton University Press, 1997).

132. Gillispie, *Science and Polity*, 22쪽.

133. Kula, *Les mesures et les hommes*, 210쪽, 254쪽.

134. 인용 출처 같은 책, 162쪽; Zupko, *Revolution in Measurement*, 136쪽을 참조하라.

135. 인용 출처 Kula, *Les measures et les homes*, 163쪽.

136. Heilbron, "Measure of Enlightenment", 210~211쪽.

137. Kula, *Les mesures et les hommes*, 169쪽.

138. 같은 책, 169~179쪽.

139. 같은 책, 211쪽, 226쪽; Heilbron, "Measure of Enlightenment", 218~219쪽; Zupko, *Revolution in Measurement*, 137~138쪽.

140. WIlliam Hallock and Herbert T. Wade, *Outlines of the Evolution of Weights and Measures and the Metric System*(New York: Macmillan, 1906), 47쪽; Zupko, *Revolution in Measurement*, 142~147쪽; Kula, *Les mesures et les hommes*, 212쪽.

141. 인용 출처 Kula, *Les mesures et les hommes*, 250쪽 n. 116쪽.

142. Heilbron, "Measure of Enlightenment", 220~224쪽; Kula, *Les mesures et les hommes*, 212쪽, 226쪽; Zupko, *Revolution in Measurement*, 146~147쪽. 역설적으로 과학자들은 오래전부터 정밀성이 떨어진다는 이유로 자오선의 길이에 토대를 둔 미터법을 포기하고, 시간을 기준으로 한 거리 측정으로 되돌아갔다. 20세기 말에는 진공 상태에서 빛이 299, 792, 458분의 1초 동안에 이르는 거리가 1미터로 규정된다. Hoquet, *La métrologie historique*, 120쪽.

143. Alder, "Revolution to Measure", 51~52쪽; Heilbron, "Measure of Enlightenment", 224~227쪽.

144. 오늘날 1,000.3262밀리미터쯤에 해당된다.

145. 인용 출처 Hoquet, *La métrologie historique*, 110쪽.

146. 인용 출처 Heilbron, "Measure of Enlightenment", 214~215쪽.

147. Zupko, *Revolution in Measurement*, 157~161쪽; Hoquet, *La métrologie historique*, 1110~111쪽; Heilbron, "Measure of Enlightenment", 213~214쪽.

148. Kula, *Les mesures et les hommes*, 227~238쪽; Zupko, *Revolution in Measurement*, 148~155쪽. 한동안 라부아지에는 체포된 상태에서도 감시원들을 대동한 채 위원회 회합에 참석했다. 1794년 5월 8일, 그는 단두대의 이슬로 사라졌다.

149. Hollock and Wade, *Evolution of Weights and Measures*, 63; Heilbron, "Measure of Enlightenment", 235쪽.

150. Kula, *Les mesures et les hommes*, 235~237쪽; Alder, "Revolution to Measure", 56~60쪽; Heilbron, "Measure of Enlightenment", 236~237쪽.

151. Zupko, *Revolution in Measurement*, 162~171쪽.

152. Kula, *Les mesures et les hommes*, 241~243쪽; Zupko, *Revolution in Measurement*, 171~172쪽.

153. 위톨드 쿨라는 미터법의 확산과 혁명과의 연관성에 주목한다. 쿨라의 *Les mesures et les hommes*, 254~267쪽. Hoquet, *La métrologie historique*, 114~116쪽을 참조하라.

154. Zupko, *Revolution in Measurement*, 79~104쪽.

155. F. G. Skinner, *Weights and Measures: Their Ancient Origins and Their Development in Great Britain up to AD 1855*(London: HMSO, 1967), 108~109쪽; Hoquet, 38~39쪽, 119쪽; Zupko, *Revolution in Measurement*, 105~112쪽, 177~181쪽.

156. Zupko, *Revolution in Measurement*, 139~142쪽; Hallock and Wade, *Evolution of*

Weights and Measures, 110~115쪽.

157. John Quincy Adams, *Report upon Weights and Measures*(Washington, D.C., 1821), 90~
91쪽, 135쪽, Hallock and Wade, *Evolution of Weights and Measures,* 117~118쪽에서 인용.

158. Skinner, *Weights and Measures,* 107쪽.

159. 하지만 기존 어휘와 산술 또한 유지되었다. 오늘날 프랑스인들이 말하는 125그램 버터 한 상
자는 '4분의 1파운드un quart de livre'에 해당된다.

160. 이를테면 Alder, "Revolution to Measure", 41쪽을 참조하라.

161. Lawrence Busch and Keiko Tanaka, "Rites of Passage: Constructing Quality in a
Commodity Subsector", *Science, Technology, and Human Values* 21(1996): 3~27쪽.

162. 하지만 과학적 근거와 분위기에 떠밀려 영국의 철옹성도 하나둘씩 미터법에 문을 열게 된다.
1897년에 영국의회는 과학, 의학, 약학 분야에서 미터법을 사용할 수 있도록 허용했다. 1915
년에는 영국과학협회가 십진법 단위에 근거한 영국 측정 단위를 규정했다. 그 결과 오늘날 1
야드는 0.9143미터, 1파운드는 0.453592킬로그램이다. Kula, *Les mesures el les hommes,*
268~270쪽을 참조하라.

3. 통계 그 전환적 시각 : 정보의 변형

1. William Petersen, *Malthus*(Cambridge, Mass.: Harvard University Press, 1979); J.
Dupâquier, A. Fauve-Chamoux, and E. Grebnik, eds., *Malthus Past and Present*(London:
Academic Press, 1983); 특히 Nathan Keyfitz and Y. Charbit의 논문들을 참조하라.

2. Thomas Robert Malthus, *An Essay on the Principle of Population, as it Affects the
Future Improvement of Society. With Remarks on the Speculations of Mr. Godwin, M.
Condorcet, and Other Writers*(London: J. Johnson, 1798), 7쪽.

3. Thomas Robert Malthus, *An Essay on the Principle of Population; or, A View of its Past
and Present Effects on Human Happiness; with an Inquiry into our Prospects Respecting
the Future Removal or Mitigation of the Evils which it Occasions,* 2d ed.,(London: J.
Johnson, 1803), 4쪽.

4. Thomas Robert Malthus, *An Essay on the Principle of Population; or, A View of its
Past and Present Effects on Human Happiness; with an Inquiry into our Prospects
Respecting the Future Removal or Mitigation of the Evils which it Occasions,* 4th ed., 2
vols.(London: T. Bensley, 1807), 1: 579~580쪽.

5. 수치의 문화는 최근에야 연구되기 시작했다. 필자가 제공한 자료들 가운데 특히 Michael
J. Cullen, *The Statistical Movement in Early Victorian Britain: The Foundations of
Empirical Social Research*(New York: Barnes and Noble, 1975); Alain Desrosières, *La
politique des grands nombres: Histoire de la raison statistique*(Paris: La Découverte,
1993); Ian Hacking, "Biopower and the Avalanche of Printed Numbers", *Humanities in
Society* 5(1982): 279~295쪽; Theodore M. Porter, *The Rise of Statistical Thinking, 1820~*

1900(Princeton, N.J.: Princeton University Press, 1986); Tore Frängsmyr, J. L. Heilbron, and Robin E. Rider, eds., *The Quantifying Spirit in the Eighteenth Century*(Berkeley: University of California Press, 1990); James H. Cassedy, *Demography in Early America: Beginnings of the Statistical Mind, 1600~1800* (Cambridge, Mass.: Harvard University Press, 1969); Patricia Cline Cohen, *A Calculating People: The Spread of Numeracy in Early America*(Chicago: University of Chicago Press, 1982)를 주의 깊게 읽어보기를 권한다.

6. John M. Eyler, *Victorian Social Medicine: The Ideas and Methods of William Farr*(Baltimore: Johns Hopkins University Press, 1979), 38쪽; David V. Glass, *Numbering the People: The Eighteenth-Century Population Controversy and the Development of the Census and Vital Statistics in Britain*(New York: Heath, 1973), 15~16쪽; Muriel Nissel, *People Count: A History of the General Register Office*(London: HMSO, 1987), 99쪽; Andrea Alice Rusnock, "The Quantification of Things Human: Medicine and Political Arithmetic in Enlightenment England and France"(Ph.D. dissertation, Princeton University, 1990), 27~35쪽.

7. Jacques Dupâquier and Michel Dupâquier, *Histoire de la démographie: La statistique de la population des origines à 1914*(Paris: Perrin, 1985), 130~137쪽; Rusnock, "Quantification of Things Human", 42~52쪽, 183~186쪽.

8. Dupâquier and Dupâquier, *Histoire de la démographie*, 137~143쪽; Rusnock, "Quantification of Things Human", 53~56쪽.

9. Karin Johannison, "Society in Numbers: The Debate over Quantification in the Eighteenth-Century Political Economy", in Frängsmyr, Heilbron, and Rider, *Quantifying Spirit*, 348쪽. 숫자가 언어보다 더 객관적이라는 수치에 대한 믿음은 나중에 형성된다. 시어도어 포터는 19세기 말과 20세기 초의 수치 열풍을 추적했다. 그의 *Trust in Numbers: The Pursuit of Objectivity in Science and Public Life*(Princeton, N.J.: Princeton University Press, 1995)를 참조하라.

10. Dupâquier and Dupâquier, *Histoire de la démographie*, 144~152쪽; Desrosières, *La politique des grands nombres*, 34~37쪽; Rusnock, "Quantification of Things Human", 169~170쪽, 194~197쪽.

11. Rusnock, "Quantification of Things Human", 26~108쪽.

12. Cohen, *Calculating People*, 87~106쪽.

13. Rusnock, "Quantification of Things Human", 110~158쪽.

14. 같은 책, 211~213쪽.

15. Cohen, *Calculating People*, 83쪽.

16. Johann Peter Siissmilch, *Die göttliche Ordnung in den Veränderungen des menschlichen Geschlechts, aus der Geburt, Tode und Fortpflanzung desselben erwiesen*(Berlin: Grohls, 1742), 38~39쪽.

17. Jacqueline Hecht, J. P. Süssmilch(1707). "L'Ordre divin", *aux origines de la démographie*

(Paris: INED, 1979), 2: 333쪽.

18. 같은 책, 339쪽.

19. 같은 책, 3~7쪽; Desrosières, *La politique des grands nombres*, 95~96쪽, 219~220쪽; Dupâquier and Dupâquier, *Histoire de la démographie*, 166~172쪽.

20. Montesquieu, *Lettres persanes*, ed. Paul Vernière(Paris: Garnier, i960), 편지 CXII, 235쪽.

21. Justus Lipsius, *Opera historica, politico, philosophica et epistolica*, 8 vols.(Antwerp, 1596 ~1625); Gerardus Johannes Vossius, *Gerardii Joannis Vosii Ars historica: De historicis graecis libri quatuor, De historicis latinis libri tres, Historiae universalis epitome: Opuscula et Epistolae*(Amsterdam, 1699).

22. Jacqueline Hecht, "L'idée du dénombrement jusqu'à la révolution", in *Pour une histoire de la statistique*, proceedings of "Journées d'étude sur l'histoire de la statistique", Vaucresson, June 23~25쪽, 1976(Paris: Institut national de la statistique et des études économiques, 1977), 53~54쪽.

23. Jean-Jacques Rousseau, "Social Contract", in *Essays by Locke, Hume, and Rousseau*, ed. Ernest Barker, (New York: Oxford University Press, 1960), 280쪽.

24. Victor de Riquetti, Marquis de Mirabeau, *L'ami des hommes, ou traité de la population*, 6 vols. (Avignon, 1756~1758).

25. Andrea Rusnock, "Quantification, Precision, and Accuracy: Determinations of Population in the Ancien Régime", in *The Values of Precision*, ed. M. Norton Wise(Princeton, N.J.: Princeton University Press, 1995), 24~25쪽.

26. Dupâquier and Dupâquier, *Histoire de la démographie*, 174~175쪽.

27. Bertrand Gille, *Les sources statistiques de l'histoire de France: Des enquêtes du XVIIe siècle à 1870*, 2d ed.(Geneva: Droz, 1980), 53~55쪽; Rusnock, "Quantification, Precision, and Accuracy", 26쪽.

28. Louis Messance, *Nouvelles recherches sur la population de la France, avec des remarques importantes sur divers objets d'administration*(Lyon: Frères Périsse, 1788); Jean-Baptiste Moheau, *Recherches et considérations sur la population de la France*, 2 vols.(Paris: Moutard, 1778).

29. Pierre-Simon de Laplace, *Sur les naissances, les mariages et les morts à Paris, depuis 1771 jusqu'en 1784; et dans toute l'étendue de la France, pendant les années 1781 et 1782*(Paris, 1783); 또한 Rusnock, "Quantification, Precision, and Accuracy", 30쪽을 참조하라.

30. Hecht, "L'idée du dénombrement", 59~60쪽; Dupâquier and Dupâquier, *Histoire de la démographie*, 174~198쪽; Rusnock, "Quantification of Things Human", 162~163쪽; Rusnock, "Quantification, Precision, and Accuracy", 25~28쪽.

31. Glass, *Numbering the People*, 11~15쪽; Nissel, *People Count*, 48~49쪽; Rusnock, "Quantification of Things Human", 221~231쪽.

32. Stuart J. Woolf, "Toward the History of the Origins of Statistics: France 1789~1815", in *State and Statistics in France, 1789~1815*, ed. Jean-Claude Perrot and Stuart Woolf(New York: Harwood, 1984), 82~83쪽; Cullen, *Statistical Movement in Early Victorian Britain*, 10~11쪽; Porter, *Rise of Statistical Thinking*, 24쪽.

33. Jacques Dupâquier and Eric Vilquin, "Le pouvoir royal et la statistique démographique", in *Pour une histoire de la statistique*, proceedings of "Journées d'étude sur l'histoire de la statistique", Vaucresson, June 23~25, 1976(Paris: Institut national de la statistique et des études économiques, 1977), 92~101쪽.

34. Gille, *Les sources statistique de l'histoire de France*, 24~25쪽.

35. Desrosières, *La politique des grands nombres*, 38~39쪽; Rusnock, "Quantification of Things Human", 243~249쪽.

36. Hyman Alterman, *Counting People: The Census in History*(New York: Harcourt, Brace, 1969), 46~47쪽; Gille, *Les sources statistique de l'histoire de France*, 28~42쪽, 60쪽; Dupâquier and Vilquin, "La pouvoir royal et la statistique démographique", 85~90쪽; Desrosières, *La politique des grands nombres*, 40쪽; Hecht, "L'idée du dénombrement", 61~62쪽; Rusnock, "Quantification, Precision, and Accuracy", 17~21쪽; Rusnock, "Quantification of Things Human", 245~249쪽.

37. Gille, *Les sources statistique de l'histoire de France*, 53쪽.

38. John Brewer, *The Sinews of Power: War, Money, and the English State, 1688~1783*(New York: Knopf, 1989), 221~224쪽.

39. Nissel, People Count, 48. 또한 Peter Buck, "People Who Counted: Political Arithmetic in the Eighteenth Century", *Isis* 73(1982): 32쪽을 참조하라.

40. Dorinda Outram, *The Enlightenment*(Cambridge: Cambridge University Press, 1996), 103~106쪽.

41. Hecht, "L'idée du dénombrement", 1: 43~44쪽; Dupâquier and Dupâquier, *Histoire de la démographie*, 116쪽; Desrosières, *La politique des grands nombres*, 29~30쪽.

42. Susan Kadlec Mahoney, "A Good Constitution: Social Science in Eighteenth-Century Göttingen"(Ph.D. dissertation, University of Chicago, 1982), 120쪽.

43. Dupâquier and Dupâquier, *Histoire de la démographie*, 112쪽.

44. August Ludwig von Schlözer, *Theorie der Statistik. Nebst Ideen über das Studium der Politik überhaupt*(Göttingen: Vandenhoek and Ruprecht, 1804), 93쪽, Mahoney, "Good Constitution", 116쪽에서 인용.

45. Dupâquier and Dupâquier, *Histoire de la démographie*, 126쪽, 261~263쪽; Desrosières, *La politique des grands nombres*, 220~221쪽.

46. Edvard Arosenius, "The History and Organization of Swedish Official Statistics", in *The History of Statistics, Their Development and Progress in Many Countries*, ed. John Koren(New York: Macmillan, 1918), 537~547쪽; Johannison, "Society in Numbers", 350

~360쪽; Dupâquier and Dupâquier, *Histoire de la démographie*, 71~72쪽, 195쪽, 289~ 290쪽; Hecht, "L'idée du dénombrement", 66~68쪽.

47. Jean-Noël Biraben, "La statistique de population sous le Consulat et sous l'Empire", *Revue d'Histoire Moderne et Contemporaine* 17(July~August 1970): 359쪽. Michel Lévy, "La statistique démographique sous la Révolution", in *Pour une histoire de la statistique*, 1:106쪽; Dupâquier and Dupâquier, *Histoire de la démographie*, 292~293쪽; Gille, *Les sources statistique de l'histoire de France*, 102~109쪽.

48. Dupâquier and Dupâquier, *Histoire de la démographie*, 256~257쪽.

49. Jean-Claude Perrot, "The Golden Age of Regional Statistics(Year IV-1804)", in *Perrot and Woolf, State and Statistics in France*, 14~15쪽; Lévy, "La statistique démographique", 107쪽.

50. Dupâquier and Dupâquier, *Histoire de la démographie*, 292~293쪽; Woolf, "Toward the History of the Origins of Statistics", 99~103쪽.

51. Gille, *Les sources statistiques de l'histoire de France*, 117~118쪽.

52. Jean-Claude Perrot, "Golden Age of Regional Statistics", 18~19쪽; Gille, *Les sources statistiques de l'histoire de France*, 116~120쪽.

53. Biraben, "La statistique de population", 360쪽.

54. Marie-Noëlle Bourguet, "Décrire, compter, calculer; The Debate over Statistics during the Napoleonic Period", in *The Probabilistic Revolution*, ed, Lorenz Krüger, Lorraine Daston, and Michael Heidelberger(Cambridge, Mass.: MIT Press, 1987), 306~307 쪽; Gille, *Les sources statistiques de l'histoire de France*, 125~128쪽; Desrosières, *La politique des grands nombres*, 54~59쪽.

55. Jean-Claude Perrot, "Golden Age of Regional Statistics", 20~21쪽; Gille, *Les sources statistiques de l'histoire de France*, 116~121쪽; Dupâquier and Dupâquier, *Histoire de la démographie*, 293쪽; Bourguet, "Décrire, compter, calculer", 306~307쪽.

56. Desrosières, *La politique des grands nombres*, 47쪽; Dupâquier and Dupâquier, *Histoire de la démographie*, 126~127쪽, 258쪽.

57. Dupâquier and Dupâquier, *Histoire de la démographie*, 127쪽.

58. Bourguet, "Décrire, compter, calculer", 313쪽; Gille, *Les sources statistiques de l'histoire de France*, 131~135쪽.

59. Woolf, "Toward the History of the Origins of Statistics", 126~129쪽.

60. Jean-Claude Perrot, "Golden Age of Regional Statistics", 35쪽.

61. Gille, *Les sources statistiques de l'histoire de France*, 123쪽.

62. Desrosières, *La politique des grands nombres*, 49~50쪽.

63. 같은 책, 48~53쪽.

64. Woolf, "Toward the History of the Origins of Statistics", 165쪽.

65. Bourguet, "Décrire, compter, calculer", 312~314쪽.

66. Woolf, "Toward the History of the Origins of Statistics", 118~120쪽; Desrosières, *La politique des grands nombres*, 54쪽; Gille, *Les sources statistiques de l'histoire de France*, 123~124쪽; Dupâquier and Dupâquier, 260~261쪽.

67. Biraben, "La statistique de population", 363쪽.

68. Alterman, *Counting People*, 25~26쪽, 49쪽; Cassedy, *Demography in Early America*, 61 ~69쪽; Dupâquier and Dupâquier, *Histoire de la démographie*, 76~102쪽, 288~289쪽; Hecht, "L'idée du dénombrement", 23~32쪽.

69. 1665년에 퀘벡에서 인구조사가 실시되었지만, 그 대상은 유럽에서 이주해온 3215명에 불과했다. Hacking, "Biopower and the Avalance of Printed Numbers", 289쪽; and Alterman, *Counting People*, 58쪽을 참조하라.

70. Massimo Livi-Bacci, "Il censimento di Floridablanca nel contesto dei censimenti europei", *Genus* 43(1987): 137~151쪽; Jorge Nadal, *La población española: Siglos XVI a XX*(Barcelona: Ariel, 1984), 23~26쪽.

71. 인용 출처 Cassedy, *Demography in Early America*, 215쪽.

72. Margo J. Anderson, *The American Census: A Social History*(New Haven, Conn.: Yale University Press, 1988), 9~14쪽; Carroll Wright and William C. Hunt, *History and Growth of the United States Census, Prepared for the Senate Committee on the Census*(Washington, D.C.: GPO, 1900), 12~17쪽; Cassedy, *Demography in Early America*, 212~216쪽; Alterman, *Counting People*, 170~195쪽.

73. Livi-Bacci, "Il censimento di Floridablanca", 143쪽.

74. Dupâquier and Dupâquier, *Histoire de la démographie*, 281~282쪽, 296~297쪽; Cullen, *Statistical Movement in Early Victorian Britain*, 12~13쪽; Eyler, *Victorian Social Medicine*, 39~40쪽; Nissel, *People Count*, 50~55쪽; Glass, *Numbering the People*, 91~94쪽; Porter, *Rise of Statistical Thinking*, 30~31쪽.

75. Cohen, *Calculating People*, 150~155쪽, 254 n. 3쪽; Cassedy, *Demography in Early America*, 225~231쪽. James Mease, *The Picture of Philadelphia*(1811), Cohen, *Calculating People*, 154쪽에서 인용.

76. Cohen, *Calculating People*, 169쪽.

77. Thomas Hamilton, *Men and Manners in America*(1833), 같은 책, 175쪽에서 인용.

78. 인용 출처 Cohen, *Calculating People*, 155쪽.

79. James Cassedy, *American Medicine and Statistical Thinking, 1800~1860*(Cambridge, Mass.: Harvard University Press, 1984), 16~20쪽, 179~203쪽.

80. Cassedy, *American Medicine*, 52~83쪽.

81. Cohen, *Calculating People*, 170~173쪽; Cassedy, *American Medicine*, 25~30쪽.

82. Wright and Hunt, *History and Growth of the American Census*, 217~223쪽; Cohen, *Calculating People*, 158~162쪽; Anderson, *American Census*, 18~19쪽.

83. John Cummings, "Statistical Work of the Federal Government of the United States",

in Koren, *History of Statistics*, 671쪽; Cohen, *Calculating People*, 164~165쪽; Wright and Hunt, *History and Growth of the American Census*, 26~27쪽, 85~87쪽; Anderson, *American Census*, 23~25쪽.

84. Cohen, *Calculating People*, 6장.

85. 같은 책, 204쪽.

86. Michelle Perrot, "Premières mesures des faits sociaux: Les débuts de la statistique criminelle en France(1780~1830)", in *Pour une histoire de la statistique*, 1: 129~130쪽.

87. 같은 책, 126~127쪽.

88. 같은 책, 127쪽.

89. Desrosières, *La politique des grands nombres*, 113쪽, 302쪽; Dupâquier and Dupâquier, *Histoire de la démographie*, 268쪽; Jean-Claude Perrot, "Golden Age of Regional Statistics", 125~127쪽; Gille, *Les sources statistiques de l'histoire de France*, 149쪽, 170~171쪽.

90. Michelle Perrot, "Premières mesures des faits sociaux", 130쪽.

91. Desrosières, *La politique des grands nombres*, 185~188쪽; Gille, *Les sources statistiques de l'histoire de France*, 150~211쪽; Livi-Bacci, "Il censimento di Floridablanca", 140~141쪽.

92. Porter, *Rise of Statistical Thinking*, 28~29쪽; Desrosières, *La politique des grands nombres*, 104~108쪽.

93. Hacking, "Biopower and the Avalanche of Printed Numbers."

94. Joseph Lottin, *Quetelet, statisticien et sociologue*(Paris: Alcan, 1912), 73~74쪽.

95. Frank H. Hankins, *Adolphe Quetelet as Statistician*, Columbia Studies in History, Economics and Public Law 31, no. 4(New York: Columbia University Press, 1908), 28~30쪽; Lottin, *Quetelet*, 75~108쪽; Dupâquier and Dupâquier, *Histoire de la démographie*, 394~396쪽; Michelle Perrot, "Premières mesures des faits sociaux", 129~132쪽.

96. 인용 출처 Lottin, *Quetelet*, 109~110쪽.

97. Lambert Adolphe Jacques Quetelet, "Recherches sur la loi de la croissance de l'homme" (1831) and "Recherches sur le poids de l'homme aux différens âges" (1832), *Nouveaux mémoires de l'Académie royale des sciences et belles-lettres de Bruxelles* 7(1832): 1~87쪽.

98. Quetelet, "Recherches sur le penchant au crime aux différens âges" (1831), *Nouveaux mémoires de l'Académie royale des sciences et belles-lettres de Bruxelles* 7(1832): 71; and *Sur l'homme et le développement de ses facultés, ou Essai de physique sociale*, 2 vols.(Brussels, 1835); Hankins, *Adolphe Quetelet as Statistician*, 53~85쪽; and Lottin, *Quetelet*, 120~127쪽을 참조하라.

99. 조엘 모키어 교수의 도움으로 필자는 이러한 통찰에 이를 수 있었다.

100. Quetelet, "Penchant au crime", 1쪽.

101. Hankins, *Adolphe Quetelet as Statistician*, 89쪽.

102. 인용 출처 같은 책, 88쪽.

103. 인용 출처 Michelle Perrot, "Premières mesures des faits sociaux", 133쪽.

104. Lottin, *Quetelet*, 435ff.; Hankins, *Adolphe Quetelet as Statistician*, 86~102쪽; Michelle Perrot, "Premières mesures des faits sociaux", 133쪽.

105. Cullen, *Statistical Movement in Early Victorian Britain*.

106. Philip Abrams, *The Origins of British Sociology, 1834~1914*(Chicago: University of Chicago Press, 1968), 33쪽.

107. 같은 책, 11~15쪽; Cullen, *Statistical Movement in Early Victorian Britain*, 77~82쪽; Porter, *Rise of Statistical Thinking*, 31~32쪽; Eyler, *Victorian Social Medicine*, 16~20쪽.

108. 인용 출처 Eyler, *Victorian Social Medicine*, 13~15쪽.

109. Abrams, *Origins of British Sociology*, 36쪽.

110. 같은 책, 18~19쪽, 38~40쪽; Eyler, *Victorian Social Medicine*, 15쪽.

111. 인용 출처 Cullen, *Statistical Movement in Early Victorian Britain*, 19쪽.

112. 같은 책, 13쪽, 24~25쪽; Eyler, *Victorian Social Medicine*, 21~22쪽; Philip D. Curtin, *Death by Migration: Europe's Encounter with the Tropical World in the Nineteenth Century*(New York: Cambridge University Press, 1989), 3쪽, 43~47쪽.

113. Eyler, *Victorian Social Medicine*, 37~43쪽; Cullen, *Statistical Movement in Early Victorian Britain*, 29쪽; Nissel, *People Count*, 10~11쪽.

114. Eyler, *Victorian Social Medicine*, 43~46쪽; Nissel, *People Count*, 19쪽.

115. Nissel, *People Count*, 47~61쪽; Eyler, *Victorian Social Medicine*, 40~41쪽.

116. Nissel, *People Count*, 99~100쪽; Eyler, *Victorian Social Medicine*, 8~15쪽, 47~49쪽.

117. Eyler, *Victorian Social Medicine*, 23쪽.

118. 인용 출처 Nissel, *People Count*, 101쪽.

119. Simon Szreter, "The GRO and the Public Health Movement in Britain, 1837~1914", *Social History of Medicine* 4(December 1991): 435~63쪽; Nissel, *People Count*, 98~106쪽; Cullen, *Statistical Movement in Early Victorian Britain*, 35~43쪽; Eyler, *Victorian Social Medicine*, 22~31쪽.

120. Eyler, *Victorian Social Medicine*, 76~86쪽.

121. Desrosières, *La politique des grands nombres*, 205~208쪽; Eyler, *Victorian Social Medicine*, 80~82쪽.

122. 인용 출처 Nissel, *People Count*, 102쪽.

123. Nissel, *People Count*, 99~102쪽; Eyler, *Victorian Social Medicine*, 45~60쪽.

4. 2차원의 세계, 지도와 그래프 : 정보의 디스플레이

1. Monique Pelletier, *La carte de Cassini: L'extraordinaire aventure de la carte de*

France(Paris: Ecole nationale des ponts et chaussées, 1990), 45쪽; John Noble Wilford, *The Mapmakers*(New York: Random House, 1981), 111~115쪽.

2. 해리슨과 그의 시계들에 관한 이야기는 각종 저서들을 통해 여러 차례 언급되었다. 가장 최근의 것으로는 다바 소벨의 흥미진진한 평전 *Longitude: The True Story of a Lone Cenius Who Solved the Greatest Scientific Problem of His Time*(New York: Penguin, 1995)이 있다.

3. Rupert Gould, *The Marine Chronometer: Its History and Development*(London: Potter, 1923), 8쪽.

4. Eugene S. Ferguson, *Engineering and the Mind's Eye*(Cambridge, Mass.: MIT Press, 1992)를 참조하라.

5. Arthur Howard Robinson, *Early Thematic Mapping in the History of Cartography* (Chicago: University of Chicago Press, 1982), 15쪽.

6. 유감스럽게도 초기 '유럽의 팽창expansion of Europe'에 매료된 몇몇 지도역사가들은 18세기 이후에 전개된 지도제작상의 정확성과 정밀성의 발전은 깡그리 무시해버렸다. 이를테면 레오 바그로의 *History of Cartography*, trans. D. L. Paisley, revised by R. A. Skelton(Cambridge, Mass.: Harvard University Press, 1964)는 1700년으로 지도의 역사를 마감한다.

7. Numa Broc, *La géographie des philosophes: Géographes et voyageurs français au XVII le siècle*(Paris: Ophrys, 1975), 15쪽; Lloyd A. Brown, *The Story of Maps*(Boston: Little, Brown, 1949), 212~214쪽; Gerald Roe Crone, *Maps and Their Makers: An Introduction to the History of Cartography*, 5th ed.(Folkestone, England: W. Dawson, 1978), 128쪽; Josef W. Konvitz, *Cartography in France, 1660~1848: Science, Engineering, and Statecraft*(Chicago: University of Chicago Press, 1987), 4쪽; Robinson, *Early Thematic Mapping*, 18~19쪽; Marc Duranthon, *La carte de France: Son histoire, 1678~1978*(Paris: Solar, 1978), 5쪽.

8. David D. Landes, *Revolution in Time: Clocks and the Making of the Modem World* (Cambridge, Mass.: Harvard University Press, 1983), 160~161쪽.

9. Mary S. Pedley, *Bel et Utile: The Work of the Robert de Vaugondy Family of Mapmakers* (Tring, Hertfordshire.: Map Collectors Publications, 1992), 17쪽; Broc, *La geographie des philosophes*, 37~38쪽; Pelletier, *La carte de Cassini*, 50~62쪽; Wilford, *Mapmakers*, 99 ~101쪽.

10. Mary Terrall, "Representing the Earth's Shape: The Polemics Surrounding Maupertuis's Expedition to Lapland", *Isis* 83(1992): 218~237쪽; H. Bentley Glass, "Maupertuis: A Forgotten Genius", *Scientific American*, October 1955, 100~110쪽; Wilford, *Mapmakers*, 101~109쪽; Broc, *La geographie des philosophes*, 38~40쪽; Pelletier, *La carte de Cassini*, 67~71쪽.

11. Pelletier, *La carte de Cassini*, 11~12쪽, 62~67쪽; Konvitz, *Cartography in France*, 9~16쪽; Wilford, *Mapmakers*, 116쪽.

12. Henri Marie Auguste Berthaut, *La carte de France, 1750~1898: Etude historique par le*

Colonel Berthaut, chef de la Section de cartographie, 2 vols.(Paris: Service géographique de l'Armée, 1898~1899), 1: 48쪽.

13. Pelletier, *La carte de Cassini*, 192쪽.

14. Berthaut, *La carte de France*, 1: 56~57쪽, 135~137쪽.

15. Pelletier, *La carte de Cassini*, 6~14쪽, 91~146쪽, 197쪽; Konvitz, *Cartography in France*, 16~44쪽; Crone, *Maps and Their Makers*, 130~131쪽; Berthaut, La carte de France, 1: 59쪽.

16. Charles Frederick Arden-Close, *The Early Years of the Ordnance Survey* (reprint from *Royal Engineers' Journal*, 1926)(New York: Kelley, 1969), 37쪽.

17. 같은 책, 2~3쪽.

18. G. F. Heaney, "Rennell and the Surveyors of India", *Geographical Journal* 134 (September 1968): 318~319쪽; Arden-Close, *Early Years of the Ordnance Survey*, 37쪽.

19. Sven Widmalm, "Accuracy, Rhetoric, and Technology: The Paris-Greenwich Triangulation, 1784~1788", in *The Quantifying Spirit in the Eighteenth Century*, ed. Tore Frängsmyr, John L. Heilbron, and Robin E. Rider(Berkeley: University of California Press, 1990), 179~206쪽.

20. Arden-Close, *Early Years of the Ordnance Survey*, 14쪽.

21. Tim Owen and Elaine Pilbeam, *Ordnance Survey: Map Makers to Britain since 1791*(London: HMSO, 1992), 5~7쪽; R. A. Skelton, "The Origin of the Ordnance Survey of Great Britain", *Geographical Journal* 128(December 1962): 419~420쪽; Wilford, *Mapmakers*, 118~123쪽; Arden-Close, *Early Years of the Ordnance Survey*, 4~21쪽.

22. Arden-Close, *Early Years of the Ordnance Survey*, 25~44쪽; Owen and Pilbeam, *Ordnance Survey*, 3~12쪽; Skelton, "Origin of the Ordnance Survey", 416~421쪽.

23. J. H. Andrewes, *A Paper Landscape: The Ordnance Survey in Nineteenth-Century Ireland*(Oxford: Clarendon, 1975); Arden-Close, *Early Years of the Ordnance Survey*, 33 ~72쪽; Owen and Pilbeam, *Ordnance Survey*, 15~37쪽.

24. James Vann, "Mapping under the Austrian Hapsburgs", in *Monarchs, Ministers, and Maps: The Emergence of Cartography as a Tool of Government in Early Modern Europe*, ed. David Buisseret(Chicago: University of Chicago Press, 1992), 153~167쪽.

25. *Atlas of Israel*(Jerusalem: Survey of Israel; Amsterdam: Elsevier, 1970), 1/4; Pelletier, *La carte de Cassini*, 197~200쪽.

26. Satpal Sangwan, *Science, Technology and Colonisation: An Indian Experience, 1757 ~1857*(Delhi: Anamika Prakashar, 1991), 22~24쪽; Matthew H. Edney, *Mapping and Empire: The Geographical Construction of British India, 1765~1813*(Chicago: University of Chicago Press, 1997), 5~17쪽, 91~96쪽.

27. Edney, *Mapping and Empire*, 21~22쪽, 104~118쪽.

28. Sangwan, *Science, Technology and Colonisation*, 24~26쪽; Edney, *Mapping and*

Empire, 20~22쪽, 210~212쪽, 237~265쪽.

29. Wilford, *Mapmakers*, 128~129쪽; Broc, *Lageographie des philosophes*, 16쪽, 281쪽.

30. Rupert T. Gould, "The History of the Chronometer", *Geographical Journal* 57(April 1921): 254~255쪽; Gould, "John Harrison and His Timekeepers", *Mariner's Mirror* 21(April 1935): 118쪽; William J. H. Andrewes, ed., *The Quest for Longitude: Proceedings of the Longitude Symposium, Harvard University, Cambridge, Massachusetts, November 4~6, 1993*(Cambridge, Mass.: Collection of Scientific Instruments, Harvard University, 1996). 또한 Broc, *La geographie des philosophes*, 282쪽; Landes, *Revolution in Time*, 112 쪽, 146쪽; Wilford, *Mapmakers*, 129쪽을 참조하라.

31. Frédéric Philippe Marguet, *Histoire de la longitude à la mer au XVIIIe siècle, en brame*(Paris: Auguste Challamel, 1917), 127~131쪽; Charles H. Cotter, *History of Nautical Astronomy*(New York: American Elsevier, 1968), 182~189쪽; J. B. Hewson, *A History of the Practice of Navigation*(Glasgow: Brown, Son and Ferguson, 1951), 223~ 250쪽; Broc, *La geographie des philosophes*, 16~33쪽; Brown, *Story of Maps*, 209~220쪽; Pedley, *Belet Utile*, 16~19쪽.

32. Gould, *The Marine Chronometer*, 8~9쪽.

33. Derek Howse, *Greenwich Time and the Discovery of Longitude*(Oxford: Oxford University Press, 1980), 62~69쪽; Marguet, *Histoire de la longitude*, 185~194쪽; Landes, *Revolution in time*, 151~155쪽; Cotter, *History of Nautical Astronomy*, 188~237쪽.

34. Steven J. Dick, "Centralizing Navigational Technology in America: The U.S. Navy's Depot of Charts and Instruments, 1830~1842", *Technology and Culture* 33(July 1992): 491쪽.

35. Mary Blewitt, *Surveys of the Seas: A Brief History of British Hydrography*(London: MacGibbon and Kee, 1957), 19쪽.

36. Wilford, *Mapmakers*, 131쪽.

37. Frédéric Philippe Marguet, *Histoire générale de la navigation du XVe au XXe siècle*(Paris: Société d'éditions géographiques, maritimes et coloniales, 1931), 148~157 쪽; Marguet, *Histoire de la longitude à la mer*, 158~184쪽; Landes, *Revolution in Time*, 161~170쪽; Howse, *Greenwich Time*, 75~77쪽; Broc, *La geographie des philosophes*, 282~284쪽.

38. Eric Gray Forbes, "The Origin and Development of the Marine Chronometer", *Annals of Science* 22 (March 1966): 14~20쪽; Gould, "History of the Chronometer", 262~265 쪽; Landes, *Revolution in Time*, 171~186쪽.

39. Dick, "Centralizing Navigational Technology", 469~495쪽; Howse, *Greenwich Time*, 72; Gould, *Marine Chronometer*, 213쪽.

40. Forbes, "Origin and Development of the Marine Chronometer", 10~12쪽; Gould "John Harrison", 117쪽, 126쪽; Howse, *Greenwich Time*, 71쪽; Blewitt, *Surveys of the Seas*, 23쪽.

41. Wilford, *Mapmakers*, 148~152쪽.

42. 인용 출처 Blewitt, *Surveys of the Seas*, 32쪽.

43. Alexis Hubert Jaillot, *Le neptune françois, ou atlas des cartes marines. Levées et gravées par ordre exprès du roy. Pur l'usage de ses armées de mer*, 2 vols.(Paris, Jaillot, 1693). Derek Howse and Michael Sanderson, *The Sea Chart: A Historical Survey Based on the Collections in the national maritime Museum*(Newton Abbot: David and Charles, 1973), 11~12쪽; Blewitt, *Surveys of the Seas*, 17~21쪽; Pelletier, *La carte de Cassini*, 56 ~57쪽을 참조하라.

44. Archibald Day, *The Admiralty Hydrographic Service, 1795~1919*(London: HMSO, 1967), 11~12쪽; Dick, "Centralizing Navigational Technology", 474쪽; Konvitz, *Cartography in France*, 73~77쪽; Howse and Sanderson, *Sea Chart*, 12쪽, 91~93쪽.

45. Murdoch Mackenzie, *Orcades: or, a Geographic and Hydrographie Survey of the Orkney and Lewis Islands*, in Eight Maps(London, 1750), Blewitt, *Surveys of the Seas*, 21 쪽에서 인용.

46. Murdoch Mackenzie, *A Treatise of Maritim [sic] Surveying, in Two Parts: With a Prefatory Essay on Draughts and Surveys*(London: E. and C. Dilly, 1774).

47. Adrian Henry Wardle Robinson, *Marine Cartography in Britain: A History of the Sea Chart to 1855* (Leicester: Leicester University Press, 1962), 60~69쪽; Blewitt, *Surveys of the Seas*, 21~29쪽; Howse and Sanderson, *Sea Chart*, 12쪽, 105쪽; "McKenzie, Murdoch" and "McKenzie, Murdoch, the younger" in *Dictionary of National Biography*(herefter DNB)12: 604~605쪽.

48. Blewitt, *Surveys of the Seas*, 29~36쪽; Robinson, *Marine Cartography*, 97~127쪽; "Dalrymple, Alexander", in *DNB* 5: 402쪽.

49. Joseph Frederick Wallet Des Barres, *The Atlantic Neptune, Published for the Use of the Royal Navy of Great Britain*, 2 vols.(London, 1777~1781). Blewitt, *Surveys of the Seas*, 25~28쪽, 86~87쪽 그리고 Howse and Sanderson, *Sea Chart*, 89~99쪽을 참조하라.

50. Blewitt, *Surveys of the Seas*, 12~36쪽; Robinson, *Marine Cartography*, 104~111쪽; Howse and Sanderson, *Sea Chart*, 12쪽.

51. François de Dainville, "De la profondeur à l'altitude: Des origines marines de l'expression cartographique du relief terrestre par cotes et courbes de niveau", *Internationales Jahrbuch für Kartographie* 2(1962): 151~153쪽.

52. Konvitz, *Cartography in France*, 67~75쪽; Robinson, *Early Thematic Mapping*, 87~88 쪽; Crone, *Maps and Their Makers*, 138쪽.

53. Francesc Nadal and Luis Urteaga, "Cartography and State: National Topographic Maps and Territorial Statistics in the Nineteenth Century", *GeoCritica* 88(July 1990): 9~10쪽.

54. Berthaut, *La carte de France*, 1: 52쪽.

55. 같은 책, 2: 146쪽.

56. 인용 출처 Dainville, "De la profondeur", 151쪽.

57. Horace-Bénédict de Saussure, *Voyages dans les Alpes, précédés d'un essai d'histoire naturelle des environs de Genève*(Neuchatel, 1779~1796).

58. Dainville, "De la profondeur", 151~55쪽.

59. Berthaut, *La carte de France*, 1: 57~58쪽; Konvitz, *Cartography in France*, 34~39쪽, 82 ~97쪽; Duranthon, *La carte de France*, 10쪽; Pelletier, *La carte de Cassini*, 86~87쪽, 141~142쪽.

60. Berthaut, *La carte de France*, 1: 66쪽.

61. *Atlas of Israel*, 1/4; Brown, *Story of Maps*, 247쪽; Pelletier, *La carte de Cassini*, 56쪽.

62. Marcellin du Carla, *Expression des nivellements, ou Méthode nouvelle pour marquer rigoureusement sur les cartes terrestres et marines les hauteurs et les configurations des terreins*(Paris, 1782); Jean-Louis Dupain-Triel, "La France considérée dans les différentes hauteurs de ses plaines, ouvrage spécialment destiné à l'instruction de la jeunesse", 지도(Paris, 1791), "Carte de la France où l'on a essayé de donner la configuration de son territoire par une nouvelle méthode de nivellements", 지도(Paris, 1798~1799).

63. Konvitz, *Cartography in France*, 77~80쪽; Arden-Close, *Early Years of the Ordnance Survey*, 141~142쪽; Crone, *Maps and Their Makers*, 139쪽; Duranthon, *La carte de France*, 34쪽; Robinson, *Early Thematic Mapping*, 94쪽

64. François de Dainville, *Le Langage des géographes: Termes, signes, couleurs des cartes anciennes, 1500~1800*(Paris: Picard, 1964), x–xi; Dainville, "De la profondeur", 157쪽; Berthaut, *La carte de France*, 1: 137~141쪽.

65. Dainville, "De la profondeur", 152쪽; Berthaut, *La carte de France*, 1: 184~232쪽, 2: 1~92쪽; Duranthon, *La carte de France*, 31~44쪽; Konvitz, *Cartography in France*, 60~61 쪽, 98~101쪽.

66. Nadal and Urteaga, "Cartography and State", 24~28쪽.

67. Robinson, *Early Thematic Mapping*, 97쪽; Crone, *Maps and Their Makers*, 139쪽.

68. 이에 대한 논의는 마틴 루드윅의 탁월한 논문을 토대로 한 것이다. "The Emergence of a Visual Language of Geology, 1760~1840", *History of Science* 14(1976): 149~195쪽.

69. Jean-Étienne Guettard, "Mémoire et carte minéralogique sur la nature & la situation des terreins qui traversent la France et l'Angleterre", *Mémoires de l'Académie royale des sciences*(1746), 1746년에 따로 출간되기도 했다. Robinson, *Early Thematic Mapping*, 52~53쪽을 참조하라.

70. Johann Friedrich Wilhelm Toussaint von Charpentier, *Mineralische Geographie der chursächsischen Lände*(Leipzig: Crusius, 1778), Rudwick, "Visual Language of Geology", 161쪽에서 인용.

71. Jean-Étienne Guettard, *Atlas et description minéralogique de la France*(Paris, 1780);

Rudwick, "Visual Language of Geology", 160~161쪽; Konvitz, *Cartography in France*, 87쪽을 참조하라.

72. Sir William Hamilton, *Campi Phlegraei: Observations on the Volcanoes of the Two Sicilies, as They Have Been Communicated to the Royal Society of London*(Naples, 1776 ~1779).

73. Rudwick, "Visual Language of Geology", 150쪽.

74. Georges Cuvier and Alexandre Brongniart, *Essai sur la géographie minéralogique des environs de Paris, avec une carte géognostique, et des coupes de terrain*(Paris: Baudouin, 1811); Robinson, *Early Thematic Cartography*, 57~59쪽을 참조하라.

75. Rudwick, "Visual Language of Geology", 158쪽.

76. 같은 책, 151~158쪽; Robinson, *Early Thematic Mapping*, 57쪽, 110쪽.

77. Rudwick, "Visual Language of Geology", 152쪽.

78. John Whitehurst, *A Inquiry into the Original State and Formation of the Earth; Deduced from Facts and the Laws of Nature*(London: Robinson, 1788).

79. William Smith, *Delineation of the Strata of England and Wales*(London, 1815); Thomas Webster, "On the Freshwater Formations in the Isle of Wight", *Transactions of the Geological Society of London* 2(1814): 161~254쪽.

80. Rudwick, "Visual Language of Geology", 164~177쪽.

81. James R. Beniger and Dorothy L. Robyn, "Quantitative Graphics in Statistics: A Brief History", *American Statistician* 32(February 1978): 1--11쪽. 또한 Howard Gray Funkhouser, "Historical Development of the Graphical Representation of Statistical Data", *Osiris* 3(November 1937): 269~404쪽을 참조하라. 하지만 앨프리드 크로스비는 중세에 기원을 둔 악보 혹은 기보법musical notation이란 왼쪽에서 오른쪽으로 진행되는 시간과 아래에서 위로 이어지는 음의 높이를 보여주는 그래프와 다름없다는 아주 흥미로운 지적을 했다. 그의 *The Measure of Reality: Quantification and Western Society, 1250~1600*(Cambridge: Cambridge University Press, 1997), 144쪽을 참조하라.

82. Laura Tilling, "Early Experimental Graphs", *British Journal for the History of Science* 8~3, no. 30(November 1975): 193~194쪽.

83. Jacques Dupâquier and Michel Dupâquier, *Histoire de la démographie: La statistique de la population des origines à 1914*(Paris: Perrin, 1985), 210~211쪽.

84. Tilling, "Early Experimental Graphs", 194~195쪽.

85. 같은 책, 195~197쪽.

86. Johann Heinrich Lambert, *Beyträge zum Gebrauche der Mathematik und deren Anwendung*, 3 vols. (Berlin: Buchladens der Realschule, 1765~1772); Lambert, "Theorie der Zuverlässigkeit der Beobachtungen und Versuche", in vol. 1, 424~488쪽.

87. Konvitz, *Cartography in France*, 110쪽.

88. August Frederik Wilhelm Crome, *Produkten-Karte von Europa*(Dessau: Der Verfasser,

1782).

89.   Joseph Priestley, *A Chart of Biography and A Description of a Chart of Biography, with a Catalogue of all the Names Inserted in it, and the Dates Annexed to them*(London: J. Johnson, 1765).

90.   Joseph Priestley, *A New Chart of History and A Description of a New Chart of History, Containing a View of the Principal Revolutions of Empire that Have Taken Place in the World*(London: J. Johnson, 1769).

91.   Joseph Priestley, *Description of a Chart of Biography*, 7th ed (London: J. Johnson, 1778), 6쪽.

92.   Joseph Priestley, *A Description of a New Chart of History*, 6th ed.(London: J. Johnson, 1786), 11~12쪽.

93.   Howard Gray Funkhouser and Helen M. Walker, "Playfair and His Charts", *Economic History* 3, no. 10(February 1935): 103~109쪽; Tilling, "Early Experimental Graphs", 212 n. 15쪽.

94.   William Playfair, *The Commercial and Political Atlas, Representing, by Means of Stained Copper-Plate Charts, the Progress of the Commerce, Revenues, Expenditure, and Debt of England, during the Whole of the Eighteenth Century* (London: J. Wallis, 1786); 두 번째 판은 1787년에, 세 번째 판은 1801년에 출간되었다. 통계그래프에 끼친 플레이페어의 공헌에 관해서는 Edward R. Tufte, The Visual Display of Quantitative Information(Cheshire, Conn.: Graphics Press, 1983), 32~34쪽, 91쪽을 참조하라.

95.   Playfair, *Commercial and Political Atlas*, 3d ed.(London: J. Wallis, 1801), ix.

96.   같은 책, vii.

97.   같은 책, xiv~xv.

98.   William Playfair, *Statistical Breviary; Shewing, on a Principle Entirely New, the Resources of Every State and Kingdom in Europe*(London: J. Wallis, 1801).

99.   같은 책, 2쪽.

100. Funkhouser, "Graphical Representation of Statistical Data", 293쪽; Tilling, "Early Experimental Graphs", 200쪽.

101. Funkhouser, "Graphical Representation of Statistical Data", 285쪽; Funkhouser and Walker, "Playfair and His Charts", 107쪽.

102. Konvitz, *Cartography in France*, 130쪽.

103. Alexander von Humboldt, *Essai politique sur le royaume de la Nouvelle-Espagne, avec un atlas physique et géographique*(Paris: Schoell, 1811).

104. 인용 출처 Funkhouser, "Graphical Representation of Statistical Data", 269쪽.

105. Tilling, "Early Experimental Graphs", 207쪽.

106. André-Michel Guerry, *Essai sur la statistique morale de la France*(Paris: Crochard, 1833).

107. Adolphe Quetelet, *Recherches sur la population, les naissances, les décès, les prisons, les dépôts de mendacité, etc., dans le royaume des Pays-Bas*(Brussels: Tarlier, 1827); Quetelet, "Recherches sur le penchant au crime aux différens âges", *Nouveaux mémoires de l'Académie royale des Sciences et Belles-Lettres de Bruxelles* 7(1832): 1~87쪽.

108. Beniger and Robyn, "Quantitative Graphics in Statistics", 4쪽.

109. Charles-Joseph Minard, *Second mémoire sur l'importance du parcours partiel sur les chemins de fer*(Paris: Fain et Thurnot, 1843).

110. Tilling, "Early Experimental Graphs", 207~211쪽.

111. Muriel Nissel, *People Count: A History of the General Register Office*(London: HMSO, 1987), 81쪽.

112. Etienne-Jules Marey, *La méthode graphique dans les sciences expérimentales et principalement en physiologie et en médecine*(Paris: G. Masson, 1878), 3쪽.

113. Robinson, *Early Thematic Mapping*, x.

114. Funkhouser, "Graphical Representation of Statistical Data", 301쪽; Robinson, *Early Thematic Mapping*, 46~51쪽, 83~84쪽.

115. Alexander von Humboldt, "Des lignes isothermes et de la distribution de la chaleur sur le globe", *Mémoires de physique et chimie de la Société d'Arcueil* 3(1817): 462~606쪽; "Sur les lignes isothermes" 라는 제목이 붙은 한 장의 지도 *Annales de physique et chimie* 5(Paris, 1817), 102~113쪽; translated as "On Isothermal Lines, and on the Distribution of Heat over the Globe", *Edinburgh Philosophical Journal* 3(1820). Funkhouser, "Graphical Representation of Statistical Data", 301쪽; Robinson, *Early Thematic Mapping*, 37쪽, 81쪽을 참조하라.

116. Heinrich Karl Wilhelm Berghaus, *Physikalischer Atlas* 2 vols.(Gotha: Justus Perthes, 1845~1848); English version: Alexander Keith Johnston, *The Physical Atlas; A Series of Maps and Notes Illustrating the Geographical Distribution of Natural Phenomena*(Edinburgh: Johnston, 1848). Robinson, *Early Thematic Mapping*, 64~76쪽을 참조하라.

117. Robinson, *Early Thematic Mapping*, 130~134쪽

118. 크로메에 관해서는 Erica Royston, "Studies in the History of the Graphical Representation of Data", *Biometrika* 43(December 1956): 241~247쪽; Funkhouser, "Graphical Representation of Statistical Data", 199쪽; Robinson, *Early Thematic Mapping*, 54~56쪽을 참조하라.

119. Charles Dupin, "Carte de la France éclairée et de la France obscure"(Paris, 1819), Funkhouser, "Graphical Representation of Statistical Data", 300쪽에서 인용; Dupin, "Carte figurative de l'instruction populaire de la France"(1827), Robinson, *Early Thematic Mapping*, 156쪽에서 인용.

120. Funkhouser, "Graphical Representation of Statistical Data", 300쪽; Robinson, *Early*

Thematic Mapping, 62쪽.

121. Quetelet, "Recherches sur le penchant au crime." Robinson, *Early Thematic Mapping*, 160쪽을 참조하라.

122. Robinson, *Early Thematic Mapping*, 164~166쪽.

123. 같은 책, 137쪽.

124. Berghaus, *Physikalischer Atlas*, 2d section(1848), Robinson, *Early Thematic Mapping*, 136쪽에서 인용.

125. J. N. C. Rothenburg, *Die Cholera-Epidemie des Jahres 1832 in Hamburg*(Hamburg: Perthes und Besser, 1836), Robinson, *Early Thematic Mapping*, 170쪽에서 인용.

126. John Snow, On the Mode of Communication of Cholera, 2d ed.(London: Churchill, 1855); Robinson, *Early Thematic mapping*, 176~189쪽.

5. 지식의 힘, 사전과 백과사전 : 정보의 저장

1. 18세기의 연감에 관해서는 Gaston Saffroy, *Bibliographie des almanacks et annuaires administratifs, ecclésiastiques et militaires français de l'Ancien Régime*(Paris: G. Saffroy, 1959) 및 Victor Champier, *Les anciens almanacks illustrés: Histoire du calendrier depuis les temps anciens jusqu'à nos jours*(Paris, 1886)를 참조하라. 우편마차 시간표에 관해서는 Daniel Paterson, *A New and Accurate Description of All the Direct and Principal Cross Roads of Great Britain*(London: T. Carnan, 1771); 14 subsequent editions to 1811; 그리고 Paterson's British Itinerary, *Being a New and Accurate Delineation and Description of the Direct and Principal Cross Roads of Great Britain*, 2 vols.(London: C. Bowles, 1785); later editions to 1807. 18세기의 자연사를 다룬 가장 인기 있는 저서로 Noël-Antoine Pluche, *Le spectacle de la nature*(Paris, 1732)를 꼽을 수 있다. 이 책은 프랑스에서 18차례나 판을 거듭했으며, 다른 언어권에서도 30회가량 번역 출간되었다.

2. Allen Walker Read, "Dictionary", *Encyclopaedia Britannica*, 15th edition, *Macropaedia* 18: 385~394쪽.

3. John Harris, *Lexicon Technicum, or an Universal English Dictionary of Arts and Sciences: Explaining not only the Terms of Art, but the Arts Themselves*(London, 1704).

4. Ephraim Chambers, *Cyclopaedia: or, An Universal Dictionary of Arts and Sciences, Containing an Explication of the Terms and an Account of the Things Signified Thereby in the Several Arts, Liberal and Mechanical, and the Several Sciences, Human and Divine, Compiled from the Best Authors*, 2 vols.(London: James and John Knapton, 1728); later editions to 1795. 또한 Lael Ely Bradshaw, "Ephraim Chambers' *Cyclopaedia*", in *Notable Encyclopedias of the Seventeenth and Eighteenth Centuries: Nine Predecessors of the Encyclopédie*, ed. Frank Kafker,(Oxford: Voltaire Foundation, 1981), (hereafter *Nine Predecessors*) 123~139쪽을 참조하라.

5. Annette Fröhner, *Technologie und Enzyklopädismus im Übergang vom 18. zum 19. Jahrhundert: Johann Georg Krünitz(1728~1796) und seine Oeconomisch-technologische Enzyklopädie*, Mannheimer Historische Forschungen vol, 5(Mannheim: Palatium Verlag, 1994), 24쪽.

6. Sidney Landau, *Dictionaries: The Art and Craft of Lexicography*(New York: Scribner's, 1984), 37~39쪽; Georges Matoré, *Histoire des dictionnaires français*(Paris: Larousse, 1967), 67~68쪽; James Augustus Henry Murray, *The Evolution of English Lexicography*(Oxford: Clarendon, 1900), 7~11쪽, 23쪽; DeWitt T. Starnes and Gertrude E. Noyes, *The English Dictionary from Cawdrey to Johnson*(Chapel Hill: University of North Carolina Press, 1946), 2~3쪽, 197쪽; Jonathan Green, *Chasing the Sun: Dictionary Makers and the Dictionaries They Made*(London: Jonathan Cape, 1996), 55~56쪽.

7. Accademia della Crusca(Florence), *Vocabolario degli accademici della Crusca, con tre indici delle voce, locuzioni, e prouerbi latini, e greci, posti per entro l'opera*(Venice: G. Alberti, 1612); many editions as late as 1883~1884.

8. Académie française, *Le dictionnaire de l'Académie françoise, dédié au roy*, 4 vols,(Paris: Coignard, 1694). 이 책은 오늘날에도 주기적으로 출간된다. 반대로 아카데미 프랑세즈는 1713년에 에스파냐 아카데미가 발족하는 계기가 되었다. 에스파냐 아카데미는 1726~1739년에 6권으로 구성된《카스티아어 사전Diccionario de la lengua castellana》을 출간한다.

9. Pierre Richelet, *Dictionnaire de la langue françoise, contenant les mots et les matières, et plusieurs nouvelles remarques sur la langue françoise, ses expressions propres, figurées et burlesques, la pronunciation des mots les plus difficiles, le genre des noms, le régime des verbes······avec les termes les plus connus des arts et des sciences: Le tout tiré de l'usage et des bons auteurs de la langue françoise*(Geneva: Widerholt, 1680); later editions to 1706. 인용 출처 Bernard Quemada, *Les dictionnaires du français moderne 1539~1863: Etude sur leur histoire, leurs types et leurs méthodes*(Paris: Didier, 1967), 209쪽. 또한 Matoré, *Histoire des dictionnaires français*, 75~76쪽을 참조하라.

10. Antoine Furetière, *Dictionnaire universel des arts et sciences contenant généralement tous les mots français, tant vieux que modernes et les termes des sciences et des arts*, 3 vols,(The Hague: Leers, 1690); later editions to 1727. Robert Lewis Collison, *A History of Foreign-Language Dictionaries*(London: Deutsch, 1982), 86~94쪽; Matoré, *Histoire des dictionnaires français*, 76~79쪽; Walter W. Ross, "Antoine Furetièrès Dictionnaire universel", in Kafker, *Nine Predecessors*, 53~67쪽을 참조하라.

11. Preface to *Dictionnaire de l'Académie françoise*(1694), 2쪽.

12. 인용 출처 Quemada, *Les dictionnaires du français moderne*, 217 n. 134쪽.

13. Thomas Corneille, *Le dictionnaire des arts et des sciences*, 2 vols,(Paris: Coignard,

1694); later editions to 1732.

14. *Dictionnaire de l'Académie française*, 4th ed.(1762)의 서문, iii∼iv.

15. Robert Cawdrey, *A Table Alphabeticall, conteyning and teaching the true writing, and understanding of hard usuall English wordes, borrowed from the Hebrew, Greeke, Latine, or French, &c.*(London: Edmund Weaver, 1604; subsequent editions in 1609, 1613, and 1617).

16. John Bullokar, *An English Expositor: Teaching the Interpretation of the Hardest Words in Our Language*(London: Legatt, 1616). 이 사전은 표제어 5000개가 수록되었으며, 1755 년까지 여러 차례 출간되었다.

17. Henry Cockeram, *An English Dictionarie: Or, An Interpreter of Hard English Words* (London: Weaver, 1623); other editions until 1670.

18. Thomas Blount, *Glossographia: or, A Dictionary, interpreting all such hard words, whether Hebrew, Greek, Latin, Italian, Spanish, French, Teutonick, Belgick, British or Saxon; as are used in our refined English tongue. Also the terms of divinity, law, physick, mathematicks, heraldry, anatomy, war, musick, architecture; and of several other arts and sciences explicated. With etymologies, definitions, and historical observations on the same*(London: Humphrey Moseley, 1656); other editions to 1681.

19. Edward Phillips, *The New World of English Words: or, A General Dictionary: Containing the Interpretations of Such Hard Words as are Derived from Other Languages*(London: Tyler, 1658). 이 사전에는 표제어 1만 1000개가 수록되었으며, 1678년까지 여러 차례 개정판 이 출간되었다.

20. Elisha Coles, *An English Dictionary; explaining the difficult terms that are used in divinity, husbandry, physick, phylosophy, law, navigation, mathematicks and other arts and sciences*(London: Samuel Crouch, 1676); other editions to 1732.

21. Green, *Chasing the Sun*, 147∼148쪽.

22. John Kersey, *A New English Dictionary: or, A compleat collection of the most proper and significant words commonly used in the language; with a short and clear exposition of difficult terms and terms of art*(London: Bonwicke and Knaplock, 1702).

23. Starnes and Noyes, *English Dictionary*, 69∼73쪽을 참조하라.

24. Edward Phillips and John Kersey, *The New World of English Words*(London, 1706). Starnes and Noyes, *English Dictionary*, 48∼57쪽, 84∼89쪽을 참조하라.

25. John Kersey, *Dictionarium Anglo-Britannicum: or, A general English dictionary* (London: Phillips, 1708). Starnes and Noyes, *English Dictionary*, 95∼97쪽을 참조하라.

26. Nathan Bailey, *An Universal Etymological English Dictionary*(London: Bell, 1721). Green, *Chasing the Sun*, 192∼196쪽; Starnes and Noyes, *English Dictionary*, 98∼106 쪽; Landau, *Dictionaries*, 44∼45쪽; Murray, *Evolution of English Lexicography*, 35쪽.

27. Thomas Dyche and William Pardon, *New General English Dictionary*(London: Ware,

1715). 이 사전에서 영감을 받은 프랑스어 사전으로는 Antoine François Prévost, *Manuel lexique, ou Dictionnaire portatif des mots français dont la signification n'est pas familière à tout le monde*, 2 vols.(Paris: Didot, 1750)를 꼽을 수 있다. Green, *Chasing the Sun*, 198~200쪽 및 Lael Ely Bradshaw, "Thomas Dyche's *New general English dictionary*", in Kafker, *Nine Predecessors*, 141~161쪽을 참조하라.

28. Nathan Bailey, *Dictionarium Britannicum; or, A Complete etymological English dictionary, being also an interpreter of hard and technical words*(London: T. Cox, 1730); later editions to 1782. Green, *Chasing the Sun*, 192~194쪽을 참조하라.

29. Landau, *Dictionaries*, 47~48쪽. 또한 Starnes and Noyes, *English Dictionary*, 117~125쪽을 참조하라.

30. Read, "Dictionary", 390쪽; John Wain, *Samuel Johnson*(New York: Viking, 1974), 137쪽.

31. Samuel Johnson, *The Plan of a Dictionary of the English Language; Addressed to the Right Honourable Philip Dormer, Earl of Chesterfield*(London: Knapton, 1747). Starnes and Noyes, *English Dictionary*, 160~161쪽; Green, *Chasing the Sun*, 210~213쪽; Murray, *Evolution of English Lexicography*, 37~47쪽을 참조하라.

32. "Preface" to *A Dictionary of the English Language* in *The Works of Samuel Johnson*, 16 vols.(Troy, N.Y.: Pafraets Press, 1903), 11: 254~255쪽. 또한 Starnes and Noyes, *English Dictionary*, 160~161쪽, Landau, *Dictionaries*, 50~54쪽을 참조하라.

33. Abbé Jean-François Féraud, *Dictionnaire critique de la langue française*, 3 vols. (Marseille: Muissy, 1787~1788).

34. Quemada, *Les dictionnaires du français moderne*, 197쪽; Matoré, *Histoire des dictionnaires français* 106~107쪽.

35. Matoré, *Histoire des dictionnaires français*, 106쪽.

36. "Discours préliminaire", in Jean-Charles Thibault de Laveaux, *Dictionnaire de la langue française*(Paris, 1820), Quemada, *Les dictionnaires du français moderne*, 198쪽에서 인용.

37. 인용 출처 Quemada, *Les dictionnaires du français moderne*, 199쪽.

38. Louis Moréri, *Le grand dictionnaire historique, ou le mélange curieux de l'histoire sacrée et profane* (Lyon: Jean Girin and Barthélémy Rivière, 1674). 또한 Arnold Miller, "Louis Moreri's Grand dictionnaire historique", in Kafker, *Nine Predecessors*, 13~52쪽, Lawrence E. Sullivan, "Circumscribing Knowledge: Encyclopedias in Historical Perspective", *Journal of Religion* 70(1990): 319~331쪽을 참조하라.

39. Ursula Paulsen and Gerda Grünewald, *Allgemeine Enzyklopädien und Konversationslexika aus 4 Jahrhunderten*(Bielefeld: Stadtbücherei, 1967), 9쪽; Miller, "Louis Moréri's Grand dictionnaire historique", 13~52쪽.

40. Pierre Bayle, *Dictionnaire historique et critique*, 2 vols.(Rotterdam: Reiner Leers, 1697). 또한 Paul Burreil, "Pierre Bayle's Dictionnaire historique et critique", in Kafker,

Nine Predecessors, 83~103쪽, Matoré, *Histoire des dictionnaires français*, 97~98쪽을 참조하라.

41. Lael Ely Bradshaw, "John Harris's Lexicon technicum", in Kafker, *Nine Predecessors*, 107~121쪽, Alicia Perales Ojeda, *Las obras de consulta: Reseña histórico-crítica* (Mexico: Universidad Autónoma de México, 1962), 36쪽을 참조하라.

42. Philip Shorr, "Science and Superstition in the Eighteenth Century: A Study of the Treatment of Science in Two Encyclopedias of 1725~1750: Chambers' *Cyclopaedia:* London(1728); *Zedler's Universal Lexicon: Leipzig*(1732~1750)" (Ph.D. dissertation, Columbia University, 1932), 7~34쪽; Lael Ely Bradshaw, "Ephraim Chambers' Cyclopaedia", in Kafker, *Nine Predecessors*, 121~131쪽; Sullivan, "Circumscribing Knowledge", 328쪽.

43. Ernst Herbert Lehmann, *Geschichte des Konversations-lexicons*(Leipzig: Brockhaus, 1934), 29쪽.

44. Philipp Balthasar Sinold von Schütz, *Reales Staats- und Zeitungs-Lexicon*(Leipzig: Gleditsch, 1704); 4판(1709)부터는 *Reales Staats-, Zeitungs- und Conversations-Lexicon*라는 표제로 출간된다. 또한 Paulsen and Grünewald, *Allgemeine Enzyklopädien und Konversationslexika*, 11쪽; Lehmann, 30~31쪽; Fröhner, *Technologie und Enzyklopädismus*, 18~19쪽을 참조하라.

45. Paul Jakob Marperger, *Curieuses Natur-, Kunst-, Berg-, Gewerk- und Handlungs-Lexicon*(Leipzig: Gleditsch, 1712). Lehmann, *Geschichte des Konversations-lexicons*, 33쪽을 참조하라.

46. Johann Theodor Jablonski, *Allgemeines Lexicon der Künste und Wissenschaften* (Königsberg and Leipzig, 1721); later editions in 1748 and 1767.

47. Bernhard Kossmann, "Deutsche Universallexika des 18. Jahrhunderts. Ihr Wesen und Informationswert, dargestellt am Beispiel der Werke von Jablonski und Zedler", *Archiv für Geschichte des Buchwesens* 9(1969): 1559~1662쪽; Lehmann, *Geschichte des Konversations-lexicons*, 34쪽.

48. Johann Ferdinand Roth, *Gemeinnütziges Lexikon für Leser aller Klassen, besonders für Unstudierte* (Nürnberg: Ernst Christoph Grattenauer, 1791). Lehmann, *Geschichte des Konversations-lexicons*, 35쪽.

49. Friedrich Arnold Brockhaus, *Conversations-Lexicon oder kurzgefasstes Handwörterbuch für die in der gesellschaftlichen Unterhaltung aus den Wissenschaften und Künsten vorkommended Gegenstände, mit beständiger Rücksicht auf die Ereignisse der älteren und neueren Zeit*, 6 vols.(Leipzig and Amsterdam, 1809); 2-volume supplement(1809 ~1811). Lehmann, *Geschichte des Konversations-lexicons*, 37~39쪽.

50. "Konversations-lexikon", in *Der Grosse Brockhaus*, 16th ed.(Wiesbaden, 1952~1960), 6: 547쪽; Werner Lenz, *Kleine Geschichte Grosser Lexica: Ein Beitrag zum*

410

Internationalen Jahr des Buches(Berlin: Bertelsmann, 1972), 54~55쪽; Collison, *History of Foreign-Language Dictionaries*, 156~165쪽; Paulsen and Grünewald, *Allgemeine Enzyklopädien und Konversations-lexika*, 12~13쪽; Lehmann, *Geschichte des Konversations-lexicons*, 40~41쪽.

51. Lehmann, *Geschichte des Konversations-lexicons*, 44쪽.

52. *Encyclopaedia Britannica; or, a Dictionary of Arts and Sciences, Compiled upon a New Plan. In Which the Different Sciences and Arts are Digested into Distinct Treaties or Systems; and the Various Technical Terms, &c. are explained as they Occur in the Order of the Alphabet. Illustrated with One Hundred and Sixty Copperplates. By a Society of Gentlemen in Scotland*, 3 vols.(Edinburgh: Macfarquhar and Bell, 1771). 또한 Frank Kafker, "William Smellie's Edition of the Encyclopaedia Britannica", in *Notable Encyclopedias of the Late Eighteenth Century: Eleven Successors of the Encyclopédie*, ed. Frank Kafker (Oxford: Voltaire Foundation, 1994), (hereafter *Eleven Successors*), 145~182쪽; Herman Kogan, *The Great EB; The Story of the Encyclopaedia Britannica*(Chicago: University of Chicago Press, 1958), 8~13쪽; Paul Kruse, "The Story of the *Encyclopaedia Britannica*, 1768~1943"(Ph.D. dissertation, University of Chicago, 1958), 43~53쪽; Warren Preece, "The Organization of Knowledge and the Planning of Encyclopaedias: The Case of the *Encyclopaedia Britannica*", *Journal of World History* 9(1966): 801~810쪽을 참조하라.

53. Kruse, "Story of the *Encyclopaedia Britannica*", 56~68쪽, 409~410쪽; Kafker, "William Smellie's Edition", 178~179쪽; Preece, "Organization of Knowledge", 803~807쪽.

54. James Lawrence Fuchs, "Vincenzo Coronelli and the Organization of Knowledge: The Twilight of Seventeenth-Century Encyclopedism"(Ph.D. dissertation, University of Chicago, 1983).

55. Michel-Antoine Baudrand, *Geographia ordine liltearum disposita*(Purls: Michalet, 1682), translated into French as *Dictionnaire géographique universel*(Amsterdam and Utrecht, 1701); Guillaume Sanson, *In geographiam antiquam Michelis Antonii Baudrand disquisitiones geographicae*(Paris: Coignard, 1683).

56. Fuchs, "Vincenzo Coronelli and the Organization of Knowledge", 181쪽.

57. 같은 책, 188쪽.

58. Vincenzo Marco Coronelli, *Biblioteca universale sacro-profana, antico-moderna, in cui si spiega con ordine alfabetico ogni voce, anco straniera, che puo avere significato net nostro idioma italiano, appartenente a qualunque materia*, 7 vols.(Venice: A. Tiviani, 1701~1706).

59. Johann Heinrich Zedler, *Grosses vollständiges Universal-Lexicon aller Wissenschaften und Künste, welche bisshero durch menschlichen Verstand und Witz erfunden*

und verbessert worden, 64 vols.(Halle and Leipzig: Zedler, 1732~1750); 4-volume supplement(Leipzig, 1751~1754). 또한 Peter E. Carels and Dan Flory, "Johann Heinrich Zedler's Universal-Lexicon", in Kafker, *Nine Predecessors*, 165~196쪽; Shorr, "Science and Superstition", 35~77쪽; 그리고 Kossmann, "Deutsche Universallexika", 1565~1590쪽을 참조하라.

60. Lehmann, *Geschichte des Konversations-lexicons*, 21쪽.

61. On the *Encyclopédie* and the "tree of knowledge", Robert Darnton, *The Great Cat Massacre and Other Episodes in French Cultural History*(New York: Basic Books, 1984), 5장을 참조하라.

62. Jean Le Rond d'Alembert, *Discours préliminaire de l'Encyclopédie*,(Picavet edition, Paris, 1894), III, Max Fuchs, "La langue des sciences", in *Histoire de la langue français des origines à 1900*, ed. Ferdinand Brunot(Paris: Colin, 1930), 6: 600쪽에서 인용.

63. 백과사전의 문화와 정치를 강조한 주요 저서들을 소개하면 다음과 같다. John Morley, *Diderot and the Encyclopedists*, rev. ed.(London: Macmillan, 1923); Joseph Legras, *Diderot et l'Encyclopédie*(Amiens: Edgar Malfère, 1928); Jacques Proust, *Diderot et l'Encyclopédie*, 2d ed.(Paris: Colin, 1967); Jean Thomas, "Un moment du développement culturel de l'humanité: L'Encyclopédie", *Journal of World History* 9(1966): 695~711쪽; John Lough, *The Encyclopédie*(New York: McKay, 1971); Frank A. Kafker, "The Role of the *Encyclopédie* in the Making of the Modern Encyclopedia", in *The Encyclopédie and the Age of Reason*, ed. Clorinda Donato and Robert M. Maniquis(Boston: G. K. Hall, 1992), 19~25쪽; Kafker, "The Influence of the *Encyclopédie* on the Eighteenth-Century Encyclopedic Tradition", in Kafker, *Eleven Successors*, 389~399쪽. 백과사전이 여전히 대중매체의 관심을 받고 있음을 지적한 저서로 Robert Wernick, "Declaring an Open Season on the Wisdom of the Ages", *Smithsonian* 28, no. 2(May 1997): 72~83쪽. 또한 Robert Darnton, *The Business of Enlightenment: A Publishing History of the Encyclopédie, 1775~1800*(Cambridge, Mass.: Harvard University Press, 1979)를 참조하라.

64. 같은 책,35쪽.

65. 같은 책,524쪽.

66. 오리지널 백과사전에 수록된 26가지 지식을 열거하면 다음과 같다. 수학, 물리학, 의학, 외과 해부학, 화학, 농업, 동물의 자연사natural history, 식물학, 지구의 자연사, 광물학, 지리학, 역사, 신학, 철학, 문법과 문학, 법률, 재정, 정치경제, 상업, 해군, 군사학, 미술, 골동품학, 수공업. George B. Watts, "The Encyclopédie méthodique", *PMLA* 73(September 1958): 348~366쪽을 참조하라.

67. Suzanne Tucoo-Chala, *Charles-Joseph Panckoucke et la librairie française, 1716~1798*(Pau: Marrimpouey jeune, 1977), 333쪽; Jean Ehrard, "De Diderot à Panckoucke: Deux pratiques de l'alphabet", in *L'Encyclopédisme: Actes du Colloque de Caen, 12~*

16 Janvier 1987, ed. Annie Becq(Paris: Klincksieck, 1991), 243~252쪽.

68. Darnton, *Business of Enlightenment*, 420~421쪽; Tucoo-Chala, *Panckoucke et la librairie française*, 333쪽.

69. 인용 출처 Tucoo-Chala, *Panckoucke et la librairie française*, 328~329쪽.

70. Panckoucke's prospectus to subscribers(1787), Darnton, *Business of Enlightenment*, 476쪽에서 인용.

71. Tucoo-Chala, *Panckoucke et la librairie française*, 344쪽; Darnton, *Business of Enlightenment*, 420~421쪽.

72. Darnton, *Business of Enlightenment*, 421~436쪽; Tucoo-Chala, *Panckoucke et la librairie française*, 329~335쪽.

73. Watts, "Encyclopédie méthodique", 362~365쪽.

74. 인용 출처 Tucoo-Chala, *Panckoucke et la librairie française*, 338쪽.

75. 하지만 중국인들은 유럽인들보다 먼저 방대한 분량의 백과사전을 만들었다. 이를테면 1711년에 131권으로 구성된 백과사전이, 1716년에 40권으로 구성된 백과사전이, 그리고 1726년에 130권으로 구성된 백과사전이 완성되었다. Collison, *History of Foreign-Language Dictionaries*, 96쪽을 참조하라.

76. Johann Georg Krünitz, *Oeconomisch-technologische Enzyklopädie oder allgemeines System der Staat- Stadt- Haus- und Landwirtschaft und der Kunstgeschichte in alphabetisher Ordnung*, 242 vols.(Berlin: Pauli, 1773~1858).

77. J. Samuel Ersch and Johann Gottfried Gruber, eds., *Allgemeine Enzyklopädie der Wissenschaften und Künste in alphabetischer Folge von genannten Schriftstellern bearbeitet*, 167 vols.(1818~1889). Lehmann, *Geschichte des Konversations-lexicons*, 25쪽을 참조하라.

78. Lloyd William Daly, *Contributions to the History of Alphabetization in Antiquity and the Middle Ages*(Brussels: Latomus, 1967), 50쪽; Mary A. Rouse and Richard H. Rouse, "Alphabetization, History of", in *Dictionary of the Middle Ages*, 13 vols.(New York: Scribner's, 1982~1989), 1: 204쪽.

79. Daly, *Contributions to the History of Alphabetization*, 35~36쪽.

80. Jean-Louis Taffarelli, *Les systèmes de classification des ouvrages encyclopédiques* (Villeurbanne: Ecole Nationale Supérieure des Bibliothèques, 1980), 30~39쪽.

81. Thomas Burns McArthur, *Worlds of Reference: Lexicography, Learning, and Language from the Clay Tablet to the Computer*(Cambridge: Cambridge University Press, 1986), 76; N. E. Osselton, Chosen Words: Past and Present Problems for Dictionary Makers(Exeter: University of Exeter Press, 1995), 117~118쪽; Daly, *Contributions to the History of Alphabetization*, 69쪽.

82. 인용 출처 Daly, *Contributions to the History of Alphabetization*, 71쪽.

83. 인용 출처 Rouse and Rouse, "Alphabetization", 1: 205쪽.

84. 같은 책, 204~207쪽. 법률서적과 관련하여 노스웨스턴대학의 프랑수아 벨데 교수에게 많은 도움을 받았다.

85. 인용 출처 Daly, *Contributions to the History of Alphabetization*, 72~73쪽.

86. Robert K. Logan, *The Alphabet Effect*(New York: St. Martin's, 1987), 190~191쪽.

87. Cawdrey, *Table Alphabeticall*, 서문.

88. Lehmann, *Geschichte des Konversations-lexicons*, 12~13쪽.

89. Göran Bornäs, *Ordre alphabétique et classement méthodique du lexique: Etude de quelques dictionnaires d'apprentissage français*(Malmö: Glerup, 1986), 6~7쪽.

90. Kossmann, "Deutsche Universallexika", 1553~1596; Quemada, *Les dictionnaires du français moderne*, 324~325쪽. 알파벳 순서 문제는 오늘날까지도 여전히 현재 진행형이다. 이를테면 영어의 Mac과 Mc, 독일어의 변이음들 및 철자 s와 ß, 프랑스어의 철자 ç, 에스파냐어의 ñ과 ll 등등.

91. Osselton, *Chosen Words*, 118~121; Green, *Chasing the Sun*, 58쪽.

92. Jacques Bernard Durey de Noinville, *Table alphabétique des dictionnaires, en toutes sortes de sciences et d'arts*(Paris: H. Chaubert, 1758).

93. Fuchs, "Vincenzo Coronelli and the Organization of Knowledge", 186~187쪽.

94. 같은 책, 214~215쪽, 221쪽.

95. Ephraim Chambers, *Cyclopedia*, xxii, Gunnar Broberg, "The Broken Circle", in *The Quantifying Spirit of the 18th Century*, ed. Tore Frängsmyr, J. L. Heilbron, and Robin E. Rider(Berkeley: University of California Press, 1990), 47쪽에서 인용.

96. Matoré, *Histoire des dictionnaires français*, 93쪽.

97. Béatrice Didier, *Alphabet et raison: Le paradoxe des dictionnaires au XVIIIe siècle*(Paris: Presses universitaires de France, 1996), 1~6쪽.

98. Ehrard, "De Diderot à Panchoucke", 243~252쪽. 또한 Cynthia J. Koepp, "The Alphabetical Order: Work in Diderot's *Encyclopédie*", in *Work in France: Representations, Meaning, Organization, and Practice*, ed. Steven L. Kaplan and Cynthia J. Koepp (Ithaca, N.Y.: Cornell University Press, 1986), 229~257쪽을 참고하라.

99. Denis Diderot and Jean Le Rond d'Alembert, "Discours préliminaire des Editeurs", *Encyclopédie* (Lausanne 1778 edition), 1: xxxi~xxxii.

100. Pierre Rétat, "L'âge des dictionnaires", in *Histoire de l'édition française*, vol. 2, *Le livre triomphant 1660~1830*, ed. Henri-Jean Martin and Roger Chartier(Paris: Promodis, 1984), 192~193쪽; Ehrard, "De Diderot à Panckoucke", 249~250쪽.

101. Pierre Mouchon, *Table analytique et raisonnée des matières contenues dans les XXXIII volumes in-folio du dictionnaire des sciences, des arts et des métiers et dans son supplément*, 2 vols.(Paris: Panckoucke, 1780).

102. Kafker, "The Role of the *Encyclopédie*", 20~21쪽.

103. *Encyclopaedia Metropolitana; or Universal Dictionary of Knowledge, on an Original*

Plan: Comprising the Twofold Advantage of a Philosophical and an Alphabetical Arrangement, 28 vols, ed. Edward Smedley, Hugh James Rose, and Henry John Rose(London: B. Fellowes, 1817~1845).

104. Samuel Taylor Coleridge, "On the Science of Method", *Encyclopaedia Metropolitana*, 1: 42쪽.

105. 인용 출처 Gunnar Broberg, "The Broken Circle", in *The Quantifying Spirit in the Eighteenth Century*, ed. Tore Frängsmyr, John L. Heilbron, and Robin E. Rider (Berkeley: University of California Press, 1990), 49 n. 12쪽.

106. 인용 출처 Börnas, *Ordre alphabétique*, 7쪽.

107. Robert Collison, "Samuel Taylor Coleridge and the Encyclopaedia Metropolitana", *Journal of World History* 9(1966): 763쪽.

108. Collison, "Samuel Taylor Coleridge", 764~765쪽.

109. Rétat, "L'âge des dictionnaires", 186쪽. 저자는 소형으로 만들어진 후속판과 수많은 '휴대용' 혹은 '포켓' 백과사전들이 배제되었다는 점을 근거 삼아 쿠에마다의 수치를 비판했다. 그러한 사전들이 포함되었다면 수치는 훨씬 더 가파르게 상승했을 것이라는 주장이다.

110. 당시 가장 유명한 사전들로는 100차례 이상이나 판을 거듭하며 1707년과 1799년 동안에 무려 27만 5000부가 팔려나간 토머스 디크의《영어 안내서Guide to the English Tongue》와 1783년과 1843년 동안에 260차례나 재인쇄된 노아 웹스터의《영어스펠링북An American Spelling Book》을 꼽을 수 있다.

111. 또한 Paulsen and Grünewald, *Allgemeine Enzyklopädien und Konversations-lexika*, 11쪽, Fröhner, *Technologie und Enzyklopädismus*, 18~19쪽을 참조하라.

112. Nathan Bailey, *A New Universal Etymological English Dictionary of Words, and of Arts and Sciences*, ed. Joseph Nicol Scott(London: Osborne and Shipton, 1755). 또한 Starnes and Noyes, *English Dictionary*, 98~106쪽을 참조하라.

113. Heinrich Martin Gottfried Köster and Johann Friedrich Roos, eds., *Deutsche Encyclopädie oder allgemeines Real-Wörterbuch aller Künste und Wissenschaften von einer Gesellschaft Gelehrten*, 23 vols.(Frankfurt: Varrentrapp & Wenner, 1778~1807); David Brewster, ed., *Edinburgh Encyclopaedia; or, Dictionary of Arts, Sciences, and Miscellaneous Literature*, 18 vols.(Edinburgh: Balfour, 1808~1830); William Nicholson, ed., *The British Encyclopaedia, or Dictionary of Arts and Sciences, Comprising an Accurate and Popular View of the Present Improved State of Human Knowledge*(London: Longman, 1809). 또한 Uwe Decker, "Die Deutsche Encyclopädie(1778~1807)", *Das Achzehnte Jahrhundert. Mitteilungen der Deutschen Gesellschaft für die Erforschung des 18. Jahrhunderts* 14, no. 2(1990): 147~151쪽; Willi Goetschel, Catriona MacLeod, and Emery Snyder, "The Deutsche Encyclopädie and Encyclopedism in Eighteenth-Century Germany", in Donato and Maniquis, *The Encyclopédie*, 55~62쪽; Collison, *History of Foreign-Language Dictionaries*, 174~180

쪽을 참조하라.

114. Abraham Rees, *Cyclopaedia; or, An Universal Dictionary of Arts and Sciences*······ *with the Supplement and Modern Improvements, Incorporated in one Alphabet*, 5 vols. (London: Strahan, 1778~1788).

115. Bradshaw, "John Harris's *Lexicon technicum*", 118~121쪽.

116. Bradshaw, "Ephraim Chambers' *Cyclopaedia*", 138~139쪽.

117. Burrell, "Pierre Bayle's *Dictionnaire historique et critique*", 98~99쪽.

118. Carels and Flory, "Johann Heinrich Zedler's *Universal Lexicon*", 169~172쪽; Kossmann, "Deutsche Universallexika", 1568쪽.

119. Darnton, *Business of Enlightenment*, 33~35쪽.

120. Rétat, "L'âge des dictionnaires", 188~189쪽.

121. Kruse, "Story of the *Encyclopaedia Britannica*", 56쪽, 67~68쪽, 95~105쪽; Kogan, *The Great EB*, 23~28쪽; Collison, *History of Foreign-Language Dictionaries*, 140~141쪽.

122. Collison, *History of Foreign-Language Dictionaries*, 158~165쪽.

6. 우편제도와 통신시스템 : 정보의 소통

1. 인용 출처 David Hackett Fischer, *Paul Reveres Ride, and the Battle of Lexington and Concord*(New York: Oxford University Press, 1994), 99쪽. 서두의 시 '폴 리비어의 한밤중의 말 달리기The Midnight Ride of Paul Revere'는 Henry Wadsworth Longfellow, *Poetical Works: Complete Edition*(Boston, J. R. Osgood, 1872), 290쪽에서 인용했다.

2. Geoffrey Wilson, *The Old Telegraphs*(Chichester: Phillimore, 1976), 122쪽; 또한 Duane Koenig, "Telegraphs and Telegrams in Revolutionary France", *Scientific Monthly* 54 (December 1944): 433쪽을 참조하라.

3. Herodotus, *The Persian Wars*, vol. VI, 105~106장, in Francis R. B. Godolphin, *The Greek Historians*(New York: Random House, 1942), 1: 374~375쪽.

4. Herodotus, *Persian Wars*, vol. VIII, 98장, in Godolphin, *Greek Historians*, 1: 499쪽.

5. Alexis Belloc, *Les postes françaises; recherches historiques sur leur origine, leur développement, leur législation*(Paris: Fermin-Didot, 1886), 7~15쪽; B. Laurent, *Poste et postiers*(Paris: Octave Doin, 1922), 7~15쪽; Wayne·E. Fuller, *The American Mail: Enlarger of the Common Life*(Chicago: University of Chicago Press, 1972), 4~5쪽.

6. Max Piendl, *Das Fürstliche Haus Thurn und Taxis: Zur Geschichte des Hauses und der Thurn und Taxis-Post*(Regensburg: Pustet, 1980), 7~83쪽.

7. 초기 프랑스의 우편제도는 Yves Maxime Danan, *Histoire postale et libertés publiques: Le droit de libre communication des idées et opinions par voie de correspondance*(Paris: Pichon & Durand-Auzias, 1965), 18~24쪽; Eugène Vaillé, *Histoire générale des postes françaises*(Paris: Presses Universitaires de France, 1947), vols. 3 and 4; Belloc, *Les*

postes françaises, 16~17쪽, 59~63쪽; Laurent, *Poste et postiers*, 7~10쪽을 참조하라.

8. Joseph C. Hemmeon, *The History of the British Post Office*(Cambridge, Mass.: Harvard University Press, 1912), 4~14쪽; Frank Staff, *The Penny Post*(London: Lutterworth, 1964), 20~28쪽.

9. Hemmeon, *History of the British Post Office*, 23~24쪽.

10. Howard Robinson, *The British Post Office: A History*(Princeton, N.J.: Princeton University Press, 1948), 70쪽; Hemmeon, *History of the British Post Office*, 28~30쪽; Staff, *Penny Post*, 37~48쪽.

11. Staff, *Penny Post*, 54; Hemmeon, *History of the British Post Office*, 34~35쪽, 48쪽; Robinson, 96~98쪽.

12. Hemmeon, *History of the British Post Office*, 46쪽; Robinson, *British Post Office*, 120쪽. 우편시스템과 비밀첩보 활동의 인관 관계는 Eugène Vaillé, *Le cabinet noir*(Paris: Presses universitaires de France, 1950) 및 Kenneth Ellis, *The Post Office in the Eighteenth Century: A Study in Administrative History*(London: and New York: Oxford University Press, 1958)를 참조하라.

13. David Kahn, *The Codebreakers: The Story of Secret Writing*(New York: Macmillan, 1967), 163~164쪽.

14. Staff, *Penny Post*, 57쪽; Robinson, *British Post Office*, 100~110쪽; Hemmeon, *History of the British Post Office*, 36~38쪽.

15. Vaillé, *Histoire générale*, VI, pt. 1, p. 275쪽.

16. Belloc, *Les postes françaises*, 220~233쪽; Hemmeon, *History of the British Post Office*, 40 쪽, 100~105쪽; Robinson, *British Post Office*, 125~127쪽, 139~142쪽, 223~238쪽.

17. Staff, *Penny Post*, 64~73쪽; Robinson, *British Post Office*, 192~193쪽; Hemmeon, *History of the British Post Office*, 52~53쪽.

18. Laurent, *Post et postiers*, 11~17쪽.

19. Danan, *Histoire postale*, 61쪽.

20. 같은 책, 29쪽, 53~63쪽; Laurent, *Post et postiers*, 12; Belloc, *Les postes françaises* 252~257쪽.

21. Richard R. John, *Spreading the News: The American Postal System from Franklin to Morse*(Cambridge, Mass.: Harvard University Press, 1995), 1~3장.

22 같은 책, 26쪽, 293 n. 8쪽; Fuller, *American Mail*, 13~29쪽.

23. Richard D. Brown, *Knowledge Is Power: The Diffusion of Information in Early America, 1700~1865*(New York: Oxford University Press, 1989), 247~249쪽.

24. Fuller, *American Mail*, 31~40쪽; John, *Spreading the News*, 25~27쪽.

25. Benjamin Rush, "Address to the People of the United States"(1787), *Spreading the News*, 29~30쪽에서 인용.

26. John, *Spreading the News*, 49~50쪽.

27. 같은 책, 51쪽.

28. Fuller, *American Mail*, 24~25쪽.

29. John, *Spreading the News*, 36쪽

30. 같은 책, 4쪽, 38쪽.

31. 같은 책, 53~55쪽.

32. 같은 책, 91~110쪽.

33. 같은 책, 17~18쪽.

34. 같은 책, 159쪽; Fuller, *American Mail*, 61쪽.

35. Robinson, *British Post Office*, 241쪽.

36. Rowland Hill, *Post Office Reform: Its Importance and Practicability*, 4th ed.(London: Charles Knight, 1838), 6쪽.

37. On Hill's reform, Staff, *Penny Post*, 76~95쪽; Robinson, *British Post Office*, 244~257 쪽; Danan, Histoire postale, 22~43쪽을 참조하라.

38. Fuller, *American Mail*, 64~66쪽; John, *Spreading the News*, 160쪽; Staff, *Penny Post*, 97~98쪽.

39. Kahn, *Codebreakers*, 188쪽.

40. Danan, *Histoire postale*, 66~73쪽.

41. Catherine Bertho, *Télégraphes et téléphones de Valmy au microprocesseur*(Paris: Livre de Poche, 1981), 9쪽.

42. Center for the History of Electrical Engineering, *Newsletter*, no. 38(spring 1995): 1쪽.

43. George Dyson, *Darwin among the Machines: The Evolution of Global Intelligence* (Reading, Mass.: Addison-Wesley, 1997), 131~138쪽.

44. Capt. L. S. Howeth, USN, *History of Communications-Electronics in the United States Navy*(Washington, D.C.: Office of Naval History, 1963), 3쪽.

45. Yves Lecouturier, "Les sémaphores de la Marine", in *Fédération Nationale des Associations de personnel des Postes et Télécommunications pour la Recherche Historique, La Télégraphie Chappe* (Jarville-la-Malgrange: Editions de l'Est, 1993), 306 쪽; Wolfgang Riepl, *Das Nachrichtenwesen des Altertums, mit besonderer Rücksicht auf die Römer*(Leipzig, 1913), 74~78쪽; Gerald J. Holzmann and Björn Pehrson, *The Early History of Data Networks*(Los Alamitos, Calif.: IEEE Computer Society Press, 1994), 15~23쪽.

46. Geoffrey Wilson, *The Old Telegraphs*, 2~4쪽.

47. Colin Martin and Geoffrey Parker, *The Spanish Armada*(London: Hamilton, 1988), 23쪽.

48. Alexis Belloc, *La télégraphie historique, depuis les temps les plus reculés jusqu'à nos jours*(Paris: Fermin-Didot, 1888), 1~21쪽.

49. Major D. B. Sanger, "General La Fayette: Some Notes on His Contribution to Signal Communications", *Signal Corps Bulletin* 78(May–June 1934): 49쪽.

50. Holzmann and Pehrson, *Early History of Data Networks*, 23~29쪽.

51. Robert Hooke, "Discourse Shewing a Way to communicate one's Mind at great Distances"(speech to the Royal Society, May 21,1684), in *Philosophical Experiments and Observations of the late Eminent Dr. Robert Hooke*, ed. W. Derham(London: W. Derham, 1726), 142~143쪽.

52. Edouard Gerspach, "Histoire administrative de la Télégraphie aérienne en France", *Annales Télégraphiques* 3(1860): 48~49쪽; Belloc, *La télégraphie historique*, 58~59 쪽; Geoffrey Wilson, *The Old Telegraphs*, 5쪽, 120쪽; Holzmann and Pehrson, *Early History of Data Networks*, 31~39쪽.

53. Geoffrey Wilson, *The Old Telegraphs*, 112~119쪽.

54. 클로드 샤프는 프랑스에서 200년 동안 영웅시되어왔지만, 다른 나라들에서는 최근에야 비로소 학자들이 샤프의 시각통신기에 관심을 보이기 시작했다. 이 문제는 특히 Alexander J. Field, "French Optical Telegraphy, 1793~1855쪽: Hardware, Software, Administration", *Technology and Culture* 35(April 1994): 315~347쪽; Holzmann and Pehrson, *Early History of Data Networks*, 51~55쪽; Holzmann and Pehrson, "The First Data Networks", *Scientific American*, January 1994, 124~129쪽을 참조하라.

55. 샤프통신기의 출발 과정은 Ignace Urbain Jean Chappe, *Histoire de la télégraphie*(Paris, 1824), 123~128쪽; Henri Gachot, *La télégraphie optique de Claude Chappe, Strasbourg, Metz, Paris, et ses embranchements*(Saverne, 1967), 1~5쪽; John Charles Dawson, *Lakanal, the Regicide: A Biographical and Historical Study of the Career of Joseph Lakanal*(Alabama: University of Alabama Press, 1948), 33쪽; Gerspach, "Histoire administrative de la Télégraphie aérienne", 3: 56~65쪽; Holzmann and Pehrson, *Early History of Data Networks*, 55~61쪽; Geoffrey Wilson, *The Old Telegraphs*, 120~122쪽.

56. Gerspach, "Histoire administrative de la Télégraphie aérienne", 3: 53~66쪽; Holzmann and Pehrson, *Early History of Data Networks*, 64쪽.

57. 이와는 대조적으로 모스부호는 네 개 요소(점dot, 선dash, 짧은 간격short space,긴 간격long space)로 구성되었고, 오늘날 디지털부호들은 두 가지의 비트(온on과 오프off)만 사용한다. 각각의 요소가 전송하는 정보량은 극히 제한적이다. 따라서 숫자 하나 또는 알파벳 철자 하나를 전송하는 데 여러 요소의 조합이 요구된다. 하지만 하드웨어가 한꺼번에 많은 양의 요소들을 다룰 수 있기 때문에, 하드웨어의 효율성이 소프트웨어(코드)의 비효율성을 보완한다. 이 문제에 관한 한 필드의 저서가 단연 돋보인다. Holzmann and Pehrson, *Early History of Data Networks*, 66쪽, 81~85쪽; Gachot, *La télégraphie optique de Claude Chappe*, 30~36쪽; G. Contant, "Vocabulaires",; E. P. Lhospital, "Signaux", in *Télégraphie Chappe*, 201~220쪽도 참조하기를 권한다.

58. Chappe, *Histoire de la télégraphie*, 135~136쪽.

59. Gérard Contant, "L'administration centrale", Jean Michel Boubault, "Directeurs et inspecteurs", and Guy De Saint Denis, "Les stationnaires", all in *Télégraphie Chappe*,

257~297쪽.

60. Patrice Flichy, *Une histoire de la communication moderne: Espace public et vie privée* (Paris: La Découverte, 1991), 41쪽. 1장을 영어로 번역한 Flichy, "The Birth of Long Distance Communication: Semaphore Telegraphs in Europe(1790~1840)", *Réseaux: French Journal of Communication* 1, no. 1(spring 1993): 81~101쪽을 참조하라.

61. P. Charbon, "Histoire générale et formation du réseau", in *Télégraphie Chappe*, 18~62쪽; Chappe, *Histoire de la Télégraphie*, 129~131쪽; Gachot, *La télégraphie optique de Claude Chappe*, 38~39쪽; Gerspach, "Histoire administrative de la Télégraphie aérienne", 3: 526~546쪽, 4: 32~36쪽; Holzmann and Pehrson, *Early History of Data Networks*, 67~68쪽; Geoffrey Wilson, *The Old Telegraphs*, 127~130쪽.

62. Yves Lecouturier, "Les sémaphores de la Marine", in *Télégraphie Chappe*, 306~316쪽; Geoffrey Wilson, *The Old Telegraphs*, 130~132쪽.

63. 이 개념은 Wiebe Bijker, Thomas P. Hughes, and Trevor Pinch, eds., *The Social Construction of Technological Systems: New Directions in the Sociology and History of Technology* (Cambridge, Mass.: MIT Press, 1987)을 참조하라. 이 같은 식으로 접근한 인상적인 사례로 Thomas P. Hughes, *Networks of Power: Electrification in Western Society, 1880~1930*(Baltimore: Johns Hopkins University Press, 1983)을 꼽을 수 있다.

64. Flichy, *Une histoire de la communication moderne*, 19쪽.

65. 같은 책, 21쪽.

66. *Le Moniteur Universel*, August 18, 1794, 516쪽.

67. Gérard Contant, "L'administration centrale", in *Télégraphie Chappe*, 258~262쪽; Geoffrey Wilson, *The Old Telegraphs*, 132~135쪽; Gerspach, "Histoire administrative de la Télégraphie aérienne", 3: 543쪽.

68. Flichy, *Une histoire de la communicaton moderne*, 21~30쪽.

69. Geoffrey Wilson, *The Old Telegraphs*, 102~104쪽.

70. David L. Woods, *A History of Tactical Communication Techniques*(New York: Arno, 1974), 18~19쪽; Capt. Barrie Kent, R.N., *Signal! A History of Signalling in the Royal Navy*(Clanfield, Hampshire: Hyden House, 1993), 13~15쪽; Holzmann and Pehrson, *Early History of Data Networks*, 190~192쪽; Geoffrey Wilson, *The Old Telegraphs*, 12~31쪽. 프랑스인들과 마찬가지로 영국인들도 나폴레옹전쟁 당시 해안 신호시스템을 확보하고 있었다. Geoffrey Wilson, *The Old Telegraphs*, 64~65쪽.

71. Holzmann and Pehrson, *Early History of Data Networks*, 101~26쪽.

72. Luis Enrique Otero Carvajal, "La evolución del telégrafo en España, 1800~1936", in *Las comunicaciones en la construcción del Estado contemporádneo en España: 1700~1936*, ed. Angel Bahamonde Magro, Gaspar Martínez Lorente, and Luis Enrique Otero Carvajal(Madrid: Ministerio de Obras Públicas, Transportes y Medio Ambiente, 1993), 127~128쪽.

73. Gerspach, "Histoire administrative de la Télégraphie aérienne, *Annales télégraphiques*, 4(1861), 236~237쪽.

74. Flichy, *Une histoire de la communication moderne*, 33쪽에서 인용.

75. Paul Charbon, "Projects et réalisations télégraphiques de Ferner", in *Télégraphie Chappe*, 349~355쪽.

76. André Muset, "Les techniques clandestines", in *Télégraphie Chappe*, 356~371쪽.

77. 인용 출처 같은 책, 364쪽.

78. 인용 출처 Flichy, *Une histoire de la communication moderne*, 39~40쪽.

79. Kent, *Signal!* 15~17쪽; Geoffrey Wilson, *The Old Telegraphs*, 33~42쪽, 59~60쪽; Holzmann and Pehrson, *Early History of Data Networks*, 195쪽.

80. 리버풀-홀리헤드 라인은 Geoffrey Wilson, *The Old Telegraphs*, 68~80쪽, 상업 라인은 같은 책, 81~93쪽을 참조하라.

81. 그로부터 2세기가 흐른 지금, 영국에는 개인 소유의 전화회사들이 무수히 등장한 반면, 프랑스에서는 통신관련 사업이 정부 산하의 공기업 형태로 운영된다.

82. 유럽 각국의 다양한 시각통신기는 Geoffrey Wilson, *The Old Telegraphs*, 159~185쪽을 참조하라. 특히 독일의 텔레그래프는 Horst Drogge, "Die Entwicklung der optischen Télégraphié in Preussen under ihre Wegbereiter", *Archiv für Deutsche Postgeschichte* 30(1982): 5~26쪽을 참조하라.

83. Otero Carvajal, "La evolución del telégrafo en España", 123쪽.

84. 같은 책, 129~131쪽.

85. Daniel R. Headrick, *The Invisible Weapon: Telecommunications and International Politics, 1851~1945* (New York: Oxford University Press, 1988).

86. 같은 책, 188~206쪽. 알제리에 관해서는 Alfred Jamaux, "Le réseau algérien", in *Télégraphie Chappe*, 152~161 및 Gerspach, "Histoire administrative de la Télégraphie aérienne", 4: 238~247쪽을 참조하라.

87 John, *Spreading the News*, 86~87쪽.

88. John R. Parker, *A Treatise upon the Semaphoric System of Telegraphy*(Boston: Pendelton's, 1838); John Pickering, *Lecture on Telegraphic Language; delivered before the Boston Marine Society*, February 5, 1833(Boston: Hiliard Gray, 1833); William Upham Swan, "Early Visual Telegraphs in Massachusetts", *Bostonian Society* (Boston), *Proceedings* 10(1933): 31~47쪽; Robert L. Thompson, *Wiring a Continent: The History of the Telegraph Industry in the United States, 1832~1866*(Princeton, N.J.: Princeton University Press, 1947), 11쪽; Geoffrey Wilson, *The Old Telegraphs*, 210~217쪽.

89. Brooke Hindle, *Emulation and Invention*(New York: Norton, 1983), 85쪽.

90. 영국의 통신 역사에 관해서는 Geoffrey Hubbard, *Cooke and Wheatstone and the Invention of the Electric Telegraph*(London: Routledge, 1965)를 참조하라. 친러시아 성

향의 사람들이라면 1832년에 "가동 준비를 갖춘 전자기 통신기"를 직접 시험해 보인 실링 남작을 내세울지도 모른다. A. V. Yarotsky "150th Anniversary of the Electromagnetic Telegraph", *Telecommunication Journal* 49(October 1982): 709쪽. 에스파냐인들도 전기통신기를 발명한 캄필로 박사를 자랑할 수 있을 것이다. Otero Carvajal, "La evolución del telégrafo en España", 135~136쪽을 참조하라.

91. 인용 출처 Carleton Mabee, *The American Leonardo: A Life of Samuel F. B. Morse*(New York: Knopf, 1943), 145쪽.

92. 시각통신시스템과 전기통신시스템의 속도와 효율성에 관해서는 Holzmann and Pehrson, *Early History*, 89~90쪽; Holzmann and Pehrson, "The First Data Networks", 127~128쪽; Gerspach, "Histoire administrative de la Télégraphie aérienne", 4: 244~245쪽; Field, 343쪽; "French Optical Telegraphy", Lhospital, "Signaux", 218쪽을 참조하라. 전기통신은 급속도로 발전했다. 1858년에 제작된 휘트스톤의 자동전신기는 천공테이프 punched paper tape에 저장된 메시지 형태로 1분당 2000개의 부호를 전송했는데, 시각통신기보다 그 속도가 수백 배나 빨랐다.

93. Michel Siméon, "Les débuts de la télégraphie électrique", in *Télégraphie Chappe*, 372~396쪽; Flichy, *Une histoire de la communication moderne*, 63~67쪽; Gerspach, "Histoire administrative de la Télégraphie aérienne", 4: 253~258쪽; Gachot, *La télégraphie optique de Claude Chappe*, 117쪽.

94. Kent, *Signal!* 1~2쪽; Timothy Wilson, *Flags at Sea: A Guide to the Flags Flown at Sea by British and Some Foreign Ships, from the 16th Century to the Present Day*(London: HMSO, 1986), 77쪽.

95. Commander Hilary P. Mead, "Naval Signalling. I. Historical", in Brassey's Annual(London, 1953), 177~178쪽; Julian S. Corbett, ed., *Fighting Instructions, 1530~1816*(London: Navy Records Society, 1905), 152~163쪽, 195~232쪽; L. E. Holland, "The Development of Signalling in the Royal Navy", *Mariner's Mirror* 39(1953): 5~7쪽; Timothy Wilson, *Flags at Sea*, 77~78쪽; Woods, *History of Tactical Communication Techniques*, 35; Kent, *Signal!* 3쪽.

96. John Keegan, *The Price of Admiralty*(New York: Penguin, 1988), 50~51쪽.

97. 같은 책, 45쪽.

98. Howeth, *History of Communications*, 6쪽; Mead, "Naval Signalling", 178~179쪽; Kent, *Signal!* 3~5쪽; Woods, *History of Tactical Communication Techniques*, 36~39쪽; Holland, "Development of Signalling in the Royal Navy", 7~13쪽; Corbett, *Fighting Instructions*, 235~212쪽.

99. Kent, *Signal!* 4쪽; Woods, *History of Tactical Communication Techniques*, 36~37쪽; Howeth, *History of Communications*, 6쪽.

100. Hugh Popham, *A Damned Cunning Fellow: The Eventful Life of Rear-Admiral Sir Home Popham KCB, KCH, KM, FRS, 1762~1820*(Twyardreath: Old Ferry Press, 1991),

125~130쪽; Kent, *Signal!* 5쪽; Timothy Wilson, *Flags at Sea*, 81~82쪽; Holland, "Development of signalling in the Royal Navy", 14~18쪽. 폽햄의 시스템은 다른 나라에서 수많은 모방작을 낳았다. 이를테면 미국 해군에서 이용된 배런의 암호표와 프랑스 해군에서 이용된 라마뷔엘의 암호표도 여기에 해당한다. Howeth, *History of Communications*, 6쪽, Woods, *History of Tactical Communication Techniques*, 39쪽을 참조하라.

101. Keegan, *Price of Admiralty*, 51쪽.

102. Hilary P. Mead, *Trafalgar Signals*(London, 1936), 42~43쪽; Keegan, *Price of Admiralty*, 51~56쪽; Kent, *Signal!* 6쪽; Popham, *Damned Cunning Fellow*, 127쪽.

103. Keegan, *Price of Admiralty*, 98쪽.

104. Capt. Frederick Marryat, *A Code of Signals for the Use of Vessels Employed in the Merchant Service*(London: Richardson, various editions, 1817~1879); Christopher Lloyd, *Captain Marryat and the Old Navy*(London. Longmans, 1939), 176~181쪽, Mead, "Naval Signalling", 180~181쪽.

105. Keegan, *Price of Admiralty*, 122~123쪽을 참조하라.

106. 전기통신과 보안 문제에 관해서는 Kahn, *Codebreakers*, 6장; Headrick, *Invisible Weapon*, 5장, 6장을 참조하라.

참고문헌

18세기와 19세기 초의 문화사와 관련된 문헌들은 그 양이 실로 엄청나다. 특정한 정보시스템을 다룬 탁월한 저서들은 후주로 수록해 놓았다. 여기에서는 필자가 특히 흥미롭고 중요하다고 생각한 저서들만 따로 모아 목록화했다.

• 이성과 혁명의 시대에서 출발하여 진화를 거듭해온 정보시스템들을 다룬 세 권의 주요 저서를 소개하면 다음과 같다.

초기의 정보시스템은 Elizabeth Eisenstein, *The Printing Revolution in Early Modern Europe* (Cambridge: Cambridge University Press, 1983) 및 Alfred W. Crosby, *The Measure of Reality: Quantification and Western Society, 1250~1600*(Cambridge: Cambridge University Press, 1997)를 참조하라. 19세기 말과 20세기의 정보시스템은 Steven Lubar, *InfoCulture: The Smithsonian Book of Information Age Inventions*(Boston: Houghton Mifflin, 1993)를 참조하라.

• 린네를 다룬 무수한 문헌들 가운데 특히 Frans Antonie Stafleu, *Linnaeus and the Linnaeans: The Spreading of Their Ideas in Systematic Botany, 1735~1789*(Utrecht: Oosthoek, 1971)를 참조하라. 라부아지에와 그의 화학명명법은 Marco Beretta, *The Enlightenment of Matter: The Definition of Chemistry from Agricola to Lavoisier*(Canton, Mass.: Watson, 1993) 및 Maurice P. Crosland, *Historical Studies in the Language of Chemistry*(Cambridge, Mass.: Harvard University Press, 1962)를 참조하라. 십진법에 관한 최고의 저서인 Ronald E. Zupko, *Revolution in Measurement: Western European Weights and Measures since the Age of Science*(Philadelphia: American Philosophical Society, 1990)를 권한다.

• 통계와 계량화의 역사는 새로운 분야다. 필자는 다음에 소개하는 네 권의 저서가 특히 중요하다는 사실을 확인했다.

Tore Frängsmyr, J. L. Heilbron, and Robin E. Rider, eds., *The Quantifying Spirit in the Eighteenth Century*(Berkeley: University of California Press, 1990); Theodore Porter, *The Rise of Statistical Thinking, 1820~1900*(Princeton, N.J.: Princeton University Press, 1986); Patricia Cline Cohen, *A Calculating People: Numeracy in Early America*(Chicago: University of Chicago Press, 1982); and James Cassedy, *American Medicine and Statistical Thinking, 1800~1860*(Cambridge, Mass.: Harvard University Press, 1984).

- 지도와 관련한 방대한 문헌들 중 이 책에서 초점을 맞춘 시기의 탁월한 저서는 그리 많지 않다. Josef W. Konvitz, *Cartography in France, 1660~1848: Science, Engineering, and Statecraft* (Chicago: University of Chicago Press, 1987); Adrian Robinson, *Marine Cartography in Britain: A History of the Sea Chart to 1855*(Leicester: Leicester University Press, 1962); Arthur H. Robinson, *Early Thematic Mapping in the History of Cartography*(Chicago: University of Chicago Press, 1982). 존 해리슨에 관한 이야기는 여러 저서에서 언급되었다. 가장 최근의 것으로 베스트셀러의 반열에 오른 Dava Sobel, *Longitude: The True Story of a Lone Genius Who Solved the Greatest Scientific Problem of His Time*(New Yor: Penguin, 1996) 를 읽어보기 권한다. 그래프와 관련해서는 뛰어난 저서 Edward R. Tufte, *The Visual Display of Quantitative Information*(Cheshire, Conn.: Graphics Press, 1983)를 참조하라. 그래픽디스플레이라는 특수 분야에 관심 있는 독자라면 Martin Rudwick in "The Emergence of a Visual Language of Geology, 1760~1840", *History of Science* 14(1976): 149~195쪽을 참조하라.

- 사전의 역사와 관련된 연구에서는 다음 두 권의 저서가 특히 중요한 역할을 했다. Sidney Landau, *Dictionaries: The Art and Craft of Lexicography*(New York: Scribner's, 1984); Bernard Quemada, *Les Dictionnaires du français moderne, 1539~1863: Etude sur leur histoire, leurs types, et leurs méthodes*(Paris: Didier, 1967). 백과사전을 다룬 방대한 양의 문헌들 가운데 대다수는 철학적이다. 하지만 Robert Darnton, *The Business of Enlightenment: A Publishing History of the Encyclopédie*, 1775~1800 (Cambridge: Harvard University Press, 1979) 같은 흥미로운 저서도 있다. 그와는 대조적으로 당시의 여타 백과사전들을 다룬 저서는 그리 많지 않다. Frank A. Kafker, ed., *Notable Encyclopedias of the Seventeenth and Eighteenth Centuries: Nine Predecessors of the Encyclopédie*(Oxford: Voltaire Foundation, 1981); Kafker, ed., *Notable Encyclopedias of the Late Eighteenth Century: Eleven Successors of the Encyclopédie*(Oxford: Voltaire Foundation, 1994).

- 지난 3세기 동안의 우편역사를 알고 싶다면 Howard Robinson, *The British Post Office: A History*(Westwood, Conn.: Greenwood, 1970); Yves Maxime Danan, *Histoire postale et libertés publiques: Le droit de libre communication des idées et opinions par voie de correspondance*(Paris: Pichon et Durand-Auzias, 1965); 특히 Richard R. John, *Spreading the News: The American Postal System from Franklin to Morse*(Cambridge, Mass.: Harvard University Press, 1996)를 참조하라. 모스 이전의 통신을 다룬 저서로는 Gerald J. Holzmann and Björn Pehrson, *The Early History of Data Networks*(Los Alamitos, Calif.: IEEE Publications, 1994)를 권한다.

그림 출처

그림1   Académie des Sciences. "Carte de France corrigée par Ordre du Roy sur les Observations de Messieurs de l'Académie des Sciences"(1682). In *Mémoires de l'Académie royale des Sciences*, vol. 7, pt. 1. Paris, 1729. Department of Special Collections, the University of Chicago Library.

그림2   César-François Cassini de Thury. "Planche X: Paris-Dunkerque." In *La Méridienne de l'Observatoire. Paris*, 1744. Photo courtesy of The Newberry Library, Chicago.

그림3   César-François Cassini de Thury. "Compiègne." In *Carte de France levée par ordre du Roy*, sec. 2. Paris 1756. Map Department, the University of Chicago Library.

그림4   Colonel Jacotin, "Acre, Nazareth, le Jourdain"(detail). In *Carte topographique de l'Egypte*(n.d.), map 46. Published with *Description de l'Egypte*. Paris, 1809~1828. Photo courtesy of The Newberry Library, Chicago.

그림5   Murdoch MacKenzie Sr. "The Channel between Sky I. and the Lewis"(detail). In *Orcades: or, a Geographic and Hydrographic Survey of the Orkney and Lewis Islands in Eight Maps*. 3rd ed. London, 1776. Map Department, the University of Chicago Library.

그림6   John Walker. "Mouth of the Thames"(detail). In *Map of the Inland Navigation, Canals, and Rail Roads, with the Situation of the Various Mineral Production throughout Great Britain*. Wakefield, 1830. Map Department, the University of Chicago Library.

그림7   Alexis Jaillot. *Les montagnes de Alpes, où sont remarquées des passages de France en Italie*(detail). Paris, 1692. Photo courtesy of The Newberry Library, Chicago.

그림8   Jean-Louis Dupain-Triel. *La France considerée dans les différentes hauteurs des ses plaines*. Paris, 1791. Photo courtesy of The Newberry Library, Chicago.

그림 9   John Whitehurst, "A Section of the Strata near Black-Brook." In *An Inquiry into the Original State and Formation of the Earth; deduced from Facts and the Laws of Nature*, pl. 3. London, 1778. Department of Special Collections, the University of Chicago.

그림10   William Playfair. "Chart of the National Debt of England." In *The Commercial and Political Atlas*. London, 1801. Department of Special Collections, the University of Chicago.

그림11   William Playfair. "Statistical Chart shewing the Extent, the Population & Revenues of the Principal Nations of Europe in the order of their Magnitude." In *Statistical Breviary*. London, 1801. Department of Special Collections, the University of Chicago.

그림12   Heinrich Berghaus. "Geistige Bildung." In *Dr. Heinrich Berghaus' Physikalischer Atlas*, vol. 2. Gotha, 1848. Photo courtesy of The Newberry Library, Chicago.

찾아보기